周振华学术文集

产业卷
中国经济卷
上海发展卷
全球城市卷

现代经济增长中的结构效应

周振华 著

格致出版社 上海人民出版社

潘宜辰摄于2023年5月24日

作|者|小|传

　　周振华，1954年4月1日出生于上海。祖籍是浙江上虞。1961年，就读于上海市南市区中心小学（试行五年制），受到当时最好的教育。但初中三年"复课闹革命"，没上过什么课，留下一片空白。1970年，作为69届初中生，毕业后即赶上知青下乡"一片红"（全部离沪"上山下乡"），便去了黑龙江香兰农场接受"再教育"。农田干活，战天斗地，经受日炙风筛的砥砺，接受凌雪冰冻的洗礼。好在八年的知青生活，没有闲游如戏人生、放荡如梦江湖，而是把青春默默存放，毫无目标地翻阅了一大堆哲学、历史及马列经典著作。特别是调到场部宣传科后，接触了更多文史哲的理论知识。

1977 年恢复高考，仓促迎考，也不抱有太大希望。也许是，付出终究会有回报，竟被牡丹江师范学院政治系录取，圆了多年的上学梦。作为 77 级大学生，对知识的追求，如饥似渴，分秒必争，近乎痴迷和狂热。不经意间，还孕育出未来继续深造的奋斗目标——报考硕士研究生。最初，选择了当时较热门，自身也有些基础的哲学专业方向。后来，接触了政治经济学，有一种直觉：这门学科更为实用，尤其是在改革开放和转向以经济建设为中心的背景下。于是，调整了报考研究生的专业方向——政治经济学，并主攻《资本论》研究，尽管是从"一张白纸"起步。大学期间，除优质完成所有课程学习外，大部分时间花费在备考研究生上，特别是"无师自通"了《资本论》三卷本。

1981 年底，如愿考上了福建师范大学硕士研究生，师从我国《资本论》研究权威人物陈征教授。硕士研究生三年里，在陈征老师的卓越指导和严格要求下，通读和精读《资本论》数遍，受到政治经济学及《资本论》逻辑体系的系统训练，为此后的学术研究打下了扎实的理论功底。并尝试运用《资本论》原理，结合我国改革开放的实际，研究社会主义流通问题。硕士论文成果在《福建师范大学学报》和《南京大学学报》上发表。

1985 年初，硕士毕业去南京大学经济系工作。除了开设《资本论》课程外，又系统学习了宏观经济学和微观经济学、投资学、企业管理学等，进一步完善了经济学的知识结构。在教书育人的同时，深入研究我国改革开放中的重大理论问题，如市场经济问题，现代工业、乡镇工业和农业三部门的结构问题等，并发表了一系列论文。1986 年，被评为讲师。1987 年，领衔完成《社会主义市场的系统分析》一书的撰写，该书由南京大学出版社出版，成为我国较早一部阐述社会主义市场经济的著作。

1987 年，因科研成果突出，被中国人民大学免试录取为博士研究生，师从我国杰出经济学家、教育家、新中国国民经济学学科开拓者胡迺武教授。在此期间，学习和研究的重点转向市场经济条件下的宏观经济管理，在《经济研究》等刊物陆续发表学术论文。参与了吴树青、胡迺武承接的"中国改革大思路"国家重大课题，撰写了其中有关流通体制改革的章节。该成果获首届孙冶方经济科学奖论文奖。博士论文选题是当时比较前沿的产业结构与产业政策研究。博士论文提前一年完成，并以《产业政策的经济理论系统分析》为书名于1991年由中国人民大学出版社出版。

1990年初，去上海社会科学院经济研究所工作。因博士论文撰写中的大量资料积累及观点酝酿，在1991—1992年两年内，出版了《产业结构优化论》和《现代经济增长中的结构效应》两部专著。1991年底，从讲师（助研）破格晋升为研究员。1993年，获享受国务院特殊津贴专家荣誉。1994年，获国家人事部突出贡献中青年专家荣誉。1995年，入选中共中央宣传部、组织部、国家人事部等国家社科领军人才。1996年，任上海社会科学院经济研究所副所长，《上海经济研究》总编。在此期间，陆续出版了《增长方式转变》《步履艰难的转换：中国迈向现代企业制度的思索》《积极推进经济结构调整和优化》（合著）、《体制变革与经济增长》《信息化与产业融合》等专著，主编了《中国经济分析》年度系列研究报告（持续近25年）、"上海经济发展丛书"（12卷本）等。

2006年，调任上海市人民政府发展研究中心主任、党组书记；兼任上海市决策咨询委员会副主任、上海市社会科学界联合会副主席、上海市经济学会会长等职。在此期间，创建了上海发展战略研究所，兼任所长；创办了《科学发展》杂志，兼任主编。主持和组织了上海市若干重大课题研究，如"上海'十二五'期间发展主线研究""上海世博后开发利用研究""面向未来三十年上海发展战略研究"等。出版个人专著《崛起中的全球城市：理论框架及中国模式研究》《服务经济：中国经济大变局之趋势》《城市发展：愿景与实践》等，主编《上海：城市嬗变及展望》（三卷本）等。

2014 年，退居二线，任政协上海市十三届委员会常务委员、经济委员会常务副主任，继续兼任上海发展战略研究所所长。在此期间，出版个人专著《全球城市：演化原理与上海 2050》，主编《上海改革开放 40 年大事研究》（12 卷本），并执笔其中的第一卷（总论）《排头兵与先行者》。组织上海发展战略研究所科研人员集体攻关，完成《战略研究：理论、方法与实践》《上海战略研究：历史传承时代方位》《上海战略研究：资源、环境、驱动力》《上海建设全球科创中心：战略前瞻与行动策略》等研究成果并公开出版。

2018 年，受邀组建上海市决策咨询委员会下属的全球城市研究院，并出任院长。创办《全球城市研究》杂志，为总负责人。每年组织面向全市和全国的招标课题研究，主编和出版《全球城市发展报告》《全球城市发展指数》和《全球城市案例研究》三大年度标志性成果。个人撰写并出版《卓越的全球城市：国家使命与上海雄心》《全球城市：国家战略与上海行动》等简明读本。加强国际学术交流，组织"全球城市经典译丛"系列的翻译，个人专著《崛起中的全球城市：理论框架及中国模式研究》《服务经济：中国经济大变局之趋势》《全球城市：演化原理与上海 2050》的英文版也由世界著名学术出版商施普林格（Springer）、世哲（Sage）等出版发行。

曾被中国人民大学、上海交通大学、同济大学、华东师范大学、上海财经大学、上海海事大学、上海师范大学等诸多高校聘为兼职教授。为首届长三角一体化发展咨询委员会专家、上海市决策咨询委员会委员、上海市政府特聘专家，被浙江、成都等多地政府聘为顾问和咨询专家。著作类研究成果曾获得国家"三个一百"原创图书奖、华东地区优秀理论读物一等奖、上海哲学社会科学优秀成果奖一等奖（多次）、北京哲学社会科学优秀成果奖、上海市"银鸽奖"最佳出版奖等多种奖项，入选"十四五"国家重点出版物出版规划等。

自　序

　　出版社准备编辑这套学术文集，要我作一自序。正好，乘此机会，对一路走来的经历及感受作一个系统梳理。但是，又有点犯愁。往事久远，记忆淡去。再加上我有一个习惯，就是只顾匆忙前行，无暇回眸过往。学术生涯四十载，研究成果积三尺，却从未整理过一二。这下可好，有点手忙脚乱，不得不静下心来，凝思回想：这一学术之路如何走过，沿途又有怎样的风景？一帧帧画面，在脑海中匆匆闪过，丰实多彩，却又片断杂乱。这些画面的不规则组合、交叉渲染，竟然变幻为一种朦胧写意，让我突然联想到当年独登泰山的生动场景。两者之间，如此相似！难道是冥冥之中的暗喻？

　　那还是1971年，我参加知青下乡的第二年，回沪探亲途中的事情。事先约定登泰山的同伴们，或许因旅途疲惫，快到泰安站，临时变卦，剩我一人独行。为观日出，我不顾舟车劳顿，半夜三更上山。天色阴黑，万物寂静，漫漫山道上，一道孤影飘然而行，尤显孤单、落寞。沿途两侧，景物模糊，难窥秀丽之色，我不免有些无奈，心生遗憾。更叹浑然不知泰山典故，无以领略沧海桑田之变，乏味、茫然之感陡增。

　　到半山腰，正准备歇脚，突然望见，远处有黑影晃动。哇！原来不乏夜行者。那是两位50多岁的老人，正慢悠悠走着，不时停下来，指指点点，说说笑笑。原来，他们对泰山情有独钟，每隔几年就登临山间，对此地的一景一物了如指掌。见我一人，他们便热情招呼我随其同行。这下可好,下半程的山路,有了另一番风景。他们给我介绍景点,讲传闻趣事。生动之余,阐幽明微,赏心悦目。周边朦胧景物,仿佛逐渐明朗,露出真容仪态,并似乎鲜活起来,呈现古往今来的流动。这才让我慢慢感受到五岳之尊的魅力,初识得泰山的真面目。过了中天门向上,两边山崖壁如削,山路陡峭乱云渡,风啸阵阵催更急。置身其中,犹如逆天渡劫。我咬紧牙关,拉着铁索,奋勇攀爬,直至一步一喘,五步一歇。终于,天色微亮之际,站立于岱顶之上,脚踩云雾缭绕中的峰峦,领略了"一览众山小"的境界。

一

说来好笑。搞了一辈子学术研究,还真不知,学术生涯开端,以什么为标志。有人说,是处女作。如果那样的话,我的学术生涯开端可追溯到1980年。当时,我还是大学三年级的学生,试着对外投稿。想不到,稿件被黑龙江省委党校《理论探讨》录用,他们让我快速去编辑部修改定稿。为此,我专门向学校请了假,连夜从牡丹江乘火车赶去哈尔滨。此番经历给我留下深刻印象。

但我总觉得,这似乎并不能标志学术生涯的开端。当时发表一篇论文,只是业余爱好而已。更主要的是,当时压根没想过要走学术研究之路。这主要源自69届知青的"出身卑微"。所谓的知青,其实没什么文化知识,尤其是69届知青,实际上只有小学文化程度。初中三年,赶上"复课闹革命",没上过文化课;毕业后上山下乡"接受再教育",整整八个年头,实践知识大增,文化知识却没增添多少。幸好,1977年恢复高考,借洪荒之力,我考上了大学,实现了不可想象的"飞跃"。但如此浅薄的底子,怎能去搞这般高深的学术研究?! 至今,回想起来,对走上这条学术之路,我仍感不可思议。只能说,也许是鬼使神差,机缘巧合,勉为其难,艰辛付出的结果吧。

应该讲,真正意义上从事学术研究,是在攻读硕士学位之后,是我国《资本论》研究的权威人物陈征老师将我带入了学术研究之门。其实,当时报考陈征老师的研究生,也是逼迫无奈,挣扎奋起的结果。1978年底,大批知青返城,这使曾经当过知青的我,有一种失落感,回上海的愿望很强烈。无奈所读学校是省属高校,毕业后当地分配。唯一出路,就是报考研究生。但这种机会,只有一次。直接报考上海高校的研究生,风险太大,故选择"曲线返城",先报考福建师大陈征老师的研究生,等以后有机会再回上海。为此,大学在读期间,我足足准备了近三年。考试下来,自我感觉也不错。但结果如何,心里仍没底。在焦急等待之际,意外收到陈征老师来信,告知报考人数多达 80 余人,竞争十分激烈,但"你考试成绩优秀,欢迎前来深造"。这样,我开启了新的人生,走上了学术研究之路。

陈征老师担任中国《资本论》研究会副会长,并率先组建了"全国高等师范院校资本论研究会",担任会长。他的 5 册本《〈资本论〉解说》是我国第一部对《资本论》全三卷系统解说的著作,也是国内对《资本论》解说得最为清晰明达、通俗易懂的专著。在他的教诲和指导下,我开始对《资本论》三卷进行系统学习和研究。一开始,我感觉这"大部头"很难啃,读了老半天,像无头苍蝇似的,不得要领,入不了门。陈征老师送我陆九渊《读书》中的一段话:"读书切戒在慌忙,涵泳工夫兴味长。未晓不妨权放过,切身须要急思量。"于是,我调整了策略,采取"先粗后精、步步为营"的方法。初读时,看不懂的地方,先跳过去,继续往下看;然后,回过头再看,将原先不懂的地方消化了。前后章节,来回研读,并特别注重《资本论》方法论及辩证逻辑关系。在每一阶段学习结束后,加以巩固,把其逻辑演绎梳理出来。通过"三遍通读"加上"两遍精读",我最终将其逻辑演绎完整梳理出来,绘制出了一张《资本论》结构体系示意图。同时,我学习和研究了马克思的《剩余价值史》《政治经济学批判导论》等专著,以及黑格尔的《小逻辑》等。这不仅让我掌握了《资本论》的核心范畴和各种概念,而且理清了基本脉络,甚至有点触摸到《资本论》的精髓。正所谓"半亩方塘一鉴开,天光云影共徘徊。问渠那得清如许,为有源头活水来",唯有进入这一境界,才能真正享受到《资本论》逻辑思维的艺术性和美感。

而且,陈征老师身先垂范,将《资本论》基本原理与中国具体实际相结合,创建了社会主义城市地租理论和现代科学劳动理论,并要求我们把

《资本论》的原理及方法运用于现实之中,特别是中国的改革开放。这不仅为我从事学术研究打下了坚实基础,而且也为我指明了学术研究方向。当年,我的硕士论文就是运用《资本论》原理来分析社会主义流通问题,论文中的研究成果在《福建师范大学学报》和《南京大学学报》上发表。

硕士毕业后,我到南京大学经济系任教。课堂上,给学生上《资本论》课程。业余时间,潜心学习和钻研西方经济学,感觉其中许多原理及方法,可用于现实经济运行分析。在此过程中,我试图将《资本论》的逻辑演绎与西方经济学分析工具结合起来,用于研究中国改革开放及经济发展问题,并撰写和发表了一些学术论文。同时,高度关注改革开放实际情况及相关文献,并通过征文录用,我参加了一系列全国中青年经济学人论坛及研讨会,与许多当时活跃在改革开放理论研究和决策咨询领域的中青年学者进行交流。这种交流,特别是私下闲聊,不仅信息量大,而且现实生动,绝非书本上所能获取。由此,我明显感觉思想认识上一个新台阶。另外,也学习和汲取了他们合作攻关重大课题的经验。当时,这些中青年学者合作发表的一系列高质量、高水平研究报告,产生了重大的社会影响,其建议往往被政府部门所采纳。

在南京大学,我们六个硕士毕业、同时进入经济系的青年教师(金碚、胡永明、张二震、刘志彪、施建军和我)也开展了合作攻关。尽管专业和学术背景不同,但都具有较扎实的理论基础,思想活跃,精力充沛,积极向上,平时交往也较密切。我们围绕一个重大问题,分头调研,取得一手资料,开展头脑风暴,分工协作撰写论文。这些合作论文围绕热点问题,有新思想和新观点,质量也较高,从而录用率较高。成果出得也较快,一篇接一篇地密集"出笼"。后来,感觉不过瘾,遂开始更高层次的合作——撰写专著。当时,全国正进行有关市场经济的大讨论,焦点在于商品经济还是市场经济。我们的选题更超前一步,试图回答"市场经济是什么样的,有怎样一种市场体系结构"。我承担了主要部分的撰写,并对全书进行了统稿和润色。1987年底,《社会主义市场体系分析》一书由南京大学出版社出版。这是国内较早一部全面系统研究社会主义市场经济的专著。我的博士生导师胡迺武先生为此写了书评,发表在《经济研究》上。在南京大学,虽然这种学术合作只持续了两年多(其中三人,离开南大去读博了),但十分让人留恋。它不仅促进互相学习,实现知识互补,拓展学术视野,而且形成学术争锋的强大激励,激发多出成果、出好成果的斗志。对于刚踏入学术研究领域的青年学者来说,这无疑是难得的宝贵财富。

在南大两年多,我的工作与生活已基本安稳下来,也分配到了两室一厅的新房。然而,"天上掉下馅饼",人生又迎来一次重大转折。中国人民大学的胡迺武教授首次招收博士生,向校方争取到一个免试名额。经一些学者推荐,并看了我的科研成果,胡迺武教授对我颇有兴趣,允许我免试去他处攻读博士学位。事出突然,让我有点措手不及。但惊喜之余,我还是毅然决然放下家里一切,投入胡迺武老师门下。

当时,胡迺武老师是中国人民大学最年轻的博导,经济研究所所长,学术精湛,成果丰硕。而且,胡迺武老师思想解放,与时俱进,不受传统理论束缚。他结合中国改革开放和建立社会主义市场的实践,率先将我们的专业方向(国民经济计划与管理)转向宏观经济管理研究。这给我们专业研究打开了通途,其中涉及许多值得研究的新议题和理论创新。更重要的是,这正为我国改革开放及经济发展所迫切需要。胡老师在专业研究指导上,强调系统学习,独立思考,掌握分析工具,涉猎前沿新理论;积极倡导学以致用,理论联系实际,务实求真;鼓励我们运用原理及方法深刻揭示现象背后的深层原因,大胆提出独到见解,发表研究成果。胡老师还经常组织大型课题研究,为学生提供参与现实问题研究的机会及平台。例如,他与吴树青老师一起承接了"中国改革大思路"国家重大课题,组织在校博士生开展研究,带领我们收集资料、开展调查研究、梳理思路、讨论交流;指导我们设计课题、确定提纲、把握写作重点、进行修改完善等。在此过程中,我们全面了解了我国80年代改革开放的进程及特点;充分认识到价格"双轨制"等问题的复杂性和严重性;深切感受到进一步推进改革面临的艰难抉择;深入思考了如何推进改革,减少改革风险的思路和操作路径等。这种"实战"磨炼的机会,非常难得,我们的研究明显提升了一个境界。后来,"中国改革大思路"的人大版本,因研究扎实,并提出独到的改革思路,获首届孙冶方经济科学奖论文奖,我们得以分享荣誉。胡老师这一治学品格,对我影响极其深刻,甚至决定了我此后学术生涯的风格。

特别难能可贵,让我更为感动的,是胡老师对后辈的鼎力扶持,为后辈的开路铺道。初次接触,只觉得胡老师平易近人,对学生关心备至,爱护有加。到后来,我越来越深切感受到,胡老师对学生,倾其心血,尽其所能,创造条件,积极提携,帮助搭建与著名学者的学术联系。他听说我正在翻译国外《金融大百科》的相关词条,便主动联系著名经济学家、资深翻译家高鸿业教授,并陪我去高教授家里,让他帮着把关与指导。高教授视力很差,几乎贴着稿纸进行校对,一整就大半天。这让我十分感动,敬佩之极。还有一次,胡老师给我一本中国社科院经济所董辅礽所长的新著《经济发展战略研究》。原以为,是让我读一下这本书,有助于博士论文写作。殊不知,胡老师说:"你写一个书评吧。"闻之,我吓了一跳。一个无名小卒岂能给大名鼎鼎的大师的著作写书评?!我赶紧解释,水平太低,难以把握书中要点和精髓,容易"评歪"或评错。看到我有所顾虑,胡老师鼓励说:"没关系,试试吧,争取写出一篇好的书评。我跟董辅礽所长打个招呼。"接下这一任务后,我不敢有丝毫懈怠,反复阅读,认真学习,吃透精神。同时,参阅了不少文献资料,通过比较分析,找出书中的新思想、新观点及理论创新点,阐明该书独特贡献的学术价值以及现实指导意义。一天晚上,胡老师和我,骑着自行车,去董辅礽所长家送书评初稿。董辅礽所长热情、好客、随和,不经意间给人一种轻松、惬意的感觉。而他一拿起稿子阅读,便聚精会神,神情也变得严肃起来。他看得非常认真,逐字逐句斟酌,让我不由产生时间放慢的错觉。寥寥数页,怎么看了这么长时间?瞬间,我有点坐立不安。一旁的胡老师似乎有所察觉,便乐呵呵介绍起写作过程,还不时夸我几句。总算,董辅礽所长看完了稿子,对我微微一笑,说道:"写得不错。"随后,董辅礽所长与我们交谈了一些重大理论问题及其争议等,并询问了我的学习和科研情况。后来,这篇书评在《经济研究》发表。胡老师用各种方式为学生搭建与著名学者的学术联系,并向大师们积极推荐学生,体现了崇高师德,他是教书育人的楷模。这对我也有深远影响。

在博士课程尚未结束之际,我就提前进入博士论文撰写。经过反复比较和斟酌,我最后确定论文选题为产业结构与产业政策研究,从而也奠定了我学术生涯的主要研究方向。这一选题在当时是比较前沿的,可参考的文献资料较少,还要收集大量历史资料及数据。而传统统计口径缺少这方面的现成数据,要重新整理并作相应的技术处理,甚为繁杂与烦琐。当时,没有电脑,全靠笔记,抄录在小卡片上,厚厚一沓,用不同颜色进行分类。虽然费时、费力,但有一个好处——走心了,不容易忘记。主线逐渐清晰后,开始梳理基本逻辑关系,编排相关内容。由于受过《资本论》逻辑的系统训练,这是我的强项,没有花费太多精力。主要功夫下在充分论证,提出新思想,提炼新观点上。整天,满脑子的问题,不停歇地思考;稀奇古怪的想法,不断否定之否定,似乎进入着魔状态。半夜醒来,有时会突发灵感,好似洞彻事理,便赶紧起床,将它及时记录下来。这段时间,讲呕心沥血,一点也不为过。用了一年多时间,我完成了博士论文写作,提前半年进行论文答辩。并且,经胡老师推荐及专家们严格评审,论文被列入首批"博士文库"出版。至此,我的第一部个人专著《产业政策的经济理论系统分析》诞生了。

1990年初,我来到上海社科院经济所工作。这里集聚了一大批学术大佬和知名专家,学术氛围十分浓厚,学术影响很大,是一个名副其实的学术殿堂。院、所领导高度重视人才培养,言传身教,进行学术指导,并向社会大力宣传和推荐青年学者及其优秀成果。张仲礼院长为我的两部专著亲自作序。袁恩桢所长向宣传部推荐我参加市委双月理论座谈会。所里经常举办报告会,组织学术讨论,鼓励思想交锋,展开争论,却能心平气和,以理服人,学术氛围浓厚、活跃、融洽。这样的环境,不仅让我深受学术熏陶,更加夯实学术研究的根基,而且让我备感温暖,激发起学术钻研的劲头。利用博士期间的知识积累,我在《经济研究》等刊物上连续发表了数篇论文,并先后出版了《现代经济增长中的结构效应》和《产业结构优化论》两部专著。1991年底,我破格晋升为研究员,开启了学术生涯的新篇章。

社科院学术研究的一个显著特点是:针对现实问题,深入调查研究,理论联系实际。上世纪90年代初,我国改革开放进入以浦东开发开放为标志的新阶段,社会主义市场经济体制机制开始建立,许多新事物,如证券市场、公司上市、土地批租等涌现出来。当时,我们宏观室在张继光老师的带领下,系统研究了证券市场的架构、功能及其运行方式,讨论中国证券市场自身运行特征和市场管理及调控方式等,集体撰写了《经济运行中的证券市场》。这是一本国内较早出版的证券市场专著,引起社会较大反响。为此,我们受邀去杭州举办讲座,给浙江省银行系统人员普及股票市场知识。我还在社科院新办的《证券市场研究》周刊担任副主编。周五闭市后,与一批股评家讨论与分析基本面、走势图和个股,然后分头赶写稿件,连夜编辑印制,保证周六一早出刊。另外,在袁恩桢所长的带领下,经常深入基层,进行调查研究,先后参与了二纺机、英雄金笔厂、中西药厂、白猫集团等企业改制与上市的课题研究。在此过程中,我接触了大量鲜活案例,了解到许多实际问题,提出了不少研究新题目,也有了更多理论研究的实际感觉。在此期间,除了坚守产业经济学研究外,也研究了经济增长与制度变革、经济结构调整以及企业改制等问题,在《经济研究》《工业经济研究》等杂志发表了多篇学术论文,并出版数部专著。

到20世纪90年代后半期,理论研究更加深植上海实际,与决策咨询研究相结合,我先后承接和完成了一批国家及市里的重大研究课题。例如,参与了"迈向21世纪的上海"的课题研究,主要分析世界经济重心东移和新国际分工下的产业转移,为上海确立"四个中心"建设战略目标提供背景支撑。在洋山深水港建设前期论证研究中,我主要分析了亚洲各国争夺亚太营运中心的核心内容及基本态势,论证了加快洋山深水港建设的必要性和紧迫性,并评估了优势与劣势条件。尽管这些课题研究是问题导向和需求导向的,但仍需要相应的理论分析框架,并运用现代经济学分析方法和工具,才能找准问题、讲透成因、切中要害、对症下药。而且,通过这些课题研究,还能引发新的学术研究方向及思路,并可以从现象感知、具体事实、个别案例中抽象出理论要素、思想观点,并加以系统化和学理化。因此,在完成许多课题研究的同时,我也在核心期刊上发表了诸如"城市综合竞争力的本质特征:增强综合服务功能""流量经济及其理论体系""论城市综合创新能力""论城市能级水平与现代服务业"等议题的学术论文。

学术研究,确实要甘受坐"冷板凳"的寂寞,乐于"躲进小楼成一统"的潜心钻研,但也需要广泛的社会交往和学术交流。同仁间的思想交锋、观点碰撞,将会带来意外的收获和启发,产生更多的灵感,得到更深的感悟。从 1993 年起,在没有正式立项和经费资助的情况下,通过一批志同道合者的聚合,我们自发组织开展中国经济问题研究,撰写《中国经济分析》系列报告,主题包括"走向市场""地区发展""企业改制""增长转型""结构调整""金融改造""收入分配""挑战过剩""政府选择"等。我负责设计每一主题的分析框架和基本要点,撰写"导论"和有关章节,并负责全书的统稿。这套年度系列报告的编撰,一直持续了 25 年之久,产生了重大社会影响。在此过程中,不仅结识了一大批各专业领域的专家学者,形成了松散型学术团队,而且在大量学术交流中,我深受其益,提高了学术水平。1996 年,我担任经济所副所长后,组织所里科研人员集体攻关,研究改革开放以来上海经济运行新变化及主要问题,并分成若干专题,逐个进行深入研讨,确定分析框架及重点内容,然后分头撰写,创作了一套《上海经济发展丛书》(12 本),其中包括自己撰写的《增长方式转变》。这一成果获得了市级优秀著作奖。此后,我又组织所内科研人员专题研究收入分配理论及我国收入分配问题,突破传统收入分配理论框架,基于权利与权力的视域探讨收入分配,提出了许多新观点,形成集体成果即《权利、权力与收入分配》一书。通过这种集体攻关,不仅锻炼了青年科研人员,带出了一批科研骨干,而且自己也从中吸收许多新知识、新思想,拓展了视野,开阔了思路。

　　不得不说，教学相长，也促进了学术研究。自1993年起，我担任博士生导师，讲授产业经济学课程。鉴于博士生有一定理论基础和思考能力，我重点讲述一些基本原理在现实中的运用及表现，以及实践发展对原有理论命题提出的证伪（质疑与挑战）。这种启发式的、令人思考的教学，要求每年的课程内容及重点都有变化。我每年讲授这门课，都有不同"新版本"。实际上，这是一种促进学术研究的"倒逼"机制。授课前，要根据现实变化和实践发展，重新审视产业经济学理论，如现代信息技术带来的产业融合以及产业集群的新变化等，逼自己事先调整和补充课程内容及重点，并厘清逻辑关系及思路。讲课时，不用讲稿，娓娓道来，主线清晰，逻辑相扣，化繁为简，深入浅出。一些同学惊讶地发现，比较完整的课堂笔记，稍作修改，就可成为一篇论文。更重要的是，在课堂上，我喜欢营造宽松、活跃、惬意的氛围，让学生随时提问及插话，我及时回应，予以解答。这些博士生都很优秀，思想敏锐、想法新奇，又有社会阅历和实践经验，会提出许多"稀奇古怪"的问题，发表与众不同的看法，进行热烈的讨论和争辩。这种探究和碰撞，往往是新知识的开端，理论创新的导火索。特别是那些反对意见，更给人很大启发，有较大研究价值。在近30年的博士生指导工作中，我确实从他们身上汲取了不少学术研究的养料，而这些学生也成为我人生中的宝贵财富。至今，我们仍保持着密切联系，不时小聚一番，继续切磋"武艺"。

　　2006年，我调任上海市政府发展研究中心主任。在这样一个专职为市委、市政府提供决策咨询的机构里，理论研究更贴近现实，特别是上海经济社会发展的现实，同时也有利于我发挥自身理论研究的特长，使其更有用武之地。当时，上海经济经过连续16年高增长后趋于减缓，且出现二产、三产交替增长格局，由此引发坚持发展制造业还是坚持发展服务业的争论。对此，我提出了新型产业发展方式以及产业融合发展方针的政策建议。针对2008年全球金融危机对上海形成较大外部冲击，致使诸多经济指标严重下滑，且低于全国平均水平的状况，通过深入分析各种主要变量对上海经济的影响程度，我提出，其主要原因在于大规模投资驱动的上海经济高增长已到一个拐点,外部冲击只是加重了下滑程度。我进一步分析了全球金融危机是世界经济"三极"(技术、资本输出国,生产加工国,资源提供国)循环的"恐怖平衡"被打破,其实质是全球产能过剩。基于此,我提出了不宜采用大规模投资刺激来应对这一外部冲击,而要实行"创新驱动,转型发展"的政策建议。这一建议被采纳作为上海"十二五"发展主线。此后,围绕这一主线,我又深入开展了培育新增长极的研究,如大虹桥商务区开发、张江高新技术区的扩区、迪士尼国际旅游度假区的功能调整及扩区等,提出了中心城区商务"十字轴"及环形(中环)产业带的构想,郊区新城作为区域节点城市的建设,以及融入长三角一体化的空间拓展等政策建议。

在上海举办中国 2010 年世博会时,围绕"城市,让生活更美好"主题,通过城市最佳实践区的案例分析,我进一步挖掘城市发展新理念、新实践和未来发展新模式,出版了《城市发展:愿景与实践——基于上海世博会城市最佳实践区案例的分析》;参与了《上海宣言》的起草,提出设立"世界城市日"的建议;参与撰写作为上海世博会永久性成果的首卷《上海报告》;牵头全市的"上海世博会后续开发利用研究",提出了世博园区"公共活动区"的功能定位。针对当时上海服务经济乏力,服务业发展"短腿"的实际情况,根据市委、市政府的工作部署,从市场准入、税收制度、法律制度、营商环境、统计制度等方面研究影响服务经济发展的制度性障碍,组织了"服务业'营改增'试点"课题研究,提供总体思路及可操作方案。

我在上海市政府发展研究中心工作期间,为做大做强组织全市决策咨询研究的平台及网络,在市领导大力支持和中心同仁共同努力下,除了创办上海发展战略研究所和《科学发展》杂志外,还加强与高校及研究院所、政府部门研究机构、中央部委研究机构、国际智库等联系和合作。例如,与上海市哲学社会科学规划办公室一起创建了 15 家"领军人物"工作室;在大多数高校设立了研究基地及联合举办的发展论坛;组建了由 10 多家高校参与的社会调查中心,由麦肯锡、野村、德勤等 10 多家国际咨询机构参与的国际智库中心,以及决策咨询研究部市合作办公室等。通过组织和参与上述机构的各项活动,加强了与专家学者的合作,拓宽了学术交流的渠道,得以及时了解学术前沿发展新动向,掌握理论研究的主流趋势,获得许多新思想与新见解。同时,在主要领导身边,参加各种工作会议、专题会和内部讨论会,与各委办、各区县有密切联系,深入基层和企业开展广泛调研,接触到大量生动的实际情况,了解到许多关键性的现实问题。这两方面的结合,不仅没有中断自己的学术研究,反而更有助于我学术研究的深化。在此期间,我组织上海30余位专家学者对上海建埠以来的历史、现状、展望作了系统研究,合著《上海:城市嬗变及展望》(三卷本),时任上海市市长韩正为此书作序。后来,在上海发展战略研究所,与上海市地方志办公室合作,我组织上海50多位专家学者撰写《上海改革开放40年大事研究》系列,其中我撰写了丛书总论性质的《排头兵与先行者》一书。

2013年,鉴于上海2020年基本建成"四个中心"后,如何进行目标定位,更上一层楼,我提议开展"面向未来30年上海发展战略研究"大讨论。经上海市委、市政府批准后,研究和制定了大讨论的实施方案,设立了三大平行研究的总课题,即委托世界银行的"国际版"、国务院发展研究中心的"国内版",以及上海市发展研究中心、上海社会科学院、复旦大学、上海市委党校等分别做的"上海版",另有80多项专题研究,广泛动员学界、政界、商界及社会团体和社会组织参与。随后,举办了各种形式的国际研讨会和论坛,分析战略背景、战略资源、战略目标、战略路径及行动,开展学术讨论和交流,参照国际标杆和借鉴国际经验,进行典型案例和实务操作分析等。2014年,我退居二线,去上海市政协工作,同时兼上海发展战略研究所所长,组织所里科研人员集体攻关,出版了《战略研究:理论、方法与实践》《上海战略研究:历史传承 时代方位》《上海战略研究:资源、环境、驱动力》《上海建设全球科技创新中心:战略前瞻与行动策略》等。这次大讨论的研究成果,有许多在《上海市城市总体规划(2017—2035年)》的修编以及上海市委、市政府文件中被采纳。

2018年退休后,我原想"解甲归田",但上海市决策咨询委员会拟成立全球城市研究院,我于是受邀出任院长。时任上海市委书记李强同志为研究院的成立作了重要批示。上海市委宣传部予以大力支持,把全球城市研究院列为首家市重点智库,并帮助创办了公开发行的中英文版《全球城市研究》杂志以及新建光启书局(出版社)。该研究院落户于上海师范大学,也得到校方大力支持,提供了办公用房和人员编制。研究院引进了一批海内外精通外语、熟悉国际大都市的青年才俊,形成基本科研骨干队伍,并构建起一个广泛的社会研究网络。每年围绕一个主题,如"全球资源配置""全球化战略空间""全球化城市资产""城市数字化转型""全球网络的合作与竞争"等,出版《全球城市发展报告》和《全球城市案例研究》,并发布《全球城市发展指数》。另外,还出版《上海都市圈发展报告》系列、《全球城市经典译丛》等。在此过程中,我也延续和深化自己的学术研究,出版了一系列个人专著,并承接了国家哲社重大课题"以全球城市为核心的巨型城市群引领双循环路径研究"等。

二

在上述我的学术生涯中,学术研究林林总总,看似带有发散性,未能"从一而终",但实际上仍有一条贯穿全过程的明显脉络,即产业经济研究。学术,确实要"术有专攻",不能开"无轨电车",但也不是固守一隅之地、无过雷池一步。特别在侧重与现实结合及问题导向的理论研究中,我发现,许多问题在产业经济学范围内并不能得到很好解释,必须向外拓展开去来寻求新的解释。因此,一些所谓的旁支研究,实际上都是从产业经济研究发散出去的延伸性研究。我认为,这种做法也符合学术研究的规律性。如果把学术研究譬喻为一棵大树,那么术有专攻是根深于土的树干,延伸研究则是分叉开来的树枝。枝繁叶茂(当然要经过修剪),不仅反衬出树干的粗壮,而且更多的光合作用,也有利于树木生长。

最初,我的博士论文选题,着重产业结构与产业政策研究,在当时是新颖和前沿的,但也是一个具有较大国际争议的问题。西方主流经济学以发达国家经济运行为蓝本的理论抽象,注重宏观与微观及其综合,不研究产业结构等问题。一方面,这些国家是先行发展国家,其经济发展是一个自然过程,许多结构问题作为经济增长的因变量,在经济自然增长中被不断消化,实行迭代升级,因而结构性问题很少长期累积,结构性摩擦不很充分。另一方面,这些国家市场经济发展较成熟,市场机制在结构转换中发挥着重要作用,使得资源、资本、人力等生产要素较好地从衰退产业部门转移到新兴产业部门。尽管其中存在沉没成本、技能刚性、工资黏性等障碍,但通过经济危机的释放,强制市场出清,达到新的均衡。因此在西方主流经济学看来,只要市场处于动态均衡之中,就不存在产业结构问题,也不需要什么产业政策。然而,后起发展的国家,在经济系统开放情况下,通常可以通过外部引进,发挥后发优势,但由此也形成现代部门与落后部门并存的二元结构,结构性问题比较突出。而且,在追赶和赶超过程中,势必面临领先国家的产业打压(客观的与主观的),致使一些主导产业难以自然发展,形成对外的强大依赖。在这种情况下,旨在调整结构及培育新兴主导产业的产业政策应运而生。特别在日本、韩国等后起发展国家和地区,基于出口导向发展模式的经济起飞后,转向进口替代战略,产业政策发挥着重要作用。总之,西方发达国家一直对产业政策持否定态度,甚至将其视为国家保护主义的产物;后起发展国家,特别是亚洲"四小龙"则比较推崇产业政策,认为这十分必要。因此,在选择这一研究方向时,我心里是有点忐忑的。毕竟这一研究面临重大挑战,且风险也较大。

对于中国来说,这一问题研究有着重大现实意义。在传统计划经济体制下,中国工业化超前发展,跨越轻工业、基础产业发展阶段,直接进入重化工业阶段,导致产业结构严重扭曲,结构性问题不断累积。改革开放后,产业结构迫切需要调整,甚至需要"逆转","补课"轻工业发展,"加固"基础产业发展,实现产业结构合理化。与此同时,随着经济特区开放进一步转向沿海主要城市开放及沿江开放,通过引进外资、加工贸易等参与新的国际分工,外部(全球)产业链日益嵌入本土,打破了原有国内产业关联。在这种情况下,如何进行产业结构调整,采用什么样的政策进行调整,成为一个迫切需要解决的问题。显然,传统的国民经济计划与管理方法已不再适用,而比较可用和可行的新的理论及方法就是产业经济理论与产业政策。当时,产业经济理论主要来源于两部分:一是发展经济学中的结构理论,以刘易斯、克拉克、赫希曼、库兹涅茨、钱纳里等为代表;二是日本的产业结构理论,以筱原三代平、赤松要、马场正雄、宫泽健一、小宫隆太郎等为代表。国内在这方面的研究,基本处于空白。相对来说,这方面的研究文献少得可怜,无疑增大了研究难度。在博士论文撰写中,我针对产业政策国际性的争议,找了一个较小切口,对产业政策进行经济理论系统分析,试图回答产业政策有没有必要,在什么情况下显得尤为重要,属于什么性质的政策,涉及哪些主要方面,有哪些不同政策类型,如何制定与实施,如何与其他经济政策配合,如何把握政策的"度"及避免负效应,如何监测和评估政策绩效等问题。这一研究也算是对这一国际性争议的一种回应。

　　当然,这一争议至今尚未结束,时有泛起。有的学者对产业政策直接予以否定,认为是扰乱了市场,引起不公平竞争。我仍然坚持自己的观点,即不能把市场设想为是一种平滑机制,可以消除结构变动的摩擦,而是需要通过政策干预(不仅仅是宏观调控政策,也包括产业政策)来解决市场失灵问题。更何况,在外部冲击的情况下,市场本身更容易产生失衡,存在着内外不公平竞争问题,要有产业政策的调节。事实上,我们可以看到,目前西方发达国家也在一定程度上自觉或不自觉地推行和实施产业政策,如美国的"制造回归"、德国的"工业4.0"等。新兴经济体及发展中国家就更不用说,都在加大产业政策的实施。当然,产业政策也有一定的负面效应,犹如宏观调控政策反周期的负面效应一样。特别是在政策不当的情况下,负面效应更为明显。但这不能成为否定产业政策的根本理由。关键在于,采取什么样的产业政策,产业政策是否适度。首先,要立足于产业技术政策,注重解决技术创新瓶颈,促进产业技术能力提升,而不是产业部门扶植政策,对一些产业部门实行保护,实行差别对待。产业部门扶植政策的运用,要压缩到最小范围,甚至予以取消。其次,要通过不同类型产业政策的比较,权衡产业政策的正面效应与负面效应之大小,决定采取什么样的产业政策。最后,要通过科学的政策制定,将产业政策的负面效应降至最低程度。

我在研究中发现,产业政策制定基于三种不同类型的产业结构分析,即趋势分析、机理分析和现象分析。我的博士论文主要基于产业趋势分析来论述产业政策,还远远不够。所以在完成博士论文后,便进一步转向产业结构的机理分析与现象分析。机理分析主要研究产业结构变动对经济增长的作用及其实现机制,即结构效应,重点考察不同类型结构变动对经济增长的差别化影响。这就要对传统增长模型排斥结构因素的缺陷进行批判,并用非均衡动态结构演进分析法替代传统的均衡动态结构演进分析法,具体分析结构关联效应、结构弹性效应、结构成长效应和结构开放效应;以结构效应为价值准则,判断不同类型产业结构状态及其变动的优劣,选择最佳(或次佳)结构效应模式,并说明这一结构效应模式得以实现的必要条件和机制,从而为产业政策制定提供基本思路和方向性指导。这一研究的最终成果即《现代经济增长中的结构效应》,是国内最早系统研究产业结构作用机理,揭示全要素生产率索洛"残值"中结构因素的专著。现象分析主要是立足本国实际,在考察中国产业结构变化的历史过程及其特点的过程中,对照产业结构变动规律,评估和分析中国产业结构变动轨迹的严重偏差;系统梳理当时比较突出的结构问题,深刻剖析各种结构性问题的成因;从产业结构合理化与高度化的不同角度,探讨产业结构调整方向、优化重点及实现途径、方法手段等。这一研究的最终成果是《产业结构优化论》,成为较早全面分析中国产业结构变动及其调整优化的一本专著。

在上述研究中,我已隐约感觉到,尽管结构效应分析与库兹涅茨"总量—结构"分析不同,但都把制度视为"自然状态"的一部分及外生变量。然而,在如何发挥这种结构效应问题上,是绕不过制度这一关键环节的。事实上,许多结构性问题的背后及生成原因就在于制度缺陷或缺失。从这一意义上讲,产业政策对产业结构调整的作用是有限的。或者说,只有在体制机制相对稳定且成熟的情况下,产业政策对产业结构调整才比较有效。如果没有相应的制度变革,仅仅靠产业政策,难以从根本上解决结构性矛盾。特别是中国的结构性问题,许多都是传统计划体制下形成和累积起来的,在体制改革尚未真正到位的情况下呈现出来的。而且,在体制机制不健全的情况下,产业政策实施可能不是缓解而是加剧结构性矛盾。从更宏观的层面考虑,中国经济高速增长的"奇迹"来自全要素生产率提高,其中有较大部分是结构效应所致,而结构效应的释放恰恰是改革开放和制度变革的结果。因此,产业结构重大调整总是与制度变革联系在一起的。这样,产业经济研究开始向制度变革的方向延伸。经过几年的努力,我出版了专著《体制变革与经济增长:中国经验与范式分析》。

在考察制度变革对产业结构及经济增长影响的过程中,我还特别关注了企业制度变革。因为企业组织是产业经济的微观主体,是产业变动及其结构调整的微观基础。产业部门变动及其结构调整是这些企业组织的决策及其行为方式集体性变动的结果,而这在很大程度上取决于起支配作用的企业制度。在企业制度不合理的情况下,企业组织的决策及其行为方式会发生扭曲。对于我国产业结构调整来说,企业改制及迈向现代企业制度显得尤为重要。为此,我对产业经济的研究向微观基础重构的方向延伸,深入研究了影响和决定企业决策及其行为方式的企业制度,最终出版了个人专著《步履艰难的转换:中国迈向现代企业制度的思索》。实际上,这一时期我的其他一些研究,如有关经济结构调整与优化、经济增长方式转变、中国新一轮经济发展趋势及政策的研究,也都围绕产业经济这一核心展开,是产业经济研究的拓展与延伸。

当然,在延伸研究的同时,我也时刻关注产业发展新动向,开展产业经济的深化研究。一是产业融合问题。这主要是关于信息化条件下的产业发展新动向。2000 年左右,我较早接触和研究了现代信息技术及信息化的问题,并先后承接了上海市信息委重点课题"上海信息化建设研究"和"上海信息化建设的投融资体制机制研究"。在此研究中我发现,信息化不仅仅是信息产业化(形成新兴信息产业)和产业信息化(信息化改造传统产业)。现代信息技术的特殊属性,能够产生技术融合与运作平台融合,进而促进产品融合、市场融合及产业融合。这在很大程度上打破了传统的产业分立及产业关联,代之以产业融合发展的新方式。为此,我对传统产业结构理论进行了反思和批判,从理论上探讨信息化条件下的新型产业发展方式,分析了产业融合的基础、方式及机理,以及由此构成的产业新关联、新市场结构等。2003 年我出版了个人专著《信息化与产业融合》,在国内较早提出了产业融合理论。

二是服务经济问题。这是后工业化条件下的产业发展新动向。2004年左右,我先后承接了"城市能级提升与现代服务业发展""加快上海第三产业发展的若干建议""'十一五'期间上海深化'三、二、一'产业发展方针,加快发展现代服务业的对策研究""'十一五'期间上海发展服务贸易的基本思路及政策建议"等重大课题。在这些课题的研究中我发现,原先产业经济理论主要基于工业经济的实践,虽然也揭示了服务经济发展趋势,但对服务业发展的内在机理阐述不够深入。事实上,服务业发展有其自身规律及方式,与制造业有较大不同。尽管服务业发展与制造业一样也基于分工细化,但其相当部分是制造企业内部服务的外部化与市场化的结果,其分工细化更依赖于产业生态环境(规制、政策、信用等)。而且,服务业发展带有鲍莫尔"成本病"及"悖论"。因此,促进服务业发展的思路与制造业是截然不同的,更多是营造适合其发展的"土壤"与"气候",重点在于技术应用,创造新模式与新业态,扩展基于网络的服务半径等。为此,我撰写出版了个人专著《服务经济发展:中国经济大变局之趋势》。

另外,在我研究产业经济的过程中,一个重要转折是开始关注产业经济的空间问题。尽管产业集群理论是从空间上来研究产业经济的,但我感觉其主要涉及制造产业的集群,而工业园区及高新技术园区等空间载体,似乎并不适合于服务经济的集聚。服务经济的集聚方式有其独特性,特别是生产者服务业高度集中于城市及市中心区。为此,我开始重点考虑服务经济的空间载体问题。与此同时,一系列课题研究也促使我把服务经济的空间问题引向了全球城市研究。这一时期,我曾先后承接了国家哲学社会科学基金项目"我国新一轮经济发展趋势及其政策研究",上海市哲学社会科学基金"十五"重点项目"城市综合竞争力研究",上海市哲学社会科学基金 2004 年系列课题"科教兴市战略系列研究"(首席专家),上海市重大决策咨询课题"科教兴市战略研究""全社会创新体系研究""上海'学各地之长'比较研究",上海市科技发展基金软科学研究重点课题"实施科教兴市战略与科技宏观管理体制、机制研究",以及上海市发展改革委课题"上海市新阶段经济发展与 2005 年加快发展措施"等。完成这些研究后我发现,尽管这些课题研究涉及不同领域,内容不尽相同,但实际上都在回答同一个问题,即如何建设现代化国际大都市。由此我想到,如果能在一个更高层次的理论分析框架下来研究这些具体问题,可能会形成统一的标准要求,以及更为明晰的相互间关系,有利于这些具体问题的深入研究,特别是有利于准确地定位判断。于是,我开始关注和研究全球城市理论。

全球城市理论虽然涉及全球化、全球城市网络、全球战略性功能、城市发展战略及规划、城市运行及治理,以及城市各领域的重大问题,但核心是其独特的产业综合体及全球功能性机构集聚。它决定了全球城市不同于一般城市的属性特征,赋予了全球城市独特的全球资源配置等功能。这种独特的产业综合体及全球功能性机构集聚,集中表现为总部经济、平台经济、流量经济等。全球城市正是这种高端(先进)服务经济的空间载体。因此,在全球城市研究中,有很大一部分内容是产业综合体及其空间分布规律。出于研究需要,我举办了国际研讨会,邀请"全球城市理论之母"沙森教授等一批国内外专家前来交流与研讨。之后,我主编了《世界城市:国际经验与上海发展》,翻译了沙森教授新版的《全球城市:纽约、伦敦、东京》,在《经济学动态》等刊物上发表了"世界城市理论与我国现代化国际大都市建设""全球化、全球城市网络与全球城市的逻辑关系""21世纪的城市发展与上海建设国际大都市的模式选择""现代化国际大都市:基于全球网络的战略性协调功能""全球城市区域:我国国际大都市的生长空间""我国全球城市崛起之发展模式选择""全球城市区域:全球城市发展的地域空间基础""城市竞争与合作的双重格局及实现机制"等议题的论文。同时,陆续出版了个人专著《崛起中的全球城市:理论框架及中国模式》《全球城市:演化原理与上海2050》《上海迈向全球城市:战略与行动》《卓越的全球城市:国家使命与上海雄心》等,主编了《全球城市理论前沿研究:发展趋势与中国路径》,个人专著《全球城市新议题》也即将完成。

三

学术生涯,一路走来,风景无限,辛苦并快乐。

尽管一开始并没有如此的人生设计,但不管怎样,一旦走上学术研究之路,也没有什么后悔与懊恼,就义无反顾、踏踏实实地走下去,坚持到最后。幸运的是,赶上了国家改革开放、蓬勃发展的大好时光。这不仅创造了思想解放、实事求是、理论创新的学术环境,而且源源不断地提供大量来自实践的生动素材,让我们的学术研究始终面临机遇与挑战,有机缘去攻克许多重大和高难度的研究课题,并催促我们的学术思想与时俱进、创新发展,形成高质量的众多研究成果。

当然,这条路也不好走,有太多坎坷,面临多重挑战。特别是,要补许多先天不足,把耽误的青春年华追回来,更是时间紧、困难多,须付出加倍努力。在此过程中,把"别人喝咖啡的时间"用于学习钻研,牺牲掉许多陶醉于爱情、陪伴于亲情、享受于友情的人生乐趣,是在所难免的。而且,还要有孜孜不倦的追求和持之以恒的坚韧,要坚持"苦行僧"的修行,这些都毋庸置疑。

好在,久而久之,这逐渐成为人生一大乐趣,我甚为欣慰。每当面对疑难问题或有争议的问题时,必会生发探究其中的巨大好奇心。每当带着问题和疑惑,学习新知识和接触新理论时,常有茅塞顿开的兴奋。每当有一些新发现或新想法时,便得一丝欣喜,不禁自鸣得意。每当理清思绪、突发奇想时,总有强烈的创作冲动。每当思维纵横、纸上落笔时,定会亢奋不已,乐此不疲。每当成果发表,被引用或被采纳时,获得感和成就感则油然而生。

其实,这也没有什么特别之处,我们这一代学人都差不多。但一路走过,总有一些个人的不同感受与体会。此在,不妨与大家分享。

学术研究,重点自然在于研究,但更是一个学习过程。这并非指大学本科、硕博期间的学习,而是指在此后专职研究过程中的学习。按照我的经验,在做研究的过程中,至少有一大半时间要用在学习上。任何一项研究,都带有很强的专业性,很深的钻研性。只有补充大量专业知识与新知识,汲取新养分,才能拓宽视野,深入研究。而且,也只有通过不断学习,才能敏锐地发现新问题,得到新启发,提出新课题,从而使研究工作生生不息,具有可持续性。另外,对"学习"我也有一个新解:学之,即积累;习之,即哲思。学而不习,惘然之;习而不学,涸竭之。因此,不管理论研究还是决策咨询,都要"积学为本,哲思为先"。

学术研究,不仅是一种知识传承,更是一种理论创新的价值追求。在我看来,"研"似磨,刮垢磨光;"究"为索,探赜索隐。研究本身就内涵创新。我所倡导的学术研究境界是:沉一气丹田,搏一世春秋,凝一力元神,破一席残局。学术研究中,不管是在观点、方法上,还是在逻辑、结构、体系等方面的创新,都有积极意义。但据我经验,更要注重研究范式及本体论问题。因为任何学术研究都是自觉或不自觉地在某种研究范式及本体论假设下展开的,如果这方面存在问题或缺陷,再怎么样完美和精致的学术研究,都不可避免带有很大的局限性。在这方面的创新,是最具颠覆性的理论创新。

学术研究,必先利其器,但更要注重欲善之事。熟练掌握现代分析方法和工具,有助于深刻、严谨的分析,新发现的挖掘,以及思想观点的深化。并且分析方法和工具多多益善,可针对不同的研究对象及内容进行灵活应用。但分析方法及工具要服务于欲善之事,特别是当今时代许多重大、热点、难点问题研究。要拿着锋利的斧子去砍大树,而不是砍杂草。避免被分析方法及工具约束,阻碍观点创新。更不能通过分析方法及工具的运用,把简单问题复杂化。事实上,任何一种分析方法和工具,都有自身局限性。特别是,不要过于迷信和崇拜所谓的数理模型及其验证。

越是复杂、精致的数理模型工具,假定条件越多,也越容易得出偏离现实的观察和结论。

　　学术研究,生命力在于理论联系实际,回归丰富多彩的大众实践。因此,不能把学术研究理解为狭义的纯理论研究,而是还应该包括决策咨询研究。两者虽然在研究导向、过程、方法及语境等方面不同,但也是相通的,都要"积学为本,哲思为先",知行合一,有创见、有新意。而且,两者可以相互促进。理论研究的深厚功底及分析框架,有助于在决策咨询研究中梳理问题、揭示深层原因、厘清对策思路,从而提高决策咨询研究的质量;决策咨询研究的问题导向以及基于大量生动实践的分析与对策,有助于在理论研究中确定特征事实、找准主要变量、校正检验结果,从而使理论研究得以升华。当然,跨越这两方面研究,要有一个目标、角色与技能的转换。理论研究,明理为重,存久为乐(经得起时间检验);决策咨询研究,智谋为重,策行为乐。

　　也许让人更感兴趣的是,怎样才能让学术研究成为一种乐趣?据我体会,除了执着于学术研究,将其作为一种使命外,治学态度及方式方法也很重要。

　　学术研究,要率性而为。因为率性,不受拘束,就能"自由自在"。坚持一个专业方向,研究范围可有较大弹性。刻意划定研究范围或确定选题,只会强化思维定势,束缚手脚。率性,不是任性,要懂得取舍。不为"热门"的诱惑力所左右,趋之若鹜,而是只研究自己感兴趣,且力所能及和擅长的问题。不顾自身特长,甚至"扬短避长",去啃"硬骨头",往往"吃力不讨好",很难走得下去。对于所选择的问题,要甄别是否具备研究条件。那种超出自己知识存量及能力水平,以及研究对象不成熟或不确定、资料数据不可获得等客观条件不具备的研究,只会走入僵局或半途而废。

　　学术研究,要淡定处之。既要志存高远,脚踏实地,也要云心月性,从容不迫。只有保持平和心态,静心修炼,方能修成正果。任何心猿意马,心浮气躁,只会徒增烦恼,让人焦虑不安。保持适度目标或望值期,做到"全力以赴,力尽所能"即可,至于做到什么程度和达到什么水平,那是"顺其自然"的事情。追求过高目标或期望值,往往"高标准"地自我否定,会带来更多纠结乃至痛苦。面对坎坷与挫折,只有云淡风轻,冷眼相看,蓄势待发,才能迈过一道道坎,从挫折中奋起。任何浮云遮目,畏缩不前,灰心丧气,一蹶不振,只会令人陷入困境,无法自拔。对待学术研究,介于功利与非功利之间,"宠辱不惊,闲看庭前花开花落;去留无意,漫随天外云卷云舒"。任何急功近利,试图一蹴而就,为博"眼球",哗众取宠,一味追求结果的"名利"效应,只会落得焦头烂额,苦不堪言。

学术研究,要抱残待之。这既是对学术抱有敬畏之心,也是一种自知之明。学术研究是无止境的。任何一个阶段的学术研究成果,总会留有瑕疵。对于个体的学术研究来说,其缺陷和不足更会几何级数地放大。因此,学术研究,不求完美,只求不断完善。年轻时,无知无畏,感觉什么都行,并认为来日方长,以后可以得到弥补和提高,总想着要达到完美,不留遗憾。后来,逐渐对自身存在的缺陷和不足,看得越来越清楚,尽管内心有着坚持与努力,却感叹人生苦短,许多东西是难以弥补和提高的。特别是迈入老年后,更明白了应该努力的方向以及如何进一步提高,但已力不从心,望洋兴叹。也许,这就是个体学术研究的一种宿命吧。然而,这种残缺的美感也正是学术发展的魅力所在,让后来者"接棒"跑下去,并超越前人。当然,有生之年,如果还有可能,我很想把近年来对产业经济理论的反思作一系统整理,写一残本《新产业经济学纲要》。

周振华

2023 年 6 月 18 日

2014 年版再版前言

临近年末,接上海世纪出版集团格致出版社来电告知,由陈昕主编的"当代经济学文库"拟旧籍新版,让我在 20 世纪 90 年代曾在"当代经济学文库"中出版的两本专著[《现代经济增长中的结构效应》(1991)、《体制变革与经济增长》(1999)]中挑选一本先行再版。说实话,在当今全面深化改革和打造中国经济升级版的背景下,这两本 90 年代旧著所涉及的议题至今仍有重大现实意义。虽难以取舍,但经过短暂思索,我还是选择了先再版此书。

改革开放以来,中国经济持续高速增长,但结构严重偏差和扭曲一直存在,旧的结构问题还没有很好解决,新的结构问题又不断出现、交互影响,形成叠加效应。特别是产业结构,合理化程度低下和高度化不足并存,服务业发展严重滞后,制造业大都处于生产加工的低层环节,结构弹性呈现负效应及低弹性效应(表现为大量产能过剩)。因此,产业结构调整升级以及解决产能过剩问题仍然是当务之急。另外,中国经济已到了转型发展的关键时期,重点在于产业结构调整升级。根据经济收敛理论和国际经验,当一国人均 GDP 与最发达国家人均 GDP 之比上升至 57% 左右时,这个国家的经济增长达到了"技术边界",即经济增长趋于收敛。2008 年中国人均 GDP 与发达国家(美国)人均 GDP 之比约为 21%(按购买力平价计算),要上升到 57%,在未来相当一个时期内仍有较高经济增长的潜力和余地。但依靠过去那种大规模投资驱动和粗放式增长显然是不可持续的,其增长潜力的挖掘更多在于发挥结构配置效应。

此书虽写于 20 多年前,但侧重的正是产业结构的机理分析。这种机理分析以动态结构的非均衡变动为基础,把总量增长描述为一种由结构变动和配置的回波效应促使经济增长不断加速的过程,重点研究的是产业结构变动及调整的资源再配置对经济增长的作用及其机制。这一机理分析的重要立论是,在更具专业化和一体化倾向的现代经济增长中,产业部门之间的联系和交易及依赖度不断增大,结构效益上升到重要地位,成为现代经济增长的一个基本支撑点。这种来自结构聚合的巨大经济效益,是推动经济增长的重要因素。因此,这种产业结构的机理分析至今仍有适用性,这对解释中国新时期经济转型升级的深刻内涵及指导实际工作有积极的意义。

从个人而言,选择此书再版,是出于一种偏好。20多年前,此书及我的另外两本有关产业经济的专著[《产业政策的经济理论系统研究》(1991)、《产业结构优化论》(1992)]的出版,将我引入了产业经济领域的学术殿堂。其中,此书的学术影响较大。时隔十多年后,还经常有朋友提及此书。尽管此书也重印过,但在市面上早已成绝版。现在一些青年学者与我谈起此书时,往往为"只闻其名,不见其书"而憾。此书的再版,也许能满足他们的好奇心,当然更可能使他们大失所望。尽管之后我的学术研究中也涉及宏观经济学、新制度经济学、区域经济学、企业微观理论、城市经济学等领域,但产业经济学研究始终是"主业"。即便是《体制变革与经济增长》(1999)一书,其实也是进一步研究"结构"背后的体制机制问题。进入新世纪后,根据信息化发展的新变化,我又撰写出版了专著《信息化与产业融合》(2003),填补了原先产业结构研究中所缺失的空白。凑巧的是,新著《服务经济发展——中国经济大变局之趋势》即将在2014年"马年"出版,而《现代经济增长中的结构效应》则是在1990年"马年"撰写成稿的,正值两轮生肖之循环。在我的本命年,此书再版与新著一起"出笼",相互照应,亦可热闹一番。

事过境迁,要与时俱进。旧籍新版,通常会作修订,甚至是重大修改。重新通阅此书,尽管书中一些观点不免老化与过时,个别地方的学术规范也不够,但总体上感觉还过得去。另外,此书中未能详尽阐述的内容或新变化的内容,在后期的一些著作中也已作了专门论述。鉴于此,还是以保留原貌为好,故不作重新修订。书中的不妥之处,权当留给读者批判好了。在当今知识更新的"光速"年代,据说一本书有五年的生命周期就已不错了。时隔20多年,此书再版,哪怕属于"苟延残喘",若还能有所用的话,也足矣了。

周振华

2013 年 12 月 26 日

目　　录

Ⅳ 结构开放效应

附 录

后 记

0 导论:产业结构的增长效应机理分析

0.1 产业结构分析与产业结构政策

0.1.1 产业结构分析的类型

产业结构分析是指以产业结构为其研究对象,并对其状况及变动所作出的各种解释和说明。由于产业结构是一个动态系统,可以从不同的层面和角度对其进行分析,因而产业结构分析具有丰富的内容。

我们知道,产业结构分析主要是为制定产业结构政策服务的。如果从制定产业结构政策需要的角度出发,那么产业结构分析可以划分为如下三种类型:

(1)产业结构趋势分析。它主要研究伴随着经济发展而出现的产业结构演进的规律。它通过对产业结构历史和现状的研究,以及对未来的预测,揭示产业结构发展变化的一般趋势。这种分析主要采用统计归纳法,即在大量收集结构变动的原始数据的基础上,进行截面和历史的分析,统计回归出一般产业结构变动型式。显然,这种规律性的揭示对于规划产业结构发展,有重大的意义。

(2)产业结构机理分析。它主要研究产业结构状态及其变动对经济增长的效应,并揭示其结构效应得以实现的机制性条件。这种分析主要采取实证研究和规范研究相统一的方法,即在提出结构效应理论假说(经过一定的经验实证)的基础上,通过比较各种产业结构状态及其变动的类型,判断其优劣,选择最佳(或次佳)结构效应模式,并探讨实现这一模式的机制性条件。这种分析将为产业结构政策的制定提供基本思路和方向性指导,从而是其政策赖以制定的理论依据。

(3)产业结构现状分析。它主要研究一国(或地区)特定阶段的产业结构的实际状况及其存在的问题。它通过对产业结构的关联及其与需求结构关系的全面考察,判断产业结构变动的合理性,寻找出产业结构问题的症结所在。这种分析主要采用统计对比分析法、实证描述法和经验估计法等。它为产业结构政策提供客观依据。

这三种类型的产业结构分析虽然都是以产业结构为其研究对象,但它们不是同一层次上的分析。从分析的思维程度上讲,趋势分析是归纳分析,机理分析是演绎分析,现状分析是描述分析。从分析的空间范围和时间跨度来讲,趋势分析是高层次分析,机理分析是中层次分析,现状分析是低层次分析。从分析的内容来讲,趋势分析是关于产业结构演进的一般规律的研究;机理分析是关于产业结构效应的研究;现状分析是关于产业结构问题的研究。这三种类型的产业结构分析比较,见表 0.1。

表 0.1　产业结构分析类型的比较

	趋势分析	机理分析	现象分析
层次	高层次分析	中层次分析	低层次分析
对象	一般产业结构	类型产业结构	个别产业结构
内容	研究伴随着经济发展而出现的产业结构演变的规律性	研究产业结构变动对经济增长作用的机理及其实现机制	研究某个时期个别产业结构变动的状态及其问题
主要方法	统计归纳法	实证分析法 规范分析法	统计对比法 实证描述法 经验估计法
功能	为规划未来产业发展服务	选择最佳的产业结构变动模式	为具体的政策制定提供客观依据

0.1.2　产业结构机理分析在政策制定中的作用

不言而喻,上述三种类型的产业结构分析都是制定产业结构政策所必不可少的。产业结构趋势分析将为产业结构政策提供历史前景依据,产业结构机理分析将为产业结构政策提供理论依据,产业结构现状分析将为产业结构政策提供现实依据。一项产业结构政策的制定,同时需要有这三方面的结构分析。

在这三种类型的产业结构分析中,机理分析处于中介地位。它既把高度抽象的趋势分析具体化,又为极为具体的现状分析确定了理论框架,因而在产业结构政策制定中处于重要的地位。如果缺乏这种理论分析,产业结构政策就失去了理论指导,从而难以对政策目标和政策手段作出科学的选择。即使趋势分析和现状分析为其提供了大量信息,但由于缺少中介性的机理分析,这两种分析提供的信息也难以有机地融合起来为政策的制定提供完整的依据。政策制定者置身于抽象规律与具体实际的两类信息中间,将会束手无策。

当然,笔者无意贬低趋势分析和现状分析在政策制定中的重大作用,这两类分析对政策制定的作用是显而易见的。我只是想说明,产业结构政策的制定不可缺少机理分析,只有把这三种类型的产业结构分析结合起来,才能为产业结构政策提供完整的科学依据,从而保证政策制定的正确性。

遗憾的是,在目前大多数产业结构政策制定中都缺乏成熟的理论指导,从而其政策带有较大的盲目性。在缺乏理论指导的情况下,产业结构政策的制定往往只好求助于对别国经验的借鉴和对历史经验的借鉴。固然,这些借鉴是很有必要的,但其经验本身却存在着固有的局限性。

目前不少国家都在研究日本的产业政策(因日本的产业政策取得了举世瞩目的成功),并试图引进和仿效日本的产业政策。借鉴和学习别国的成功经验,确实有助于制定本国的产业结构政策,但也要有相应的理论指导,否则在引进和仿效别国政策的过程中很容易带有盲目性。从一些国家的政策实践来看,尽管采取了类似日本某一时期的产业政策(如倾斜发展政策、战略产业扶植政策、衰退产业援助调整政策等),但其政策效果悬殊:在日本是有效的,移植过来却失效了。当然,这里原因很多,但其中一个重要原因则是缺乏理论指导下的政策盲目引进和仿效。

事实上,产业政策的一个显著特点就是它比其他经济政策更明显地反映该国的经济发展、地理环境、政治、历史、文化和传统等特殊性。"由于各国经济发展阶段、自然与历史条件,国际环境以及政治经济形势不同,产业政策的概念、内容以及形式是不同的,在不同的地区、国家之间有相当大的差别。"①因此,我们

---

① Chalmers Johnson(ed.), 1984, *Industrial Policy Debate*, ICS Press, 6.

不能简单引进和仿效别国的产业政策。在别国成功的产业政策,只有经过上升到经济理论高度的分析,才对我们制定产业政策有借鉴和指导意义。

20世纪70年代后期以来,曾出版了一些关于产业政策(尤其是战后日本产业政策)的论著,虽然其中不乏有洞察力之作,但分析的重点主要是从历史的角度对产业政策的政策意图、主要的政策手段、作为政策对象的产业以及政策实施的效果进行分析和评价。用日本著名产业经济学家小宫隆太郎的话来讲,"几乎没有人真正从经济学的角度对此进行深入的分析研究"。[①]

对本国或别国的产业政策进行认真的历史反思和经验总结,吸取宝贵的历史遗产,对于政府设计和运用产业政策是很有启迪和帮助的。例如日本学者把战后作为产业政策推进的各种政策加以归类,从理论上探讨这些政策在国民经济中的意义,提出战后日本的具体政策的参考标准。但是,对于产业结构政策制定来说,这种历史发展过程的叙述和经验总结,以及从中提取出来的参考标准,毕竟是浅层次的,其视野有相当的狭窄性。依靠这种历史经验的借鉴来制定产业政策,会有一定的片面性。

因此,在制定产业结构政策的过程中,我们不仅要借鉴他国的经验和历史经验,而且要有相应的理论指导。这种理论指导就来自产业结构机理分析。

0.2　产业结构机理分析的框架

0.2.1　机理分析的内容:结构效应

本书主要进行产业结构机理分析。这一分析的主要内容是全面揭示产业结构状态及其变动对经济增长的效应,即结构效应。

产业结构是诸产业按照社会再生产的投入—产出关系有机结合起来的一种经济系统,这一系统在与外界的能量互换中,不断地改变着自身的状态。这些不同的关系状态,对经济增长有重大的影响。而且,产业结构中的关系越是复杂,其关系状态对经济增长的影响越大。

本书进行的产业结构机理分析就是从产业结构的内部关联、外部联系及发

---

① ［日］小宫隆太郎等编:《日本的产业政策》,国际文化出版公司1938年版,日本版序言。

展成长和开放等方面,考察它们对经济增长的重大影响,说明结构效应主要表现在哪些方面,以及其对经济增长的作用机理。同时,通过比较和分析,说明哪种类型的产业结构状态及其变动具有较大的结构效应,并深入探讨发挥结构效应所必须具备的条件和实现机制。总之,它是以结构效应为核心内容的产业结构分析。

从前面产业结构分析类型的论述中我们已经看到,产业结构机理分析在整个结构分析体系中居中介地位。这就决定了机理分析势必要与其他两类分析发生密切联系。事实上,机理分析是以现状分析为基础,以趋势分析为前提;没有这两类分析的帮助,机理分析是无法完成的。但在本书的产业结构机理分析中,所涉及的现状分析和趋势分析,都是为说明结构效应服务的。为此,我们不可能更多地解释决定产业结构状态及其变动的原因和变量,也不能将重点放在产业结构现状分析上,我们的研究对象是结构效应。

0.2.2　机理分析的经济背景选择

在确定了本书的主要内容后,接下来就要考虑应把这种产业结构机理分析置于什么样的经济背景下展开。我们知道,产业结构是一个动态发展的过程,在不同的经济条件和系统中,它自身的内部要素及其关系是不同的。尽管在任何经济背景下,它都存在着结构效应,但由于其内部要素及其关系的差异,它对经济增长的影响程度、作用范围及作用方式,都有较大的区别。因此,选择什么样的经济背景展开产业结构机理分析,不仅关系到这一理论分析的深度和广度,而且在很大程度上决定了这一分析的实用价值。

经济背景是一个多元的概念,包括经济发展阶段、经济发展类型、经济发展条件和环境,以及经济体制和运行机制。显然,这些方面对产业结构都有直接和重大的影响。严格地讲,产业结构机理分析应被置于这样一个包容完整内容的经济背景下。但这样的话,有可能使问题变得很复杂,难以划分出几种具有典型意义、可供产业结构机理分析选择的经济背景的类型。我认为,只要能够较好地说明产业结构的增长效应,不妨在经济背景这一概念的多元内容中舍象掉一些方面,以便使分析更为简便。因此,下面所说的经济背景主要是指经济发展阶段及发展方式。

如果我们选择传统经济(即以农业为主的不发达经济)为分析的背景,那么由于在此背景下产业结构的内部关联比较简单,并且这种结构呈现一种超稳定态,因而结构变量对经济增长的影响作用不大。在这种情况下,就很难深刻地揭示出产业结构的增长效应。即使进行这种机理分析,也只能停留在魁奈"经济表"的水平上。

如果我们选择工业化的古典经济(即以简单机器大工业为主的经济)为分析背景,那么尽管此时产业结构内部关联已发展起来,其结构也已走出了超稳定态,但产业关联并没有复杂化,结构变动也较平稳,呈现出一种渐进的动态均衡。显然,在这一背景下进行产业结构机理分析,也难以全面揭示产业结构的增长效应,不免带有较大的局限性。

如果我们选择一种封闭经济(基本上自给自足的经济)为分析背景,那么由于排除了外部变量对产业结构的影响,结构的状态及其变动就显得相对简单和稳定了,因而在很大程度上会掩盖产业结构的增长效应。在这种背景下分析产业结构机理,其理论价值和实际意义就会大为逊色。

可见,为了较好地进行产业结构机理分析,全面、深刻地揭示产业结构的增长效应,我们必须选择一个适当的抽象经济发展形态为分析背景。上述的一些分析背景,都是不利于产业结构机理分析的,不能选用之。否则,我们的产业结构机理分析将陷入困境,被其理论框架本身的局限性所制约。

本书选择了世界性的现代经济增长过程为产业结构机理分析的背景,也就是说,从世界性的现代经济增长进程的角度来考察产业结构变动对经济增长的作用及实现机制。选择世界性的现代经济增长进程为分析背景,其理由如下:

(1) 现代经济增长是从传统经济向现代经济、从不发达状态向发达状态转变过程中的经济增长,中国正好处于这样一个发展进程之中。因此,以此为背景分析产业结构机理有强烈的现实感。

(2) 现代经济增长区别于以往经济增长的显著特征是经济高增长率和结构高变动率。统计分析表明,在大约一个世纪内(从18世纪后期至19世纪80年代),15—18个目前发达国家中,人口差不多增长3倍,人均产值却增长5倍多,国民生产总值至少增长15倍,有的国家甚至增长30—50倍。与此形成明显反差的是,在1000—1750年几个世纪的漫长年代中,欧洲的人口是按每世纪17%的比率累进增长的,人均产值每世纪的增长倍数在1.25—1.50的范围内变动,或者说远不到现代时期增长倍数的 1/20 至 1/4。①如果我们拿 20 世纪的经济增长情况与此比较的话,反差将更大。与此同时,产业结构发生了急剧变革。从发达国家经济增长过程来看,在一个世纪里,农业部门的产值份额从 40% 以上下降到 10% 以下,工业部门的产值份额则从 22%—25% 上升到 40%—50%,服务部门的产值份额也有上升。如果从劳动力的部门份额变动来看,结构变动更为明显。农业部门的劳动力份额在一个多世纪内下降了 35%—50%。②这种经济高增长率和结构高变换率,无疑为我们分析产业结构机理提供了大量有用的信息。

(3) 现代经济增长是以世界技术革命为轴心,以生产率(包括所有生产要素单位投入量的产出率)的高速增长为基础的。而这种连续并不断加速的重大技术创新,正是我们揭示产业结构变动对经济增长重大影响的关键。这是因为,重大的技术创新总是首先在个别部门出现,继而通过扩散产生波及效应的。所以,它使我们通过产业结构效应来进一步揭示技术革命与经济增长的本质关系成为可能。

(4) 现代经济增长使世界经济趋于一体化,它对整个世界都产生了影响,尽管它在占世界人口 3/4 的国家中的传播还是有限的,但它对这些国家产业结构变动的影响是极其深刻的。即使对于发达国家来说,这种外部力量对其产业结构的冲击也是很大的。产业结构变动对经济增长的巨大作用(尤其是发展中国家),在很大程度上取决于这种世界经济一体化的环境条件。这就为我们全面揭示产业结构效应提供了必要条件。

可见,现代经济增长的深宏背景将为产业结构机理分析提供良好的条件和大量信息,致使产业结构机理分析有可能达到相当的深度和广度(当然,由于笔者才疏学浅,不一定能做到这一点)。据我看来,这种分析背景之所以有利于产业结构机理分机,关键在于现代经济增长方式本质上是结构主导型增长方式,即以产业结构变动为核心的经济成长模式(这一点将在后面论证)。因此,产业结构机理分析,实质上就是揭示现代经济增长的新的重大增长源泉。自然,以其为分析背景再也适宜不过了。

---

① 参见[美]库兹涅茨:《各国的经济增长》,商务印书馆 1985 年版,第 27、323 页。
② 同上弓,第 330 页。

0.2.3 机理分析的视角:重新调整

目前对于产业结构的分析,大多是从总量角度出发的。对于分析产业结构变动趋势来说,这无疑是一种正确的视角;唯有如此,才有可能揭示产业结构变动的规律性。然而,这一分析视角对于我们所要进行的产业结构分析来说,则是不行的。由于产业结构机理分析是为了解释产业结构变动如何促进经济增长的,所以其分析的视角恰恰相反,即从结构的角度看总量增长。

这两种不同的分析视角在库兹涅茨与罗斯托关于现代经济增长本质的争论中得到了明显的反映。为了更好地比较和区分这两种不同的分析视角,我们不妨看看这两位经济学家之间的争论,这也许对于我们加深对分析视角调整的认识,是十分有益的。

库兹涅茨认为,经济增长是一个总量的过程;部门的变化都同总量的变化相互联系;而且只有把部门的变化结合到总量的框架中时,才可能对它们加以适当的权衡比较;缺乏所需的总量变化就会严重地限制内含的战略性的部门变化的可能性。[①]因此,在他看来,在总量增长与结构变动的关系中,首要的问题是总量增长,只有总量的高增长率才能带来生产结构的高变换率,没有总量的足够变化就会严重限制结构变化的可能性。这种关系可以通过以下几个方面的论证给予说明:

(1)消费者需求结构的变动直接拉动生产结构的转换,"反映与人类生理特征有关的需要等级的先后次序级别,在生产结构形成的年代中具有支配作用"。[②]然而,消费者需求结构是以对各类商品供给的丰富水平具有不同的反应为其特征的。如果消费者需求结构对保证消费品增加供给的不同制度条件是持续的,并且是大体不变的,那么按人口平均产值的增长率越高,消费者需求结构的改变也就越大。[③]因此,在他看来,逻辑的顺序似乎是:总量高增长率引致需求结构高变化率;需求结构高变化率拉动生产结构的高转换率。

---

① [美]库兹涅茨:《评起飞》,载罗斯托编:《从起飞进入持续增长的经济学》,四川人民出版社 1988 年版,第 48 页。
② [美]库兹涅茨:《各国的经济增长》,商务印书馆 1985 年版,第 344 页。
③ 同上书,第 345 页。

（2）某个部门有了重要的技术革新突破以及技术革新的中心发生转移,将对生产结构产生直接影响。然而,一项有重大经济影响的技术革新是三个组成部分的综合:一是一项发明,它提供了一种骨架,使一系列次要的发明和改进能环绕它而建立起;二是物质资本,特别是人力资本的供给;三是巨大的潜在需求,它经常通过当前增长快的工业在生产进程中的明显的薄弱环节而透露出来。这三个组成部分是互为制约的,而同时又都与总量增长有密切关系。另外,技术革新中心的转移则是需求偏重某种产品选择性的结果。因为在需求反应转变为不灵敏时,这种产品进一步的技术变革,不论其在工程技术上如何革命,总体上也不会引起产量增长的进一步加速。这样,势必促使发明家把其注意力转移到更有希望发展的部门中去。因此,即使是由技术革新引起的生产结构的变动,仍然处在总量框架之内。

（3）在开放经济条件下,反映各国之间产品生产相对优势变动的各国进出口结构的不断变动,也会促使一国国内生产结构的改变。然而,产品生产相对优势的变动,则反映了本国较世界其他国家拥有较高的增长率。因此,通常作为技术进步高速度发展反映的按人口平均产值的高增长率,就会有助于相对优势的迅速改变,从而也会加强国内生产结构的改变。[①]

与库兹涅茨的观点相反,罗斯托则认为,近代经济增长本质上是一个部门的过程,它根植于现代技术所提供的生产函数的累积扩散之中。这些发生在技术和组织中的变化只能从部门角度加以研究。[②]当然,罗斯托本人无意要否定总量概念,而只是强调离开了部门分析,将无法解释增长为什么会发生。为此,罗斯托从以下几方面对此观点进行了论证。

（1）新技术的吸收本来就是一个部门的过程。按他的说法,吸收新技术并不是出现在我们所说的国民生产总值或投资这类指数抽象物中,也不是出现于我们所称的农业、工业或服务业这类指数抽象物中。[③]技术创新是具体的,它总是与某一特定部门中的经济问题相联系的,也会遇到这个部门在制度上和社会上的所有问题。因此,技术创新能否出现和是否行之有效,是由特定部门中广泛的关系及其特点决定的。

---

① ［美］库兹涅茨:《各国的经济增长》,商务印书馆 1985 年版,第 346 页。
② ［美］罗斯托编:《从起飞进入持续增长的经济学》,四川人民出版社 1988 年版,序与跋,第 5 页。
③ 同上书,中文版序,第 3 页。

　　（2）引进新的重要技术或创新于某个部门之中，是一个与其他部门以及整个经济的运转相联系的纵横交错的复杂过程。一旦创新在某一部门出现，通过与其他部门复杂的关联，将对产业结构转换发生猛烈的激发和推动的作用。

　　（3）经济增长是主导部门依次更替的结果。罗斯托认为，一个或几个新的制造业部门的迅速增长是经济转变的强有力的、核心的引擎，因为这些具有新的生产函数的主导部门会发出各种扩散效应，从而使经济增长产生飞跃。在此过程中，当旧的主导部门减退时，新的主导部门便会诞生。因此，"增长的完整序列就不再仅仅是总量的运动了；它成了在一连串的部门中高潮的继起并依次关联于主导部门的序列，而这也标志着现代经济史的历程"。①

　　从上述的争论中，我们可以看到，库兹涅茨感兴趣的是伴随着人均收入增长而出现的结构变化，而罗斯托感兴趣的则是那些使人均收入持续提高所必需的结构变化。由于分析问题的出发点不同，他们分析问题的角度也不同。库兹涅茨主要从需求的角度来分析结构变动，即使对于影响产业结构变动的技术革新这类供给方面的因素，他也从需求角度给予限定，例如技术革新的发生与发展以及技术革新中心的转移要以需求为前提。所以在他的分析方法中，除了采用三次产业分类法和一些通用的宏观总量指标外，所采用的其他变量实际上是反映了与总量密切联系的国民消费结构变动对产业结构变动的制约。罗斯托则主要从供给角度分析问题，当然这与新古典理论从供给角度分析增长原因是截然不同的，后者把结构变动的资源再配置完全排斥在增长因素范围之外。他以创新为基点，考察了在某些部门率先出现的创新通过与其他部门复杂的关联，对产业结构转换发生的重大影响，尤其是以创新为基础的主导部门通过其扩散效应推动产业结构转换，从而加速经济增长的状况。因此，这是两种不同的分析方法。库兹涅茨所使用的是均衡的动态结构演进分析法，即在总量增长框架内把结构变动描述为一种渐进的、连续的过程。在这种过程中，似乎存在着某种涓流效应使动态结构趋于稳定与均衡。罗斯托所使用的是非均衡的动态结构演进分析法，即以动态结构的非均衡变动为基础，把总量增长描述为一种自我持续的增长过程。在这种过程中，似乎存在着某种回波效应使经济增长不断加速。

　　我认为，从分析视角本身来说，两者都是可行的，因为这两种视角对于分析

---

　　①　［美］罗斯托编：《从起飞进入持续增长的经济学》，四川人民出版社 1988 年版，序与跋，第 7 页。

产业结构问题各有用处,选择何种视角完全取决于分析的任务。库兹涅茨的绝大部分工作是产业结构趋势分析,自然他就把结构置于总量框架之内,从总量过程看产业结构有序的变动趋势。相反,罗斯托主要偏重于产业结构机理分析,所以他强调了结构变动对总量增长的作用。因此,从不同的分析视角引申出不同的分析方法,进而得出不同的观点,是很自然的事情。

问题在于,我们所要进行的产业结构分析是机理分析,因而不能沿用传统趋势分析的视角和方法,必须实行转换。我认为,研究产业结构变动对经济增长的作用及其机制,要立足于对结构变动类型的考察。虽然从长期来看,结构变动与总量增长有很强的相关性,所有国家的产业结构变动趋势是基本相同的,但这种趋势分析并没有揭示出达到相同结构变动结果的时间距离。事实上,各国产业结构变动和人均收入水平提高的速度是不同的。不同的结构变动类型对经济增长的快慢有重大影响。产业结构机理分析就是要揭示产业结构变动趋势中所出现的时间快慢的奥秘,因而它必须从结构变动看总量增长。

0.3　产业结构机理分析的立论

0.3.1　立论的理论假说

产业结构机理分析是为了揭示产业结构状态及其变动对经济增长的促进作用。显然,这种结构效应分析的一个基本立论就是:结构效应是决定经济增长的一个重要变量。那么,这一基本立论能否成立呢? 笔者自然是持肯定态度,否则下面就没有什么文章可做了。但科学研究是一项严肃的工作,不能凭主观"想当然",而要充分论证其所以然。为此,我们要对这一基本立论本身进行科学论证。从某种程度上说,这也是针对传统增长模型否定这一立论而作的。我想首先就这一基本立论提出理论依据。这一依据是以现代经济增长进程为背景的,其要点是:

(1)在现代经济增长过程中,一个明显的变化是社会分工日益细化,产业部门增多,部门间的交易变得相当复杂,其交易规模不断扩大。这充分显示了现代经济增长更具有专业化和一体化的倾向。在部门之间依赖度增大的情况下,结构效益就上升到重要地位,成为现代经济增长的一个基本支撑点。这种来自结构聚合的巨大经济效益,是推动经济增长的重要因素。

(2) 大量的资本积累和劳动投入固然是经济增长的必需条件,但其投入的产出效益在很大程度上取决于结构状态。如果结构扭曲,且呈刚性,那么大量的资本和劳动的投入将得不到合理配置,或严重降低资源配置的效果。即使短期的高增长也许可能,也最终会因结构制约而不能长时间地持续下去。

(3) 现代经济增长的又一明显变化是科学技术的大量应用,技术进步日新月异。可以说,现代经济所出现的生产率高增长以及由此产生的人均国民生产总值的高增长率,最终可归因于科学技术的发展。然而,技术创新不可能在所有现存的生产部门之间平均分布。它往往只被特定的生产部门所吸收,然后再向别的部门扩展。因此,技术创新对总量增长的作用在很大程度上是通过结构关联效应实现的。结构关联效应使某一部门的技术创新作用不断扩散,并使技术创新的中心发生转移。显然,在产业结构关联松散、甚至断裂的情况下,技术创新的扩散势必受到严重限制,从而不能充分发挥其应有的作用。

0.3.2　立论的初步验证

上述的理论依据虽然是从现实中概括抽象出来,并在逻辑上可以成立的思维结果,但它仍然还只是一种理论假说,需要进一步的验证。目前,这一假说正受到日益增多的统计分析的验证,尽管这种验证尚不成熟,但也足以支持我们的立论了。

一些经济学家,诸如鲁宾逊、钱纳里、费德等,在新古典增长公式的基础上加入了一个或更多的结构变量来研究经济增长,以统计分析来说明结构变量在经济增长中的作用。虽然这种研究是以新古典增长公式为基础的,所选择的结构变量也较狭窄,主要是劳动和资本再分配(自农业向其他生产率较高的部门转移)、出口增长、资本流入(进口超过出口)和发展水平,因而不免带有局限性,但它仍然表明了在原来只包括资本和劳动增长的总量模型上,增加一个或更多的结构变量时所产生的影响,即增加结构变量显著改进了对不同发展中国家增长率区别的说明。所以,这一研究成果在一定程度上可以用来作为我们立论的验证。

这一研究所设定的模型,其回归方程的一般式为:

$$G_Y = a_0 + a_1\left(\frac{I}{Y}\right) + a_2 G_L + a_3 X_3 + a_4 X_A + a_5 X_E + a_6 X_F + a_7 X_D$$

式中:G_Y 为总的经济增长(即 GNP);I/Y 为投资同 GNP 的比率(资本存量增长的替代变量);G_L 为劳动力投入的增长;X_3 为劳动质量(或教育)的度量;X_A 为劳动或资本自农业转移的度量;X_E 为出口增长的度量;X_F 为国际收支逆差的度量;X_D 为发展水平的度量。

我们这里只选择鲁宾逊和费德的研究结果来说明结构因素对增长的相对重要性(两者的区别主要是,费德研究的样本局限于准工业国家)。表 0.2 中的列 1 是只包括资本和劳动的增长模型(新古典增长模型),列 2、列 3 是增加了不同结构变量的增长模型分析。圆括号中的数字表示某一增长因素贡献占总增长的百分比。

表 0.2　发展中国家的增长因素,两种研究(1958—1973 年)

因　　素	1958—1966 年(鲁宾逊)				1964—1973 年(费德)			
	抽样平均数	1	2	3	抽象平均数	1	2	3
投资(I/Y)	0.168	2.90 (59)	2.56 (51)	1.56 (31)	0.201	4.97 (78)	2.80 (44)	2.20 (34)
劳动($\dot{L}/L$)	2.74	1.49 (30)	1.00 (20)	0.95 (19)	2.07	1.62 (25)	0.89 (14)	1.72 (27)
再分配			0.77 (16)	0.90 (18)			2.00 (31)	0.50 (8)
出　口				0.70 (14)				1.96 (31)
残　值		0.56 (11)	0.62 (13)	0.84 (17)		−0.18 (−3)	0.72 (11)	0.01 (0)
总增长		4.95	4.95	4.95		6.41	6.41	6.39

资料来源:[美]钱纳里等:《工业化和经济增长的比较研究》,上海三联书店 1989 年版,表 2.5。

从这一研究中,我们可以看到:(1)资本增长依然是最重要的单个因素,但是它的相对贡献减少了,自新古典模型平均增长的 50% 以上降至结构公式的 30%—40%。(2)劳动力增长的重要性同样也减少了;在一些发展中国家的样本中,它不再具有统计意义。(3)资源再分配,即资本和劳动自农业向其他生产率较高的部门转移,约占平均增长的 20%。(4)所有发展中国家的出口增长都对经济增长作出了重大贡献。尽管这一研究并没包容全部结构因素(如瓶颈缓解、结构细化等),从而不可能全面估算结构变量对增长的贡献,但它的回归分析得出的结论仍然有力地支持了我们的立论，从统计分析的角度验证了我们所要进行分析的基本前提是可以成立的。当然，这种统计分析只是展示了结构变量对经济增长有显著的贡献，但其基本的因果关系并不能由此得到说明，而这正是本书所要完成的任务。

除此之外，历史经验和现实也在一定程度上验证了我们提出的立论。在现代经济增长的历史进程中，产业结构合理演进的能力（产业结构的转换能力）的高低，在很大程度上决定着各国的盛衰荣辱，决定着各国之间经济实力对比关系的变化。其中，最为典型的例子便是日本和英国。日本在第二次世界大战之后，面临资本、劳动力、自然资源等要素严重不足的困难，之所以能在极短的时间内跻身发达国家行列，成为西方第二经济大国，其奥秘就在于充分发挥了结构因素对增长的作用，从推动产业结构合乎规律的转换中求速度、求效益。相反，曾作为世界第一强国的英国，却由于缺乏足够的产业结构转换能力，在 20 世纪 20 年代进入经济的"黑暗"时代。

目前，不论是经济发达国家，还是发展中国家，对于结构因素的增长作用，都有强烈的现实感受，尽管它们面临着不同的问题。在那些较早进入现代经济增长过程现已成为发达经济的国家，一些传统的重工业（如钢铁、橡胶、造船、汽车业等）正在迅速衰落，高技术产业正在兴起，它们正面临着"后工业化"阶段的结构转变。如果它们不能有效地利用这些结构因素，适时推进产业结构高级化，那么稳定的经济增长将难以继续维持。为此，一些发达国家的有识之士正疾声呼吁：排除增长道路上的结构性障碍。对于那些较后进入现代经济增长进程的发展中国家来说，它们则处在大量农业剩余劳动力向现代非农产业转移的结构大调整阶段；充分利用结构因素，推进产业结构合理化和高级化，已成为它们实现经济起飞、赶超发达国家的唯一政策选择。因此，不管历史还是现实，都给机理分析的立论提供了丰富的经验基础。

0.4 机理分析的理论假设：对传统增长模型的批判

0.4.1 传统增长模型：排斥结构因素

与其他经济分析一样，机理分析也要确定其假设前提，而这一假设前提则是来自对传统增长模型的批判。

　　传统经济增长理论的基本看法大致是:国民生产总值增长是资本积累、劳动力增加和技术变化长期作用的结果。需求变化和部门之间的资源流动是相对不重要的,因为所有部门的劳动和资本都能带来同样的边际收益。这种观点由来已久,早在古典经济理论中就有了解释。亚当·斯密、穆勒、马尔萨斯和李嘉图等人的观点综合起来无非是:剩余(总产量同假定等于工资总额与总消费之间的差额)的出现引起资本积累;资本积累导致对劳动力需求的增加;劳动就业增加带来生产扩大和产量增加;从而剩余将再次出现,以推动积累和对劳动力的需求,整个过程在下一阶段将重复出现。这种情况可以由图 0.1 来说明。

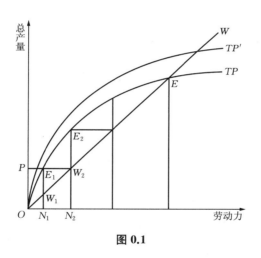

图 0.1

　　在图 0.1 中,纵轴代表减去租金的总产量,横轴代表劳动就业量。OW 线表示最低工资线(按照维持最低生活水平的标准支付给工人的工资),当 TP 总产量仅是工资和利润的总和时,在劳动力为 ON_1 的情况下,产量为 OP,而每单位工资是 N_1W_1,剩余或利润是 E_1W_1。假定剩余全部用于积累,这种积累将增加对劳动力的需求,并且在人口数量给定的条件下,劳动力供给仍保持在 ON_1 上;从而工资上升到 E_1N_1。由于工资超过了维持最低生活水平(即 $E_1N_1 > N_1W_1$),按照马尔萨斯的人口理论,就会刺激人口增长到 ON_2,这会造成劳动力供给过剩,工资被迫回到维持生存的最低水平,剩余则再次出现,即 E_2W_2;整个过程重复发生,直到达到 E 点。TP 移位到 TP',则表示引入了技术进步(这是亚当·斯密的看法)。且不论古典增长模式中报酬递减律、工资铁律、人口论等方面的严重不足,就其模型本身来说,是把结构因素完全排斥在外的。

哈罗德和多马在古典增长模型的基础上,吸收了凯恩斯的收入理论,发展了经济增长理论。哈罗德—多马模型强调了经济增长的原动力是投资,而且投资起双重作用,既创造需求,也创造生产能力。在假定资本和劳动处于固定的技术关系的前提下,通过资本—产出比率把产出与全部实际资本联系起来,从而证明增长率与储蓄率和资本—产出比率有关。

设 Y 为收入或产出,S =储蓄,I =投资。

设 $S = \dfrac{S}{Y}$,$V = \dfrac{I}{\Delta Y}$,$g = \dfrac{\Delta Y}{Y}$(Y 的增长率)。由于假定 V 固定,且 $S = I$,所以有:

$$\Delta Y/Y = \frac{\Delta Y}{I} - \frac{S}{Y} \text{ 或 } g = s/v \tag{0.1}$$

或变换为线性差分方程:

$$\frac{Y_{t+1} - Y_t}{Y_t} = sb \tag{0.2}$$

式中:b 表示产出—资本比率,它为资本—产出比率的倒数。

或:

$$Y_{t+1} = Y_t + sbY_t = (1 + sb)Y_t \tag{0.3}$$

已知按比例的收入增长率等于储蓄率乘产出—资本比率。

这一差分方程的解是:

$$Y_t = Y_0(1 + sb)^t \tag{0.4}$$

且不论这一模型本身存在的不稳定性问题[①],仅就其对经济增长的解释来看,至少存在三方面问题:(1)这一模型主要依赖于资本的价值理论,在等式(0.1)中,经济增长率与劳动无关。因此,只有当资本—产出比率不变时,劳动因素才

---

① 在每单位的产出所需劳动力给定的条件下,Y 不能高于 n(即劳动力供给的增长率,由非经济力量所决定)的比率无限制地增长,这样,$g = \dfrac{s}{v} = n$ 就成为这一模型稳定性的条件。但是,由于 s、v 和 n 各自单独决定,一旦这个条件不能满足,经济系统便不能自动地趋向均衡,所以体现充分就业的稳定状态的增长率便位于"刀刃"上,它被认为是不稳定的。

能进入其系统。(2)技术进步没有直接进入其模型。虽然技术进步会影响资本—产出比率 v,但在该模型中,v 或被看作按未知方式变化的变量,或被视为关于时间的常量,从而被看作是理论的已知数。(3)这一模型完全排斥结构因素。

索洛对哈罗德—多马模型作了修改,提出了新古典经济增长模型。他采用总量生产函数,即:

$$Q = F(K, L, t) \tag{0.5}$$

式中:Q 是国民经济总产出;K 和 L 分别为资本总投入和劳动总投入;t 为时间。这里变量 t 已考虑到技术进步。用索洛的话讲,技术进步是"生产函数任意一种形式移动的缩语"。但这种技术进步被假定为希克斯中性,即源于既定的资本和劳动组合的技术进步可以提高产出,但并不改变资本和劳动的相对边际产出。这样,生产函数可分解成两个部分,即:

$$Q_t = A_t F(K_t, L_t) \tag{0.6}$$

其中,A_t 仅依赖于技术进步,另一部分 $F(K_t, L_t)$ 仅依赖于资本和劳动的投入。若技术进步不是中性的,则投入(K 和 L)与产出(Q)之间的关系将随时间而变化,从而生产函数不能分解为两部分。此外,还假定技术进步表现为规模收益不变,即规模增加幅度与收益增加的幅度相等,或资本产出弹性系数 d 与劳动产出弹性系数 β 的总和等于1。对式(0.6)求关于时间的导数,然后以 Q 除该式,就可以推导出产出增长的三个因素:

$$\frac{\dot{Q}}{Q} = \frac{\dot{A}}{A} + A \frac{\partial F}{\partial K} \frac{\dot{K}}{Q} + A \frac{\partial F}{\partial L} \frac{L}{Q} \tag{0.7}$$

式中:圆点表示时间导数。替换 $\beta_K = (\partial Q/\partial K)(K/Q)$ 以及 $\beta_L = (\partial Q/\partial L)(L/Q)$,便给出基本的新古典增长方程:

$$G_V = G_A + \beta_K G_K + \beta_L G_L \tag{0.8}$$

式中:G_V、G_K、G_L 分别代表总产出(附加价值)、资本和劳动的增长率;β_K 和 β_L 分别代表资本和劳动的收入份额;G_A 为全要素生产率的增长,它被定义为:$G_A = G_V - \beta_K G_K - \beta_L G_L$,即产出增长中一切其他不因投入量增长而发生的部分。

显然,新古典增长模型对于揭示经济增长源泉比以往大大前进了一步。该模型的实际运用,清楚地显示了技术进步因素对于经济增长的巨大作用。例如,美国在 1909—1949 年间,私人非农企业产值增长 216％,劳动投入增长 54％,资本投入增长 102％;据测算,同期资本和劳动的产出弹性大约分别为 1/3 和 2/3,从而全要素生产率增长 146％,在产值增长中所作的贡献占 68％。然而,由于 G_A 是用排除法定义的增长率的余值,而不是用模型来明显表示的,所以它只是证明了增加劳动和资本投入对于经济增长的作用是有限的。但这个余值 G_A 本身究竟包括哪些具体内容并没有得到说明,因此还需要更好地挖掘隐藏在余值 G_A 之中的东西。

丹尼森和肯德里克等人对此进行了研究,把全要素生产率分解为更细的项目,例如生产要素质量的变化、知识进展、资源配置的改善、规模经济等。在丹尼森研究的结论中,他发现对美国在 1929—1957 年间经济增长作出贡献的主要来源有:(1)教育(23％);(2)劳动投入(34％);(3)资本投入(15％);(4)知识进展(20％);(5)规模经济(9％)。这里的知识进展因素可以说是本来意义上的技术进步因素,但它的贡献也是作为余值得到的。如果我们把丹尼森和索洛的研究加以比较,就可以明显感觉到,通过对越来越多的增长来源进行明确的计算,余值的规模就会缩小。难怪一些学者把这一余值称为"我们无知的度量"。

0.4.2 对传统增长理论假设的批判及修正

通过上面的理论回顾,我们可以清楚地看到,传统增长理论经过长期的发展,不断趋于完美,其模型越来越精致,并使经济增长过程有了相当高的透明度。然而,它却始终把结构因素排斥在增长源泉之外,这从根本上扼杀了其理论发展的生命力,宣告了这一理论已走到了历史的尽头。

这一理论悲剧的出现,不是偶然的,更不是这些经济学大师们的疏忽,而是由其理论假设所内在规定的。为传统增长理论奠定基础的假设是竞争均衡,即经济制度有足够的灵活性以维持均衡价格,从而无论从生产者还是消费者的观点来看,资源都存在着长期的有效配置(即帕累托最优化)。这就意味着所有部门的要素收益率都将等于要素的边际生产率。既然如此,那么在任何既定时点上,部门之间劳动和资本的转移都不可能增加总产出,即不存在结构效应。

在这种理论假设下,哈罗德—多马是以单一产品为基础构造其增长模型的,从而完全忽略了总产品的商品构成。新古典增长模型虽然改进了哈罗德—多马模型,采用了总生产函数,但它却是"平均的"部门之和的总量概念,是总体经济的微观经济类比。因此,在这些模型中自然就把增长因素局限于资本积累、劳动的质和量提高、中间投入增加、全要素生产率增长等狭小范围内。并且,把增长的原因限定在供给要素上(因为它假设均衡能长期得到维持)。

显然,传统增长模型的假设是有严重缺陷的,甚至是错误的。事实证明,不论是市场机制(自由竞争或垄断竞争)还是行政机制,都不可能实行完全的均衡调整。因此,我们不能假设充分的最优资源配置。既然如此,那么不仅会出现反映市场均衡完全失效的短缺和过剩,而且会更多地出现不同部门中劳动和资本使用方面的收益差别。在这种情况下,产业结构的调整和优化无疑会加速经济增长,从而结构因素便顺乎自然地进入增长源泉的行列。

随着传统增长模型的假设的修正,我们对增长原因分析的视野就大大拓宽了,即不仅要考虑供给要素,而且要考虑需求要素。因为市场非均衡状态是供给与需求两方面的问题,或是供给滞后,或是需求滞后。当我们把供给要素和需求要素引入到部门分析中去时,就可以明显地看到,产业部门之间的劳动和资本的收益差别,主要是由部门之间的生产率增长速度和需求扩张不同引起的。这样,只要产业结构的变化能适应需求的变化和更有效地对技术加以利用(主要表现为劳动和资本从生产率较低的部门向生产率较高部门的转移),经济增长就会加速。这一特征在帕西内蒂(L.L.Pasinetti)的经济增长和结构变化模型中典型地反映了出来。[①]

帕西内蒂把经济系统视为一系列"纵向联合的部门"之和。每个部门生产最终产品所需的材料,中间投入都由本部门自行生产,并利用劳动和资本实现生产。一系列方程描述了进出每个纵向联合部门的要素流量。当现有劳动和资本充分利用时,系统处于均衡。表示这一均衡条件的方程包括了每个纵向联合部门的贡献之和;反过来,每个部门的贡献又同时依赖于本部门的技术效率和产出需求。在这样一个特定的经济系统中,帕西内蒂考察了经济增长的三种情况。

(1)经济增长是由人口增长引起的,不存在技术进步。在该情形下,每种商

---

① 　L.L.Fasinetti, 1981, *Structural Change and Economic Growth*, Cambridge University Press.

品的生产能力必须提高到能满足因人口增长而增大的需求。这就意味着,为了赋予每个部门均衡的生产能力,新投资就必须等于最终需求。在这些条件下,每个纵向联合部门具有的生产能力正好满足维持充分就业的需要。

(2) 经济增长是由人口增长和技术进步共同引起的。但这是一种特殊的技术进步,它均匀地分布于各部门,使所有部门有相同的生产率增长速度,因而全体部门都能够把其生产能力提高到同等程度。同时假设各种商品需求的扩张也是均匀的(这意味着消费者的需求收入弹性不变),并且这种均匀的需求扩张速度是与均匀的技术进步速度相一致的。这样,就实现了在保证充分就业和充分利用其生产能力的条件下的经济增长。

(3) 经济增长是由结构变化引起的。由于不同部门之间的生产率增长速度和需求扩张程度是可以不同的,例如需求的扩张比技术进步速度慢,所以经济系统的构成将既根据产量,又依据就业而不断变化。这种变化是保证经济不断增长的条件。即使当个别部门损失了就业和生产能力时,只要这些部门的劳动力转移到有相当高的就业增长率的部门,并重新分配消费者收入,以符合新的产出结构,整个经济系统仍然能随着劳动和资本的充分利用而增长。

帕西内蒂认为,第三种情形是更一般、更现实的情形。显然,帕西内蒂方法与总量增长分析的不同之处在于它把结构变化明显结合在自己的经济系统中。在这种经济系统中,总量性质不完全是可加的,而且很难把经济描述为"平均的"纵向联合部门之和而忽略它们之间相互作用的过程。因此,包含在帕西内蒂经济系统中特定类型的总量不是基于"平均的"部门的概念。那种存在于新古典理论中的基于"平均的"部门的总量概念,在帕西内蒂描述的经济系统中失去了大部分的有效性。无疑,这是增长理论发展中的一个突破性的进步。

我们所要进行的产业结构机理分析是以结构非均衡为假设前提的,即把结构非均衡视为经济系统的一种常态。这就意味着并不是所有部门的要素收益率都将等于要素的边际生产率,结构性的障碍将使资源不存在长期的有效配置,即非帕累托最优化。只有在这一假设前提下,我们才能展开结构机理分析,揭示出对经济增长有重大影响的结构效应。

这种假设并不是虚构的,而是根植于现实经济之中,有其根据的。罗斯托曾从技术创新的角度揭示了创新分布非均匀引起的结构非均衡常态。其实,除此之外,在现实经济系统中还存在着更多的由于市场不完善、体制缺陷等因素引起的结构非均衡常态。尤其在发展中国家,这种结构非均衡常态表现得更为显著。笔者相信,以这种非均衡假设为基础的产业结构机理分析将是有强大生命力的。

0.5 机理分析的方法和逻辑顺序

0.5.1 实证研究与规范研究的统一

产业结构机理分析的任务是全面揭示经济增长中的结构效应。这一任务决定了机理分析必须采取实证研究与规范研究相统一的方法。

当然,我们首先要从理论上、逻辑上分析和解释结构效应"本身究竟是怎样的"这一问题,即进行理论实证研究。具体地讲,就是要弄清楚现实经济增长中产生结构效应的实际原因是什么,这种结构效应表现在哪些方面,以及这种结构效应对经济增长的作用方式和途径,等等。为了说明这些问题,我们必须从对产业结构与经济增长之间的现象的分析和归纳中,概括抽象出两者之间的基本关系或基本假设,并以此为逻辑起点进行演绎分析,推导出各种结论。

在建立起"结构效应"的理论假说之后,我们要对这一假说进行经验检验,通过经验实证来进一步证明其结论正确与否。当然,实践本身是极其丰富和不断发展的,它对理论假设是一个不断"证伪"的动态过程;与此相比,可以被我们用来进行经验实证的材料总显得那么零碎、个别和片面。这也许是我们进行经验实证工作无法克服和摆脱的局限性,因为我们只能在现阶段、某一空间范围的实践基础上开展经验实证工作。尽管如此,本书还是尽可能地对各种结论进行经验检验,因而其中不免有失之偏颇之处。也许,这是本人力不从心的事情。笔者的主要精力将投放在提出和揭示结构效应的问题上,至于结论(假说)是否正确,还是让历史和实践本身来验证吧。

由于本书写作的出发点并不仅限于揭示经济增长中的结构效应,而是想进一步探讨结构效应得以发挥的实现机制,以便为产业政策制定提供理论依据,因此,在产业结构机理分析中无法回避(也没有这个必要)目标取向的问题。实际上,揭示经济增长中的结构效应的目的本身就蕴含着目标取向,即发挥结构效应。更何况,进一步探讨结构效应得以发挥的实现机制,则是以明确的目标取向为前提的。因此,在实证研究的基础上,或在实证研究的过程中,本书还进行了规范研究。

本书的规范研究主要是以结构效应为价值准则,判断不同类型的产业结构状态及其变动的优劣,选择最佳(或次佳)结构效应模式,并说明这一结构效应模式得以实现的必要条件和机制。这种规范研究只是为产业结构政策的制定提供基本思路和方向性指导,而不是提供某种政策方案;因为这种规范研究本质上是理论研究,而不是对策研究,它只能为政策方案的制定提供理论依据。至于政策方案,则是对策研究的任务。本书主要研究并向读者提供的,只是结构效应的理论模型。

0.5.2　抽象—具体的逻辑顺序

本书对产业结构效应的机理分析,采用了系统研究方法,不仅考察其内部结构,而且考察其与外界变量的关系;不仅把其作为动态系统研究,而且把其作为开放系统处理,因此,从不同的角度和层面揭示了结构关联效应、结构弹性效应、结构成长效应和结构开放效应。

与研究的顺序不同,本书的叙述顺序沿着抽象—具体的过程展开,以不同抽象层次的结构效应的有机联系构成本书的体系框架。

首先,在高度抽象的产业结构内部关联的层面,以投入产出的中间产品运动为分析模型,具体考察技术矩阵水平、产业关联规模和结构聚合质量的状态及其变动对经济增长的影响,揭示结构关联效应。

然后,引入最终需求变量,把开式投入产出模型转换为闭式投入产出模型,从国民产品运动的角度考察作为供给方面的产业结构对需求结构变动的反应程度(即结构弹性),及其对经济增长的影响,揭示结构弹性效应。

在此分析基础上,进一步把产业结构作为动态系统处理,引入资源结构,分配结构的新变量,分析其与整个外部环境交互作用中的动态成长过程,考察结构转换对经济增长的影响,揭示结构成长效应。

最后,产业结构机理分析从封闭条件走向开放条件,以国际产业联系模型来考察国内产业结构参与国际产业分工的程度和类型,及其对国内经济增长的影响,揭示结构开放效应。

I 结构关联效应

1 引论:模型设定

1.1 结构关联:内容限定

1.1.1 产业结构≠结构关联:概念的修正

目前,产业结构这一概念在世界上被公认为产业之间的关系结构。[1]无疑,这种共识在很大程度上揭示了产业结构这一概念的本质属性。但对产业结构这一概念作如此理解,却太为狭窄,失之偏颇。

在整个经济大系统中,产业结构是作为有别于分配结构、资源结构、需求结构等,而又与其相联系的子系统存在的。作为一个相对独立的经济系统,其生存与发展势必要与外部环境发生能量互换。在现实经济中,产业结构与其外部环境的能量互换关系是错综复杂的,为了简便起见,我仅用如图1.1所示的简单框图来示意。

从图1.1中,我们可以看到,产业结构是处在与资源结构、分配结构和需求结构的相互作用之中的。它输入资源,与资源结构相对应;它输出产品,与需求结构相对应;而在其把资源转置为产品的过程中,又与分配结构相对应。没有这种与外部环境能量互换的相互作用关系,产业结构是不可能存在的。因此,我们不能把产业结构这一概念仅仅理解为产业之间关系结构,而要从更广义的角度来把握。为此,我把产业结构视为与外部环境相互作用的产业之间关系结构。这种概念的修正意味着:产业结构并不等于结构关联。

---

[1] 杨治:《产业经济学导论》,中国人民大学出版社1985年版,第30页。

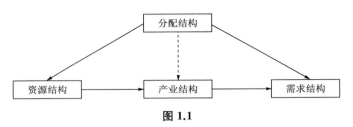

图 1.1

注:直线表示直接关系;虚线表示间接关系。

1.1.2　产业结构概念修正的意义

概念是为分析服务的,概念的准确程度直接决定了分析的质量。我们对产业结构概念作如此的修正,正是为了使产业结构机理分析更好地趋近于真理。

把产业结构定义为与外部环境相互作用的产业之间关系结构,就决定了产业结构分析的内容并不局限于其内部关联,而要涉及其与外部环境的关系。更为重要的是,它把产业结构内部关联的分析置于特定外部环境关系的框架之中。这样不仅拓展了产业结构机理分析的范围,而且也提高了产业结构内部关联分析的准确性。

事实上,产业结构对经济增长的作用效应不仅仅存在于产业结构内部关联上,而且也存在于产业结构与外部环境相互作用的关系上。只有对产业结构概念作了如此修正后,我们才有可能在揭示结构关联效应的基础上,进一步揭示结构弹性效应、结构成长效应和结构开放效应。后面三种结构效应的分析,都离不开产业结构与外部环境相互作用关系的设定。从这一意义上讲,产业结构概念的修正为我们全面揭示结构效应奠定了基础。

其实,即使是产业结构内部关联分析也离不开外部环境相互作用关系的假定,因为产业结构内部关联的状态在很大程度上是与外部环境交互作用的结果。从长期来看,结构关联状态是由外部环境条件决定的。尽管在结构关联分析中,我们可以对其外部环境条件作出假定,但在论述结构关联状态对经济增长的效应时,一刻也不能忘记这一理论上的假定前提,否则结构关联效应将丧失其现实性。这就是我们在设定结构关联分析内容时,首先修正产业结构概念的原因。

1.1.3　结构关联分析的内容及其假定条件

产业结构与其外部环境相互作用关系是以后几篇的研究内容,本篇则首先分析结构关联效应。把结构关联效应分析置于首篇是有其理由的:(1)结构关联反映了产业结构的本质属性,因为产业结构是作为各产业按一定技术经济联系方式而构成的有机整体与外部环境发生相互作用关系的。(2)结构关联是结构效应分析的逻辑起点,结构弹性效应、结构成长效应和结构开放效应的分析都是以其为基础而展开的。所以,作为对结构效应的考察,我们自然把注意力首先集中于结构内部关联上。

产业结构关联是指诸产业在社会再生产过程中所构成的立体型投入产出关系的总和。这种结构关联是质与量的统一。从质上讲,它是诸产业在社会再生产过程中所处的不同地位的集合;从量上讲,它是诸产业在社会再生产过程中的生产比例关系。结构关联分析就是研究与考察产业之间的投入产出关系及方式。

前面的分析已经指出,结构关联的方式与状态是与外部环境条件相互作用关系分不开的,但在进行结构关联分析时,我们可以暂时撇开外部环境条件相互作用关系,把其作为假定前期。这是因为,对于结构关联来说,外部环境条件具有相对稳定性,在一定时期内可以假定其不变,例如资源结构和需求结构的变动都是比较缓慢的,只有累积到一定的临界点才发生较大幅度的突变。但在结构关联分析中,我们时时刻刻不能忘记这一假定前提的存在,否则分析的结论就会出现偏差。

在这一既定前提下考察产业结构内部关联,实际上就是研究结构关联的自组织能力。产业结构在与外部环境条件的交互作用中,其内部关联并不是消极地、机械地被规定的,而是有其能动性的。因此,在既定的外部环境条件下,结构关联具有一定的自组织能力。这种自组织能力的大小直接决定了其结构关联的状态,从而也决定了结构关联效应。所以,结构关联效应分析就是要揭示这种结构关联的自组织能力对经济增长的促进作用。

1.1.4 结构关联效应:表现方式

既然我们已经确定结构关联效应分析的基本内容就是考察在既定外部环境条件下结构关联的自组织能力,那么这种考察应该从哪几个方面着手展开呢?这就是我们要进一步确定的结构关联效应的表现方式的问题。

我认为,结构关联并不仅仅是一个产业之间均衡关系的问题,尽管这是其本质问题。从前面关于结构关联的定义中我们可以看到,结构关联是产业之间立体型的投入产出关系的总和,而不是平面的生产比例关系。但目前学术界在论述结构关联问题时,却往往局限于单一的比例关系。我认为这种看法是有其片面性的,不利于我们全面揭示结构关联效应。

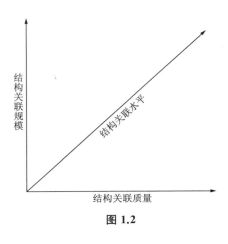

图 1.2

所谓产业之间的立体型投入产出关系是指具有三维向量的产业之间的投入产出关系。这三个向量是:(1)产业之间投入产出的水平,即结构关联水平;(2)产业之间投入产出的规模,即结构关联规模;(3)产业之间投入产出的质量,即结构聚合质量。结构关联就是这三个方面的总和(见图 1.2)。

显然,这三个不同向量的产业之间投入产出关系各自有不同的程度(即分量)。结构关联水平有高低之分;结构关联规模有大小之分;结构关联质量有优劣之分。如果我们设每个向量有三个等级(高、中、低,或大、中、小,或优、中、劣),那么结构关联的度量就可以用各有三个分量的三维向量来表示,即:

$$G = (A_i, B_i, C_i) \tag{1.1}$$

式中:G 代表结构关联状态;A、B、C 分别代表结构关联水平、规模、质量;i 代表 1、2、3 个等级,即三个分量。

式(1.1)表明,结构关联状态是由其水平、规模、质量共同决定的,结构关联可能出现的状态(A_i, B_i, C_i)共有 $3^3 = 27$ 种组合。当然,有些组合的状态在现实中也许是不存在的。但这样确定结构关联的状态,为我们分析结构关联效应提供了必要的理论框架。在以下几章中,我们将依次论述结构关联的自组织能力在这三个方面的表现,从而全面揭示结构关联效应。

1.2 结构关联分析的产业分类法

1.2.1 产业分类要服从于分析内容的要求

确定了本篇分析内容之后,我们就要寻找相应的分析工具和方法,建立某种理论模型,以便对问题展开分析。在这一过程中,最首要的问题是将产业活动及其联系按一定的原则给予分解和组合,即进行产业分类。只有这样,才有可能建立某种理论模型,从而对其内容展开分析。因此,产业分类是进行结构效应分析的基础。

然而,产业分类仅仅是一种分析手段,它是为其分析内容服务的。不同的分析内容和目的,决定了不同的产业分类法。产业分类的原则应当符合所要进行的经济分析的理论要求。因此,不存在一种适用于各种经济分析的产业分类法,也不存在固定不变的产业分类。

由于产业结构分析内容和角度的多样化,产业分类方法也应该是多种多样的。不同的产业分类法之间不存在谁优谁劣的问题。如果要论优劣的话,那也只是相对于分析内容而言。凡是符合其分析内容和目的要求的,就是较好的产业分类法,否则就是较差的。这样,同一种产业分类法,有可能对于某种经济分析是适宜的,而对于另一种经济分析则是不适宜的。因此,就产业分类法本身而言,不存在优劣问题,只有在产业分类的选择上,才有优劣之分。

从这一认识出发,我们在本书各篇的分析中将根据其内容和目的要求,选择不同的产业分类法。这一点务必请读者注意。

1.2.2 结构关联分析的产业分类原则

本篇主要研究产业结构内部关联,揭示结构关联的自组织能力对经济增长的促进效应。这一分析的角度和目的要求我们必须寻求产业之间的联系和均衡关系,产业分类就要有利于满足这一要求。

通常所说的三次产业分类法是以经济活动的阶段为根据,将国民经济划分为若干大产业部门的方法。这种分类法是对全部经济活动进行最简明的分类。显然,这种粗线条的产业分解和组合是不符合结构关联分析的理论要求的,我们无法利用这种分类法来揭示产业之间复杂的联系和均衡关系。

按资源的集约度进行的产业分类只是反映了不同产业在生产过程中对资源的依赖程度的差异,而不反映产业之间的投入产出关联。所以,这种产业分类法也不符合结构关联分析的要求,在此也是不能采用的。

以某种同一属性的企业的集合为基础的产业分类,只是反映了产业内的企业关系结构,无法用以揭示产业间的关系结构,故也不能选用。

生产结构产业分类法虽然是以研究再生产过程中的产业之间关系和比例为目的的产业划分法,但它只是反映了社会再生产过程中各产业的地位和性质,不能用以全面反映产业之间的结构关联。因此,采用这种产业分类法也是有缺陷的。当然,它可以作为结构关联分析中的辅助和补充方法。

为了寻求产业之间的联系和均衡关系,其产业分类应遵守"同质性"原则。所谓"同质性"原则就是指一种产品由一个产业来生产,诸多产品与诸多产业处于一对一的对应关系中。这一原则的建立,有两个限制性的假定:(1)假定没有替代技术,即一种产品只能由一个产业来生产,不允许有多个产业生产;(2)假定不存在联合性生产,即一种产品不允许由几个产业联合生产。

1.2.3　适合于结构关联分析的产业分类法

显而易见,实现同质性原则的最好途径就是以产品分类为基础的产业划分,一种产品就是一个产业,n 种产品就是 n 个产业。马克思在《资本论》中对部门平均利润的分析,也采取这种以产品分类为基础的产业部门划分法。这种按照同质性原则实行的产业分类,使我们有可能寻找出产业之间的投入产出关系,进行结构关联的分析。

这种理论规范的产业分类法虽然是进行结构关联分析的理想选择,但在实际应用上则是相当困难的,而结构关联效应分析却要求有较强的实用性。为了解决这一矛盾,往往用"相似性"原则来替代"同质性"原则,即以生产技术和工艺的相似性为基础来划分产业。这种产业分类法也可以用于揭示产业之间的关系结构。如果在这种产业分类方法中再进一步考虑到统计上的需要和方便,从而作一些调整的话,那就是标准产业分类法。目前,投入产出表的编制一般是以这种产业分类为基础的。

1.2.4　特定含义的产业概念

按照上述的产业分类法,产业的概念就有了特定的含义,与日常我们所使用的产业概念有较大区别。

在我们平时的文件、文章中所使用的产业结构概念中,产业通常是指构成国民经济的一些大类部门,例如农业、矿业、制造业、建筑业、商业、运输业、服务业等。在这些大类部门下面再分成若干行业,例如制造业下面的食品行业、纺织行业、服装行业、木制品行业、塑料制品行业、冶金行业等。在行业下面,才是各类产品。因此,在日常经济生活中,我们是把产业结构与产品结构区分开来的。

但在本篇产业结构关联分析中,产业概念是按照同质性原则建立起来的,因而产品分类就代替了产业分类。在这种情况下,产业结构与产品结构是同义的,不存在什么差别。因此,读者在阅读本篇内容时,一定要记住这里所使用的产业概念的特定含义,而将日常所用的产业概念暂时抛开,千万不能将其混淆起来。

1.3 结构关联分析模型

1.3.1 模型选择:中间产品交易

从目前已有的研究成果来看,最能反映产业间在生产活动中结构性相互关系的模型就数投入产出表了。投入产出表以矩阵的形式详尽地描述了一个国家在一定时期内整个国民经济各部门中发生的产品及服务的生产和交换关系,以及这种关系的结果。因此,它是我们进行结构关联分析的一种较理想的模型。在科学研究中,利用前人的优秀成果,将是摘取科学桂冠的捷径,因而我们不妨借助于投入产出表来进行结构关联分析。

根据前面对本篇研究内容的限定,我们将把最终需求和要素投入视为影响结构关联的外生变量而给予假定(需求结构和资源结构是既定的)。这样,产业之间的结构性关联就集中表现为各产业互相提供中间产品的交易关系上。在投入产出表中,这部分内容就是构成其心脏的内生部分,即表 1.1 中的方框部分。

表 1.1 投入产出表

投　入 ＼ 产　业	产业部门(1, 2, …, n)		
产业部门 (1, 2, …, n)	$\sum_{j=1}^{n} a_{ij}(X_j)$	最终需求	全部总产出
	附加价值		
	全部总投入		

　　由于我们是在把最终需求和要素投入作为外在的已知的因素的情况下进行结构关联分析的,所以只能选择开式的投入产出模型,即产业之间生产和交换关系在最终需求和附加价值两端是向外部开放的。同时,为了分析的简便,我们不涉及企业的投资活动,而把资本形成仅作为最终需求的一个项目,因为这并不影响我们对结构关联的分析。由于撇开了资本积累过程,我们所选择的投入产出模型只是静态模型。当然,这种静态模型并不意味着不发生变化(这种变化是我们分析结构关联效应最起码的要求,没有变化就没有结构关联效应),而只是从没有涉及资本积累效果的意义上才说它是静态的。

　　通常,静态、开式的投入产出模型以三项基本假设为前提:(1)每一种产品由一个产业部门提供;(2)对每个部门的投入是该部门产出水平的唯一函数;(3)无外部经济或非经济。

　　在这些假设条件下,我们假定整个经济系统有 $n+1$ 个部门,其中只有代表最终需求的 1 个部门是独立的,其余 n 个部门是不独立的,相互之间可以建立结构上的关联。这样,就能建立起以中间产品交易为内容的结构关联模型。

　　如果我们设 i 部门的总产量为 X_i,其中的一部分产品将用于满足自身的需要和其他非独立部门的需要,剩下的部分由独立部门消费,那么这种关系可以用平衡方程表示如下:

$$X_i = X_{i1} + X_{i2} + \cdots + X_{in} + X_f \quad (i = 1, 2, \cdots, n) \tag{1.2}$$

式中: X_f 是独立部门;其他各项是结构体系中的非独立部门。

　　根据上述第二个假设条件,则说明另一非独立部门 X_i 对一个非独立部门的部分产出 X_j 的要求是 X_j 的生产水平的唯一函数,即:

$$X_{ij} = a_{ij} X_j \tag{1.3}$$

我们将式(1.3)代入式(1.2),可以得到:

$$X_i = a_{i1}(X_1) + a_{i2}(X_2) + \cdots + a_{in}(X_n) + X_f \tag{1.4}$$

将此式简化,可以写成:

$$X_i = \sum_{j=1}^{n} a_{ij}(X_j) + X_f \tag{1.5}$$

由于本篇对结构关联的分析撇开了最终产品的需求,所以在式(1.5)中可以

去掉 X_f 一项,改写成为:

$$W_i = \sum_j a_{ij}X_j \qquad (1.6)$$

该式反映了中间产品运动的产业结构关联。式中:X_j 是部门 j 的中间使用;a_{ij} 是相应的投入—产出系数。在本篇分析中,我们将把此式作为基本模型。

1.3.2　模型适用性的验证

理论模型本身只是一种分析工具,其适用与否完全取决于分析内容的要求。我们并不刻意追求模型的完善,而只要求其能够帮助我们说明"想要说明"的问题。

以中间产品交易为内容的结构关联模型并没有反映各产业之间发生的全部交易额。产业之间除了中间产品的交易外,还存在着资本货物的交易。无疑,后者的资本货物交易也是结构关联的重要一部分。从这一意义上讲,我们所采用的模型是有缺陷的。但这一缺陷并不妨碍其说明"我们想要说明"的问题。

前面的论述已经指出,结构关联是立体型的投入产出关系,表现为关联水平、关联规模和关联质量,其结构关联效应将从这三个方面展开分析。因此,我们所采用的模型是否具有适用性,在很大程度上就取决于它能否用来反映关联水平、关联规模和关联质量及其变动。

结构关联水平主要是说明各产业部门之间是以何种生产技术发生联系的。不同的生产技术将形成结构关联的不同水平。该模型可以通过中间产品的投入水平来反映各产业部门之间的生产技术联系的水平。由于在不同生产技术水平上,某一产业生产 1 单位产品所需从各产业部门投入的中间产品的投入量是不同的,所以用该模型中的投入系数(a_{ij})就可以反映结构关联水平及其变动。

结构关联规模主要是指产业部门之间交易产品种类的多少和交易量的增减。在产业之间的经济活动中,其交易品种和数量最多的要数中间产品,而且产品的分化主要表现为中间产品。所以,结构关联规模及其变动主要是通过中间产品使用量的增减来反映的。显然,该模型对于结构关联规模分析也是适用的。

结构关联质量主要是关于产业部门之间联系的聚合程度的问题。这种聚合程度来自各产业部门在社会再生产过程中不同地位和作用的有机组合,即产业部门之间的亲疏关系和其发展的序列性。该模型可以通过"中间需求率"和"中间投入率"的分析,以及由此引申出来的逆阵系数的运用,较准确地反映各产业部门在社会再生产过程中的地位和作用,从而为结构关联质量分析奠定理论依据。

总之,这种中间产品交易的结构模型是能够用以反映结构关联水平、规模、质量及其变动的,它适用于本篇的分析。

1.3.3   模型的局限性及其修正

虽然从总体上讲,这种静态、开式的投入产出模型可以用来进行结构关联分析,但我们必须看到,对于我们所要进行的分析内容来说,它仍然具有某些固有的局限性。

在本篇中,我们主要是揭示结构关联效应发生的作用机理,因而除了结构关联诸方面的分析外(这是基础),还要研究其不同状态及其变动对经济增长的影响。对于后者来说,该模型有一定的局限性。这主要是由其假设条件引起的,主要表现在第二、第三个假设条件不利于说明结构关联质量对经济增长的作用机理。

这一模型的第二个假设是各产业部门的投入量和该产业部门的产出水平形成简单线性函数关系,这就意味着各产业的中间产品消耗定额并不随产量的增减而变化,不存在规模经济问题。第三个假设则要求各产业各自进行生产活动的效果的总合等于各产业同时进行生产活动的总效果,这就意味着各产业之间的生产活动是互不影响的,不存在整体效应问题。然而,结构关联质量对经济增长的作用机理恰恰在于产业规模经济和产业整体效应。因此,这一模型虽然有助于说明结构关联质量的状态及其变动,但却阻碍了结构关联质量对经济增长作用机理的解释。

为了克服这一模型的某些局限性,我们在之后各章的分析中,将根据分析角度和目的的要求对其进行个别修正。总之,模型将服务于我们的分析,而不是相反。

2 结构关联:技术水平

2.1 部门之间的生产技术联系

2.1.1 部门之间技术联系的度量指标

产业之间互相依赖所形成的结构关联,其基础是产业之间的生产技术联系。从本篇设定的模型来看,这种产业之间的生产技术联系是通过中间产品的运动来实现的,即通过中间产品的使用(消耗)及使用程度使产业之间发生相应的生产技术联系。因此,中间产品的直接消耗系数反映了国民经济各部门之间的生产技术联系。

直接消耗系数是指生产 j 部门的单位产品所消耗的 i 部门的产品数量,亦称为投入系数(即生产 j 部门的单位所需投入的 i 部门的产品数量)。投入系数的计算公式为:

$$a_{ij} = \frac{X_{ij}}{X_j} \quad (i, j = 1, 2, \cdots, n) \tag{2.1}$$

这里,X_{ij} 是投入产出表中第 i 行第 j 列的元素,表示投入 j 部门的 i 部门产品;X_j 为投入产出表第 j 列的总计数,表示 j 部门的总产出。从式(2.1)中可推导出投入系数 a_{ij} 的倒数 $\frac{1}{a_{ij}}$ 就是每一投入要素的产出效率系数,它表示 i 种要素投入 j 部门对其生产 1 个单位产品所作的贡献。

可见,第 j 部门的投入系数实际上反映了第 j 部门的生产技术水平。单位产品的投入系数越高,意味着物耗越大,说明其技术水平越低;反之则反是。当然,各部门不同产品的生产,其中间产品的消耗定额是不同的,不能作简单的比较。但对于同一产品而言,不同的投入系数则反映了不同的技术水平。

在产业结构关联中,投入系数的总合可以构成一个矩阵 A 的数学形式,即:

$$A = \begin{pmatrix} a_{11} & \cdots & a_{12} & \cdots & a_{1n} \\ \vdots & & \vdots & & \vdots \\ a_{21} & & a_{22} & & a_{2n} \\ \vdots & & \vdots & & \vdots \\ a_{n1} & & a_{n2} & & a_{nn} \end{pmatrix}$$

这一矩阵反映了产业之间全部的生产技术联系,故称之为技术矩阵。它就是产业之间技术联系的度量指标。

如果我们把 X_j 的总合作为向量 X(它可以作为产品结构的数学形式),那么在前一章中设定的基本模型:$W_i = \sum_j a_{ij}X_j$,就可以简化为:

$$W = AX \tag{2.2}$$

这一公式对于我们分析结构关联水平对经济增长作用的机理,是十分有用的。

2.1.2　技术联系的类型及其选择

既然技术联系是结构关联的基础,那么我们就要从技术联系的角度来把握产业之间互相依赖关系的类型。由于本篇设定的模型是以中间产品交易为其基本内容的,所以从中间产品的技术联系角度来看,产业之间的互相依赖关系大致可以归纳为两种类型。

(1)部门单向技术联结关系。这种联结关系可以表述为:当我们把所有产品分为两组时,第一组产品的生产不消耗(或使用)第二组产品,只有第二组产品的生产才消耗第一组产品。例如棉花种植→纺织工业→服装工业的联结就是这种单向的部门技术联系,下游产业(相对的)生产消耗上游产业的产品,而上游产业(相对的)生产则不消耗下游产业的产品。这种单向的技术联系可以用矩阵 A 的转换形式来表示:

$$\begin{bmatrix} A_{11} & A_{12} \\ 0 & A_{22} \end{bmatrix} \tag{2.3}$$

式中,A_{11}、A_{22} 为方阵。这种形式在数学上称 A 为可约的。

(2)部门多向循环技术联结关系。这种联结关系可以表述为:部门之间存在着互相消耗其产品的技术联系。例如煤炭$\rightleftarrows$电力的联结关系就是如此。这时,技术矩阵 A 就不能被转换成式(2.3)的形式,在数学上称 A 为不可约的。

如果第一组产品生产不消耗第二组产品,而第二组产品生产也不消耗第一组产品,那么这时经济系统实际上是由两个自给自足的子系统构成的,两组产品之间不存在技术联系。这种情况可以表示为:

$$\begin{bmatrix} A_{11} & 0 \\ 0 & A_{22} \end{bmatrix} \tag{2.4}$$

这时,数学上称 A 为完全可约的。

显然,从我们所要考察的内容来看,A 为完全可约的矩阵是不可采用的,因为它不存在技术联系。A 为可约的矩阵虽然也反映了某种技术联系,可以用以考察结构关联水平,但它只是一种单向联系,有一定的局限性。尽管有研究表明,许多国家的产业单向联结的性质大大强过多向循环联结,例如由多向循环联结造成的中间产品交易量占全部交易量的比重,意大利占 4.3%、挪威占 8.8%、日本为 11.6%、美国为 12.7%,但从我们理论分析的角度出发,需要选择 A 为不可约的矩阵作为考察结构关联技术水平对经济增长作用机理的假定前提。

2.1.3 部门之间技术联系的总体水平

前面我们已经指出部门之间的技术联系可以用技术矩阵 A 来表示,因而部门之间技术联系的总体水平则可以用技术矩阵 A 的水平来反映。由于技术矩阵 A 是投入系数总合的数学形式,所以考察技术矩阵水平的确定,首先要分析各部门的生产技术过程及其水平。

在现实经济中,每一部门中有不止一种可能的生产技术过程来生产同一种产品。因此,我们可设第 j 个部门有 m_j($m_j \geqslant 1$)种可能的生产技术用以生产第

j 种产品。任何第 j 个产业部门的第 q_j 种生产技术水平可以由一个 n 维列向量 $a_j(q_j)(1 \leqslant q_j \leqslant m_j)$ 来表示,此列向量第 i 个元素可以表示为 $a_{ij}(q_j)$ $(i = 1$, 2, $\cdots$, n)。我们把生产 j 产品的 m_j 种技术组合定义为产品技术结构。

与此不同,技术矩阵 $\boldsymbol{A}$ 作为投入系数的总合,实质上是社会中各产业部门的一种技术结构。我们把它定义为部门技术结构。在这种部门技术结构中,必须设定每一产业部门已选定一种特定的生产技术过程,即对所有的 $j = 1$, 2, $\cdots$, n, $m_j = 1$ 恒成立。一般而言,在部门技术结构中,每一部门所选定的一种生产技术过程是该部门内多数采用,从而具有平均水平的生产技术。因此,矩阵 $\boldsymbol{A}$ 的总体水平就是各部门特定技术水平的总和,它可以由部门技术水平的加权平均值给出:

$$G_A = \sum \bar{P}_j G_j \tag{2.5}$$

式中:G_A 为技术矩阵(部门技术结构)水平;$\bar{P}_j$ 是 j 部门平均技术水平的权数;G_j 是 j 部门的平均技术水平。从式(2.5)中可以看到,技术矩阵 $\boldsymbol{A}$ 水平取决于两个因素:(1)每一部门的技术水平。尽管各部门的技术水平不一,但其平均水平较高,从而技术矩阵水平较高。(2)具有较高技术水平的部门所占的比重。如果这些部门的比重较大,则技术矩阵水平也较高。

2.2　技术矩阵水平与经济均衡增长速度

2.2.1　经济均衡增长:大道定理

早在 20 世纪 50 年代末,美国经济学家多夫曼、萨缪尔森和索洛在研究中发现,当规划期相当长时,必有一段是经济均衡增长期;也就是说,在期间 $T_1 \leqslant t \leqslant T_2$,经济系统的增长为均衡增长。这一段路径称为经济均衡增长途径。70 年代由筑井甚吉等人对此给出了数学上的证明,被确认为一个定理,即大道定理。

这一定理形象地说明,从 A 地到 B 地的距离甚远时,其最快的路线往往不是那种需要穿街走巷的最短路线,而是先绕到 A 地附近的"高速公路"上,沿着高速公路一直行驶到 B 地附近,再离开高速公路转向通往目的地的路线。这被证明为是长期经济增长最快捷、最经济的方法。[①]

既然存在这种经济均衡增长途径(亦称为"诺依曼射线"),那么其增长率的高低就是一个至关重要的问题,它直接关系到经济均衡增长的速度。如果有较高的增长率,我们就可以保证有较快的经济增长。因此,我们的注意力将集中于这种增长率高低的决定因素上。

2.2.2 决定性变量:技术矩阵水平

各种研究表明,诺依曼均衡增长的增长率是由结构关联的技术矩阵水平决定的。只要我们知道了由社会经济技术关系决定的技术矩阵 A 的水平,就可以通过非负矩阵的弗罗比尼斯特征根和相应的弗罗比尼斯向量得到均衡增长的增长率和均衡增长的产出结构。具体论证如下:[②]

根据式(2.2)$W = AX$,AX 为中间消耗数量,那么中间使用率(即中间需求率)可以定义为:

$$\lambda_i(X) = \frac{W_i}{X_i} \tag{2.6}$$

显然,当 $X_i > 0$ 时,$\lambda_i(X)$ 就是第 i 种产品中间使用量 W_i 与其总产量 X_i 之比。由于产品的性质不同,其中间使用率的大小不同。利用投入产出表我们可以按产品的用途比较精确地计算出各产业部门的产品有多少属于中间产品,有多少是最终产品。按照在第 2.1.2 节中的假定,我们要求 A 是不可约的矩阵,因而尽管各部门的中间使用率 $\lambda_i(X)$ 不同,但 $\lambda_i(X)$ 都大于零。

中间使用率式(2.6)告诉我们,λ 的大小与 X 有密切关系。在 i 种产品的中间使用量既定的情况下,其产量不同,λ 就会不同。如果定义最低中间使用率 $\lambda(X) = \min \lambda_i(X)$,那么:

$$AX \geqslant \lambda(X) \cdot X \tag{2.7}$$

显然,$\lambda(X) > 0$。 这样,我们可以提出一个问题:是否存在一个 $\lambda(X) > 0$,$X > 0$ 使上式成为一个等式? 这意味着调整各产品的产量,使其都具有相同的

[①] 关于"大道"的存在性的证明,可参见李京文、郑友敬主编:《技术进步与产业结构——模型》,经济科学出版社 1989 年版,第 2—13 页。

[②] 参见司春林著:《经济控制论》,中国展望出版社 1989 年版,第 202—204 页。

中间使用率,如果这样,经调整的产量向量就为 Z,等式得以成立,即:

$$AZ = \lambda Z \qquad (2.8)$$

式中:λ 称为 A 的特征值,相应的 Z 称为 λ 的特征向量。对于不可约的非负矩阵 A,弗罗比尼斯证明:(1)存在具有最大绝对值的正特征根,即弗罗比尼斯特征根;(2)存在唯一的正的特征向量,即弗罗比尼斯特征向量。

这一定理表明,使式(2.8)成立的 λ 与 Z 是存在的,它们正是弗罗比尼斯特征根和特征向量。λ 作为 A 的弗罗比尼斯特征根是所有产品的共同的中间使用率,而 Z 则是作为这种共同的中间使用率 λ 的产量向量。

为了进一步说明问题,我们引入里昂惕夫逆矩阵 $(I-A)^{-1}$。这一逆矩阵具有对角占优性质,它的所有对角线元素为正,而非对角线元素为零或负。数学上可以证明,如果 λ 是 A 的特征根,则 $1-\lambda$ 是矩阵 $(I-A)$ 的特征根。由于我们假定 A^{-1}(表示产出的技术结构)存在,所以它对应于 λ 的特征根 $\dfrac{1}{\lambda}$。

由于逆矩阵中的负元素表示投入,而正元素表示产出(扣除生产消耗后),因而 $(I-A)X$ 是最终使用的产品。如果这些产品再投入生产,则意味着生产规模的扩大。如果这些产品投入仍按照原先的技术矩阵 A,那么其产量应增加为 $A^{-1}(I-A)X$。这样,如果我们把产量事先调整到 Z,并把 $(I-A)Z$ 再投入下一年的生产,则产量增量应为:

$$A^{-1}(I-A)Z \qquad (2.9)$$

因 A^{-1} 对应于 λ 的特征根为 $\dfrac{1}{\lambda}$,而 $(I-A)$ 的对应的特征根为 $1-\lambda$,故式(2.9)可转换为:

$$\left(\frac{1}{\lambda}-1\right)Z \qquad (2.10)$$

从上式中可以得知,其产量为 $\dfrac{1}{\lambda}Z$。如果我们再将最终产品投入生产,则再下一年的产量为 $\dfrac{1}{\lambda^2}Z$,以此类推,t 年的产量将是 $\dfrac{1}{\lambda^t}Z$。

这一结果表明,在技术矩阵 A 不变的情况下,如果把产量调整到 Z,则以后各年各产业部门将以同样的比率增长,即诺依曼的均衡增长,其增长率为 $\frac{1}{\lambda}-1$。

这一增长率就是在"高速公路"上均衡增长的最高速度。至此,我们可以看到,经济均衡增长的增长率 g 与技术矩阵 $\boldsymbol{A}$ 的密切关系。由于:

$$g = \frac{1}{\lambda}-1 \text{ 或 } \lambda = \frac{1}{g+1}$$

而 λ 则是技术矩阵 $\boldsymbol{A}$ 的弗罗比尼斯特征根,所以经济均衡增长的速度是由结构关联的技术矩阵水平决定的,均衡增长的产出结构(产品结构)也是由其决定的。技术矩阵水平是经济均衡增长速度快慢的决定性变量。

2.2.3　技术矩阵转变与大道转移

既然技术矩阵的水平决定了经济均衡增长的速度,那么要想加快经济均衡增长的速度,就必须首先提高技术矩阵的水平。如果试图在原有技术矩阵状况下追求更高的经济增长速度,则这种高速度是不可能长久维持下去的。这也就是说,经济高速增长要靠技术矩阵水平的不断提高来支撑。

前面的分析已经表明,技术矩阵水平取决于:(1)每一部门的技术水平;(2)具有较高技术水平的部门所占的比重。因此,技术矩阵水平的提高实际上就是各部门的技术进步以及先进技术在更大范围的扩展。当各部门的平均技术水平提高以及具有较高技术水平的部门增加时,技术矩阵水平便相应上升了。

当技术矩阵水平发生变化时,经济均衡增长的途径也将转移。这种大道转移意味着经济均衡增长的变速,即出现更高的增长率。若设 $\boldsymbol{A}$ 代表旧技术水平的投入产出系数矩阵,$\boldsymbol{A}^N$ 代表可行的新技术水平的相应的矩阵。同样,设 $\boldsymbol{X}$ 和 $\boldsymbol{X}^N$ 分别为两种技术水平下的产出向量。由于在既定投入要素的条件下,产出水平是技术水平的函数,所以 $\boldsymbol{X} < \boldsymbol{X}^N$。通过寻找 $\boldsymbol{A}$ 和 $\boldsymbol{A}^N$ 的弗罗比尼斯特征根 λ 和 λ^N 及相应的特征向量 $\boldsymbol{Z}$ 和 $\boldsymbol{Z}^N$,我们将看到在这两种均衡增长率中,$g^N > g$。

那么在技术矩阵水平变化过程中,均衡增长途径又是如何随之转移的呢?这被称为弯曲大道问题。为了论述简便,我们只是选择在两部门的情况下来分析大道转换问题(见图 2.1)。

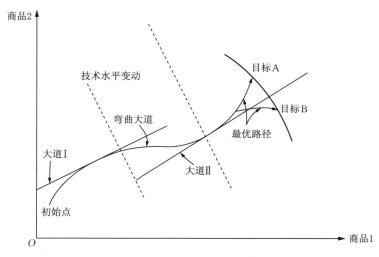

图 2.1　技术变化过程中的大道转换

　　旧的技术水平决定了大道Ⅰ,新的技术水平则决定了大道Ⅱ,以大道Ⅰ转向大道Ⅱ的途径就是弯曲大道。这一弯曲大道实际上反映了旧生产技术向新技术的转换。从整个过程来说,最优路径将首先从初始点靠近由旧技术水平所决定的大道Ⅰ,并保持在这条大道上发展。随着技术水平的变化,最优增长路径将离开大道Ⅰ,转移到由已转换了的技术水平所决定的均衡增长路径——大道Ⅱ的领域内。到规划期末期,最优路径才离开大道Ⅱ指向目标函数规定的方向。

　　可见,经济均衡增长的最优途径并不是固定在原有大道上的,而是要转移到新的大道上,这样才能保证有更快的经济均衡增长速度。大道的转换是实现经济增长加速的前提。然而,大道转换则又是技术矩阵水平变化的结果。实践证明,与向大道轨迹平稳过渡相一致的经济增长速度,只有依靠经济内涵发展,也就是依靠加快科技进步以及在此基础上提高社会劳动生产率才能达到。

2.3　经验实证:中国技术矩阵与经济增长的关系

　　上述分析仅仅提出了结构关联技术水平与经济均衡增长内在关系的理论假说。这一假说能否成立,还有待经验实证。这里我们仅就中国的情况,对此进行不很全面的实证分析(因掌握的资料有限,缺乏有关方面的统计数据)。

2.3.1　中国技术矩阵水平:相对低下

衡量技术矩阵水平的指标通常采用中间产品投入使用效率,考察中间产品投入使用效率的主要方法是分析中间投入的总的耗用情况。为了判断其水平(或使用效率)的高低,一般需要进行国际性比较。然而,比较各国中间投入的总耗用,必须以价值而不能以实物单位来核算。因此,这种方法的国际比较会受到各国价格不可比性的影响。此外,还必须考虑到最终需求构成的差别,因为不同产品的中间消耗量是不同的,从而各部门净产值—总产值的比率不一样,最终需求构成的差异势必会影响其中间投入总耗用水平。

但这些方面的缺陷可以通过某种技术性处理得到相应弥补。对价格进行调整,在一定程度上可降低各国价格不可比性的影响。最终需求构成差异的影响则可以通过模拟试验予以消除,其具体方法是:把 A 国的里昂惕夫逆矩阵乘以 B 国的最终需求向量,即 $(I-A^A)^{-1}F^B$,以求出新的总产值向量 Q^n。然后从 Q^n 中减去 B 国的原始最终需求向量 F^B,求出试验后的中间需求向量 N^n,即:

$$N^n = Q^n - F^B = (I-A^A)^{-1}F^B - F^B \tag{2.11}$$

式(2.11)表示了投入—产出系数的效应,因为在 Q^N 中(从 B 国的角度来看)最终需求是不变的,而投入—产出系数是发生变化的(被 A 国所取代)。为了估计这一效应(即中间需求因试验而发生的变化幅度),可以用 B 国的原始中间需求向量除 N^n,并以百分数表示如下:

$$\left(\frac{N^n}{N^B} - 1\right) \times 100 \tag{2.12}$$

世界银行曾以此法估计了中国中间投入使用的效率,并与印度和日本进行比较。结果表明,中国若生产与印度相同的最终需求向量,所需投入的中间产品耗用比其多 34%;中国若生产与日本相同的最终需求向量,所需投入的中间产品耗用比其多 27%(以中国 1981 年的水平与日本 1965 年水平相比)。详情见表 2.1 和表 2.2。

当然,这种比较也许掺杂着一定的水分,并不十分精确,但其基本结论还是比较正确的。为了进一步证实这一基本结论,我们不妨对某些主要材料的消耗进行一番国际比较,以作为佐证。表 2.3 对某些材料的使用进行了国际性比较。

表 2.1　中国的投入—产出系数对中间需求的影响(中国—印度试验)

部　　　门	印度,1979 年/1980 年 (百万卢比)		试验后的 中间需求 (N^n)	中间需求 的百分比 变化
	最终需求 (F^i)	试验前的中 间需求(N^i)		
1. 农业	319874	141092	250849	78
2. 煤炭、石油和其他采矿	−25900	46801	150697	222
3. 食品加工	101927	17594	27884	58
4. 纺织、木材和其他制造	113554	55287	159952	189
5. 造纸、化工、金属制品、冶金和建材	22498	225080	267291	19
6. 机械	62525	25940	101939	293
7. 建筑	120178	34285	34831	2
8. 公共设施和运输	52584	93755	100436	7
9. 商业和非物质服务	267085	208901	46427	−78
总　　　计	1034325	848735	1140359	34

资料来源:世界银行;《中国:长期发展的问题和方案》(附件五),中国财政经济出版社 1985 年版,第 54 页。

表 2.2　中国的投入—产出系数对中间需求的影响(中国—日本试验)

部　　　门	日本,1965 年 (现行价格 10 亿日元)		试验后的中 间需求(N^n)	中间需求的 百分比变化
	最终需求 (F^j)	试验前的中 间需求(N^j)		
1. 农业	429.96	4316.86	8526.01	97
2. 煤炭、石油和其他采矿	−842.58	1433.15	6094.57	325
3. 食品加工	4653.85	1085.21	1190.91	10
4. 纺织、木材和其他制造	2892.91	3747.74	5680.31	52
5. 造纸、化工、金属制品、冶金和建材	1523.18	13647.62	11910.02	−13
6. 机械	4551.45	3745.58	4922.39	31
7. 建筑	6067.58	572.48	1526.32	167
8. 公共设施和运输	1884.46	3150.17	4137.20	31
9. 商业和非物质服务	12610.60	4551.69	1950.42	−57
总　　　计	33781.29	36250.21	45938.15	27

资料来源:同表 2.1。

表 2.3 材料使用的国际性比较

	中国	印度	韩国	巴西	日本	法国	联邦德国	美国	英国
A. 每美元国内生产总值的消耗									
能源(公斤标准煤/美元,1980年)	2.90	1.77	1.12	0.88	0.51	0.45	0.49	1.05	0.57
钢材(公吨/百万美元,1981年)	127.30	98.40	113.80	57.10	63.00	30.90	43.70	44.80	30.00
货运(1980年/1981年)	3.10	1.67	0.47	1.40	0.41	—	—	1.80	—
B. 每美元主要工业产值的消耗									
能源(百万吨标准煤/十亿1980年美元)	1.06	0.99	0.48	0.32	0.30	0.26	0.47	0.23	
钢材(公吨/百万美元)	353	379	291	108	146	88	95	132	91
货运(1980年/1981年)	6.74	6.43	1.22	4.12	1.00	—	—	5.32	—
C. 具体产品每单位产量的能源消耗									
钢材(克卡/吨粗钢)	9.10	11.0	—	5.7	4.5	5.7	5.2	6.2	6.4
货车运输,1930年(1000千卡/100实际有效负载吨公里)	113				49			35	

资料来源:世界银行《中国:长期发展的问题和方案》(附件五),中国财政经济出版社1985年版:第23页。

在表 2.3 中 A 部分中,中国每美元国内生产的能源(初级能源)、钢材和货运的消耗都大大高于别国。在能源消耗方面,远远高于印度,超过韩国 1 倍以上,几乎是日本的 6 倍。在钢材消耗方面,比印度高 30%,比韩国高 10%,比日本高 1 倍。在货运消耗方面,几乎是印度的 2 倍,比美国几乎多 1 倍,比巴西多 1 倍以上,超过日本 7 倍。如果扣除部分并不反映效率低下的原因,例如工业比重奇高的国内生产总值的结构,从每美元主要工业产值的同种材料消耗来看,虽然其差距有所缩小,但在很多情况下仍反差较大。在能源方面,与印度相似,但仍然是韩国和美国的 2 倍多,几乎是日本的 4 倍。在钢材方面,略低于印度,却超过日本 2 倍,几乎是联邦德国的 4 倍。货运方面也是如此。如果说上述这两种比较尚有某些缺陷的话,那么表中 C 部分按实物比较具体产品每单位产量的能源消耗,则完全说明了使用效率低下是中国材料高消耗的根源之一。在钢材生产方面,单位产量的能耗虽低于印度,但明显高于其他国家。在货运方面,中国的能耗是法国的 2 倍多一点,约是美国的 3 倍。与日本的具体比较更说明了这一问题(见表 2.4)。

表 2.4   中日两国工业单位产品物耗指标的比较

	单　　位	中国(1985 年)	日本(1985 年)
原油加工耗电	千瓦小时/吨	41.86	37.06
原油加工耗燃料油	公斤/吨	18.73	14.42
发电标准煤耗	克/千瓦小时	398	390
生铁耗铁矿石	公斤/吨	1820	1627
生铁耗焦炭	公斤/吨	519	484
水泥熟料耗标准煤	公斤/吨	201	107
水泥综合耗电	千瓦小时/吨	103.1	112.6
平板玻璃耗电	千瓦小时/重量箱	5.26	1.37
玻璃纤维耗电	千瓦小时/吨	4310	1534
原色化学木浆耗木材	立方米/吨	4.6	3.6
机械木浆耗木材	立方米/吨	2.5	2.3
纤维耗标准煤	吨/吨	5.19	0.20
纤维耗电	千瓦小时/吨	4960	2145
纤维耗硫酸	公斤/吨	1092	279
纤维耗石灰	公斤/吨	730	194
电石耗焦炭	公斤/吨	557	369
合成橡胶耗丁二烯	公斤/吨	1035	550

资料来源:[日]香西泰:《中国的价格问题》,第三次中日经济学术讨论会论文。

总之,通过上面的国际性比较,我们可以看到,中国的技术矩阵水平是相对低下的,与别国有较大差距。更值得注意的是,与别国进行比较的 1981 年的技术矩阵水平是中国历史上达到的较高水平,1983 年的技术矩阵水平反而有所下降。从结构完全消耗产出率指数来看①,1981 年大约为 0.235,1983 年为 0.165 左右,能源完全消耗产出率指数、原材料完全消耗产出率指数和交通运输完全消耗产出率指数均是 1983 年低于 1981 年。1983 年以后的情况也有类似倾向。1987 年若与 1980 年相比,煤炭、建材、纺织工业的单位产品综合电耗分别上升了 15%、10% 和 6.5%,生产每吨石油消耗的原油上升了 66%。1988 年 41 项重点产品的能耗指标有 25 项回升,回升面占 61%。

在总体的单位产品物耗居高不下、相当一部分反而有所上升的状态下,还表现出同一行业中物耗水平的强烈反差,即先进与落后之间的巨大差距,例如每吨钢综合能耗最低水平为 1000 万千卡,而最高水平达 1800 万千卡,高出 80%。这一格局也从侧面反映了中国单位产品的高物耗主要是由于其使用效率的低下。

2.3.2 高物耗下的经济增长

那么在这种相对低下的技术矩阵水平下,中国经济增长受其什么样的影响呢？如果从短期看,似乎这种影响不大,因为在短期内,经济高增长有可能用高投入、高物耗来支撑。所以,在这种相对低下的技术矩阵水平下,中国曾几度出现经济高增长的情况。但问题在于,这种靠高投入、高物耗支撑的经济高增长是有限度的,一旦超出极限,经济马上出现滑坡。因此,在一个较长时间内,我们完全可以感受到高物耗对经济增长的制约。在中国,这种制约是通过总量和结构两种途径实现的。

(1) 总量制约。在相对低下的技术矩阵水平下,生产越发展,消耗越增加,两者同步增长,但可使用的生产资源则是有限的(即稀缺性),若不改变生产可能

---

① 结构完全消耗产出率指数计算式为:

$$G^* = \sum_{i=1}^{n} \frac{W_j}{\sum_{i=1}^{n} b_{ij}} - \frac{Y}{C^*}$$

式中,W_j 为第 j 部门的权重,b_{ij} 为完全消耗系数,C^* 为完全消耗额,Y 为总产值。

性曲线的位置,即向右上方移动,经济增长将受到可用资源的总量制约。从中国情况来看,虽然资源较丰富,但地面自然资源和地下矿产资源的人均占有量却很低,因而低水平的开发利用效益将形成国民经济持续增长的极大约束。

(2)结构制约。对比国内外资料,从产业结构上看,全世界冶金、电力、煤炭、石油工业以及煤气、自来水等基础设施占比工业比重约为22%,发展中国家约为45%(因中东地区产油量大),发达国家约为19%,欧洲经济共同体国家约为18%,原苏联、东欧国家约为16%,中国约为18%。单从这些部门的产值和投资所占比重来说,中国并不很低,但由于其利用效益差,能源和原材料的供应仍十分紧张,成为国民经济发展的瓶颈制约。因此,过高的物质消耗有可能导致或加剧结构失衡,从而终将把经济增长拖向延缓以至徘徊不前。

经验表明,高物耗下的经济增长不可能是持续稳定的经济增长,而是大起大落的经济增长,其具体过程如图2.2所示。这就是说,高物耗是难以支撑经济高度发展的。从单耗上看,美国每吨钢所支撑的国民生产总值高达2.2万美元,日本为1.7万美元,苏联也在1万美元以上,中国仅为0.6万美元。每吨标准煤所支撑的国民生产总值,美国为1200美元,日本为2700美元,苏联为1000美元,中国仅为400美元。当然,由于国情、汇率、进出口量等不同因素,这些指标不完全可比,但大致上可反映出中国高物耗难以支撑经济持续稳定高速增长。

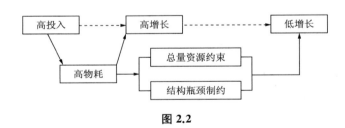

图 2.2

根据中国的经济发展战略目标的要求(到20世纪末实现国民生产总值翻两番),并考虑社会总供给与社会总需求相平衡,兼顾国家建设与人民生活的统筹安排以及消费结构、产业结构、投资结构的相互协调,中国一些学者利用大道模型测量,到2000年中国社会总产值预计达到4.37万亿元(1980年不变价,下同),工农业总产值达到3.535万亿元,国民收入达到1.68万亿元。但如果各部门物耗维持在1983年的水平上,到2000年社会总产值大约只能达到3.11万亿元,工农业总产值大约只能达到2.52万亿元,国民收入大约只能达到1.11万亿元,分别比预期方案低 22%、16% 和 34%。① 这表明,要实现中国经济发展战略目标,必须转换技术矩阵,选择新的大道(即大道弯曲),否则战略目标是难以实现的。从这一意义上讲,提高技术矩阵水平,降低生产过程中的物质消耗,是使中国国民经济持续、稳定、高速度增长而又不过度紧张的关键所在。

2.3.3　中国经济长期增长的真正障碍

目前,国内理论界和实际经济部门对经济增长的研究,大部分把注意力集中在结构瓶颈制约问题上。确实,在中国现实经济生活中,原材料、能源、运输的供应短缺是比较严重的,构成了对国民经济发展的瓶颈制约。集中财力、物力把这些瓶颈产业搞上去,无疑对经济增长有重大意义。但对中国经济长期增长构成真正的障碍,并不在于此,而是结构关联水平低下。

前面已经指出,与国际水平相比较,中国能源、原材料等基础工业产值在工业中比重不算过低,而且在今后的发展中,随着产业结构向高级化转换,这些部门在工业中所占的比重还将下降。据国内一些专家预测,燃料动力工业占工业的比重将由 1980 年的 12.8% 下降到 2000 年的 9.8%,原材料工业比重将由1980 年的 9.5% 下降到 2000 年的 6.9%。但如果继续保持高物耗的现状,那么燃料动力工业的比重还要保持在 11.6%—11.8%,原材料工业比重还要保持在8.7%—8.8%,这样才能保证国民经济的协调平衡。这种燃料动力和原材料部门比重高居不下的结果,直接削弱了产业结构转换能力,影响了产业结构成长对经济增长作用的效应(这一问题将在第三篇中详细论述)。

因此,加强瓶颈产业的发展,扭转原材料、燃料动力的严重短缺状况,对于促进经济增长是有一定限度的。超出一定的限度,这些部门的发展将降低产业结构高级化程度,从而对经济增长产生负效应。所以,一味强调瓶颈产业的大力发展,似乎唯有这样才能保证经济长期稳定高速增长的观点,是存在一定片面性的。事实上,同时从产业结构高级化的角度考虑问题,目前原材料、燃料动力瓶颈制约的本质要害在于其消耗高水平,而不是其本身供应不足(从其占工业比重的角度来看)。因此,对中国长期经济增长构成真正障碍的东西,是结构关联水

---

① 参见李京文、郑友敬主编:《技术进步与产业结构——模型》,经济科学出版社 1989 年版,第186—187 页。

平低下。如果不能有效地降低生产过程中原材料、燃料动力的使用消耗,中国的经济增长将始终在较紧的条件下运行,出现较大的起伏波动。

2.4   技术矩阵转换

由于技术矩阵水平是实现经济均衡增长的决定性变量,技术矩阵转变将导致经济增长大道弯曲,所以从长期经济增长目标出发,为选择经济增长最优路径,就必须实行技术矩阵转换,即提高结构关联的技术水平。

2.4.1   技术矩阵转换的核心:技术进步

影响技术矩阵变化的因素是多方面的,其中主要因素有以下几个:

(1)生产技术因素。不同的技术装备、生产工艺以及加工材料,都会在不同程度上使直接消耗系数发生变化。先进的技术装备和生产工艺,新型材料的使用,可以大大降低生产相同性能产品的物耗;反之,则将提高物耗。

(2)经营管理因素。不同的经营管理方式和水平,也会影响直接消耗系数的变化。企业素质的改善,生产管理水平的提高,将杜绝浪费和减少次品,从而提高中间产品的利用率和产出率;反之,则将提高直接消耗系数。

(3)劳动力因素。劳动者的素质及其技能水平对直接消耗系数也有重大影响。如果劳动者具备较好的素质和较高的生产技能,在其他相同条件下,则可以减少投入,增加产出;反之,就会增大物耗。

(4)组织规模因素。企业的生产是否达到规模经济,对直接消耗系数也有影响。如果按合理的经济规模组织生产,其中间产品将被合理使用,节约实际物质消耗;否则,规模不合理,将使一部分物质消耗得不到充分利用。

(5)产品结构因素。由于不同产品生产的消耗定额是不同的,产品结构发生变化必然导致部门直接消耗系数的变动,从而影响整个技术矩阵水平。

除此之外,生产的自然因素对直接消耗系数也有影响,但考虑到工业生产受其自然影响较小,故不作为单独一个因素列出。

在上述几个因素中,第 5 个因素(产品结构变化)实质上反映了消费结构变动对技术矩阵的影响。由于在本篇分析模型中,最终需求表现为系统的外生变量,被假定是不变的,所以讨论技术矩阵转换问题时,这一因素可以暂时撇开。第 4 个因素虽然对直接消耗系数有影响,但其影响的范围和程度有限,因为规模经济主要是影响不变成本中的中间产品消耗,而不是全面影响中间产品的消耗。所以,这一因素不是主要的决定性变量。第 1、第 2、第 3 个因素可以看作是广义的技术进步因素,因为技术进步是融合、渗透在生产力诸要素之中的科学技术因素的综合发展和进步。这样,我们可以看到,技术进步是影响投入—产出系数变动的决定性变量,投入—产出系数变动是技术进步的结果。

技术进步通过各种途径改变从投入到产出的全过程以及这一过程的各个方面,包括改变投入及其结构,改变生产工艺流程,改变产品的具体特点及功能,改变生产过程的组织方法等,从而改变了资源消耗强度。所谓资源消耗强度是指生产 j 单位产品所消耗的 i 种资源的数量大小。它的变化情况可用资源消耗弹性系数来描述:

$$某种资源消耗弹性系数(Z_t) = \frac{某种资源消耗增长率(\%)}{产品产量增长率(\%)} \qquad (2.13)$$

显然,Z_t 的下降表明了资源利用率的提高;反之,则表明其降低。当然,Z_t 的下降也有可能是由于别的替代资源进入生产领域而造成的替代性下降,这时被替代资源消耗比例降低,而替代资源消耗比例将上升。但只要替代资源的运用是技术进步的结果(由于更低的成本而实行的自愿替代),而不是因短缺实行的被迫替代,那么对于生产 j 种产品来说,其物耗也是下降的。

假设不同的时期存在不变的最终需求,那么消耗系数变动将会引起产出量的变化,而前者又是技术进步的结果,所以获得的不同的产出量在这一意义上反映了不同时期的技术变动。因此,技术进步在技术系数矩阵 **A** 转换中的作用可以表述为:**A** 矩阵有其相应的最大特征值 λ_m;λ_m 值的变化是技术变化的结果。如果 λ_m 值逐年下降,则表明技术进步。它意味着中间产品的消耗减少,而生产的最终产品增加。

2.4.2　结构关联中的技术进步

技术系数矩阵转换从本质上讲是技术进步问题,但又不是一般的技术进步问题,而是结构关联中的技术进步。这就意味着技术进步不仅要受其原有技术基础的制约,而且还要受结构关联要求的制约,即技术进步要有利于结构关联的协调。如果技术进步不考虑或违背结构关联的要求，那么它就有可能造成结构关联的失调，而且技术进步越快，结构失调可能越严重。

如果我们将技术进步对结构关联的影响用函数表示：

$$Y = F(X) \tag{2.14}$$

式中 X 表示技术进步，Y 表示结构关联变化；则结构关联对技术进步的要求就可用下面函数表示：

$$X = F(Y_1, Y_2, \cdots, Y_n) \tag{2.15}$$

式中，Y_1，Y_2，$\cdots$，Y_n 分别表示产业部门的变化。式(2.15)的约束条件是人力、物力、财力、运力、自然力；式(2.15)的约束条件除上述之外，还有产业之间的比例、消费结构的变化、资源供给状况、人员素质的水平等。这样，影响产业结构的诸多因素都可能成为技术进步的限制条件。因此，研究结构关联中的技术进步，仍需要运用原有的分析模型（投入产出表中的内生部分），但还要加入一些限制条件（影响产业结构的诸多因素），把技术进步内生化，即内生于结构关联之中。只有这样，技术进步促进技术矩阵转换这一命题才能成立。脱离结构关联的制约因素来谈技术进步，一则偏离了我们的议题，二则在实践中也是有害的。从此观点出发，我们必须对上述的分析模型有所修正。

由于我们前面设定的分析模型暗含着一个假定，即采用任何技术都可以取得正的强度，唯一的限制是产品消耗与上一生产周期的产品产出平衡，所以这一模型实际上是将技术进步作为外生变量来处理的。当然，这并不妨碍我们揭示技术矩阵水平与经济均衡增长的内在关系，完成对结构关联技术水平效应的分析。但它对于技术矩阵转换及技术进步来说，则有一定的局限性，不利于这一方面问题的分析。因此，在论述技术矩阵转换问题时，必须对此模型有所修正。

模型修正的主要内容是将技术进步内生化，即根据现有的生产资源来选择某种技术，将技术矩阵的转换看作是经济增长机制的一部分。这是因为，从任何技术所必需的消耗构成中，可以划分出具有一定结构的资本和劳动力，而部门流动性的限制，其每一步都会明显地缩小技术的"自由选择"。所以，技术矩阵转换必须建立在现实条件基础上，从现有生产资源状况出发，在这样一个经过修正的技术进步内生化的模型中，技术矩阵转换将受到下面两组因素的影响。

(1) 原有技术状况。技术进步在一定程度上具有跳跃性,尤其是那些后起的发展中国家,可以通过引进和吸收先进国家的新兴科学技术成果,跳跃过技术发展的某些阶段。但技术进步是有其继承性和连续性的,技术发展跳跃的程度最终将受到原有技术基础的制约。更何况,从结构关联的角度来看,某一技术的跳跃发展还会受到相关配套技术的制约,否则技术关联就会发生断裂。因此,技术矩阵转换要受到前一时期技术状况的影响。

(2) 现有生产资源状况。在生产的产品产量既定的情况下,与此相对应的生产资源状况不同,对其技术的使用有重大影响。因为对于同一产品来说,可用多种技术来生产,只要其产量满足供求关系的衔接就行了。那么,到底采取哪种技术来生产呢? 这在很大程度上取决于现有的生产资源状况。在既定的生产资源状况下,有可能并不是选用最好的技术,而是选用适中技术。这就意味着其技术利用强度并不等于潜在的可利用的技术水平。因此,技术矩阵转换还将受到现有生产资源状况的影响。

为了表明上述这些依赖关系,我们假设某个时期 $(t, t+1)$ 的技术体现在投入产出矩阵 A_t 和 B_t 之中,它们依赖于前一时期 $(t-1, t)$ 的技术状况和本期计划的产品产量 X_1(准确地说是技术利用强度向量)。如果 R_t 为反映这些依赖关系的某种算子,则有:

$$(\boldsymbol{A}_t, \boldsymbol{B}_t) = R_t(A_{t1}, B_{t-1}, X_{(t)})$$
$$= R_t[R_{t1}\cdots R_1(A_{t0}, B_{t0}, X_{(t0+1)}, \cdots, X_{(t-1)})]$$
$$X_t = \bar{R}_t(X_t, X_{t-1}, \cdots, X_{t0}) \tag{2.16}$$

式中: A_{t0}、B_{t0} 和 X_{t0} 为基年的经济状况。式(2.16)反映了两组因素对技术结构的影响,一组是与产品产出平行形成的因素,另一组是在它之前就已经存在的因素(注意,这里没有考虑与未来经济发展有关因素的影响)。因此,考察技术矩阵转换问题,必须从这些因素出发,以更接近于现实。

2.4.3 技术结构选择:静态分析

由于技术矩阵转换所涉及的技术进步是结构关联中的技术进步,而在技术进步内生化的模型中,投入—产出系数(技术系数)是技术结构的派生物,所以技术系数矩阵转换的深层问题就是技术结构选择。

技术结构是指一定时期内,国民经济各部门的总技术体系中,各种类型和水平的技术所占的比重及其相互联系。它不仅反映了一国技术发展的历史序列,也反映了一国技术发展重点的转移。

技术类型的划分可以从不同的角度展开,这主要取决于所要研究问题的需要。通常比较流行的方法是运用生产函数来划分技术进步的类型。设生产函数为:

$$Y = F(K, L; t) \qquad (2.17)$$

式中,Y 代表产出;K 是资金生产要素;L 是劳动力生产要素;t 是时间变量。由于技术进步就是论证 Y 这个函数中 t 的过程,所以随时间 t 变化的生产函数形式可反映不同类型的技术进步。式(2.17)的生产函数可以演化为九种不同形式,它分别表明了技术进步的各种类型(见表 2.5,表中的乘数因子 A_t 表示随时间 t 变化的技术水平)。

表 2.5   技术进步类型与生产函数形式

技术进步类型	生产函数形式	说　　明
产出效益型	$Y = A_t f(K, L)$	K/L 不变,$\dfrac{\alpha Y}{\alpha L} / \dfrac{\alpha Y}{\alpha K}$ 不变
劳动效益型	$Y = f(K, A_t L)$	Y/K 不变,$\dfrac{\alpha Y}{\alpha K}$ 不变
资金效益型	$Y = f(A_t K, L)$	Y/L 不变,$\dfrac{\alpha Y}{\alpha L}$ 不变
劳动组合型	$Y = f(K, L + A_t K)$	Y/K 不变,$\dfrac{\alpha Y}{\alpha L}$ 不变
资金组合型	$Y = f(K + A_t L, L)$	Y/L 不变,$\dfrac{\alpha Y}{\alpha K}$ 不变
劳动追加型	$Y = A_t L + f(K, L)$	K/L 不变,$\dfrac{\alpha Y}{\alpha K}$ 不变
资金追加型	$Y = A_t K + f(K, L)$	K/L 不变,$\dfrac{\alpha Y}{\alpha L}$ 不变
劳动节约型	$L = A_t Y + g(K, Y)$	劳动的比重相对下降
资金节约型	$K = A_t Y + h(Y, L)$	资金的比重相对下降

技术水平也可以进行多种划分,完全根据研究的需要来确定。我们这里把其划分为:(1)尖端技术水平;(2)先进技术水平;(3)中等技术水平;(4)初级技术

水平。这种划分具有动态相对性。在目前情况下,也许是自动化技术、机械化技术、半机械化技术和手工技术与此相对应的,但在今后某一时期,也许不是如此。技术水平构成可以通过多种指标来反映:(1)不同水平的技术所生产的产品的产值占社会总产值的份额,以及它们之间的比例关系;(2)不同水平的技术所使用的劳动力人数在劳动力总量中所占的比重,以及它们的比例关系;(3)不同水平的技术所消耗的物质资源在该种物质资源总消耗量中所占的比重,以及它们之间的比例关系;等等。这里,我们选用第一种指标来表示和反映技术水平构成。

如果我们假设上述四种水平的技术的劳动生产率均可以独立计算,即四种不同水平的技术具有明显的划分界线,并以初级水平技术的劳动生产率为基数,那么其他技术的劳动生产率与基数之比的比值为技术经济当量系数。若取基数为1,则其他三种技术的技术经济当量系数被定义为技术经济当量。如果用d_h、d_a、d_m分别代表尖端技术、先进技术、中等技术的技术经济当量;b_h、b_a、b_m、b_L分别代表技术水平构成,$\sum_{i=1}^{4} b_i = 1$,那么我们可以用下式表示技术结构水平:

$$J_s = d_h b_h + d_a b_a + d_m b_m + b_L \tag{2.18}$$

在此式中,一般的规律是:$d_h > d_a > d_m > 1$。显然,技术结构水平取决于各层次技术所占的比重。b_h越大,J_s越大,说明技术结构水平越高;而b_L越大,J_s越小,说明技术结构水平越低。

技术结构就是技术类型与技术水平融为一体的有机构成。技术结构选择无非是技术进步类型选择和技术进步幅度(水平)选择两个方面的综合选择。根据前面的限定条件,这种技术结构选择首先要满足结构关联均衡的要求。也就是说,当一种产品,既可以用不同类型技术生产出来,又可以用不同水平技术生产出来时,采用某一类型和水平的技术取代另一种类型和水平的技术是被容许的,只要该技术能生产出同等数量的社会所需要的产品就行了。因此,对于每一产品的生产技术来说,并不是技术越先进越好,尤其在结构关联非均衡状态下,长线产品的生产技术越先进,可能越是糟糕。也许对于单一产品生产技术选择而言,发展有利于自身条件的技术类型和更高层次的技术水平,似乎是合理的,但从技术结构选择的角度来看,则不一定合理。技术结构选择的合理性标准,最主要的就是看其是否有利于产品之间供求关系的衔接,是否符合产业结构变动趋势。

例如,从中国目前产业结构状况来看,农业、能源和原材料、交通运输等基础产业相对薄弱,成为结构关联中的瓶颈制约。面对这种情况,技术结构选择就要注重发展提高资金生产率的技术,尤其是发展节约原材料和能源消耗的技术,发展合成新的优质材料的技术,并对这些短缺产品,采用较高水平的生产技术,提高其产量。显然,这种技术结构选择有利于缓解结构瓶颈,促进产业结构合理化。

技术结构选择除了满足结构关联均衡的要求外,还必须与规划期生产资源基本格局相适应,即与实际的劳动力供给、资金供给、能源供给、产业组织状况、国民教育状况等相适应。从中国目前生产资源格局来看,具有资金有限、能源相对缺乏、就业压力巨大、劳动者素质不高、组织规模偏小等特点,因而技术结构选择的总体倾向性应该是采用一定资金和物耗可以达到最高产量的技术方式,而不是那种资金密集、物耗量大、节约劳动的技术方式。建立以节约资金和原材料的劳动密集型技术为核心的技术体系,也许比较适合现阶段中国生产资源状况的要求。

在这样一种技术结构选择的总体倾向下,各部门的技术选择还将受到生产资源部门分布状况的制约。由于资源不可能在部门之间实现完全的流动,部门进入要求与资源进入质量的不对称往往限制了资源流动的自由度,形成特定的资源部门分布格局,因而各部门技术选择面临的生产资源状况不尽相同,甚至有较大的差别。例如,在某些部门,劳动力的供给是大量的;而在另一些部门,有可能劳动力供给短缺,即适合于该部门要求的劳动力供给不足。因此,技术结构选择还要与实际的就业结构、教育结构、企业规模结构、能源结构等相适应。

最后,技术结构还将受其原有技术基础的制约。从单一部门技术选择来说,原有技术基础制约表现在两个方面:(1)自身的技术基础制约。技术发展有其继承性,原有的技术装备、生产工艺、技术力量、生产规模等因素对技术类型的转换和技术水平的提高有重大影响。在一般情况下,其技术选择大都是原有技术的改进与完善。(2)相关部门的技术基础制约。即使某一部门有条件采用全新技术,即可以摆脱自身技术基础的制约,例如全套引入新技术、更换原有的技术基础,它也将受到相关部门技术基础的制约,因为在结构关联中,某一部门的技术必然与相关部门的技术发生联系。这种部门技术联系要求其水平不能悬殊,否则将会发生技术关联的断裂。如果其上游部门的技术只是中等水平,该部门的技术要达到尖端水平(尽管有条件达到),那么上游产品的性能就可能不能满足其技术要求,从而上游产品就无法被加工和利用。同样,如果其下游部门的技术是低水平的,该部门用高技术生产的产品,也许也无法被有效利用。因此,在其他情况不变的情况下,某一部门的技术选择要与其相关部门的技术相适应。

由上可见,在既定条件下,技术结构选择应以适用为原则;在适用的前提下,追求技术进步类型和幅度的最优组合。从中国目前的实际情况来看,技术结构水平 J_s 不可能很高,但我们仍然可以通过技术结构调整和完善,提高技术系数矩阵水平,从而促进经济均衡增长。在这方面,中国还是有很大潜力可挖的。实际上,静态的技术结构选择就是通过对各产品(部门)生产技术类型和水平的局部调整,来形成更高的技术整体能力的一种选择。

2.4.4 技术结构选择:动态分析

静态的技术结构选择是以既定的约束条件为前提的,这对于我们确立技术结构选择合理化标准,从及近期内完善技术结构是十分有意义的。但在实际经济工作中,仅有这种静态分析是不够的,还需要有技术结构选择的动态分析。

技术结构选择的动态分析着眼于从长期目标出发来选择未来的技术结构,因而这一分析是以相应的约束条件可改变为前提的。这就是说,在结构关联变动、生产资源状况以及技术基础发生较大变化的情况下,进行技术结构选择。这种动态技术结构选择伴随着一系列约束条件的改变,实际上是技术结构物质变性的转换,因而它决定了大道弯曲以及经济增长的最优路径。显然,这对于我们经济工作具有重大意义。在其他条件既定的情况下,这种动态技术结构选择从根本上保证了国民经济长期稳定的加速发展。

与静态技术结构选择相区别,动态技术结构选择的一个主要特点,就是它不仅要立足于现有的约束条件,而且要依据今后可能改变的条件。因此,这一技术结构选择具有一定的超前性,即选择未来可能的技术结构。这样,对未来发展格局的科学预测在其选择中就居于重要地位。这一预测的主要内容有:(1)产业结构变动趋势;(2)生产资源质量与数量,以及结构性变动;(3)技术发展速度与水平;(4)产业组织的变动状况;等等。动态技术结构选择必须建立在这些内容科学预测的基础上,否则将带有很大的盲目性,使技术结构选择过于保守或过于冒进。

在对未来发展格局的科学预测的基础上,动态技术结构选择必须着手对现有约束条件的改造。这也是其区别于静态技术结构选择的一个显著特点,即具有能动性。这一改造包括：(1)技术基础改造,例如技术装备更新、采用新的生产工艺等。(2)提高劳动者的知识文化水平和技能,调整教育结构,培养专业对口、工作急需的专门人才。(3)调整企业规模结构,使其有利于新技术的研制与开发。因此,动态技术结构选择具有更广泛的内容,也更为复杂和艰难。

在这种动态技术结构选择中,为改造原有的技术基础,其中一项重要的工作就是投资技术选择。投资技术选择是动态技术结构选择的物质保证之一。对应于未来技术结构,要有相应的投资技术选择。如果我们把$(I-A)$与B的每一列分别叫作生产技术和投资技术,记$a_j(q_j)$为j种产品的生产技术,$b_j(q_j)$为相应于$a_j(q_j)$的投资技术,那么生产技术与投资技术的集合是：

$$[a_1(1), a_1(2), \cdots, a_1(m_1), a_2(1), \cdots, a_2(m_2), \cdots, a_n(m_n)]$$
$$[b_1(1), b_1(2), \cdots, b_1(m_1), b_2(1), \cdots, b_2(m_2), \cdots, b_n(m_n)]$$

投资技术选择在很大程度上决定了未来生产技术,因而投资技术选择在动态技术结构选择中居重要地位。对投资技术的选择我们必须谨慎从事,从未来技术结构的角度选择合适的投资技术。

2.5 技术矩阵中的对偶问题

前面关于结构关联水平效应的论述主要是从生产技术的角度展开的,对于技术矩阵转换问题也是从技术结构选择的角度来进行分析的。然而,在结构关联的技术矩阵中,除了生产技术联系外,还潜藏着经济利益联系。撇开经济利益联系来谈生产技术联系是不全面的,因而在这一节里我们将分析技术矩阵中技术联系与利益联系的对偶问题。

2.5.1 经济利益对技术矩阵的影响

在结构关联的技术矩阵中,始终存在着双重联系:技术联系和利益联系。两者是不可分割的,即技术联系是利益联系的前提,利益联系是技术联系的基础。没有一定的生产技术联系,不可能形成相应的经济利益联系。同样,没有经济利益联系,其生产技术联系就无法实现。因此,不仅生产技术联系的方式影响技术系数矩阵水平,经济利益联系是否协调也直接影响技术矩阵水平。

在现代经济中,结构关联中的经济利益联系通常是通过价格以及成本与收益实现的。交换价格尽管总是偏离其价值,但它是价值关系的反映,而价值关系就是人们的经济利益关系。因此,经济利益联系影响技术系数矩阵水平是通过价格结构(比价)以及收益率水平实现的。下面,我们首先从正面来论述经济利益联系对技术系数矩阵的影响。

对于任何一个独立经济实体来说,其行为准则的最基本要求就是"产出不能低于其投入",否则它将不会从事这一生产经营活动。因此,其生产过程中的技术系数必然具有如下特点,即:

$$\sum_i a_{ij} < 1 \tag{2.19}$$

在价值型投入产出表中,这一技术系数反映了生产成本价格与产品价格的关系,即成本价格低于产品价格。这是任何一个企业得以生存和发展的基本条件。

式(2.19)反映的价值关系(利益关系)对技术矩阵有什么影响呢?从技术矩阵的数学性质来说,其影响是[①]:(1)直接消耗系数矩阵 A 的弗罗比尼斯特征根小于 1。(2)技术矩阵 $I\text{-}A$ 具有对角占优性质,事实上,它的所有对角线元素为正,而非对角线元素为负或零。正元素表示产出(扣除生产消耗后),负元素表示投入。(3)$I\text{-}A$ 的所有特征根都具有正的实部。(4)对于任一向量 $Y \geqslant O$,存在唯一的 $X \geqslant O$,使 $AX + Y = X$。(5)$I\text{-}A$ 的逆矩阵存在,并且为非负矩阵。

这些影响表明,利益关系也与 A 的弗罗比尼斯特征根有关,利益关系对矩阵 A 的影响可以通过寻找弗罗比尼斯特征根得以揭示。前面我们已经指出,结构关联中的利益关系是通过价格来实现的,因而这里我们用价格变量来分析利益关系对技术矩阵的影响。如果设价格向量为行向量 P_T,那么单位产品的成本就是行向量 $P_T A$。记产品物耗比率:

$$\tau_i = \frac{\sum_j P_j a_{ji}}{P_i} \tag{2.20}$$

如果定义最低物耗比率 $\tau(P) = \min t_i$,那么:

---

① 参见司春林:《经济控制论》,中国展望出版社 1989 年版,第 205 页。

$$P_T A \geqslant \tau(P) \cdot P_T \tag{2.21}$$

在此式中,显然 $\tau(P) > 0$。在这种情况下,如果我们通过调整价格,使大家处于同一价值量的产品具有相同的物耗这一平等地位,那么上式就能成为一个等式,即存在向量 $P > 0$ 和 $\tau(P) > 0$,从而使:

$$AP = \tau(P)P \tag{2.22}$$

这样,全部问题就归结为寻找 A 的弗罗比尼斯特征根 λ 与相应的左特征向量 u。左特征向量 u 在相差一个纯量因子的意义下是唯一的,它代表价格,而弗罗比尼斯特征根 λ 代表物耗比率,这样式(2.22)就变为:

$$uA = \lambda u \tag{2.23}$$

如果单位产品的盈利正好等于次年中间产品价格变动而增加的投入,则原来中间产品的价格就等于新价格下的物耗。如果记新的价格为 u_1,则原来价格就是 $u = u_1 A = \lambda u_1$,或 $u_1 = \frac{1}{\lambda} u$,从而利润率应为:

$$\left(\frac{1}{\lambda} u - u\right) \Big/ u = \frac{1}{\lambda} - 1 \tag{2.24}$$

这一论述表明,通过价格调整而实现的利益关系的协调,可以获得技术矩阵 A 的弗罗比尼斯特征根 λ,即最低的物耗比率。因此,价格结构是否合理(其实质是经济利益是否协调),直接影响技术矩阵水平。

从中国的情况来看,严重的高物耗在很大程度上与原材料、能源价格低廉有关。价格控制造成的价格扭曲,实际上破坏了正常的经济利益联系,企业预算约束软化则从根本上维持了这种非正常的经济利益联系,因而对廉价材料使用的低水平和浪费,以及对生产成本的忽视就成为其必然的派生物。这也从反面验证了经济利益关系对技术矩阵的影响。

2.5.2　技术关联与利益关联的对偶

可见,结构关联中的矩阵 A 不仅受技术关联的影响,而且也受利益关联的影响。因此,技术矩阵 A 的转换,既要提高生产技术水平,又要协调经济利益关系。这是同一个问题的两个方面,即矩阵 A 的对偶问题。

前面的分析已经表明,矩阵 A 的弗罗比尼斯特征根 λ 是存在的,它决定了经济均衡增长时的增长率和利润率,而且两者相等$\left(\text{均为}\dfrac{1}{\lambda}-1\right)$,同时这一特征根的右特征向量就是产品结构,而左特征根则是价格结构。这说明矩阵 A 中存在着产品结构与价格结构的对偶。我们只有通过调整产品结构和价格结构,才能寻找到 A 矩阵中存在的具有最大绝对值的正特征根,从而实现诺依曼均衡增长。

矩阵 A 中的产品向量与价格向量作为弗罗比尼斯特征根的左右特征向量,是保证经济均衡增长的两个必要条件,缺一不可。即使从动态观点来考察,引入投资技术选择,其对偶依然是存在的。然而,产品向量实际上是技术关联的反映,价格向量实际上是利益关联的反映,所以这一对偶问题归根到底是技术关联与利益关联的对偶。

结构关联矩阵水平中的技术关联与利益关联对偶,揭示了发挥结构关联水平对经济增长促进作用的实现机制,即技术进步与利益调整。只有通过技术进步(技术结构完善与更新)和利益调整(价格体系完善),才能有效地实现技术矩阵的转换,从而形成大道弯曲,使经济增长循着最优路径发展。关于结构关联中的技术进步问题,前面已作了详尽分析,这里侧重谈谈利益关系调整。

从结构关联矩阵水平的角度谈利益关系调整,涉及两方面的问题:(1)利益关系明晰化,即利益界定明确与硬化。只有这样,企业所采用的技术才能具备 $\sum_i a_{ij}<1$ 的特点,并重视其生产成本,努力降低其物耗。如果利益关系模糊,企业则可以转嫁其高物耗的损失,例如无条件地得到政府的亏损补助等。这样,企业就缺乏重视生产成本、降低物耗的强大动力和压力。(2)利益关系合理化,即利益机会均等。这主要表现在价格确定及其比价关系上。合理的比价关系(反映产品价值与供求关系)将迫使企业节约物质消耗,提高中间投入的产出率。中间产品定价过低造成的价格扭曲,不仅损害了其生产部门的利益,而且给使用部门提供了低水平利用和大手大脚浪费的条件。

从中国的实际情况来看,利益关系模糊和扭曲正是长期以来物耗居高不下的症结所在。因此,实现技术矩阵转换,降低物耗,必须进行利益关系调整,尤其是利益关系明晰化。单纯提高原材料、能源价格,不足以解决问题。只要利益关系仍然是模糊不清的,就不存在降低物耗的有效机制,企业既可以向消费者转嫁涨价因素,也可以向国家转嫁涨价因素,而缺乏真正的降低物耗的消化功能。

3 结构关联:深化规模

3.1 部门之间的交易规模:关联程度

3.1.1 投入产出表中反映的交易规模

产业之间的结构关联不仅以一定的生产技术水平为基础,而且总是表现为相应的联系程度。这种关联程度在投入产出表中的直观反映就是部门之间中间产品的交易规模。

我们知道,部门之间的交易活动是以其生产技术联系为基础的。若两部门不存在一定的生产技术联系,它们之间便不会发生交易活动。若两部门的生产技术联系比较松散,它们之间的交易活动就相对稀少。所以,部门之间的交易活动实质上反映了部门之间的联系,从而其交易规模在一定程度上反映了产业关联程度。从投入产出表的直观反映来看,部门之间的交易规模是由以下几个方面构成的:

(1) 投入产出表中的元素总额,即 X_{ij} 的数目。在按照同一标准进行产业分类的投入产出表中,元素总额的增减是由其行 i 与列 j 的增减决定的,因而与元素总额对应的是投入产出表中部门 n 的数目。根据本篇设定的模型,每一部门只生产一种产品,所以进入投入产出表中的部门 n 的数目实际上意味着加入交易活动的产品种类的数量。显然,在其他条件不变的情况下,投入产出表中的元素总额就构成了部门之间的交易规模。[1]

---

① 请注意,这种投入产出表中元素总额的变化,不是因人为的产业分类的粗分与细分引起的,而是实际经济生活中社会生产专业化分工(新部门产生与原有部门分化)的结果。

（2）投入产出表中的非零元素比重。在部门 n 的数目既定的情况下，部门之间的交易规模就取决于非零元素的数额。零元素在投入产出表中表现为"空格"，说明 i 部门与 j 部门不发生交易关系，非零元素则表示部门间有交易活动。因此，在其他条件不变的情况下，非零元素的比重决定了部门之间的交易规模。

（3）投入产出表中的元素单位总额。在非零元素数额既定的情况下，部门之间的交易规模就取决于各元素单位。投入产出表中的元素单位表明了 i 部门投入 j 部门的产品数量，这一产品数额就是部门之间的交易量，因而元素单位向量规定了部门之间的交易规模。

总之，投入产出表中的元素额，非零元素比重以及元素单位的有机组合构成了部门之间的交易规模。这一交易规模则反映了产业关联的程度。

3.1.2 部门之间交易规模变动的类型

由于部门之间的交易规模是由投入产出表中的元素额、非零元素额以及元素单位三方面因素构成的，所以部门之间交易规模的变动就取决于上述三方面的变化。尽管在现实经济中，部门之间交易规模的变动是元素额、非零元素比重以及元素单位共同作用的结果，但我们仍然可以根据其作用的相对程度来划分部门之间交易规模变动的不同类型。

（1）范围扩大型。如果部门之间交易规模的扩大主要取决于收入产出矩阵中元素的增加，则表明其交易规模变动是由参与交易活动的部门（产品种类）增加而引起的交易范围扩大的结果。这是一种外延扩大的交易规模变动。

（2）空间密集型。如果部门之间交易规模的扩大主要取决于投入产出表中的非零元素的增加，则表明其规模变动是由部门交易活动级数增加而引起的交易空间密集的结果，即投入产出表中空格的比例下降的结果。这是一种内部密集的交易规模变动。

（3）数量增加型。如果部门之间交易规模的扩大主要取决于元素单位的增加，则表明其规模变动是由部门交易活动容量增加而引起的交易含量增加的结果。这是一种内涵提高的交易规模变动。

当然，从一个较长时期来看，部门之间交易规模的扩大是上述三方面的综合结果，表现为交易品种增多、交易环节增加和交易数量扩大（见表 3.1 与表 3.2 的比较）。

表 3.1　一个"欠发达"的经济结构

去向 来自	中间需求									最终 需求
	传统 农业	种植园	粮食 加工	纺织业	制造业	交通和 动力	建筑业	采矿业	服务业	
传统农业	605	86	795	371	127	11	69	16	7	6238
种植园	—	14	—	62						1476
粮食加工	55	—	48	6	13				8	1201
纺织业	4	13	7	25	16	1		3	—	822
制造业	41	78	18	53	488	227	630	75	16	542
交通和动力	8	35	8	28	29	13	—	8	2	1026
建筑业	—									1626
采矿业	8	—		69	17	22		3		317
服务业	—	12	5	3	26	4	—		3	112
增加值	7604	1314	454	345	1338	880	905	331	129	13360

资料来源:〔美〕金德尔伯格等:《经济发展》,上海译文出版社1986年版,第194页。

表 3.2　一个"较发达"的经济结构

去向 来自	中间需求											最终 需求
	传统 农业	种植园	粮食 加工	纺织业	制造业	交通和 动力	建筑业	采矿业	服务业	机动 车辆	电子	
传统农业	860	127	3417	682	1088	—	66	28	17	—	—	2728
种植园	—	25	2360	895	28	17	123	22	6	38	12	1832
粮食加工	254	212	1100	12	84	—	—	—	4	—	—	7876
纺织业	70	112	4	1458	538	12	47	4	72	136	28	2516
制造业	522	312	574	594	1420	788	4604	88	341	3560	238	19452
交通和动力	64	193	152	88	1048	214	678	66	213	788	132	1754
建筑业	—											16436
采矿业	2	17	28	12	1216	168	188	14	112	47	12	−842*
服务业	189	42	126	72	312	67	116	32	38	71	16	4217
机动车辆	312	220	160	88	1418	93	375	46	39	27	3	2660
电子	6	22	17	89	463	212	28	17	48	87	312	−387*
增加值	6982	4074	1608	1027	24880	3817	10215	885	4410	969	157	58992

注:"＊"构成负的最终需求的因素可能包括进口大于出口、负的净投资(折旧超过新的总投资)和存货的减少。

资料来源:〔美〕金德尔伯格等:《经济发展》,上海译文出版社1986年版,第195页。

　　表 3.1 与表 3.2 中的数字是经过整理的一个实际国家的数字,代表着以本国货币单位表示的部门交易量。表 3.1 向表 3.2 的转变意味着经过一定时间部门之间交易规模的扩大,其变动的特征表现为:(1)由于有新的部门进入经济结构,部门交易中的中间产品种类更多了;(2)由于表中的空格在绝对量与相对量上的减少,部门之间交易变得更为复杂了;(3)表中数字增大表明部门之间交易数量相对较大了。

3.1.3　部门之间交易规模的度量

　　虽然部门之间交易规模是由投入产出表中的元素总额、非零元素比重以及元素单位构成的,其规模变动表现为交易品种增多、交易环节增加和交易数量扩大的特征,但对其交易规模的度量则不能从这些不同的方面分别给出。因为这些不同方面的变动,有可能同向同步,也有可能同向异步,甚至异向异步。例如,随着投入产出表中行与列的增加,其产品的效用范围也越来越窄,从而有可能使零元素增多。在这种情况下,就很难对部门之间交易规模作出准确的估算。

　　因此,部门之间交易规模的度量必须从总体上把握,即考察中间产品在部门之间运动的总体规模。这样,我们就把交易品种、交易环节全都量化为中间产品使用量,以此来度量部门之间的交易规模。

　　用"中间产品使用量"这一指标来度量部门之间交易规模,自然是再合适不过了,但必须对其作出限定,因为中间产品使用量的变动,不仅取决于部门之间的关联程度,而且也取决于部门之间的关联水平。根据前一章的分析,单位产品投入系数 a_{ij} 的变动,在该产品产出 X_j 既定的情况下,将直接导致中间投入量 X_{ij} 的变化。结构关联水平低下(单位产品投入系数高)引起的中间使用增加,对经济增长具有负效应(前一章已作了详细分析),而结构关联程度高引起的中间使用增加,对经济增长则具有正效应(这将在后面展开详细分析),因而在用"中间产品使用量"来度量部门之间的交易规模时,必须消除结构关联水平对中间使用量的影响,即假定单位产品的投入系数不变。由于假定了中间投入同每一部门的产出成固定比例,因而我们可以把每个部门对中间投入的需求,表示成其产出的函数:

$$W_i = \sum_j X_{ij} = \sum_j a_{ij} X_j \qquad (3.1)$$

在这一限定条件下,中间使用的变动则主要反映了部门之间交易规模的变化。用"中间使用"来度量部门之间交易规模,可采取以下三种指标:

(1) 绝对值指标。首先计算各部门 j 的中间投入量 $W_j = \sum_j X_{ij}$,然后把各部门中间投入量加总 $W = \sum W_j = \sum X_{ij}$。这一部门之间中间使用总量反映了部门之间的交易规模。若设时间为 $t(t=1, 2, \cdots, n)$,那么比较不同时点的中间使用量 W_1 与 W_2,就可以反映其交易规模的变动。中间使用量的绝对值越大,说明部门之间交易规模越大;反之则反是。W_1 与 W_2 的差值大小,则反映了部门之间交易规模变动的幅度。

(2) 相对比率指标。这是把中间投入与总投入进行比较,看总投入中的中间投入所占的比重,即:

$$\lambda(X) = \frac{W}{X} \qquad (3.2)$$

中间投入量在总投入量中的比重越大,说明中间使用量越是增加。这意味着产出中有更大的一部分被售给其他生产者,而不是最终使用者,从而表明部门之间交易规模的扩大。反之,$\lambda(X)$ 值越小,说明部门之间交易规模相对缩小。同样,通过不同时点的 λ_1 与 λ_2 的比较,可以表明部门交易规模变动的情况。若 $\lambda_1 < \lambda_2$,说明其交易规模趋于扩大;若 $\lambda_1 > \lambda_2$,则说明其交易规模缩小了。

(3) 总体联系指标。这种测量方法把其注意力放在产业之间相互依赖日益增强的整体特征上,以反映全部产业关联的变动情况,因而它不仅度量中间产品的直接使用,而且还考虑其间接需要。所以,这一测量方法是以里昂惕夫逆矩阵为基础的。其度量公式为:

$$L = \sum \sum r_{ij} f_j - 1 \qquad (3.3)$$

式中:r_{ij} 是里昂惕夫逆矩阵 $(I-A)^{-1}$ 的元素;f_j 是标准化的最终需求向量(由总和为 1 的各份额构成)的元素。

里昂惕夫逆矩阵的每一列,表示为最终需求提供 1 单位的部门产出所直接或间接需要的商品量。L 的第一项是各列之和的加权总和,以最终需求结构为权数。因此,它表明提供 1 单位最终总需求所直接或间接需要的产品总值。L

量度被定义为这一项减去 1,表示它是在一定结构下生产 1 单位最终总需求所需要的中间产品的价值(使用量)。一般说来,L 的值越大,说明部门之间交易规模越大;反之则反是。如果比较不同时点的 L_1 与 L_2,则可以表明部门交易规模的变动情况。由于这种量度对最终需求结构是很敏感的,所以在进行不同时点的比较时要作一些技术性处理,使最终需求结构保持不变,而使比较得以集中在不同时点的投入产出结构上。

3.2 关联程度深化与经济增长

3.2.1 关联程度深化:必然走势

由于部门之间的交易规模反映了产业结构关联程度,所以笔者把部门之间交易范围扩大、交易环节增加以及交易数量增大定义为结构关联程度深化。现实经济表明,结构关联程度深化是一种普遍的趋向,尤其在工业化期间,更是如此。

著名经济学家钱纳里等人曾对日本、韩国等 9 个国家(地区)的经济发展进行了比较分析,模拟了从不发达经济(基准收入水平为人均国民生产总值 140 美元)到成熟经济(基准收入水平为 2100 美元)的整个过程,构建了一个工业化模型。其中,特别分析了结构转变的总过程,即初期收入水平下的结构与末期收入水平下的结构的比较(见表 3.3)。为了突出结构转变,表中的每一项都被表示为国内生产总值的百分比。这样,从初期基准收入水平到末期基准收入水平的各部门的总产出增量,仍然等于方程: $X_i = \sum_j X_{ij} + D_i + E_i - M_i = W_i + D_i + T_i$ (式中,W_i 为中间需求,D_i 为国内最终需求,T_i 为净贸易)的三个因子之和。

该模型对结构关联程度的度量采用了相对比例指标(中间需求在总需求中的比重)。表 3.3 表明,初期国内总需求为 $151 = 102 + (-2) + 50$,中间需求占总需求的份额为 $33\% = \dfrac{50}{151} \times 100\%$,末期国内总需求为 $182 = 100 + (-1) + 82$,中间需求占总需求的份额上升为 $45\% = \dfrac{82}{182} \times 100\%$。这一指标变动反映了中间使用的增加,以及关联程度的深化过程。由于各产业的中间需求合计等

表 3.3   转变时期经济结构的变化
（国内生产总值的百分比）

部　　门	国内需求（D）			净贸易（T）			中间需求（W）			总产出（X）			附加价值（V）		
	初期	末期	增量	初期	末期	增量	初期	末期	增量	初期	末期	增量	初期	末期	增量
可交易部门															
初级产品	18	4	−14	13	−2	−15	14	14	0	46	16	−30	38	9	−29
制造业	28	34	6	−14	0	14	22	51	29	36	85	49	15	36	21
非交易部门															
社会基础设施	14	20	6	0	1	+1	5	7	2	20	28	8	11	16	5
服务业	42	42	0	−1	2	1	9	10	1	50	53	4	36	39	3
总　计*	102	100	−2	−2	1	1	50	82	32	151	182	30	100	100	0

注："＊"由于四舍五入，各分项之和可能与总计不符。

资料来源：［美］钱纳里等：《工业化和经济增长的比较研究》，上海三联书店 1989 年版，表 3.7。

于各产业的中间投入合计，而总投入 ＝ 中间投入＋附加价值，各产业总投入合计 ＝ 各产业总产出合计 ＝ 国内总产值，因此这一变动过程也可以附加价值（V）不变的角度反映出来，其计算公式为：

$$\left(\frac{X_i^2}{V^2} - \frac{X_i^1}{V^1}\right) = \left(\frac{D_i^2}{V^2} - \frac{D_i^1}{V^1}\right) + \left(\frac{T_i^2}{V^2} - \frac{T_i^1}{V^1}\right) + \left(\frac{W_i^2}{V^2} - \frac{W_i^1}{V^1}\right) \tag{3.4}$$

结果表明，尽管总附加价值在两个时点上不变，始终保持 100％，但总产出却由国内生产总值的 151％增加到 182％，反映了部门之间交易规模的扩大。

可见，随着经济发展，结构关联程度具有不断深化的趋向。通过深入的分析，我们可以看到，这一深化过程主要是由以下两方面的因素引起的。

（1）部门之间相互购买的增加。随着新的部门的增加和部门之间联系的密切，中间产品的交易范围和交易环节不断扩大和增多，从而使生产结构变得比以前更"迂回"了。这种部门之间相互购买的增加从投入产出的角度来看，主要表现为投入—产出系数矩阵 A 的广度与密度的增大，即矩阵中的元素增加和非零元素的增加。

（2）制成品投入对初级产品投入的替代。工业化模型表明，初级产品的中间使用量将逐步下降，制成品的中间使用量将迅速上升。在那些以较高水平的初级产品投入为起点的经济——日本、中国台湾、土耳其和南斯拉夫中，这种制成品投入对初级产品投入的替代趋势表现得更为明显。这一替代引起的中间产品需求组合的变化,使中间产品的交易数量大大增加,即矩阵中平均元素单位量增加,或部门之间交易的平均含量增加。为了说明这一问题,我们采用赛尔奎因等人模拟典型的准工业化国家主要特征的一个有四部门的假想的经济。这一经济的人均收入从初始年 t_1 的 400 美元上升到终止年 t_2 的 600 美元,扩大了 50%,其间的结构系数变动如表 3.4 所示。

表 3.4 假想经济的初始年和终止年的结构参数

(所有数字都乘以 100)

初始年和终止年的投入—产出矩阵								
	以部门表示的 A_1				以部门表示的 A_2			
部　　门	1	2	3	4	1	2	3	4
1. 初级产业	17	13	10	6	17	11	8	5
2. 轻工业	5	22	16	10	7	25	19	11
3. 重工业	7	16	20	5	12	18	24	5
4. 服务业	6	9	8	11	9	12	9	11
$\sum_i a_{ij}$	35	60	54	32	45	66	60	32
附加价值比率 V_j	65	40	46	68	55	34	40	68

资料来源:〔美〕钱纳里等:《工业化和经济增长的比较研究》,上海三联书店 1989 年版,表 5.2。

　　通过矩阵 A_1 与 A_2 的比较,我们可以看到,初级产品的中间需求减少了 5,而轻工业和重工业的中间需求分别增加了 9 和 11。由这一替代而引起的中间需求组合的变化,使 A_2 的数值比 A_1 增加了 22。由于中间投入率和附加价值比率之和等于 1,因此这一变化也可以通过在整个经济中以及在除服务业以外的所有部门中附加价值的系数减少表现出来,即终止年的附加价值的系数比初始年减少了 22。这种制成品投入对初级产品投入的替代实际上是现代工业发展(工业化)的结果,即产出组合的变化转向制造业和其他使用较多中间投入的部门,因而这种替代从投入产出角度来看,主要表现为产出结构变化引起的部门平均交易含量的增加。

　　总之,部门之间相互购买的增加和制成品投入对初级产品投入的替代,引发了结构关联程度的深化过程。虽然这两方面因素总是结合在一起共同作用于关联程度的深化过程,但为了估计它们各自对关联程度深化的作用程度,以便把握关联程度深化的基本走势,我们可以采用相应的处理方法将它们各自对关联程度深化的影响分离出来。其方法是,建立两个标准的产出向量,用以反映各类国家产出结构的主要差异:(1)拥有较大制造业份额的产出向量;(2)拥有较大初级产品和服务业份额的产出向量。用这两个标准产出向量同每一个分时期中各国的投入—产出系数矩阵相乘,便引出了仅仅依赖投入系数矩阵变化的中间需求的变化。拿这种产出结构不变时的中间使用的预期变化与中间使用的实际变化相比较,就可以看出上述两方面因素对关联程度深化的各自作用力度。在大多数例证中,关联程度的深化,有一大半可以由部门之间相互购买的增加来解释,其余的可以由制造品投入对初级产品投入的替代来解释。

可见,随着生产专业化程度提高和制成品投入增加,生产联系日益广泛和复杂化,结构关联程度不断深化。大量事实表明,这种趋向是工业化的确定特征之一。

3.2.2　关联程度深化与经济增长的相关性

结构关联程度深化表明了国民经济日益增加的相互依赖性,这一变化显然是影响全局的。那么,关联程度深化对经济增长究竟有多大作用? 这正是我们在这一节里所要研究的问题。对这一问题的研究,可以从两个不同的层次展开分析:一是从总量层次上分析其相关性;二是从部门层次上分析其相关性。

从总量层次上分析关联程度深化与产出增长的相关关系,就是把中间需求(中间使用)的相对比例的变化与产出增长的变化进行对比,看其是否存在一定的联系。如果两者之间存在一种普遍的、稳定的联系,则表明关联程度深化与产出增长有相关关系;如果两者之间存在着不确定的联系,则表明其没有相关关系。当然,这种统计分析需要有较多的样本,否则会降低分析的准确性。

已有一些统计分析表明,结构关联程度深化与经济增长有一种显著的正相关关系。这里,我们只进行几个经济体的总产出增长与中间需求在总产出中所占份额变化的对比;虽然分析样本较少,但从中也可以隐隐约约看出两者的相关性(见表 3.5)。

表 3.5 产出增长与中间需求比重变化比较

排列顺序	总产出的年均产出增长 (1953—1973 年)		中间需求与总产出的比率 (10 年变化率)	
1	中国台湾	12.0	中国台湾	10.0
2	日　本	11.4	韩　国	6.1
3	韩　国	11.2	哥伦比亚	4.4
4	以色列	9.9	以色列	4.2
5	南斯拉夫	8.7	日　本	4.2
6	哥伦比亚	8.4	南斯拉夫	3.1
7	土耳其	6.6	墨西哥	2.8
8	墨西哥	6.5	土耳其	2.0
9	挪　威	5.7	挪　威	1.4

资料来源:世界银行资料。

在表 3.5 中,除了哥伦比亚和日本是例外,其他经济体的产出增长顺序与中间需求比重增加顺序基本上是一致的。这说明,结构关联程度深化较快的经济体倾向于有较快的经济增长速度;反之则反是。哥伦比亚所出现的较高的中间需求增长率与较低的产出增长的不对称,其主要原因是在这一时期它以总产出中极低的制造业初始份额为起点,推行进口替代政策,从而导致其关联程度的明显深化。日本所出现的较低的中间需求比重变化率与很高的产出增长之间的不对称,其主要原因是它的中间需求比重的转变早在 1955 年以前就开始了,在此对比期间已趋于缓慢,实际上其结构关联深化程度已达到很大规模。

从部门层次上分析结构关联程度深化与产出增长的相关关系,就是具体研究各部门中间使用率 $\left(\lambda_j(X) = \dfrac{W_j}{X_j}\right)$ 的年增长率与其部门产出增长率的关系,这通常采取回归分析方法。赛尔奎因等人根据 10 个经济体 3 个部门(消费品、生产品和机械)共计 30 个观测值所作的回归分析,给出了这种关系的下列方程:

$$G_w = -0.024 - 0.485 G_x$$
$$(-3.5) \quad (9.5) \tag{3.5}$$
$$R^2 = 0.765$$

式中:G_w 是部门中间使用率的年增长率;G_x 是部门产出增长率;括号内的数字表示 t 检验值;R^2 表示判定系数。上式分析结果表明,两者具有一定的相关关系,部门产出增长率对于部门中间使用率有很强的说明力,两者关系密切。

比较表明,生产品和机械的产出增长率高于消费品的产出增长率;同时,它们在中间投入中的使用也扩展得更快。尽管中国台湾的消费品的产出增长率高于生产品的产出增长率,但其消费品的中间需求也比生产品的中间需求增长得快。因此,部门产出增长率与部门中间使用增长率基本上是相对应的。这个结果再次肯定了关联程度深化作为经济增长因素的重要性,充分表明了关联程度深化促进经济增长的作用效应。

3.2.3　关联程度深化效应:内在机理

前面的相关性分析表明,结构关联程度深化具有促进经济增长的作用效应。这一发现是对公认的工业化主要源于恩格尔效应的观点的重大修正,并极大地丰富和发展了经济增长理论。但这一发现仅仅指出了现代经济成长中的一种具有稳定态的新现象,并没有深入揭示其内在机理。这里,我们将研究和探索结构关联深化促进经济增长的内在机理。

由部门之间相互购买增加和制成品投入对初级产品投入的替代所引致的部门交易范围、环节和含量的扩大,实质上反映了社会生产的专业化和一体化的发展,而这又是社会分工发展的结果。对于部门之间相互购买的增加与社会分工发展的关系,可能不难理解。问题在于,制成品投入替代初级产品投入与社会分工发展是什么关系?从表面来看,制成品投入对初级产品投入的替代是产业结构成长的结果,即制成品所占国内生产总值的份额上升与初级产品生产所占份额下降,但实际上制造业份额增加的原因同初级产品份额减少的原因完全不同。后者的下降是由于国内最终需求减少,即恩格尔效应;前者的上升则是由于中间需求份额的增长,而中间需求份额的增长在很大程度上反映了专业化协作生产的规模扩大。因此,制成品投入份额增加暗含着更大的分工度,制成品投入对初级产品投入的替代实质上反映了社会分工度向更高层次的转化。所以,我们可以断定,结构关联程度深化是社会分工发展的结果,严格地讲,是社会分工发展一定阶段的结果。

我们知道,分工具有自我繁殖的倾向。一种新的分工一旦形成,就会发挥双向的带动作用。一方面,它会产生各种不同的对其他专业部门的需求,从而带动其他行业的分工程度。例如随着社会分工的极数增多,处理分工之间关系的商业、运输、通信、金融等行业也越来越发达。这表现为分工的外向发展。另一方面,它会在其内部进一步加深分工,使部门细化。例如机械工业内部分化出电机、冶金机械、石油机械、汽车、机床等,而机床行业内部还会进一步分化出专门的车床制造、刨床制造等。这表现为分工的内向发展。

分工的内向发展与外向发展是交互影响、互相促进的,因而在没有外界超经济强制约束下,分工本身具有某种自发地不断提高分工度的惯性。用数学语言来讲,就是分工度 f 的变化率正比于分工度自身,这可写成微分方程:

$$\frac{\mathrm{d}f}{\mathrm{d}t} = kf \tag{3.6}$$

式中:k 为比例常数;f 为分工度;t 为时间。解此方程,可得出:

$$\ln f = Kt + c$$

即:

$$f = \mathrm{e}^{kt} + c \tag{3.7}$$

式中:c 为积分常数。当其他经济参数不变时,分工度就成了时间的指数函数。它是一条指数曲线。这条曲线描述了分工度的自我繁殖过程(见图 3.1)。

在分工的自我繁殖过程中,随着分工自身质量(规模)的增大,其自我繁殖的速度呈加速度。因此,从一般趋向来讲,分工的自我繁殖将越来越快,其变动曲线不断地由坦变陡。但从具体的阶段来考察,分工发展的加速度仍然有量变与质变的阶段性之分。在大多数例证

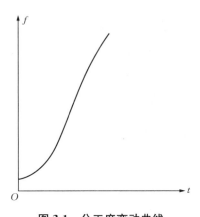

图 3.1 分工度变动曲线

中,工业化初期阶段属于分工发展的量变阶段;工业化中期阶段则属于分工发展的质变阶段;工业化后期,分工发展又倾向于相对稳定,进入新的量变阶段。例如,前一节分析中指出的日本产出高增长与中间需求占总产出份额低变化率的不对称现象,实际上就是其在 1953—1973 年间已经历了分工发展质变阶段,而进入了新的量变阶段。因此,结构关联程度深化是现代经济增长过程中分工发展处于质变阶段的产物。对于每一个进入现代经济增长过程的经济体来说,都将经历一个结构关联深化过程,只不过有时间先后的差异而已。

　　社会分工自我繁殖加速度的质变过程促进经济增长的原因,在于社会生产专业化和一体化程度深化,使人们接收、处理外界信息和获得知识、技能的能力大大提高,而经济效率的提高则与这种社会信息能力的提高成增函数关系。[①]设 A 为一个经济系统中的人的脑信息容量。通常,人均智力商数越高,A 值越大。假定在一定时期内,A 近似地为不变常量。同时,设 I 为社会总信息能力,即一个经济系统能接收和处理外界的信息量总和。当分工的极数为 1 时,一个经济系统不管有多少劳动人数,由于所有人都进行着类似的生产活动,其信息总能力不会超过 A。当社会分工极数(即生产活动差异度)增加到 1 以上,即 f(分工度)时,由于不同的专业化生产所接收和处理的信息是不同的,所以整个系统的总信息能力 I 大大提高了。由此,我们可以得出一个定律,即社会总信息能力与分工差异度成正比,用数学公式表示为:

$$I = Af \tag{3.8}$$

　　这一定律的经验含义是:尽管一个国家的人均智力商数并不很高,但由于社会专业化生产程度较高,其总信息能力就比较高。相反,也许一个国家从单个人来看,智力商数很高,但由于社会专业化分工程度低下,其总信息能力比较低。

　　分工专业化生产的发展将提高一个经济系统中的总信息能力,那么总信息能力提高与经济增长是什么关系呢? 如果我们把累积产出对时间的一阶导数定义为经济速度,用 $\dfrac{\mathrm{d}v}{\mathrm{d}t}$ 表示;把累积产出对时间的二阶导数 $\left(\dfrac{\mathrm{d}^2 v}{\mathrm{d}t^2}\right)$ 定义为经济增长的变化率,那么若设 $\dfrac{\mathrm{d}^2 v}{\mathrm{d}t^2}$ 为人均产出变化率,则整个经济系统的增长变化率为:

$$g = m\,\frac{\mathrm{d}^2 v}{\mathrm{d}t^2} \tag{3.9}$$

式中:g 的单位为元/年^2;m 为人数;v 为人均累积产出;t 为时间。

　　分工度提高后,生产的专业化程度加强,这表现为设备专用、技能专一、技术专业。这些条件的变化,在其他情况不变时,有助于改善技术和提高效率。马克思在《资本论》中曾对此作过详尽的分析。然而,从结构关联的角度来看,更为重要的是,这种因专业化生产引起的某一部门内部效率和技术的点滴进步会通过产业关联的传导渗入到其他部门中去,同时使所有其他部门有关这方面的技术

　　① 参见杨小凯:《经济控制论初步》,湖南人民出版社 1984 年版,第 156—158 页。

问题都集中过来。通过这样一个双向的关联传导,一个人提高同样程度的工作效率,其对整个经济系统的经济效果的贡献就提高了若干倍。我们把这种现象称为"专业化效率放大效应",其过程如图 3.2 所示。其中,结构关联既充当了聚集器,又充当了放大器,而放大源则是专业性增强。

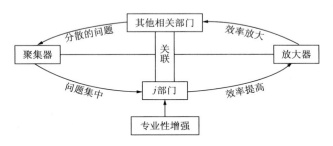

图 3.2　专业化效率放大效应示意图

因此,我们可以把总经济效率近似地看作是总信息能力 I 的增函数,即:

$$m\,\frac{\mathrm{d}v}{\mathrm{d}t} = kI \tag{3.10}$$

式中:k 为比例常数。若将式(3.8)代入,则:

$$m\,\frac{\mathrm{d}v}{\mathrm{d}t} = kAf \tag{3.11}$$

这一方程表明,总经济效率与社会专业化分工程度成正比关系。若从动态过程来看,设 m、A 为常数,将式(3.11)对时间求导数,则我们有:

$$m\,\frac{\mathrm{d}^2v}{\mathrm{d}t^2} = kA\,\frac{\mathrm{d}f}{\mathrm{d}t}$$

$$g = kA\,\frac{\mathrm{d}f}{\mathrm{d}t} \tag{3.12}$$

这一方程表明,经济增长变化率正比于分工差异度的变化率。结构关联程度越是深化,经济增长越快;反之则反是。事实上,分工度与效率之间是交互影响的。结构关联程度深化也要以效率的不断提高为前提条件,这就是结构关联程度深化总是发生在具有较快经济发展速度的工业化中期阶段的原因(撇开外部引进因素)。这种分工度与效率之间的交互影响是一个正反馈过程。它在正、负方向都起作用,如图 3.3 所示。

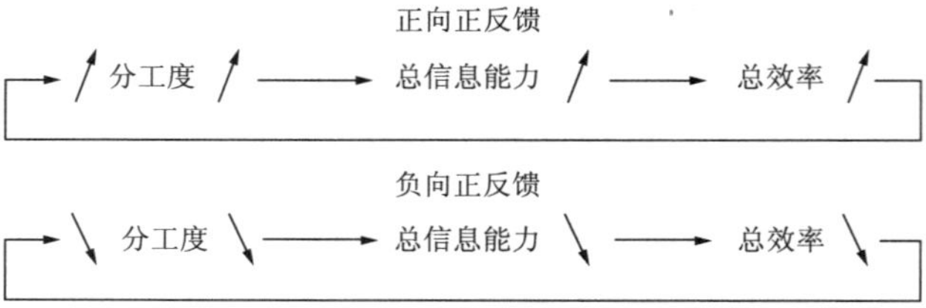

图 3.3

3.3　结构关联深化:机制性条件

结构关联程度深化对经济增长的促进作用是如此之重要,因而发挥其深化规模效应就成为题中之义。但结构关联深化要通过相应的机制来实现,这一机制就是分工分业机制。它由三个组成部分构成:涨落、环境选择、隔离。涨落意味着新的分工分业的出现,使原先的结构关联离开了稳定态而进入不稳定态。环境选择则使涨落中产生的多种有序结构因筛选而淘汰,只存留下与特定环境条件相适应的分工分业结构。隔离最终保证了新的结构关联与旧的结构关联的分离,从而使新的结构关联进入稳定态。在这一章里,我们不打算详细描述结构关联深化的具体过程。从促进结构关联深化的角度来讲,更为重要的是实现结构关联深化的机制性条件。这些条件直接关系到结构关联深化所能达到的规模,因而这一章主要研究这一方面的问题。

3.3.1　启动开关:资金积累

结构关联深化及其效应发挥,首先有一个启动问题。虽然前面的分析已经指出,分工与效率之间的交互影响是一种正反馈耦合,因而考虑到时间参数时只要一个因素增大,则两者之间的交互影响就会使它们加速增加。但这实际上需要具备一个前提条件,即分工与效率之间必须存在交互影响。如果其中一个因素不随时间变化,则形成一种与自我繁殖系统相反的自锁系统。在这种情况下,分工与效率之间就不存在交互影响,从而结构关联深化及其效应发挥就无从谈起。

然而,在结构关联深化的初期,恰恰不存在这一前提条件。因为一种新的分工分业,在其初始阶段,经济效率大都不高,要低于旧有的产业,这是由于初期的创业成本较高的缘故,从而就会形成一种经济阻力,即负经济动力。在这种情况下,就形成一种自锁系统,分工与效率之间不存在一种正反馈耦合。当然,从长远看,只要其分工度不断提高,形成自我繁殖过程,经济效率总是会加速增长的。历史经验证明,任何新的分工分业的发展,都要经历这样一个从低经济效率向高经济效率转变的波动过程。这里的关键问题是,如何冲破初期效率低下这一经济阻力,从而使自锁系统转化为自繁殖系统,使分工与效率之间建立起正反馈的交互影响。这实际上就是结构关联深化及其效应发挥的启动问题。

在不存在超经济强制的情况下,结构关联深化及其效应发挥的启动开关就是投资,因为新产业部门的投资正好用来抵消其初始阶段的经济阻力,促使经济效率提高,进而与分工形成正向正反馈作用过程。具体地讲,投资将加快新产业部门产品的研究与开发,促使其产品不断成熟,并尽快形成批量生产规模,降低其生产成本,提高经济效率。如果没有足够的投资,新产业部门的产品开发速度就会迟缓,其相应的生产规模难以形成,从而较长地处于低效率状态。如果这种低效率状态长期得不到改变,那么环境选择的最终结果,就将使这些新产业部门自生自灭。资金积累及其投资在结构关联深化过程中的启动作用,如图 3.4 所示。

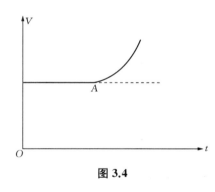

图 3.4

图 3.4 中,横坐标为时间,纵坐标为经济效率。点 A 叫选择点,它由一个二元逻辑的开关构成。点 A 右边的虚线表示开关元件选择"非投资",从而其自锁作用使经济效率停留在不变水平。点 A 右边向上凹的曲线表示开关元件选择"投资",使经济效率加速提高。因此,一定数额的新产业的投资是结构关联深化得以实现的启动力。

为了保证新产业的投资,相应的资金积累是必不可少的条件。而且随着经济发展,保证新的分工分业足够高的效率所需的投资也越来越多。只有具备了较大批量的资金积累,才能形成足够大的相对集中度,形成规模经济的新行业,因而触发自锁系统向自繁殖系统转化的投资开关所需的临界启动力也越来越大。所以,资金积累在结构关联深化及其效应发挥中的作用也日益增大。

3.3.2 调节装置功能:提高平衡度

分工度与效率之间交互影响的自我繁殖过程的建立,除了开关元件选择"投资"外,还需要有调节装置提高结构比例平衡度。如果只具备前一个条件,不具备后一个条件,分工度与效率之间的正反馈过程仍然难以形成。这是因为,新产业部门的投资只是克服了该部门成长的经济阻力,促使其部门经济效率加速提高,但这并不意味着整个系统的经济效率也一定随之提高。

我们知道,结构关联深化是一个不断转置的过程,即矩阵 A 中元素的转置,称为正转置。这一正转置使生产不断趋于专业化。然而,消费并不能实行专业化,因而消费矩阵相对来说并不发生转置,只是其矩阵中的行与列随着生产矩阵的不断转置而相应增加。这样,随着分工度的提高,生产矩阵与消费矩阵之间对应的距离就相隔越来越遥远,即生产比例与消费需求比例之间的矛盾就日益尖锐起来。与此相联系,随着生产矩阵不断转置,其内部结构也日益复杂,因为分工度越高,专业部门 n 越多,投入产出矩阵的阶数就越高,其关联就越复杂,这可能导致结构比例的失调。通常,分工专业化水平越高,结构比例越难平衡,比例失调问题越严重。因此,分工度 f 与平衡度 b 之间形成一种负反馈耦合。

然而,结构平衡度 b 是与整个系统的经济效率成正比关系的。众所周知,结构瓶颈(失衡)将造成整个国民经济发展迟缓。因此,当其他条件不变时,我们有:

$$\frac{\mathrm{d}v}{\mathrm{d}t} \propto b \qquad (3.13)$$

同样,经济增长率变化率将正比于平衡度 b 的变化率:

$$\frac{\mathrm{d}^2 v}{\mathrm{d}t^2} \propto \frac{\mathrm{d}b}{\mathrm{d}t} \qquad (3.14)$$

因此,即使投资促进了新产业部门的经济效率,但由于分工度提高引起的平衡度下降,整个系统的经济效率仍然可能较低。而且,在此情况下,各部门的效率越高,则浪费越大,总的经济效率越低。显然,在总的经济效率难以提高的情况下,分工与效率之间就不可能实现交互影响的自我繁殖过程。分工度与平衡度之间的正反馈耦合,正好起着抵消分工度提高使效率提高的正反馈作用,如图

3.5 所示:

图 3.5

可见,这种负反馈是结构关联深化及其效应发挥的一种阻力。如果不克服这一阻力,分工与效率之间的正反馈难以实现。克服这一阻力的关键,则是提高结构比例平衡度 b。因此,在这一过程中需要有一个调节装置,协调因分工度提高而引起的复杂化的部门比例关系。这种结构协调,我们将在下一章详细论述。

3.3.3　控制变量:经济反馈效率

在具备了相应的启动力和调节装置的情况下,结构关联深化及其效应发挥就取决于经济反馈效率这一控制变量。这是因为,在专业化分工协作的情况下,生产者生产的产品是供他人消费(使用)的,其产品的经济效果如何要通过以货币为中介的交换,转变为生产者的收入水平才反映出来,而经济反馈就是这种经济效果差异度变换成收入(收益)差异度的经济信息传输过程。所以,在以利益关系为其基础的结构关联中,这一经济反馈是部门之间联系的黏合剂。

经济反馈作为一种经济信息传输过程,其效率可以用信息传输效率来定义。若设 $H(X)$ 为某种经济活动的经济效果的信息量,$H(X/Y)$ 为从事这种经济活动的当事人的收入变化对应于经济效果变化的条件熵(即错失,它是反馈通道中发生的信息损失),如果将经济效果转化为当事人的收入看作是一个信息传输通道,那么该通道的信息传输速率就是:

$$I(X, Y) = H(X) - H(X/Y) \tag{3.15}$$

由于实际传输的信息量越大,说明其反馈效率越高,所以反馈效率可以定义为:

$$P = \frac{I(X, Y)}{H(X)}; \, 0 \leqslant P \leqslant 1 \tag{3.16}$$

此式中的反馈效率不仅反映了反馈的质量,而且反映了反馈信号传输的可靠程度。由于这里定义的信息传输通道是经济效果转化为当事人的收入,因而对于部门来说,也就是部门利润率问题。所以,反馈效率的高低可以反映为部门利润率与平均利润率的关系。如果反馈效率高,各部门利润率将趋于平均利润率;如果反馈效率低,各部门利润率的差别将增大。因此,结构关联的反馈效率也可以用各部门利润率与平均利润率的均方差公式来表示:

$$P = \frac{1}{Q+1}$$

$$= \frac{1}{\sqrt{\sum_i x_i^2 P(X_i) - \left[\sum_i X_i P(X_i)\right]^2 + 1}} \tag{3.17}$$

式中:X_i 为第 i 个部门的利润率;P_i 为第 i 个部门在国民经济中所占的比重。这样,我们可以更清楚经济反馈效率的含义了。

经济反馈效率 P 的高低,对结构关联深化起着控制器的作用,因为反馈效率高意味着某一产品生产效率提高所创造的经济效果将迅速准确地转化为生产者收入的增加。无疑,这将促使人们对专业精益求精,并充分发挥其创造性,其结果是新的专业不断出现,分工不断精细。如果反馈效率低下,生产效率的提高不能迅速准确地转化为其收入水平的提高,那么人们就将失去进一步提高效率的积极性,对各种没有直接消费效用的精细专业就不会产生浓厚兴趣,其结果是阻碍了分工分业的发展。因此,反馈效率高低决定了分工分业的经济活动的反馈性质。高的反馈效率将决定分工分业活动的正反馈;低的反馈效率将决定分工分业活动的抑制型负反馈。

在一般情况下,随着结构关联规模的扩大,由于部门增多和中间加工环节增多,反馈信息传输的流程越来越长,其经济效果的社会评价往往要经过若干个串联的信息传输通道才能反馈给生产者,并且还存在着很多并联的反馈回路。这在客观上将影响反馈效率,使反馈效率下降。若每一信息通道的信息传输效率平均为 P,则 n 个串联信息通道的总效率为 P^n。由于 P 通常满足 $0 < P < 1$,所以当 n 增大时,总的信息传输效率就会迅速变小。当分工度提高时,由于 n 会增大,故若干个信息传输通道的总传输效率会随之而下降。同时,在许多并联的反馈回路中,其反馈信号会互相干扰,使反馈通道中发生的信息损失增大,从而降低反馈效率。因此,在许多情况下,反馈效率反比于分工度。

然而,经济增长率变化率 g 既正比于分工度 f,又正比于反馈效率 P,即:

$$g \propto f \cdot P \tag{3.18}$$

只有同时提高分工度 f 和反馈效率 P,才能发挥结构关联深化效应,促进经济增长。因此,我们必须在提高分工度的同时,解决反馈效率下降的问题。其办法主要有:(1)发展专门从事经济反馈活动的信息业,并努力提高其工作效率;(2)发展平等竞争,扩大买者选择商品和卖者选择买者的自由度,从而提高反馈效率。如果不能在提高分工度的同时,解决反馈效率下降问题,那么所有分工度提高的好处将被反馈效率下降的坏处所抵消,而且它也影响分工度本身的自我繁殖过程。

3.3.4 物质基础:流通效率

如果说经济反馈是一种商流的话,那么这一商流还需要有相应的物流为基础,尽管两者的流程可以分离。这里所讲的物流是广义的,包括产品、设备、人员和资金的流动。

物流在结构关联深化过程中的作用可以从两方面来看:(1)随着分工度的提高,同一产品对不同地区和不同人的使用价值的差异度大大增加,从而使产品时空分布最优化的选择强度增大。在这种情况下,现有产品的时空分布只要稍有变化,其产品总的使用价值就将发生大幅度波动。流通则可以改变产品的时空分布,使产品在合适的时间流到其使用价值较大的地区和人的手中,从而使既定产品的总的使用价值和经济效果大幅度提高。这又反过来促进分工度的提高。(2)随着分工度的提高,经济矩阵的正向转置大大加速,而这些新的分工分业的形成,首先是人员、设备、资金的流动和集中过程。如果没有相应的人、财、物的流动及其时空分布的变动,结构关联深化便无法实现。历史证明,新的分工分业的形成,总是以经济矩阵正向转置形成的流通量剧增为条件的。

一般来说,结构关联规模越大,物流量就越大,这一关系可以用一定的函数式来表示。假定部门之间都存在着双向流通,任两极的双向流通用一条渠道表示,所有渠道数为 n,则双向的渠道数为 $2n$。若再设两极之间流通的平均距离为 l 公里,那么总流通长度 L 与分工极数 f 之间的关系可以表示为:

$$
\begin{aligned}
L &= f(f-1)l \\
&= 2nl
\end{aligned}
\tag{3.19}
$$

一般而言,总流通长度 L 值越大,则部门之间的产品、设备、人员、资金的流通量也越大。

由于部门之间的分工协作会提高双方的经济效率,所以我们设因效率提高而增加的收入为 B,它是两部门之间分工协作关系创造的收入增量的平均值。从式(3.19)中,我们可以证明:

$$n = \frac{1}{2}f(f-1) \tag{3.20}$$

故分工带来的收入增量总数为:

$$U = Bn = \frac{1}{2}Bf(f-1) \tag{3.21}$$

然而,流通是需要支付相应费用的,即需要支付流通费用。伴随着分工度提高,流通费用也将增加。若设每单位流通量的费用为 c,它是单位流通长度的人、财、物流量的平均费用,那么总的流通费用就是:

$$\begin{aligned} C &= cL \\ &= 2cnl \end{aligned} \tag{3.22}$$

若设分工极数 f 与两部门之间的平均距离 l 的函数关系为 $l = af$(其中 a 为比例常数),那么式(3.22)就可改写为:

$$C = 2cafn \tag{3.23}$$

如果我们把分工协作的收益 U 与其带来的流通费用 C 相比较,就可以求出分工协作给我们带来的纯收益,即:

$$\begin{aligned} U - C &= Bn - cL \\ &= Bn - 2cafn \\ &= (B - acaf)n \end{aligned} \tag{3.24}$$

从式(3.24)中可以看到,只有当 $B > 2caf$ 时,分工协作的发展才有利可图。如果 $B \leqslant 2caf$,那么分工带来的好处将被流通费用的增加所抵消。因此,$B = 2caf$ 就成了分工度提高的临界点。流通费用 c 的减少,进而使 $B > 2caf$,就成为分工度不断提高的前提条件。

由于单位长度的流通费用 c,其倒数为流通效率,所以减少流通费用就意味着提高流通效率。流通效率的提高只有快于分工度 f 上升的速度,才能保持 $B > 2caf$,从而保证分工与效率之间的正反馈过程。否则,将形成分工与效率之间的负反馈回路,使结构关联深化稳定和停滞在某一水平上。

事实上,流通效率与投资启动力之间有一定的替代性。这是因为,当流通效率提高时,与劳动效率相关的技术水平的下限降低了,新的分工分业只要其效率比别人高一点点,也有利可图。这样,新的产业部门初期效率低下所形成的阻力相对下降,作为克服这一阻力的投资起动也可以减少。实践证明,在结构关联深化过程中,如果流通效率不率先提高,即使用巨大的投资来启动分工与效率之间的正反馈过程,也难以形成良性循环。

可见,在促进结构关联深化及其效应发挥中,不断提高流通效率是其基础性条件。提高流通效率涉及两方面问题:(1)流通工具的发展及其效率提高,例如增加运输能力、采用先进的通信设备、提高交通工具的利用率等。这主要是物质方面的发展。(2)流通组织的发展及其效率提高,例如发展各种有利于人、财、物流通的金融、商业、信息服务业、人才调剂机构等。这主要是组织方面的创新。

4 结构关联:聚合质量

4.1 结构关联的整体性

结构关联除了表现为一定的技术水平和规模外,还表现为一定的聚合质量。在这一章里,我们将考察结构关联的聚合质量对于经济增长的作用效应。

4.1.1 部门耦合方式

结构关联的聚合质量是指产业之间的耦合状态以及由此决定的系统整体性功能。因此,这一问题也就是从结构整体性角度来考察的产业之间互相依赖的耦合状态。为了考察这一耦合状态,我们首先要分析部门之间的耦合方式。

从本篇所设定的基本模型出发,我们将以中间产品运动为核心来分析部门之间的耦合方式。尽管在现实经济中,结构关联的形成是部门之间多种耦合方式的综合的结果。但为了理论分析的需要,我们要将其分解为各种不同的耦合方式。这些耦合方式大致可归纳为三种类型:并联耦合、串联耦合和反馈耦合。

(1) 并联耦合。[①] 这是指有多个固定的输入输出并列的部门耦合。在投入产出模型中,它表现为一个部门的生产需要其他多个部门产品的投入(输入),而其产品提供给其他多个部门生产消费(输出)。具体地讲,投入产出表中的列向量 $(X_{1j}, X_{2j}, \cdots, X_{nj})$ 就反映了部门 j 作为生产部门从其他部门得到的各种投入

---

① 从结构关联角度来考察,这里使用的并联耦合的概念不包括那种可选择性并联耦合,即每一部门可在两个以上并列的输入输出中进行选择的耦合,因为我们已假定每一专业产品只能由一个部门来生产。

量,而其行向量$(X_{i1}, X_{i2}, \cdots, X_{in})$则反映了该部门作为产出部门 i 提供给其他部门的产出量。这种固定的并联耦合,如图 4.1 所示。

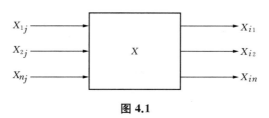

图 4.1

(2) 串联耦合。这是指有多个连续的输入输出连接的部门耦合。例如,一个部门的产出成为另一个部门的投入,而另一部门的产出又成为第三个部门的投入。这一过程往往表现为中间产品被几个不同部门连续不断深加工,最后成为最终产品的过程。在此过程中,这些部门通过中间产品的顺序运动实现了耦合。这种串联耦合的方式,如图 4.2 所示。

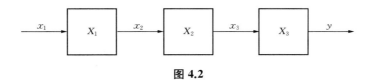

图 4.2

(3) 反馈耦合。这是指互相输入输出的部门耦合。例如,一个部门的产出成为另一个部门的投入,而另一部门的产出反过来又成为这一部门的投入,或者通过若干投入产出环节,最后其产品又成为这一部门的投入。这一过程往往表现为中间产品的循环运动,部门之间的耦合正是通过这一反馈回路实现的。这种反馈耦合的方式,如图 4.3 所示。

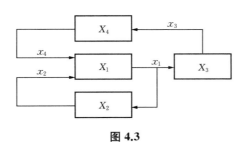

图 4.3

上面三种基本的部门耦合方式从不同的角度和截面描述了部门之间的相关性及其各种特殊形态。这对于我们把握部门耦合的多样性以及进一步分析其各种关系,是十分有用的。然而,我们不能把这些部门耦合方式形而上学地割裂开来,孤立地用这些耦合方式来解释结构关联的整体性问题。实际上,结构关联是由诸种耦合方式有机结合构成的,它本身既有并联耦合,又有串联耦合,还有反馈耦合。本篇设定的中间投入矩阵模型就已全面包容了这些耦合方式。如果设 A、B、C、D 四个部门,其中间投入矩阵为:

	A	B	C	D
A	X_{aa}	X_{ab}	X_{ac}	X_{ad}
B	X_{ba}	X_{bb}	X_{bc}	X_{bd}
C	X_{ca}	X_{cb}	X_{cc}	X_{cd}
D	X_{da}	X_{db}	X_{dc}	X_{dd}

那么,这一矩阵中所包容的各种部门耦合方式可以用网络图明显地反映出来(见图 4.4)。

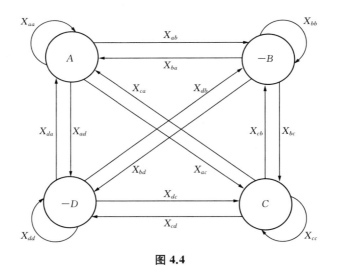

图 4.4

在图 4.4 中,我们可以看到,A 部门从 B、C、D 部门输入 X_{ba}、X_{ca}、X_{da},有三个并联的输入,同时它向 B、C、D 部门输出其产品 X_{ab}、X_{ac}、X_{ad},因而有三个并联的输出,其他三个部门也都各有三个并联的输入和输出。这充分反映了部门并联耦合。此外,这一结构关联中还有多个串联耦合。例如,A 部门的产品 X_{ab} 经过 B 部门加工变为 X_{bc},又输往 C 部门进一步加工,然后再输往 D 部门加工(假定 D 部门产品不输送给 A 部门,不存在相应的生产联系,即 $X_{da} = 0$,这就形成部门串联耦合)。最后,这一系统中也存在若干反馈回路。例如,B 部门产品 X_{ba} 输往 C 部门加工,然后又输往 D 部门加工变成 X_{db},再投入到 B 部门,从而形成部门反馈耦合。总之,这三种基本的部门耦合方式构成了一个整体性的结构关联,三者是缺一不可的。

4.1.2 部门耦合中的各种关系

在上面分析中,我们从中间投入矩阵中分解出三种基本的部门耦合方式,这不仅是为了揭示结构关联方式的多样性,而且也是为了更好地分析部门耦合中的各种关系。这是因为,在一个整体结构中,产业之间的关系是错综复杂的,要弄清这些关系必须借助于某种参照系。部门耦合方式作为结构关联整体的构造形式,显然是一种比较理想的参照系。因此,我们将从这三种基本的部门耦合方式入手,研究结构关联中一些比较重要的关系。

对于结构关联中的任一部门来说,不管其处于何种部门耦合方式之中,它本身都是一个投入变换为产出的过程,发挥着转换装置的功能。为了较清楚地揭示部门耦合中的关系,我们假定所有部门将投入 X 变换成产出 y 的行为规则是同一的,即变换算子种类相同。具体地说:(1)所有部门的产出都是根据供求差的变化而变化的,其变化用微分算子 D 表示,其变化随供求差变化的幅度用比例变换算子 k 表示;(2)每一瞬间的产出都是连续变化的,故总的产出是对时间 t 的积分,可用积分算子 D^{-1} 表示;(3)从供求差信号调节产出到引起实际产出的变化有一个时滞 Q,它使 t 时刻的产出变化率正比于 $t - Q$ 时刻的供求差,这个时滞可用回倒算子 E^{-1} 表示。这样,所有部门将投入 X 变换成产出 y 的行为规则可以表示为:

$$y = (D, k, D^{-1}, E^{-1})X \tag{4.1}$$

此外,任一部门不论处于何种部门耦合方式中,都具有后向联系和前向联系。前者表现为它从其他部门获得中间投入而发生的联系,后者表现为它为其他部门提供中间产品而发生的联系。但要注意,在不同的部门耦合方式中,这种后向联系和前向联系的属性是不同的,从而形成不同的类型:(1)在部门并联耦合方式中,这种后向联系和前向联系表现为部门多向联结关系,即多元的后向联系和前向联系。(2)在部门串联耦合方式中,后向联系和前向联系表现为部门单向联结关系,即一元的后向联系和前向联系。(3)在部门反馈耦合方式中,后向联系和前向联系表现为部门循环联结关系,即零元的后向联系和前向联系。

不同的部门耦合方式不仅决定了这三种基本的部门之间互相依赖关系,而且还派生出其他一系列产业之间的关系。这些派生关系可以看作是基本关系的补充,但这并不因此可以忽视其重要性。

(1)在部门多向联结关系中,X 部门的后向联系和前向联系虽然都是多元的(即与多个部门相对应),但其内容是不同的。在后向联系中,是多种中间产品对应于其一个部门;而在前向联系中,则是其一种产品对应于多个部门。因此,对于 X 部门来说,后向联系实际上是一个投入组合问题,前向联系实际上是一个产出分配问题。这两个问题涉及的产业之间关系是不同的,必须作具体分析。

第一,多种中间产品在 X 部门的投入组合,从表面上看,好像只是若干提供中间产品的部门与 X 部门的关系,这些若干提供中间产品的部门之间似乎不存在什么关系。但当我们进一步看到这些部门提供的中间产品在 X 部门实行组合时,它们之间就存在某种关系了。为了说明这一关系,我们设 X 部门的后向联系只有两个部门,它们分别向 X 部门提供 x_1 和 x_2 的中间投入,x_1 与 x_2 之和为 X 部门总的中间投入 $X = x_1 + x_2$。由于本篇设定的模型假定了对每个部门的投入是该部门产出水平的唯一函数,所以总中间投入 x 就是 X 部门产出水平的函数,即 $y = f(x)$。x_1 与 x_2 之间的对比关系构成投入组合比例 $P = x_1/x_2$,它是由其相应的投入系数决定的,在一定时间内是既定的。这样,当 x_1 与 x_2 的投入系数既定时,在总投入线上只有一个 x_1 与 x_2 的组合点,即与组合线 P 的交点 E,此点同时成为 X 部门的产出水平,故组合线 P 也就是产出线 y(见图 4.5)。

从图 4.5 中可以看到,当 X 部门产出水平沿产出线 y 从 E 点提高到 E' 点,其投入分别需要增至 x_1' 和 x_2',而且其投入的增量 $\Delta x_1 = x_1' - x_1$,$\Delta x_2 = x_2' - x_2$ 是按投入组合比例 P 的要求决定的。这说明向 X 部门提供中间投入的两部门之间存在着一种联动关系,一方向 X 部门增减中间投入 $\pm x_1$,另一方也要相应地增减其投入 $\pm x_2$。如果 x_1 增加,x_2 不变,其增量 Δx_1 并不能变换为 X 部

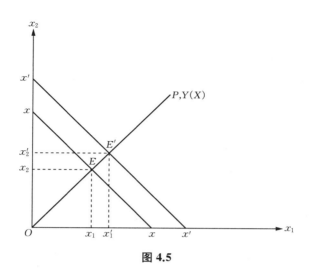

图 4.5

门的产出 y。相反,x_2 增加,x_1 不变,结果也是如此。如果 x_1 增加,x_2 也增加,但不按比例增加,那么其中一部分增量也不能变换为 X 部门的产出 y。因此,x_1 与 x_2 之间存在着比例联动关系。

第二,X 部门的产出在若干需求部门的数量分配,直观上也似乎只表现为 X 部门与需求部门之间的关系。但在 X 部门产出量等于其总需求量,或小于其总需求量时,若干需求部门之间就会形成一种竞争关系。我们同样设 X 部门的前向联系也只有两个部门,其产出对这两个部门的分配量分别为 y_1 和 y_2,即 $y = y_1 + y_2$。当产出水平 y 既定时,y_1 与 y_2 之间呈此消彼长的关系(见图 4.6)。在点 E 上,$y_2 < y_2$;而在 E' 点上,则 $y_1 > y_2$。如果我们假定与点 E 垂直的 y_1 为横轴基本分配量,与 E' 点水平的 y_2' 为纵轴的基本分配量,那么 yy 线上点 E 与点 E' 之间的距离便有两个需求部门之间的竞争区段。竞争的结果可能趋于新的均衡点 E''。因此,X 部门的前向联系的部门之间存在着竞争关系。

(2) 在部门单向联结关系中,不仅存在着 X_1 部门与 X_2 部门,X_2 部门与 X_3 部门之间的直接关系,而且

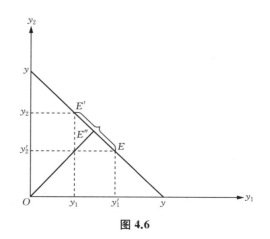

图 4.6

存在着 X_1 部门与 X_3 部门之间的间接关系。这种直接关系表现为中间产品的实际传递过程。在此过程中,中间产品必须依次经过若干部门,不可能跳跃运动,因而不存在跨越 X_2 部门的 X_1 与 X_3 部门之间的直接关系。但在这一传递链中,以 X_2 部门为媒介,X_1 部门则可以与 X_3 部门发生间接关系。这种间接关系主要表现为波及效果,即连锁反应。这种反应,从 X_1 部门来说,表现为对 X_3 部门的影响力;从 X_3 部门来说,则表现为对 X_1 部门的感应度(见图 4.7)。

一般而言,在部门串联耦合方式中,这种波及效果是递减的,相关距离(即串联回路中的相隔距离)越近,其效果越强;相关距离越远,其效果越弱。如图 4.7 所示,X_1 部门对 X_3 部门的影响力大于对 X_4 部门的影响力;相应地,X_3 部门对 X_1 部门的感应度则强于 X_4 部门对 X_1 部门的感应度。

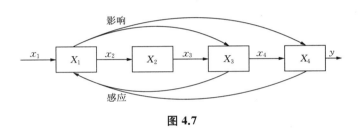

图 4.7

(3) 在部门循环联结关系中,任一部门的产生经过其他若干部门的变换又成为其自身的投入。如果在其他部门的变换过程中不发生增值或减值,那么其产出量与投入量之间保持着一种恒定关系,即其产出量的增减实际上意味着其投入量的增减。这时,X_1 与 X_2 部门之间存在一种共生关系,即此长彼长、此消彼消。假定 X_1 部门与 X_2 部门互相投入,并且投入量相等,那么其产出的增减是同步的。由于 X_1 部门的产出 y_1 变换成对自身的投入 x_1 要经过 X_2 部门投入 x_2 变换为产出 y_2 的转置,故 x_1 与 x_2 是交替变动的,呈梯形状(见图 4.8)。图 4.8 中,点 E 是 x_1 与 x_2 的转换点,若干点 E 的连线便是产量线 y。当箭头指向右上方时,表明 X_1 部门与 X_2 部门处于互相促进的良性循环之中;当箭头指向左下方时,表明这两个部门处于互相促退的恶性循环之中。前者的产量同步递增;后者的产量同步递减。

4.1.3　耦合方式及各种关系的综合

前面主要是采用分解法来描述结构关联整体性的构造方式及其各种关系,

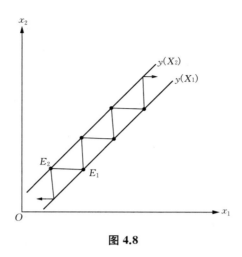

图 4.8

这对于结构聚合质量的分析显然是必要的,但这些部门耦合方式及其关系本身并不等于结构关联整体性,所以,我们需要对这些耦合方式及其关系进行理论综合,从总体上给出结构关联整体性的理论描述。

那么,对这些部门耦合方式及其各种关系进行理论综合应该从什么角度入手? 我们在前面已经指出,任一部门无论处于何种耦合方式,都具有后向联系和前向联系。这就是说,后向联系和前向联系是所有耦合方式的共同表现形式。因此,我们不妨从这一角度入手进行理论综合,实现对结构关联整体性的总体描述。

由于我们这里的意图是要对结构关联整体性进行总体描述,所以就不能仅限于指出每一部门都有其后向联系和前向联系,而要考察每一部门后向联系和前向联系的程度,以便确定其在结构关联中的地位和作用。用以考察后向联系和前向联系程度的最直接的办法,是根据投入产出表计算各产业部门的中间投入率和中间需求率。

中间投入率是各产业部门的中间投入与其总投入之比,它反映了各产业在其生产活动中为生产单位产值的产品所需投入的中间产品在其中所占的比重。若设产业 j 的后向联系程度为 $L_B(j)$,$\sum_i X_{ij}$ 为中间投入矩阵列向量的和,则:

$$L_B(j) = \frac{\sum_i X_{ij}}{X_j} = \sum_i a_{ij} \quad (j = 1, 2, \cdots, n) \tag{4.2}$$

中间需求率是各产业部门的中间需求与其总需求之比,它反映了各产业部门的产品有多少作为中间产品为其他产业所需求。若设产业 i 的前向联系程度为 $L_F(i)$,$\sum\limits_i X_{ij}$ 为中间投入矩阵行向量的和,则:

$$L_F(i) = \frac{\sum\limits_j X_{ij}}{X_i} \quad (i = 1, 2, \cdots, n) \tag{4.3}$$

根据后向联系程度和前向联系程度的高低,可以进行四种基本组合(见图 4.9)。各产业部门均可在这一坐标中找到自己的位置。这些组合表明,Ⅰ象限中的产业属于上游产业,Ⅱ象限中的产业属于中游产业,Ⅲ象限中的产业属于下游产业,Ⅳ象限中的产业属于帮助产品流动的服务性产业。从这一角度看,结构关联的整体性表现为社会生产过程的连续化,即 Ⅰ→Ⅱ→Ⅲ 的序列性。这些组合还表明,处于任一象限中的产业都同时具有后向联系和前向联系,只不过程度不同而已。这在图 4.9 中用每一象限两个平均点(L_B 和 L_F 的平均值)连接而成的八角形来表示。这意味着结构关联的整体性还表现为社会生产过程的多元综合化。最后,这些组合也表明了这四个象限中的产业部门之间存在着反馈耦合,例如煤炭(Ⅰ)→钢铁(Ⅱ)→矿山机械(Ⅲ)→煤炭(Ⅰ)等。这在图 4.9 中用连续四个象限的圆圈表示。为此,结构关联的整体性还表现为社会生产过程的循环一体化。

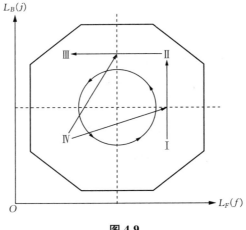

图 4.9

可见,这一模型展现了三种基本部门耦合方式的有机结合,揭示了结构关联整体性的三大基本属性(连续化、多元综合化和循环一体化)。不言而喻,它也包容了前面分析到的各种关系(读者可以自己去体会)。这一综合主要是为了说明,结构关联整体性是一个具有多重含义的概念,尽管它最终可以归结为部门之间比例关系,但这种比例关系要置于生产连续化的序列性、多元综合化的复合性、循环一体化的连贯性的角度进行考察,抽象地分析部门比例关系是无法说明结构关联整体性的。

4.1.4 整体性功能测度:比例平衡度

当我们对结构关联整体性的耦合方式及其各种关系作了定性分析后,就要转入对其的定量分析,即整体性功能测度分析。虽然结构关联整体性具有多重属性,表现为多种关系的综合,但当我们想对其功能进行测度时,则要从总体上把握,把各种关系统一为一种可以量化的关系。通常,用以反映结构关联整体性功能的量化关系就是部门比例关系。

部门比例关系是指部门投入产出的数量关系。这一数量关系反映了部门间供给与需求的平衡状况。从某一部门来看,也就是其产出量与其他部门需求量的平衡关系。若设第 i 产业的实际产出量为 $X_i'(i = 1, 2, \cdots, n)$,满足全部需求的产出量为 X_i,则:

$$\boldsymbol{X} = (\boldsymbol{I} - \boldsymbol{A})^{-1} \boldsymbol{F} \text{ 或 } X_i = \sum_{i=1}^{n} a_{ij}(X_j) + X_f \tag{4.4}$$

那么,i 产业部门的不平衡量为:

$$S_i = X_i' - X_i$$

$$= X_i' - \sum_{i=1}^{n} a_{ij} X_j - X_f \tag{4.5}$$

于是,我们可以得出各部门的不平衡系数:

$$k_i = \frac{S_i}{X_i} \quad (i = 1, 2, \cdots, n) \tag{4.6}$$

则整个经济系统总的不平衡度为:

$$a = \sum_{i=1}^{n} |k_i| \tag{4.7}$$

反过来,其平衡度为:

$$b = \frac{1}{1+a} = \frac{1}{1 + \sum_{i=1}^{n} |k_i|} \tag{4.8}$$

平衡度 b 满足 $0 < b \leqslant 1$,不平衡度满足 $0 \leqslant a < 8$。

如果从本篇设定的分析模型出发,只考察中间产品运动,那么其测量方法更为简单。我们可以撇开最终需求变量,仅考察中间产品供给与中间需求的平衡度。设 W_i' 为 i 产业的实际中间产品量,W_i 为满足 j 产业中间投入需求的产出量,

$$W_i = \sum_{j=1}^{n} a_{ij} X_j \tag{4.9}$$

那么,i 部门的不平衡则为:

$$M_i = W_i' - W_i$$
$$= W_i' - \sum_{j=1}^{n} a_{ij} X_j \tag{4.10}$$

而其不平衡系数为:

$$h_i = \frac{M_i}{W_i} \tag{4.11}$$

这样,结构关联的不平衡度就是:

$$f = \sum_{i=1}^{n} |h_i| \tag{4.12}$$

而结构关联的平衡度为:

$$g = \frac{1}{1+f} \tag{4.13}$$

因此,我们可以用 f 或 g 来测度结构关联的整体性功能。显然,h_i 越接近于零,说明结构关联的整体性功能越高;反之则反是。

4.2 结构聚合质量与经济增长

4.2.1 机理说明:概要

作为反映部门之间耦合的整体性水平的结构聚合质量,与经济增长有密切关系。结构聚合质量高意味着部门之间关系的协调,社会再生产过程运动的协调,从而也就保证了经济的稳定增长;反之,经济增长将受到严重阻碍。这一事实已被人们所公认,无需再提供更多的统计分析和经验实证。在此,我们只想说明结构聚合质量影响和决定经济增长的机理。

结构聚合质量影响和决定经济增长主要是通过两种途径实现的:一是结构聚合质量所决定的资源利用效率;二是结构聚合质量决定的外部经济效果。

(1) 资源利用效率。一般来说,部门之间的聚合力越强,其聚合质量越高,它所释放出来的能量越大;反之亦然。因此,结构聚合质量与结构能量成正比。由于结构能量的大小主要表现为其产出量的多少,所以,这也可以说是结构聚合质量与其产出量成正比。在结构关联的技术水平和深化规模既定的情况下,结构聚合质量与产出量之间的正比关系之所以得以存在,关键在于资源利用效率这一变量的作用。

请注意,这里使用的资源(包括中间产品)利用效率与第 2 章讲的中间投入利用效率是两个概念,后者是指由技术矩阵水平决定的资源利用效率,而这里我们已假定技术矩阵水平既定,所以这是从另一种意义上讲的资源利用效率,即从资源有否闲置的角度定义的资源利用效率。与其相对应的是资源闲置率。若设潜在可用资源量为 A,实际使用资源量为 B,闲置资源量为 C,则:

$$B = A - C,\ C = A - B,\ A = B + C$$

于是,资源利用效率 k 和资源闲置率 h 分别为:

$$k = \frac{B}{A};\ h = \frac{C}{A} \tag{4.14}$$

当结构聚合质量达到最高水平时(结构关联平衡度 $g = 1$),资源得到了全部使用,即资源闲置率为零。根据已设定的投入是产出水平的唯一函数的前提

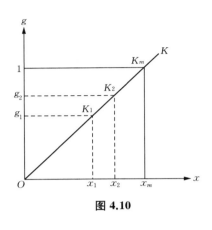

图 4.10

条件,此时的产出量达到最大化。这种情况在现实经济中虽然不存在,但我们可以把其作为理论参照系。根据这一参照系,当结构聚合质量处于低水平时,由于结构关联不平衡度提高,资源利用率下降,资源闲置增加,投入减少导致产出量处于低水平(见图 4.10)。

因此,当其他条件不变时,产出量$\left(\right.$累积产出对时间的一阶导数即$\left.\dfrac{\mathrm{d}x}{\mathrm{d}t}\right)$是正比于结构聚合质量(比例平衡度 g)的,即:

$$\frac{\mathrm{d}x}{\mathrm{d}t} \propto g \tag{4.15}$$

而产量加速度$\left(\right.$累积产出对时间的二阶导数即$\left.\dfrac{\mathrm{d}^2 x}{\mathrm{d}t^2}\right)$正比于结构聚合质量的变化率($g$ 的变化率),即:

$$\frac{\mathrm{d}^2 x}{\mathrm{d}t^2} \propto \frac{\mathrm{d}g}{\mathrm{d}t} \tag{4.16}$$

(2)外部经济效果。在本篇设定的模型中,有一个基本假设,即无外部经济或非经济。这一假设对于建立静态、开式的投入产出模型是必不可少的,但对于我们分析结构聚合质量与经济增长的关系则有严重的局限性。这是因为,按照这一假定,各产业各自进行生产活动的效果的总合与各产业同时进行生产活动的整体效果是等值的,即可以加总。这实际上暗含着一层意思,即各产业之间生产活动是互不影响的。显然,这与我们所说的结构聚合质量是格格不入的。当分析工具与分析意图不一致时,自然是分析工具服从于分析意图。为此,在这里我们必须放宽条件,假定在结构关联中存在外部经济或非经济。

在这新的假定下,由于存在外部经济效果,各产业同时进行生产活动的整体效果就要大于各产业各自进行生产活动的效果的总合,即产生了一个附加量。这一附加量是结构关联整体性的数量表现。若设 T_G 为结构关联整体效果,T_i 为各产业部门各自的效果,则:

$$T_G > \sum T_i \quad (i = 1, 2, \cdots, n) \tag{4.17}$$

其结构整体效应的附加量 T_B,则:

$$T_B = T_G - \sum T_i \tag{4.18}$$

式(4.18)的约束条件是结构关联平衡度。通常,结构聚合质量越高,外部经济效果越好,其整体效应的附加量 T_B 越大;反之则反是。当结构聚合质量达到最高水平时,不仅资源利用率达到 100%,而且外部经济效果也达到最优,附加量取极大值,此时产出量为最大。也就是说,外部经济效果与总产量成正比。

总之,结构聚合质量通过资源利用效率和外部经济效果实现对经济增长的影响。我们把结构聚合质量提高促进经济增长的效应称为"聚合效应"。下面,我们将从静态和动态两方面展开对聚合效应的具体分析。

4.2.2 聚合效应的静态分析

所谓聚合效应的静态分析,是指在结构关联的各种约束条件不变情况下来分析结构聚合质量对经济增长的作用。这一分析将从部门耦合方式的各种关系入手,揭示其不同状态对经济增长的影响。

(1) 在部门并联耦合方式中存在着两种关系,即后向联系中的投入比例联动关系和前向联系中的分配竞争关系。这两种关系所体现的聚合效应分别如下所述。

第一,在投入比例联动关系中,既定的约束条件是投入组合比例 P 不变。这意味着,当 X 部门需求变动时,X_1 和 X_2 要按一定的投入组合比例 P 增减。其中任一中间投入增减,而另一中间投入不变,都会出现某一中间投入利用无效率。如果 X_1 增加,X_2 不变,则 ΔX_1 利用无效率(闲置),而 X 部门产出 y 不变。如果 X_1 减少,X_2 不变,则 X_2 中的一部分(等于 X_1 减少的量)利用无效率,而 X 部门产出 y 减少(如图 4.11

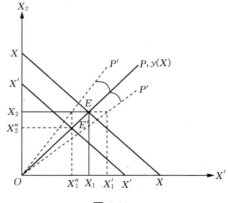

图 4.11

所示)。图 4.11 中,由于 X_1' 与 X_2 相交点不在 P 线上,故不形成产出,产量仍保持在点 E,从而 $X_1'-X_1$ 的增量闲置。同样,X_1'' 与 X_2 的相交点也不在 P 线上,只有 X_1'' 与 X_2'' 才相交在 P 线上形成产出,此时其产量减少(因 $E'<E$),而 X_2-X_2'' 的中间投入闲置。即使 X_1 和 X_2 同时按 X 部门的需求变动,但只要两者不是按比例地增减,仍会出现某一部分中间投入的闲置。图 4.12 表明,当 X_1 和 X_2 不按比例增加时,X_1' 与 X_2' 并不相交在 P 线,从而产出增长只能达到点 E',不能获得更大的产量,$X_1'-X_1''$ 的投入处于闲置。

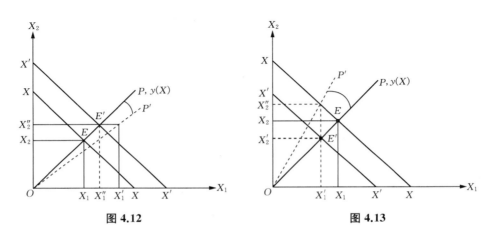

图 4.12   图 4.13

如果 X_1 和 X_2 按相反方向变动,那么比例失衡更加严重,资源闲置更大,X 部门的产出量更低。图 4.13 表明,当 X_1 减少一个单位量,X_2 增加一个单位量时,虽然总投入量不变,即 $X_1+X_2=X_1'+X_2''$,但其组合比例却严重失衡,X_1 供给不足,X_2 超供给,形成投入短缺与过剩并存的局面。其结果是,受 X_1 投入缺口的限制,X 部门的产出量急剧下降到点 E',同时 X_2 投入出现两个单位量的闲置。因此,在里昂惕夫固定系数的条件下,总量不变的比例失衡往往是"一分短缺,二分闲置"。上述三种情况实际上可以归纳为共同的一点,即各种投入要素的联动偏离了投入组合比例 P,这在图 4.13 中表现为 P' 虚线与 P 实线的偏离,两者在 XX 线上的距离越大,说明两者的偏离越严重。

第二,在产出分配竞争关系中,既定的约束条件是 X 部门的产出量 $y \geqslant y_1+y_2$(仍按照第 4.1.2 节中的模型),y_1 和 y_2 为实际分配量。设 y_1^d 和 y_2^d 分别为需求部门 X_1 和 X_2 的中间需求量,它是单位产量消耗和总产量的乘积。在这里,X_1 和 X_2 部门的单位产量对 X 部门产品的消耗量是既定的,即直接消耗系数不变,而 X_1 和 X_2 部门的总产量也是由其生产能力决定的。因此,y_1^d 和 y_2^d 实际上代表了 X_1 和 X_2 部门的潜在产出水平。这样,我们可以得出图 4.14。

图 4.14 中的横坐标是 X_1 部门的产量 $y(X_1)$,纵坐标是 X_2 部门的产量 $y(X_2)$。y_1^d 和 y_2^d 代表 X_1 和 X_2 部门对 X 部门产品的中间需求,同时也是这两个部门的潜在产出量。$y(X)$ 线代表可供分配的产品量,是一条约束线,超出这条线无解。如果 $y_1^d = y_1$,$y_2^d = y_2$,那么 X_1 和 X_2 部门都不存在生产能力闲置,并且两者产出之和最大。如果 $y_1^d + y_2^d > y(X)$,那么 y_1 和 y_2 的实际分配量有多种组合。代表性的组合有三种:(1)y_1^d 与 y_2' 的组合(点 E'),即满足 X_1 部门需求,减少 X_2 部门的分配量。此时,X_2 部门生产能力大量闲置(即 $y_2^d - y_2'$ 的部分),两部门产出之和为 $Oy_1^d E'y_2'$ 围成的面积(简称产出量 I)。(2)y_2^d 与 y_1' 的组合(点 E''),即满足 X_2 部门的需求,减少对 X_1 部门的分配量。此时,X_1 部门的生产能力大量闲置(即 $y_1^d - y_1'$ 的部分),两部门产出之和为 $Oy_1' E'' y_2^d$ 的面积(简称产出量 II)。(3)y_1 与 y_2 的组合(点 E),即 X_1 和 X_2 部门的需求都没有得到充分满足,但其实际分配点 E 处在 $y(X)$ 线的中心,因而虽然 X_1 部门和 X_2 部门同时存在生产能力的闲置,两者产出之和却为最大。如果把 $Oy_1 E y_2$ 的面积简称为产出量 III,则 III > I > II。也就是说,当 $y_1^d + y_2^d > y(X)$ 时,最优分配比例为 E,此时 X_1 和 X_2 两部门产出量 $y(X_1) + y(X_2)$ 最大,其次为 E',最后为 E''。

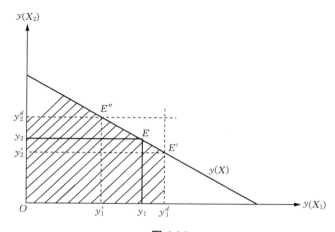

图 4.14

（2）在部门串联耦合方式中存在着直接传递关系和间接波及关系。由于后者必须以前者为媒介，所以不可能把两者分开考察，因而需要进行统一分析。我们假定，在 $X_1 \rightarrow X_2 \rightarrow X_3 \rightarrow X_4$ 部门的单向联结中只存在一种投入，最后形成一种产品，即同一产品在不同部门连续加工成最终产品，因而若干部门的连续投入是最终产品 Y 产出的函数。设 y_1'、y_2'、y_3'、y_4' 分别为4个部门各自由其生产能力决定的潜在产出水平，y_1、y_2、y_3、y_4 为其各自的实际产出水平，其中 $y_4 = Y$。如果设 x_1、x_2、x_3、x_4 分别为其投入，则 $x_2 = y_1$，$x_3 = y_2$，$x_4 = y_3$。在这一联结关系中，既定的约束条件是 $Y = y_4 \leqslant y_3 \leqslant y_2 \leqslant y_1$。

这样，只有当这4个部门的潜在产出水平相同时（这同时意味着其实际产出水平也相同，因这时不存在任何瓶颈制约导致实际产出与潜在产出的偏离）：

$$Y = y_4 = y_3 = y_2 = y_1, \quad y_4' = y_3' = y_2' = y_1'$$

并且 Y 产量达到最高水平。如果这4个部门的潜在产出水平参差不齐（实质上是各部门之间的生产能力不配套或不均衡），那么 Y 的产量将由其中最低潜在产出水平所决定。这时，其他高于这一水平的部门的实际产出水平 y_i 将与其潜在产出水平 y_i' 发生偏离，因而 Y 的产量将相对减少（见图4.15）。

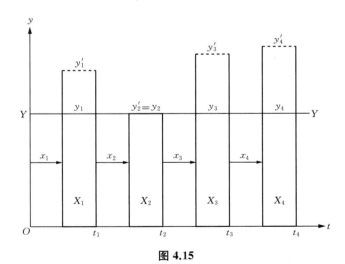

图 4.15

图4.15中，横坐标为时间 t，表示4个部门对产品依次加工的时间序列，纵坐标为产量 y。从理论上讲，串联耦合中的结构失衡可能发生在串联回路中的

任何一段,形成上游瓶颈制约,或中游瓶颈制约,或下游瓶颈制约。图 4.15 中选择了中游瓶颈制约是为了便于分析其对前后两个方面的影响。图 4.15 中表明,X_2 部门的生产能力规模相对过小,尽管其实际产出水平与潜在产出水平一致,但仍然引起了连锁反应。它对 X_1 部门的影响主要表现为 x_2 投入需求减少(就其加工能力而言),从而导致 X_1 部门产出 $y_1' > x_2$,即 X_1 部门的超供给。根据我们在第 4.1 节中设定的任一部门将投入 x 变换成产出 y 的行为规则(即以供求差信号调节其产出),X_1 部门将根据 $y_1' > x_2$ 调整其产出,使其实际产出水平 $y_1 = x_2 = y_2$,但却出现了 $y_1' > y_1$ 的生产能力闲置现象。X_2 部门的瓶颈对 X_3 和 X_4 部门的影响,主要表现为其供给不足(相对于 X_3 和 X_4 部门的生产能力而言),即 $X_3 < y_3'(X_3 = y_2)$。 对于 X_3 部门来说,则是一种超额需求。显然,这一超额需求是无法实现的。因在静态分析中,X_2 部门的生产能力是既定的,它虽然面对超额需求,却无法增加其供给。这样,X_3 的投入就决定了 X_3 部门的实际产出水平 y_3。x_2 部门与 x_4 部门虽然不存在直接传递关系,但仍然有波及影响,因为 X_3 部门对 X_4 部门的投入量 $x_4 < y_4'(x_4 = y_3)$,无法满足 x_4 部门生产能力的要求。其结果是,X_3 部门的 $y_3' > y_3$,X_4 部门的 $y_4' > y_4$,都出现生产能力闲置。总之,在部门串联耦合中,一旦出现瓶颈制约,就会存在超额供给,或超额需求,或两者并存,从而造成大量资源闲置。串联耦合的回路越长(即部门 n 的数量越多),这一波及影响越大,经济损失越大。

(3) 在部门反馈耦合方式中存在着共生关系。这一关系是否协调表现为正反馈的不同方向,即正向正反馈和负向正反馈。前者就是构成循环回路的若干部门互相促进的良性循环;后者就是构成循环回路的若干部门互相限制的恶性循环。从静态角度考察,由于其部门的生产能力不变,所以正向正反馈只表现为所有部门的产出与投入相对称的循环。若设 X_1、X_2、X_3、X_4 部门为构成循环回路的 4 个部门,x_1、x_2、x_3、x_4 分别为其各自的投入,y_1、y_2、y_3、y_4 分别为其各自的产出。如果结构处于均衡耦合状态,那么不论循环多次,其投入量与产出量均不变(见图 4.16)。若把 y_1 作为初始产量,y_1' 为一轮循环后的产量,则 $y_1 = y_1' = y_1^n$,其他各部

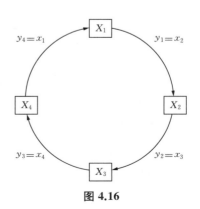

图 4.16

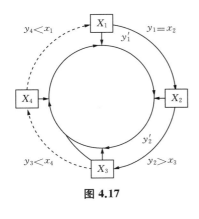

图 4.17

门也是如此。

如果结构处于不均衡耦合状态,即其中某些部门形成瓶颈制约,如图 4.17 中的 X_3 部门,那么这一循环回路就会偏离原有产量规模的轨迹,进入更小产量规模的轨迹。这时,X_1 和 X_2 部门经过一轮循环后的产量将减少,即 $y_1' < y_1$,$y_2' < y_2$。同时,由于受 X_3 部门产出量制约,X_4 部门因其投入不足而无法达到应有产出水平。

4.2.3 聚合效应的动态分析

与静态分析不同,聚合效应的动态分析是研究结构关联约束条件变动情况下的结构聚合质量对经济增长的作用。这些约束条件的变化主要包括两个方面:(1)部门投入消耗(直接)系数变动,即由技术水平决定的物耗变动;(2)部门生产能力(规模)变动。下面,我们仍然以三种基本的部门耦合方式为原型,分析动态条件下的结构聚合效应。

(1)部门并联耦合中的动态聚合效应。这一分析依然从投入组合关系和产出分配关系两个方面展开。

第一,在动态的投入比例联动关系中,投入组合比例 P 是可变的,但其变动的方向和幅度是否与投入比例状况相一致,对结构聚合效应有重大影响,假定投入 $x_1 > x_2$ 而原先的投入组合比例为 1∶1(在图中表现为 45°角线),故 x_1 中的一部分处于闲置,X 部门的产出水平在 E 点(见图 4.18)。

如果 X 部门在生产中努力降低 x_2 投入消耗,从而使投入组合比例发生变动,即 $P \rightarrow P_1$,那么 x_1 中闲置的部分(即 $x_1 - x_1'$)将得到充分利用,实际投入将从 x 增至 x'(图中表现为 xx 投入线向右上方移动),X 部门的产出增大到 E' 点(在图中,也可以通过比较 $E'x_1Ox_2$ 与 $Ex_1'Ox_2$ 的面积得出此结论)。如果 X 部门在生产中也降低了 x_2 投入消耗,并使投入组合比例发生了变动,但其变动的幅度不大,即 $P \rightarrow P_2$,那么闲置的 x_1 投入中只有一部分得到利用(即 $x_1'' - x_1'$),另一部分仍然闲置(即 $x_1 - x_1''$),只是作为名义投入而存在。此时,实际总投入从 x 增至 $x''(x'' < x')$,X 部门的产出增大到 E'' 点($E'' < E'$)。如果 X 部

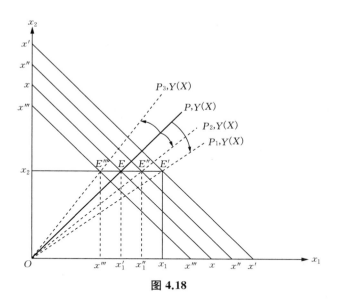

图 4.18

门在生产中没有降低 x_2 的投入消耗,而是降低了 x_1 的投入消耗,那么虽然其投入组合比例也发生变动,但相对 x_1 和 x_2 投入比例,则是一种反向变动,即 $P \rightarrow P_3$。在这种情况下,x_1 的闲置不但没有减少,反而增大了(即 $x_1 - x_1''' > x_1 - x_1'$),从而实际总投入从 x 减至 x''',X 部门的产出从 E 点减少到 E''' 点。

第二,在动态的产出分配比例关系中,不仅 X_1 和 X_2 部门生产的投入消耗系数是可变的,而且 X 部门产出量也是可变的。这些变化对结构聚合效应有重大影响(见图 4.19)。

图 4.19 中,y_1^d 和 y_2^d 分别为 X_1 和 X_2 部门对 X 部门产品的中间需求,也代表其潜在产出量。当 X 部门产出水平为 $y(X)$ 线时,$y < y_1^d + y_2^d$。这一供求缺口导致 X_2 部门的生产能力闲置(当然,还有其他形式的生产能力闲置,见第 4.2 节),X_1 和 X_2 两部门产出之和达不到潜在产出水平。在这种情况下,如果 X 部门产出量增加,即 $y(x) \rightarrow y'(x)$,那么 $y'(x) = y_1^d + y_2^d$,X_2 部门闲置的生产能力得到了利用,两部门的实际产出达到其潜在产出水平。如果 X 部门产出量减少,显然 X_1 部门,或 X_2 部门,或两部门同时增大生产能力闲置,使其总产出水平更加偏离其潜在产出水平。如果 X 部门产出量不变,仍为 $y(X)$,但 X_2 部门的投入产出系数下降,能以同样的投入量生产更多产品,达到其潜在产出水平。这时,$y(X)$ 线的斜率发生了变化,转变为 $\overline{Y}(X)$ 线。在这条线上,y_1^d 和 y_2^d 都得到了满足,X_1 和 X_2 部门的总产出达到最大化。如果是 X_1 部门的投入系

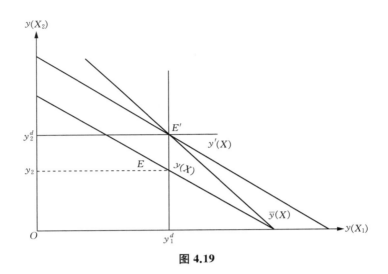

图 4.19

数下降,只要达到一定临界点,也会产生相同的结果。但如果 X_1 和 X_2 部门投入消耗增大的话,那么其生产能力的闲置将更加严重,产出水平大大下降。

(2) 部门串联耦合中的动态聚合效应。为了方便起见,我们以第 4.2 节中的图 4.15 为分析原型。图 4.15 表明,X_2 部门在串联回路中属于瓶颈制约。如果 X_2 部门生产能力扩大到相应程度,产出水平提高,一则可以改变 X_1 部门超供给的局面,即达到 $y_1' = x_2$;二则可以改变 X_3 部门超额需求的状况,即达到 $x_3 = y_3'$,进而改变 X_4 部门实际产出低于其潜在产出($y_4' > y_4$)的状态。因此,X_2 部门生产能力扩大通过其波及关系对经济增长有一种放大效应,其边际收益很高。如果其他部门生产能力扩大,X_2 部门生产能力没有更大幅度的扩大,或者保持不变,甚至萎缩,那么串联回路中的瓶颈制约将更加严重,实际产出水平偏离潜在产出水平的程度更大,甚至出现实际产出水平绝对下降(见图 4.20 中的 Y_2Y_2 线)。

如果 X_2 部门的生产能力没有相应提高,但 X_3 部门的投入产出系数发生了变化,其结构聚合质量也将发生变化。X_3 部门投入产出系数的变化,有两种可能性:(1)投入消耗下降。这时,相同的投入 x_3 却能使 X_3 部门有更大的产出 y_3,即 $x_3 < y_3$,因而在一定程度上缓解了 X_2 部门的瓶颈制约,使产出 Y 提高。如果 X_4 部门的投入消耗也下降,使 $X_4 < y_4$,那么我们将得到一条 YY_1 线,此线与 Y_1Y_1 线在最终产出水平上是等值的。这也就是说,降低 X_2 部门的下游产业的投入消耗(下降幅度达到一定临界点),将起到扩大 X_2 部门生产能力相同

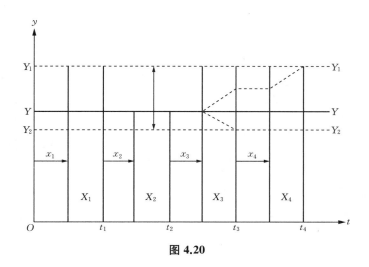

图 4.20

的效果(达到相同的产出水平 Y_1);其唯一的差别是,X_2 部门的上游产业尚有生产能力闲置。(2)投入消耗上升。这时,相同的投入 X_3 却使 X_3 部门的产出减少,即 $x_3 > Y_3$,从而更加剧了 X' 部门的瓶颈制约,形成 YY_2 线,使产出水平绝对下降,即 $Y_2 < Y$。如果 X_4 部门的投入消耗也提高,那么其产出水平的下降更加厉害。显然,这与 X_2 部门生产能力萎缩的效果是相同的。

(3)部门反馈耦合中的动态聚合效应。与上面的分析方法相同,我们以第 4.2 节中的图 4.16 为分析原型,然后从动态角度加以考察。原型表明,在 4 个部门循环关联中,X_3 部门是瓶颈部门,从而使循环进入了中圈(实线圆圈)轨迹。此时,其他 3 个部门尚有生产能力闲置,总的实际产出量小于总的潜在产出量。

在动态的部门反馈耦合中,如果 X_3 部门扩大生产能力,则能缓解瓶颈制约,由 a 线牵引跳出中圈进入外圈循环轨迹(见图 4.21)。这样,其他部门的闲置生产能力将得到充分利用,总产出水平达到最大化。如果 X_3 部门的生产能力进一步萎缩,那么整个循环将由 b 线牵引进入内圈。此时,其他相关部门的生产能力闲置更加严重,总产出水平大大下降。这表现为瓶颈恶化的放大效应。

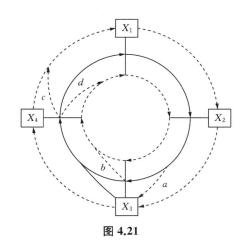

图 4.21

如果 X_3 部门的生产能力不变,而 X_4 部门的投入消耗系数下降,并下降到足以补偿其供给缺口,或者其他若干部门的投入消耗系数都下降,总的下降幅度足以补偿 X_2 部门的供给缺口,那么整个循环过程将由 c 线牵引进入外圈。但由于 X_3 部门的生产能力的缺口依然存在,所以当循环到 X_3 部门时,将再次被带入中圈,然后通过 X_4 部门的 c 线牵引再进入外圈。这样,整个循环轨迹只是准外圈轨迹。在这一循环过程中,X_2 部门仍然存在着超额供给,而且由于 X_2 部门产出水平相对较低,所以其总产出水平虽然大于中圈循环的总产出水平,但小于外圈循环的总产出水平。如果情况正好相反,即 X_4 部门的投入消耗增大,那么原先中圈循环将由 d 线牵引进入内圈循环,其结果是可想而知的。

4.3　聚合质量提高的若干理论问题

前面关于聚合效应的分析,其逻辑结论无非是:为了保证国民经济健康、稳定地持续增长,必须努力提高结构聚合质量。提高结构聚合质量就是通过改善部门耦合状态,从而提高结构关联的整体性功能。由于结构关联整体性功能的度量指标是结构平衡度,所以提高结构聚合质量的问题最终可归结到提高平衡度上去。但是,我们不想仅仅停留在"比例平衡"之类的空泛议论上,而想从理论上说明有关"平衡"的若干关系,以便真正抓住提高聚合质量这一命题的精义所在。

4.3.1　短期平衡与长期平衡

提高结构聚合质量,首先要区分短期平衡与长期平衡。因为这直接关系到实现哪一种平衡,才真正提高了结构聚合质量;或者说,提高结构聚合质量要求实现哪一种平衡。

短期平衡是指部门生产能力不变情况下的产品供求平衡。在这一平衡过程中,可变因素只是投入与产出的产品数量。长期平衡是指部门生产能力可变情况下的产品供求平衡。在这一平衡过程中,一切要素都是可变的,即不仅产品数量可变,而且生产规模和技术水平(即投入系数)均是变化的。根据短期平衡与长期平衡的这一本质区别,我们可以把短期平衡视为产品结构平衡,而把长期平衡视为产业生产能力结构平衡。

从测量结构关联整体性功能的平衡度指标来说,它只考虑部门之间中间产品投入产出的数量关系,即只是从产品平衡的角度出发的。因此,单纯谈论结构平衡度,就容易混淆短期平衡与长期平衡的区别。实际上,短期平衡与长期平衡对于结构聚合质量的意义是不同的。在部门生产能力不变情况下达到的部门投入产出耦合的产品平衡(或接近于平衡),只有在极其特殊的条件下才对结构聚合质量有意义,即真正体现结构聚合质量;这一极其特殊的条件,就是其产品平衡直接反映了部门生产能力的结构平衡。这种情况只能作为一个特例。在结构关联短期平衡中,大量存在的是部门生产能力结构不平衡下的产品结构平衡。也就是说,短期平衡是以部门生产能力结构不平衡为其背景的。因为在部门生产能力不变的情况下,部门之间投入产出数量的变化必然导致产品结构与部门生产能力结构的错位。虽然个别部门的产出需求仍可能与其供给能力相一致,但大部分部门的产出需求将与其供给能力不一致。

显然,在部门生产能力结构不平衡背景下实现的短期产品结构平衡,只能是一种以部门生产能力瓶颈制约为基础的产品结构平衡。换言之,它是一种局部生产能力强制闲置的产品结构平衡。在第 4.2 节的聚合效应的静态分析中,各种部门耦合状态的产品结构平衡都清楚地表明了这一点。因此,在大多数场合,短期平衡并不真正反映结构聚合质量的提高。这就告诉我们,提高结构聚合质量不能以短期平衡为目标,更不能以其为评价标准。

当然,这并不排除短期平衡本身的意义和作用。在部门生产能力结构不平衡,并且不能改变的情况下,实现产品结构平衡是促进经济增长的唯一选择。它在一定程度上可减少生产能力的闲置,相对扩大产出量。例如,在部门并联耦合的产出分配竞争关系的静态分析中(见图 4.14),我们指出,当 $y_1^d + y_2^d > y(X)$ 时,y_1 和 y_2 的实际分配比例有三种组合,其中 y_1 与 y_2 的组合(E 点)是最优分配比例,此时的产出量Ⅲ为最大。这说明,短期平衡本身也是有积极意义的,不能因为其存在一定的资源闲置而否定它的平衡作用。在实践中,积极实现短期平衡,调整产品结构,仍然是十分必要的。

但是,短期平衡并不能真正提高结构聚合质量,提高资源利用效率,增加整体效应的附加量。因此,提高结构聚合质量应把重点放在长期平衡上,追求部门生产能力结构平衡。这一平衡的特殊意义在于,它是在部门生产能力平衡基础上的产品结构平衡。只要其产品结构达到平衡,或接近于平衡,那就意味着部门生产能力得到了充分利用,部门的实际产出达到或接近其潜在产出水平。显然,只有这一平衡才能真正体现结构聚合质量对经济增长的作用效用,才是提高结构聚合质量所要求实现的平衡。

实现部门生产能力结构平衡是一项复杂的工作,涉及诸多方面,但其基本要求不外乎以下几个方面。

(1) 产业素质的协调。产业素质主要是指产业生产能力中的质量水平,包括技术装备水平、生产工艺水平、劳动者技能以及管理水平等。部门生产能力结构平衡只有建立在产业素质协调的基础上才是牢固的。在产业素质不协调的情况下,通过生产能力的数量(规模)调整,虽然也可能实现生产能力结构平衡,但这种平衡是十分脆弱的。产业素质的协调并不是要求各部门的生产技术水平和劳动生产率大致相同。事实上,这是不可能的。这里是指部门之间不应存在技术水平的断层和劳动生产率的强烈反差。在实际运用中,我们可以采取比较劳动生产率指标来衡量产业素质的协调程度。比较劳动生产率是某产业部门的国民收入份额与该部门的劳动力份额之比,即:

$$某部门比较劳动生产率 = \frac{L_i/Y}{Y_i/L} \tag{4.19}$$

式中:Y 代表国民收入;Y_i 代表 i 部门所创国民收入;L 代表总劳动力;L_i 代表 i 部门的劳动力。其比值越小,说明该产业的比较劳动生产率越低;反之亦然。如果各产业的比较劳动生产率数值分布比较集中而又有序,说明各产业的素质比较协调。如果其数值分布相当离散且又无序,则表明各产业的素质不协调。例如,1986 年中国农业劳动力大体占社会总劳动力的 70%,而农业总产值只占社会总产值的 21%,农业的比较劳动生产率只有 0.3,与其他产业形成了悬殊差距。这就在一定程度上反映了产业之间素质的不协调。它会严重影响到部门之间的长期平衡。因此,提高结构聚合质量,要求在产业素质协调的基础上实现部门生产能力的结构平衡。可见,产业素质的协调,是提高结构聚合质量的基本内容之一。

(2) 产业相对地位变动的协调。长期平衡过程实际上就是产业相对地位变动的过程。在这一过程中,一些产业的生产能力相对提高,表现为这些产业在结构关联中的相对地位的提高;另一些产业的生产能力相对减少,则表现为其在结构关联中的相对地位的下降。这种产业相对地位的变动,不仅要体现结构关联丰富的层次性,而且要有序列性。产业相对地位的变动,虽然会改变某些产业部门结构关联中的作用和权重影响,但不应该破坏产业之间有序的排列组合。同样,产业相对地位的变动会带来结构关联的重组,但不能破坏产业发展的衔接次序。只有这样,才能保证长期平衡的实现。

(3)产业关系的协调。长期平衡虽然是一种部门生产能力的结构性调整,但这一调整要在产业关系协调的前提下进行。这就要求产业之间要在投入产出联系的基础上互相服务,互相促进。某一产业的发展不能脱离其他产业的发展,即不能在"自我服务"中发生联系,更不能以其他产业的削弱和萎缩为代价,即在抑制其他产业发展的情况下实现自身的发展。否则,结构长期平衡是难以实现的。在这一问题上,中国有深刻的教训。如长期以来,重工业一直在"自我服务"中寻求发展,并以农业的削弱和相对退步为其代价,结果始终难以达到部门生产能力的结构平衡。

当然,结构长期平衡的实现还需要具备不少其他条件,尤其是资产存量转移、投资结构合理化等条件,这将在以后有关章节中加以论述。

4.3.2 短线平衡与长线平衡

提高结构聚合质量主要是追求结构长期平衡,那么在这一过程中,应采取什么办法实现其平衡呢? 这就引申出短线平衡与长线平衡的问题。

我们假定初始的部门生产能力结构是不平衡的,一些部门的生产能力相对短缺,另一些部门的生产能力相对过剩。我们把前者称为短线部门,把后者称为长线部门。在这种情况下,如何实现结构长期平衡呢? 通常,人们强调发展短线部门,把短线拉长以实现平衡,即短线平衡。这无疑是一种正确的办法。

实现短线平衡,有三种基本途径:一是长线部门的生产能力向短线部门转移,即存量重组;二是向短线部门倾斜投资,扩大其生产能力,即增量配置;三是提高短线部门劳动生产率。前两者属于外延扩大,后者属于内含扩大。

存量重组的积极作用是双重的,它既扩大了短线部门的生产能力,同时又减少了长线部门生产能力的闲置,可谓"一箭双雕"。因此,资产存量转移在短线平衡中具有特殊意义。但存量重组有其约束条件:一是需求水平的约束;二是部门生产专有技术的约束。关于后者已有大量的论述，我们着重分析前一个约束条件。

若设两个相关部门 X_1 和 X_2，两者生产能力的平衡点（即结构长期平衡点）为 E。假定点 E 上的供给与社会需求平衡，即需求曲线与点 E 相切（见图 4.22）。图 4.22 中，S 代表生产能力配置线，两部门的生产能力水平唯有在此线上相交才形成产业水平，所以这一条线也为供给线。x_1 和 x_2 均为 X_1 和 X_2 部门均衡条件下的生产能力水平。点 E 既是两部门生产能力结构平衡点，又是供求平衡点。如果现在 X_2 部门的实现生产能力水平只是在 x_2' 点（$x_2' < x_2$），那么 X_2 部门就是短线部门，而 X_1 部门生产能力相对过剩（$x_1 - x_1'$ 的部分），因为实际供给水平处在点 E' 上。此时，出现超额需求（即 $d > S$），其缺口为 $E - E'$。在这种情况下，即使不存在任何存量转移的障碍和摩擦，X_1 部门闲置的生产能力向 X_2 部门转移，其意义也不大。这是因为，此时 X_2 部门相对过剩的生产能力只是相对 X_1 部门而言，但相对于需求水平，其实并不过剩。如果 X_2 部门闲置的生产能力全部向 X_1 部门转移，那么结构平衡点仍处于 E' 的位置上，只不过是 X_1 部门变成了短线部门，而 X_2 部门变成了长线部门，其供给水平没有变，仍然存在相同的超额需求。如果考虑存量转移成本的话，这种存量重组是毫无意义的。当然，这只是一种极端的假设。

事实上，X_2 部门的闲量生产能力只是部分转移，以形成一个高于 E' 的新的结构平衡点 E''。点 E'' 是存量重组的最佳点，是其在这种条件下所能达到的最高

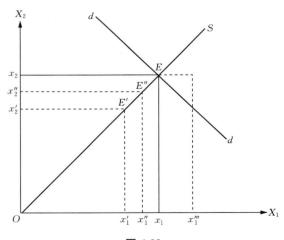

图 4.22

供给水平。任何转移不足或转移过度,其供给水平都会低于点 E''。然而,即使在存量重组的最佳点(E''),其供给仍然小于需求。尽管其超额需求有所缓解,但在需求拉动下,不仅 X_2 部门生产能力仍需扩大,而且 X_1 部门生产能力也同样要求扩大。因此,考虑到存量转移成本,这种存量重组的意义也不大。

我认为,只有在长线部门的生产能力绝对过剩的条件下,存量重组才有意义。也就是说,X_1 部门的生产能力水平超出 x_1 点时,存量重组是有重大意义的。假定 X_1 部门的生产能力水平为 x_1''',X_2 部门仍为 x_2''。这时,X_1 部门闲置生产能力向 X_2 部门转移将形成超出 E'' 点的更高的供给水平。如果 X_1 部门的转移量正好弥合 X_2 部门的短缺量,其结构平衡点将处于 E 的位置,达到供求平衡。可见,存量重组是受需求水平约束的。只要存在超额需求,长线部门的生产能力没有达到绝对过剩,存量转移的边际收益是不大的,超过一定临界点(如图 4.22 中的点 E''),则发生边际收益递减,甚至负效用。在这种情况下,短线平衡的可行办法就是增量配置,如图 4.22 中增加 X_2 部门投资,使其生产能力水平提高至 x_2。这样,既弥合了 X_2 部门生产能力的短缺,也解决了 X_1 部门生产能力闲置问题,并使供求关系达到均衡。当然,增量配置也有其约束条件,其中最主要的是资金约束。在资金有限的情况下,增量配置难以实行。

因此,在存在超额需求,并且资金有限的情况下,外延型短线平衡难以达到最优社会福利。那么,是否有其他办法? 我认为是有的,那就是内含型短线平衡和长线平衡。前者是指短线部门通过提高其设备利用效率和劳动生产率来增加产业,后者是指长线部门通过降低投入消耗来改变原有的结构平衡点。这里的长线平衡有一个前提条件,即长线部门必须是短线部门的下游产业,或是使用短线部门产品的产业。为了说明这一问题,我们仍采用上面分析的基本模型(见图 4.23)。

首先,我们假定不存在内含型短线平衡,仅考察长线平衡。当 X_2 部门生产能力存在 $X_2 - X_2'$ 的缺口时,如果 X_1 部门降低其投入消耗,则意味着:(1)X_1 部门的生产能力大,即由 X_1 增至 X_1'';(2)X_1 部门以同样的投入获得了更多的产出,从而两部门的生产能力结构平衡点发生位移,即从点 E' 移向点 E''。这表现为 S 线斜率变动,往右下方倾斜,形成 S' 线。由于结构平衡点的位移消除了 X_2 部门的短缺和 X_1 部门的闲置,所以点 E'' 上的产出水平与点 E 相同,从而也与需求线 dd 相切,即达到供求均衡。可见,长线平衡对于实现结构

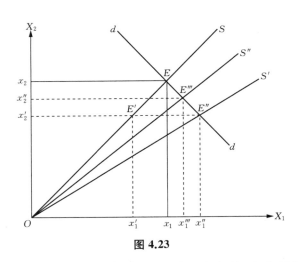

图 4.23

长期平衡有重大意义。当然,长线平衡也有其约束条件,即降低投入消耗的潜力程度。在一定的生产技术条件下,投入消耗的降低是有限度的。

因此,在实行长线平衡的同时,要辅之以内含型短线平衡。如果 X_2 部门通过内含扩大生产能力,使 x_2' 提高到 x_2'',而 X_1 部门则通过降低投入消耗,使其生产能力从 x_1 扩大到 x''',那么两部门的结构平衡点 E''' 将在 S'' 线上,点 E''' 上的产出水平等于点 E 上的产出水平,与需求均衡。可见,在超额需求的供求格局和资金有限的情况下,只要有潜力可挖,内含型短线平衡和长线平衡将能实现最优社会福利。

但长期以来,人们往往只注重增量配置的短线平衡(至少在理论上是如此,在实践中也许还做不到),在投资分配上"压长线,拉短线"。然而,在超额需求的供求格局下,往往是长线压不下,短线拉不长,其效果并不明显。近几年来,理论界开始重视存量重组的短线平衡,这无疑是一大进步。但正如我们在前面分析中指出的,在超额需求的供求格局下,除非某些部门存在绝对闲置的生产能力,并且不存在存量转移的严重障碍和摩擦,否则,存量重组的效果也是有限的。

在部门生产能力结构平衡中,人们往往忽视内含型短线平衡和长线平衡,尤其是长线平衡。其实,在中国,这两方面的潜力是很大的,再加上超额需求的供求格局和资金有限的约束,这两种平衡方式应该是实现结构长期平衡最理想的方式。当然,实行这两种方式需要有一个作用机制,即价格机制。只有在短线部门产品价格相对上升时,才会形成对短线部门提高劳动生产率和长线部门降低投入消耗率的刺激,从而启动这两种平衡方式。如果其价格不能反映供求关系,即短线部门产品价格偏低,那么这两个部门都将缺乏相应的刺激,这两种平衡方式是难以实行的。

4.3.3　绝对平衡与相对平衡

在前面分析中,我们完全撇开了结构关联可靠性因素,单纯考察了部门结构平衡问题。然而,在结构聚合质量这一概念中,已隐含了结构关联可靠性因素,因而在这一部分分析中,我们将从结构关联可靠性角度考察部门结构平衡问题。

结构关联可靠性的提出,有两个方面原因:(1)在结构长期平衡过程中,绝对的比例平衡只是瞬态平衡,不是一种常态平衡,而且这种绝对的瞬态平衡也极少出现,即偶然出现。这就是说,动态的最优比例是随着各部门效率和各种约束条件的变化而时刻都在变化的。显然,这种变化将会影响结构聚合质量,即降低其可靠性,使其质量不稳定。(2)随着结构关联规模的不断深化,专业部门 n 将增多,投入产出关系日益复杂,从而结构比例将更加难以平衡。从第 4.1 节中给出的结构关联不平衡度公式($f = \sum\limits_{i=1}^{n} \mid h_i \mid$)中可以看到,当结构关联中部门 n 越多时,即使每个部门的不平衡系数 h_i 很低,但总的不平衡度 f 却会很高,因而平衡度会很低。这种分工度与平衡度的负反馈耦合关系势必会影响结构聚合质量的可靠性。

因此,在结构动态平衡过程中,我们必须考虑其可靠性问题,否则结构聚合质量是不稳定的。如果从可靠性角度来看,结构平衡概念应该是相对的,某些长线也只是相对过剩。因为这些相对过剩的生产能力在结构动态平衡过程中充当着备用元件的角色,它随时可能转化为工作元件。这些可供选择的备用元件的存在,大大提高了结构关联的可靠性。具体地讲:(1)当各部门效率和各种约束条件发生变化从而打破了原有结构平衡时,这些备用元件将填补新的供求缺口,防止产生短缺连锁效应,保证结构聚合质量的高水平。(2)备用元件的存在将提高同行竞争度。如果是处于一种平等竞争的条件下,那么备用元件有一种自动提高效率以取代工作元件的机制,同时也促进工作元件提高效率以避免被取代的命运。这样,它将提高长线部门的生产效率,尤其是消耗产出率。其结果,将导致部门结构平衡点的位移,消除短缺与过剩并存的局面。

可见，为了提高结构关联的可靠性，必须引入适当的可供选择的备用元件（即生产能力闲置），而一旦肯定这些备用元件存在的必要性，比例平衡就成为一个相对性的问题。我们把它称为相对平衡，即存在过剩的动态比例平衡。当然，这种相对平衡是有条件的，并不是任何过剩生产能力（备用元件）都是必要的，也不是任何超比例发展都是合理的。

如果一个部门的生产能力已超出了近期和远期需求水平的要求，即绝对过剩，那就意味着这些备用元件已不可能转化为工作元件，即始终有一部分生产能力处于备用元件地位。此时，尽管其竞争很激烈，但效率也不大可能大幅度提高，或不能转化为社会其他部门效率的提高。因此，这种过剩生产能力不是相对平衡所必需的，不能纳入相对平衡概念之中。

如果一个部门产品的潜在未来需求不大，那么超比例发展所形成的过剩生产能力也是一种绝对过剩。这种备用元件在未来的结构平衡中也难以转化为工作元件，难以起到提高结构关联可靠性的作用。因此，这种部门超比例发展也不能纳入相对平衡概念之中。

与相对平衡概念相吻合的过剩生产能力，是一种可供选择的相对过剩，是一种可以转化的暂时过剩。因此，这种生产能力过剩一般出现在那些关联性强，具有潜在发展能量的部门。这些部门的超比例发展将有利于实现结构长期平衡。这就是为什么基础产业要超前发展，主导产业要重点发展的原因。历史经验证明，这些部门的超比例发展会大大提高动态的结构聚合质量。因此，相对平衡可以说是一种在暂时不平衡中追求持续平衡的动态平衡，是一种在不平衡与平衡之间不断转化的动态平衡。

根据相对平衡的含义，我们可以看到，生产能力过剩对于防止结构聚合质量动态不稳定的总效用有一个极限；达到这一极限时，过剩生产能力的增加是无效用的（见图 4.24）。图 4.24 中，横坐标 p 为生产能力过剩度，纵坐标 $\hat{u}$ 为其总效用，$\hat{u}_1$ 和 $\hat{u}_2$ 分别为不同结构关联规模下的总效用极限，$\hat{p}_1$ 和 $\hat{p}_2$ 分别为两种总效用极限下的有效过剩度的临界点。显然，在 p 临界点之内，生产能力过剩的增加会提高其总效用，但超过这一临界点，过剩生产能力的增加不会提高其效用，从而是无效的。不仅如此，它还造成结构聚合质量的下降。这说明，相对比例平衡所要求的备用元件的数量必须是适度的，在一定阶段（即一定的结构关联规模下），具有一个临界点。

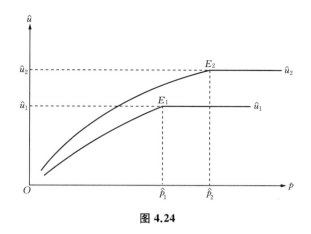

图 **4.24**

事实上,在任何具体的实践中,备用元件数量的最优选择都不会在其临界点上,而在临界点内,因为任何生产能力过剩都是不经济的,都存在着闲置成本。而且,随着生产能力过剩增大,闲置成本也相应上升。若设过剩量为 P,闲置成本为 C,则 C 是 P 的增函数。相反,备用元件的效用程度却是随过剩量增大而递减的(其总效用在临界点内是随过剩量增大而增加的),即备用元件边际效用递减。如果我们把图 4.24 中的纵坐标 $\hat{u}$(总效用)改为备用元件效用 u,其边际效用曲线则是自左上方向右下方的曲线,曲线之内的面积表示总效用。当我们把闲置成本曲线 C 引入该图时,备用元件数量的最优选择就是效用曲线 u 与成本曲线 C 相交的均衡点 E 的位置上,即 P(见图 4.25)。在 P 与 $\hat{P}$ 之间的任何一点,虽能增加备用元件的总效用,但其边际成本急剧上升,边际效用下降,从而这

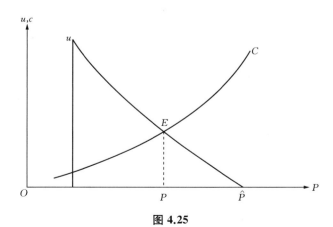

图 **4.25**

一数量的备用元件的经济效果不是最优的。若超出点 $\hat{P}$ ，那只有成本增大，而无任何效用增加，完全没有经济效果。

因此，从备用元件的效用与成本的关系来考察，相对平衡所要求的结构关联可靠性并不是一种完全的可靠性，而是低于完全可靠性的最优可靠性。完全可靠性虽然能保证结构聚合质量动态绝对稳定性，但其所付出的代价却是较大的生产能力过剩，这又从另一方面降低了结构聚合质量。最优可靠性虽然只能保证结构聚合质量动态相对稳定，但其所付出的代价较小，从而又从比例平衡的角度保证了结构聚合质量。总之，相对平衡的相对度要从动态平衡的聚合效应来考虑，确定其数量界线。

II   结构弹性效应

5 引论:模型扩展

5.1 结构弹性效应的分析角度

5.1.1 结构弹性及其效应的基本含义

弹性(elasticity)是一个物理学名词,意指某一物质对外界力量的反应力。这一概念引入经济学中,它是指当经济变量之间存在函数关系时,一变量对另一变量变化的反应程度。我们在此篇中所要考察的结构弹性是指产业结构作为一种供给结构对需求结构变化的反应程度。

从理论上讲,供给与需求之间存在着一种相互联系、相互制约的辩证关系,一方面是供给对需求起着主导的、决定的作用,即供给创造需求;另一方面是需求对供给起着引导和推动作用,即需求拉动供给。我们这里主要从需求拉动供给的角度来考察结构弹性问题,但并不因此而否认供给对需求的作用。从某一既定时点来讲,供给结构决定了需求结构,现实的需求只能服从于既定的产品构成。但从动态的过程看,需求结构不仅从产品的实现上制约着供给结构,而且在观念上引导着供给结构变动。因此,我们完全可以从需求拉动供给的角度,把供给结构看作是需求结构的函数。设供给结构为 S_s,需求结构为 D_s,则:

$$S_s = f_s(D) \tag{5.1}$$

当供给结构与需求结构存在函数关系时(即供给结构随需求结构变动而变化),供给结构对需求结构变动的反应程度就成为我们考察的主要对象,因为这实质上是一个供给结构能否、或在多大程度上适应需求结构变化的问题。由于供给只有在产品实现时才是有效供给,如果产品得不到实现,那只是一种表现为库存积压的无效供给。而且,当出现那种产品不适销对路,从而大量积压的情况时,它还会影响到下一轮的供给水平。所以,供给结构能否适应,或在多大程度上适应需求结构的变动,直接关系到经济增长的能力和水平。这就是我们要分析的结构弹性效应问题,即供给结构适应需求结构变动对经济增长的影响。

5.1.2 引入的新变量

由于我们准备把产业结构作为与需求结构相对应的供给结构来考察其弹性效应,所以仅仅研究中间产品运动状况是不行的。固然,中间产品也有其供求关系,即中间产出和中间需求,但中间产品的实现只是阶段性实现,而不是最终实现。这种阶段性产品实现与最终产品实现可能会出现偏差,即产品阶段性被实现,但最终仍然得不到实现。从供给性质来讲,最终得不到实现的产品只能是无效供给。另外,中间产品的实现只发生在生产者之间的关系上,即生产者供给与生产者需求的关系上,因而它实际上反映了产业关联问题。这是我们上一篇考察的内容。与此不同,在这里我们所要考察的结构弹性效应,直接关系到有效供给问题,并主要反映产业结构与其自身环境的关系。

因此,考察结构弹性效应必须在上一篇设定的模型中引入新的变量。在上一篇设定的模型中,我们是把最终需求作为外生变量处理的,仅从中间产品运动考察结构关联效应。现在,为了考察结构弹性效应,我们要把最终需求及其结构作为模型的内生变量,从而把开放式投入产出模型转变为封闭式投入产出模型。由于引入了这一新的变量,结构弹性效应分析将从全部产品(国民产品)的运动过程出发,考察其供求关系。

5.1.3 国民产品的供求结构

当我们把分析的角度从中间产品转向国民产品时,产业结构就表现为与产品需求结构相对应的产品供给结构。从全社会看,一种产品代表一个产业部门,n 种产品代表 n 个产业部门,国民收入由 n 种产品构成,因而供给结构就是从产品角度考察的国民收入产出构成。若设第 1 个产业部门生产的国民收入为 S_1,第 2 个产业部门生产的国民收入为 S_2,依次类推,则第 n 个产业部门生产的国民收入为 S_n,由此国民产品的供给构成为:

$$S_s = S_1 + S_2 + \cdots + S_n$$

$$= \sum_{j=1}^{n} S_i \qquad (5.2)$$

同样,与供给结构相对应的需求结构可以看作是从产品角度考察的国民收入支出构成,即社会在既定的有支付能力范围内购买或需要的这样一种国民产品结构。它可以用国民收入最终购买各种产品的支出结构得以近似的衡量。若设社会对第 1 个产业部门生产的产品的需求为 D_1,对第 2 个产业部门生产的产品的需求为 D_2,依次类推,则社会对第 n 个产业部门生产的产品的需求为 D_n,由此国民产品的需求构成为:

$$D_s = D_1 + D_2 + \cdots + D_n$$

$$= \sum_{j=1}^{n} D_i \qquad (5.3)$$

如果社会各产业部门生产的国民产品正好与社会所需购买的相一致,那就是供给结构与需求结构处于均衡状态,即:

$$\begin{pmatrix} S_1 \\ S_2 \\ \vdots \\ S_n \end{pmatrix} = \begin{pmatrix} D_1 \\ D_2 \\ \vdots \\ D_n \end{pmatrix} \qquad (5.4)$$

这种均衡状态是供给结构与需求结构互相促进、互相适应的长期运动的结果。在这里,由于我们主要考察供给结构弹性问题,所以把 S_s 看作是 D_s 的函数,从而其均衡状态的实现只是供给结构适应需求结构变动的结果。

5.2 需求结构变量的理论设定

当我们引入最终需求及其构成这一变量来考察产业结构弹性效应时,是把需求结构作为自变量,把供给结构作为因变量进行处理的。所以,我们首先要对需求结构变量作理论上的说明,设定其变动的特征及其依据,揭示其变动的一般规律性,从而确定衡量需求结构变动是否正常的基本标准。这样,我们就可以在区分两种不同性质(正常与非正常)需求结构变量的情况下,进行产业结构弹性效应分析。否则,产业结构弹性效应问题就难以解释清楚。

5.2.1　需求结构变动的规律性特征

我们知道,人的需要是多种多样的。这种无限多样的需要按人们所赋予其的重要程度,可以划为各个不同的层次。按照恩格斯的划分,人的需要有三个层次,即生存需要、享受需要和发展需要。每一层次又包含了对同属一个需要层次的不同商品的需要。因此,需求结构就是按照人们需要等级的先后次序排列的有机构成。

我们这里所说的需求是指有支付能力的需求,因而它总是与可支配收入之间存在着某种函数关系。这种函数关系简称为消费函数,可写成:$C = C(Y_a)$。其中,Y_a 是可支配收入,C 是消费支出。显然,当收入有限而不能满足所有层次需要时,人们自然倾向于首先把有限的收入用于购买满足生存需要的商品。随着收入的增长,人们也自然倾向于满足最基本需要后,把增加的收入用来购买满足更高层次需要的商品。因此,需求结构的一个基本特征是对各类商品供给的丰富水平具有不同的反应。随着人均收入水平的不断提高,需求的重点会逐步向更高的层次转移。

需求结构的这一基本特征是建立在恩格尔法则的基石上的。恩格尔法则揭示的这种需求结构变动的特征可用图5.1表示。图5.1中的两条曲线表示,随着家庭收入的增加,食品支出也有所增长,但没有总支出增长得快。因此,食品支出在总支出中的比重随着收入增加而下降。根据恩格尔法则计算的比例数为:

$$恩格尔系数 = \frac{食物支出金额}{总支出金额}$$

恩格尔法则主要表述了食物支出在总支出中的比重随收入变化而变化的一般趋势。近年来,恩格尔法则被进一步引申,即随着家庭收入的增加,不

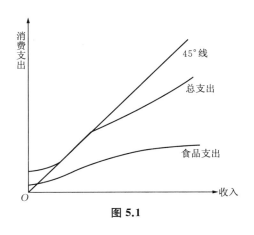

图 5.1

仅食物支出,而且衣着支出(恩格尔认为是趋于上升的)所占的比重也逐渐下降,吃穿以外的生活必需支出和各种非生活必需的支出所占比重逐渐上升。

恩格尔法则所揭示的需求结构变动的一般趋势已被一些发达国家的历史所验证。从19世纪到现在,一些发达国家的消费需求结构的变化大体经历了两个阶段。

第一阶段(19世纪至20世纪40年代左右)的主要特征是,食品支出比重下降,穿、住等支出比重上升。例如,美国家庭的食品支出比重由1874—1875年的57.86%下降到1917—1919年的40.61%,而同期衣着支出比重则由14.36%上升到17.60%。

第二阶段(20世纪40年代左右——目前)的主要特征是,除食品支出比重继续下降外,穿的支出比重也开始下降,而其他支出比重则上升。例如,在居民消费结构中,穿的支出比重美国从1947年的14.2%下降到1983年的6.96%,联邦德国从1950年的13.2%下降到1982年的7.7%。除了吃、穿支出外,其他支出比重,美国从1947年的50.9%上升到1983年的72.41%,联邦德国从1950年的31.1%上升到1982年的73.6%。

这种消费需求结构变化现象实质上反映了人类需求层次的顺序以及各需求层次的相对"饱和度",从而体现了需求结构变动的阶段性和层次跃进性。

5.2.2 收入水平、消费水平与需求结构

由于消费需求是居民对其可支配收入的使用,即居民现实的消费支出,所以一定时期的需求结构的决定首先直接取决于居民实际收入水平。这是因为,居民实际收入水平直接决定了消费支出水平(在消费倾向既定的情况下),而消费支出水平则直接决定消费需求结构。众所周知,人们有支付能力的需求是不能超越其收入总额界限的。在收入总额已定的前提下,人们只能在这个界限内安排其消费需求的层次,从而形成一定的消费需求结构,从这一意义上讲,消费需求结构是消费水平的一个解释变量。

显然,随着居民实际收入水平的提高,从而引起消费水平的相应变动,必然导致消费需求结构内部各项支出的比例关系的重新组合。国内一些学者曾利用扩展的线性支出系统(ELES)模型,根据特定时期收入变动的数据计算出随着收入变动(假定价格不变),各项消费支出的量的变动规律,如表5.1所示。

表 5.1　1984 年中国不同收入水平阶层的需求的收入弹性

（对生活费收入而言）

按生活费收入分组	各组的生活费收入水平（元）	食品需求的收入弹性	衣着需求的收入弹性	日用品需求的收入弹性	住房需求的收入弹性	燃料需求的收入弹性	文化、服务需求的收入弹性
V 平均（1984 年代表值）	607.12*	0.7957	0.8785	1.3917	1.1856	0.2627	0.9110
V_1＝25 元以下	261.12	0.6263	0.7568	2.8909	1.5700	0.1330	0.8145
V_2＝25—35 元	375.36	0.7067	0.8173	1.8349	1.3379	0.1807	0.8632
V_3＝35—50 元	511.92	0.7667	0.8592	1.5007	1.2273	0.2313	0.8959
V_4＝50—60 元	654.60	0.8078	0.8864	1.3530	1.1693	0.2777	0.9167
V_5＝60—70 元	775.44	0.8327	0.9021	1.2825	1.1393	0.3130	0.9288
V_6＝70 元以上	1004.04	0.8657	0.9229	1.2050	1.1043	0.3710	0.9441

注："＊"1984 年实际生活费收入水平为 607.56 元，因回归时权数误差引起的。下面的分组取每人每月的实际收入水平。

资料来源：林白鹏等：《中国消费结构学》，经济科学出版社 1987 年版，第 259 页。

表 5.1 中的数字清楚地表明，收入水平（人均每年生活费收入）直接决定消费支出水平，两者密切相关。前者是自变量，后者是因变量，后者随前者的变化而变化。表 5.1 中 V_1—V_6 各个家庭组，因收入水平不同，其各项消费需求的收入弹性也就不同，从而形成不同水平的消费需求结构。

然而，居民实际收入水平从根本上说是受国民收入水平的高低决定的。换言之，社会可能达到多高的消费水平，是受一定时期的国民收入水平制约的。在其他条件相同时，社会对消费水平的承担能力和国民收入成正比。由于人均国民收入是由劳动人口在社会总人口中的比例和社会劳动生产率两者共同决定的，因而社会消费的承担能力以及人均消费水平和劳动生产率之间存在着一种潜在的依存关系。

我们知道，国民收入使用额由消费和积累两部分构成。在既定的国民收入前提下，社会消费水平还将受到积累率高低的影响，两者是彼长此消的关系。因此，积累率的高低对当前的消费水平有直接影响，并间接影响消费需求结构。

可见，需求结构变动是由诸种因素决定的。这些因素内在地规定了需求结构变动的特征及其规则性，从而使需求结构变动轨迹有章可循。当然，这并不排除需求结构变动会发生偏差，但这种偏差毕竟是相对于其规律性而言的，而不是杂乱无章的。这样,就有可能使我们从正常需求结构变动与非正常需求结构变动的不同角度来考察产业结构弹性效应问题。

5.3　与需求结构相对应的产业结构

在设定需求结构之后,我们将对作为因变量的产业结构本身作一考察,说明其变动的内部决定因素以及这些因素的各自决定作用。

5.3.1　产业结构及其变动的内部因素

与需求结构相对应的产业结构,其含义已发生了重大的变化,它不再仅仅是以互相提供中间产品的交易关系所构成的结构关联,而是一种国民产品的供给结构。作为国民产品的供给结构,它将表现为各产业间生产能力的配置构成。

显然,在国民产品生产过程中,各产业的生产能力并不是孤立发挥作用的,它们必须按照部门之间的投入产出关系,互相依赖,互相衔接,形成一定的比例关系,在联动中发挥其作用。这也就是我们在上一篇所考察的结构关联问题。但作为国民产品的供给结构,它更重要的是与需求结构的对应关系。也就是说,各产业之间生产能力的配置构成首先要与需求结构相对应,并适应需求结构的变动。因此,作为国民产品的供给结构虽然必然包含着结构关联的基本内容,但更重要的是与需求结构相对应。从这一意义上讲,结构关联是服从于其与需求结构的对应关系的。换言之,作为国民产品的供给结构,它是根据需求结构变动要求,以相应的投入产出比例建立起来的各产业生产能力配置构成。

在充分肯定供给结构这一基本属性的前提下,我们将进一步考虑它在适应需求结构变动过程中的内部决定因素,因为产业结构弹性问题,实质上是产业结构对外部环境(需求结构)变动的自适应问题。也就是说,产业结构作为一个系统,通过其学习过程或自动搜索运动,调整和改变各产业之间生产能力配置构成,以维持和提高其内部关联的组织程度(包括水平、规模和质量),从而适应需求结构的变动。为了弄清这一自适应过程的内在机理,我们需要分析产业结构变动的内部决定因素。

众所周知,产业的生产能力是由资产、劳动、资源、技术等生产要素配置而成的。一般说来,一个产业部门拥有的资产和劳动数量越多,技术越先进,生产组织越科学,它的生产能力就越大;反之亦然。因此,产业结构可以进一步看作是各生产要素在各产业部门之间的配置构成。它既包括劳动资源在各产业部门之间的配置构成,也包括资产设备、中间产品以及技术等生产要素在产业部门之间的配置构成。这些因素共同决定了产业结构,其中任何一种因素的变动都可能引起产业结构的变动。下面,我们用投入产出分析方法来大体描述这种产业结构的概貌。[①]

$$\begin{pmatrix} \dfrac{S_{11}}{a_{11}} & \dfrac{S_{12}}{a_{12}} & \cdots & \dfrac{S_{1n}}{a_{1n}} \\[2mm] \dfrac{S_{21}}{a_{21}} & \dfrac{S_{22}}{a_{22}} & \cdots & \dfrac{S_{2n}}{a_{2n}} \\[2mm] \vdots & \vdots & \vdots & \vdots \\[2mm] \dfrac{S_{m1}}{a_{m1}} & \dfrac{S_{m2}}{a_{m2}} & & \dfrac{S_{mn}}{a_{mn}} \end{pmatrix} = \begin{pmatrix} S_1 \\ S_2 \\ \vdots \\ S_n \end{pmatrix}$$

在上面模型中,a_{ij} 是投入系数,表示 j 部门生产一个单位产品所需 i 部门投入产品的数量,该系数是由技术关系决定的;$\dfrac{1}{a_{ij}}$ 是每种投入要素的产出效率系数,表示 i 种要素投入 j 部门对生产一个单位产品所作的贡献;S_{ij} 是生产 j 种产品而投入 i 种要素的数量,体现资源或要素的投入结构。这样,产业结构体系中的每一行的各元素 $\dfrac{S_{ij}}{a_{ij}}$ 就表示每一种投入要素对某一产品生产的贡献份额,各种投入要素的贡献份额总和决定了某一产品的供给(S_i)。

该模型给人的直观印象是,产业结构是由资源(或要素)投入结构(S_{ij})和技术结构$\left(\dfrac{1}{a_{ij}}\right)$这两个因素共同决定的,其中任何一个因素的变动,都会引起产业结构的变动。但深入的分析可以看到,劳动要素结构和资产结构对产业结构的影响已隐含在这一模型之中,因为这种投入要素的产出效率系数,内在规定了社会要实现事先计划的产品供给结构(S_1,S_2,$\cdots$,S_n)应有的资产和劳动的配置

---

①　参见符钢战等:《社会主义宏观经济分析》,学林出版社 1986 年版。

结构。一定的机器设备及其相应的厂房总是同一定的技术程度紧密联系在一起的,而包含一定技术水平的固定资产量在技术上也规定了它所能吸收的劳动人数和它所能加工处理的其他中间要素的投入量。因此,一旦给出每一种投入要素对某一产品生产的贡献份额 $\left(\dfrac{S_{ij}}{a_{ij}}\right)$,实质上也就意味着代表一定的资产结构和劳动要素结构。如果我们作进一步的分解,那么资产结构包括两个方面:一是固定资产存量结构;二是购买中间产品的流动资产数量结构。后一项可以同劳动要素结构合并,构成产业流动资产总量结构,这可以看作是广义的中间要素投入结构(在上一篇模型分析中提及的要素投入结构是狭义的,仅指中间产品投入,不包括劳动要素)。这样,产业结构的内部决定因素大致为三类:(1)产业固定资产结构;(2)广义中间要素投入结构;(3)产业技术结构。

5.3.2　诸要素在产业结构变动中的作用

上述三类因素可以看作是需求结构作用于产业结构的内因,需求结构拉动产业结构变动就是通过其变动而实现的。产业结构对需求结构变动的反应程度就取决于这些因素的综合作用,三者缺一不可。然而,这些因素对产业结构弹性的影响是不同的,在产业结构变动中的作用地位也是有区别的。为此,我们要对其进行分别考察,以确定它们在产业结构自适应变动中的作用。

(1)产业技术结构。在上一篇分析中我们已详尽指出,中间要素的单位产品的投入数量规定反映了一定的生产技术水平。如果取部门的平均水平,那么投入要素的产出效率系数的集合就是社会在各产业部门的一种技术结构。技术结构对产业结构变动的影响有两个明显的特征。

第一,由于技术进步是时间的函数,它只会随时间推移不断发展,而不会逆向倒退,所以技术结构变动不管其幅度有多大,只表现为各部门技术进步速率的差别,即有的部门技术进步较快,有的较慢,至多有的部门停滞不前,而一般不会出现技术绝对退步的现象。这种"只进不退"的技术结构变动的特征对产业结构的影响,虽然也导致社会各产业部门之间的投入要素产出效率系数的改变,从而使产业之间生产能力配置构成发生变化,但它却无法做到使某些部门生产能力绝对收缩。这对于产业结构弹性来说,可能是一种局限性。

　　第二,部门的投入要素产出效率系数虽然会随着新设备、新工艺、新材料的出现而变化,也会随着先进技术的比重增大而变化,但在没有发生技术突变(技术革命),从而全面改变各产业部门原有技术的情况下,各产业部门投入要素产出效率系数是相对稳定的。世界上已有许多人用种种方法研究过投入系数随着时间的迁延发生变化的状况和程度,其结果表明,尽管投入系数随着时间的推移逐渐在变化,但从已知投入系数表向前估计 5—10 年,不必太担心其精确性被现在还没有问世的技术进步所降低。[①]当然,在技术革命的情况下,其变动可加快。因此,一般来说,在一个较长时期内,技术结构可以看作是一个比较稳定的变量。技术结构这一特性决定了它在产业结构变动中是作为一种长期因素而存在的。

　　(2)产业固定资产结构。它是机器设备及其厂房等资本要素在社会各部门的配置构成。这一因素对结构弹性的影响表现为:

　　第一,固定资产构成了产业生产能力的物质基础,从而标志着产业的潜在生产能力。产业固定资产结构在产业结构变动中具有根本性的作用。这不仅因为它与技术结构具有某种对应性,[②]而且它在很大程度上决定了中间要素投入结构。一旦固定资产结构发生变化,中间要素投入结构势必也相应发生变化,进而带动产业结构的变动。

　　第二,固定资产结构变动不仅表现为相对比例的变动,在一定程度上也表现为某些部门固定资产的绝对量减少。因为产业固定资产结构变动,虽然主要取决于社会新增投资在各产业之间的分配,但在一定范围内也受资产存量部门转移的影响。这种存量转移有可能使某些部门的潜在生产能力绝对缩小。对于产业结构弹性变动来说,这是有重要意义的。

　　第三,在技术结构既定情况下,固定资产结构主要取决于投资结构,而投资形成新的生产能力是一个较长的过程。另外,即使是存量转移,机器设备的重新安置、改装等也要花费较长时间。因此,产业固定资产结构的变动具有相对稳定性,是影响产业结构变动的长期因素。

　　(3)中间要素投入结构。它是中间产品和劳动要素在社会各产业部门的配置构成。这一因素对产业结构弹性的影响表现为:

---

　　① 参见杨治《产业经济学导论》,中国人民大学出版社 1985 年版,第 113 页。
　　② 根据工艺学的一般常识和现代工业的经验,机器设备及其厂房的技术程度,往往与所投入的固定资产量呈正相关性。

第一,在一般情况下,中间要素在各产业部门的结构性配置被认为在短期内是可变的。如果说劳动要素的部门流动在短期内也许会遇到某些障碍的话,那么中间产品的部门流动则是随时可以发生的。因此,中间要素投入结构的变动是比较活跃的,在产业结构变动中属于短期因素。

第二,中间要素投入结构虽然从长期来说,是由技术结构和固定资产结构一起构成的潜在产业生产能力结构所决定的,但它与潜在产业生产能力结构之间并没有固定的联系。在短期内,中间要素投入结构可能会与潜在产业生产能力结构不相一致,从而导致实际产业生产能力结构(即产品供给结构)与潜在产业生产能力结构的背离。

第三,中间要素投入结构的变动不仅表现为部门中间要素投入相对量的增减,而且表现为其绝对量的增减。这种"有进有退"的结构变动方式,对产业结构的弹性有决定性的作用。

5.3.3 供给结构变动的两种方式

从上面的分析中可以看到,与需求结构相对应的产业结构作为国民产品的供给结构,其变动有两种方式:一种是质变方式;另一种是量变方式。

供给结构的质变方式是指潜在产业生产能力结构改变基础上的供给结构变动。这种变动是由产业固定资产结构和技术结构变化引起的,它彻底改变了部门生产函数的性质,因而是供给结构的一种"质"的变动。由于产业固定资产结构和技术结构在产业结构变动中属于长期因素,所以供给结构的质变是一种长期变动。

供给结构的量变方式是指潜在产业生产能力结构不变情况下的供给结构变动。这种变动是由中间要素投入结构变动决定的。显然,这一变动总是伴随着潜在产业生产能力结构与实际产业生产能力结构的偏差,具体表现为一些部门生产能力闲置,另一些部门生产能力过度使用。这一偏差的存在表明供给结构变动只是一种表层变动,而且其变动的幅度是有限的。所以,供给结构量变只是一种短期变动。

从需求拉动的角度来看,供给结构变动总是首先表现为短期的量变。如果这一变动是不确定的,那么实际产业生产能力结构与潜在产业生产能力结构的偏差将主要由中间要素投入结构变动来调整。如果需求结构是如此强烈而持久地吸引着这一量变,以致中间要素投入结构变动是那么具有确定性,供给结构的量变则将引起质变。这是因为,这一量变所伴随的实际产业生产能力结构与潜在产业生产能力结构的偏差是持续稳定的,这一偏差将导致产业固定资产结构和技术结构发生变动。而且,唯有潜在产业生产能力结构发生相应的变化,才能消除这一偏差。因此,与需求结构相对应的供给结构变动,实际上是两种变动方式互相依赖、互相作用和互相演化的结果,是短期变动与长期变动的统一。

5.4　产业结构弹性的实现机制

在分别给出需求结构和供给结构这两个变量的理论设定的基础上,我们最后进行一下综合,谈谈供给结构对需求结构变动作出反应的实现机制。

供给结构对需求结构变动作出反应的过程,大致可以分为两个阶段:第一阶段是供给结构接受需求结构变动的信号,即信号刺激;第二阶段是供给结构通过某种机制作出相应的调整,即机能反应。信号刺激是前提,机能反应是结果。从时间连续的过程来看,就是供给结构在不断的信号刺激下作出连续机能反应的过程。因此,产业结构弹性的实现机制,一是刺激信号传递,二是机能反应机制。

刺激信号传递通常有两种方式:一是以市场为渠道的价格信号传递,即需求结构变动通过市场供求关系决定的相对价格的变动刺激供给结构;二是以行政计划为渠道的数量信号传递,即需求结构变动通过行政计划决定的产量指标的变动刺激供给结构。

与此相对应,机能反应机制也有两种基本方式:一是以市场为基础的生产要素流动机制,即通过市场的买卖关系实现生产要素部门重组;二是以行政计划为基础的生产要素配额机制,即通过行政计划的配给关系实现生产要素部门重组。

在一个计划与市场相结合的社会经济中,这两种类型的刺激信号传递和机能反应机制是同时存在的,从而构成一个混合型的产业结构弹性的实现机制(如图 5.2 所示)。

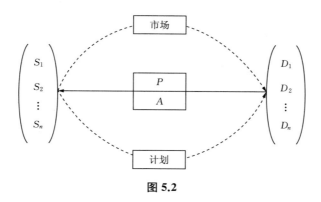

图 5.2

图 5.2 中，P 为价格信号，A 为数量信号，实线表示信号刺激，虚线表示机能反应。供给结构对需求结构变动的反应过程，就是在 P 和 A 的刺激下通过市场和计划实现相应调整的过程。

6 结构弹性及其效应

6.1 结构弹性定义

6.1.1 结构弹性的基本内容

前面已经指出,与需求结构相对应的产业结构是以产品供给结构的形式出现的,因而产业结构弹性就是指产品供给结构对需求结构变化的反应程度。我们暂且不论其反应程度,因为反应程度实际上是结构弹性的量度问题,这将在下一节论述。我们首先分析一下供给结构对需求结构变化的反应主要包括哪些基本内容。

与其他经济变量不同,供给结构和需求结构的变动并不是单纯的数量变动,更主要的是质的变动。我们知道,结构变动表现为构成比的变动,而不是绝对量的变动。构成比的变动有两种情况:一是构成个数 i 的变动,即 n 数目的变动;二是个数之间的比例变动。不管是哪种情况的变动,结构都将发生质的变化。前者表现为结构规模扩大(深化),后者表现为结构层次更迭。因此,研究结构弹性不能简单地套用一般的弹性理论。如果我们忽视了结构变动区别于其他个量、总量变动的特殊性,结构弹性的研究就将走入歧途。这就是我们为什么首先要分析结构弹性应包含的基本内容的原因。

由于供给结构作为需求结构的函数,所以供给结构对需求结构变化所作出反应的基本内容是由需求结构决定的。需求结构随着人均国民收入水平的提高而发生的变化,主要表现在三个方面:(1)需求多样化,不断出现新的需求;(2)需求的重点逐步向更高的层次转移;(3)需求的绝对量不断增大,尤其是总量不断

增大。面临需求结构的这些变化,供给结构对其作出反应的内容包括如下几个方面:

(1)随着需求结构的多样化,供给结构要不断深化其规模,创建新的产业部门,开发新产品,扩大产品供应种类,以适应需求结构多样化变动的要求。如果不能满足需求结构多样化变动的要求,说明供给结构缺乏弹性。

(2)随着需求结构的高级化,供给结构要调整其供给重点,不断扩大非必需品,尤其是耐用消费品的生产。在此过程中,投入—产出的结构关联将变得更加复杂,生产链将不断拉长,从而提高结构关联聚合质量就成为供给结构适应需求结构高级化变动的重要保证。如果结构关联聚合质量低劣,那么非必需品(耐用消费品)的生产就会受到严重影响,从而不能很好地适应需求结构层次更迭的要求。

(3)随着需求结构总量的扩大化,供给结构的总供给量要相应增长,不仅相对量增大的产品,其绝对量要增大,而且相对量减少的产品,其绝对量可能也要增长。在资源稀缺的情况下,这就要求供给结构提高技术矩阵水平,以较少的投入生产更多的产品。如果供给结构的技术矩阵水平仍然维持在低水平,物质消耗较高,那么在相同资源投入量的情况下,它就无法适应需求结构总量扩大化的要求。

可见,供给结构对需求结构变化所作出的反应,从表面上看,是产品供给品种增多、产品供给重点转移、产品供给量增加,但实质上却是供给结构内部生产关联的调整和变动,即结构关联规模深化、聚合质量提高和技术矩阵水平转换。如果没有这种实质性的反应,供给结构是无法适应需求结构变动要求的。这种实质性反应的具体内容,我们在第一篇已作了详尽的考察。从这里我们也可以看到,在这一篇中虽然引入了最终需求及其构成来考察产业结构弹性问题,但其弹性的实质性内容仍然是产业结构内部关联问题,是结构关联效应的外化,因此这一篇考察的内容实际上是上一篇的问题在新的前提条件下的延伸。

6.1.2 结构弹性的时间界定

由于供给结构对需求结构变动所作出的反应实质上是其内部关联变动的结果,而其内部关联变动则意味着潜在产业生产能力构成的变动,但从表面上看,结构弹性则是以由实际产业生产能力构成决定的产品供给的形式表现出来的,所以我们要对结构弹性的含义进行时间界定。

从任何一个时间截面来看，结构弹性总是表现为由实际产业生产能力构成决定的产品供给对需求结构变动的反应。我们对结构弹性的量度也只能以这种反应为基础，否则就无法量度。但这种反应很可能是在潜在产业生产能力构成与实际产业生产能力构成发生偏差的情况下存在的。如果这一偏差在一定时间内没有消除，即潜在产业生产能力构成没有随之调整，那么这种供给结构弹性只是一种"准弹性"。准弹性的含义是，供给结构对需求结构变动的反应只是一种表层反应和短期反应。

所谓表层反应是指面对需求结构变动，只随之发生了中间要素投入结构的变动，而没有出现产业固定资产结构和技术结构的变动。由于产业固定资产结构和技术结构没有发生变动，供给结构的内部关联实际上没有得到相应的调整，即结构关联规模不可能真正深化，技术矩阵水平没有转换，结构聚合质量反而下降。因此，我们把潜在产业生产能力构成不变情况下的供给结构变动，看作是对需求结构变动的一种表层反应。

显然，这种反应只能是短期的，因为在潜在产业生产能力构成不变的情况下，中间要素投入结构的变动是有限的，它不可能对需求结构变化作出持续的反应。当中间要素投入结构变动致使潜在产业生产能力构成与实际产业生产能力构成之间的偏差达到某一临界点（这一临界点是由一定的资本有机构成决定的），中间要素投入结构的变动便将停止，从而它对需求结构变动便没有任何反应。因此，在潜在产业生产能力构成不变的情况下，供给结构对需求结构变动的反应只是在短期内才存在。

如果潜在产业生产能力构成随中间要素投入结构发生变化，从而消除了与实际产业生产能力构成之间的偏差，那么这种供给结构弹性是一种真实弹性。真实弹性的含义是，供给结构对需求结构变动的反应是一种深层反应和长期反应。

所谓深层反应是指面对需求结构变动，不仅中间要素投入结构发生变化，而且产业固定资产结构和技术结构也随之发生变化。由于潜在产业生产能力构成发生了变化，供给结构的内部关联将出现质的变动，具体表现为结构关联规模变动、技术矩阵水平变动、结构聚合质量变动。因此，我们把供给结构内部关联质的变动对需求结构变动的反应，称为深层反应。

由于中间要素投入结构、产业固定资产结构和技术结构协同对需求结构变化作出反应,所以这种反应是可以持续不断地延伸下去的。尽管在这一过程中,产业固定资产结构和技术结构变动往往会滞后于中间要素投入结构变动(这是结构量变和质变关系的必然产物,见第 5.3 节),从而出现潜在产业生产能力构成与实际产业生产能力构成之间的偏差,但这种偏差是不断消失的,因而供给结构变动不存在使其停止的临界点。所以,这种供给结构对需求结构变动的反应是长期反应。

总之,真实结构弹性必须是对需求结构变化有长期反应的,准结构弹性对需求结构变化只有短期反应,两者的差别如图 6.1 所示。

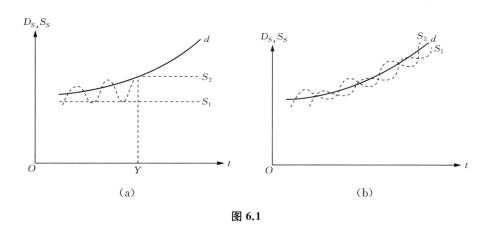

图 6.1

图 6.1 中,横坐标为时间 t,纵坐标为需求结构 D_S 和供给结构 S_S 的变化值,d 曲线为需求结构变动曲线,S_1 为产业固定资产结构和技术结构变动曲线,S_2 为中间要素投入结构变动曲线。在图 6.1(a)中,由于 S_1 曲线是一条与横轴平行的水平线,S_2 曲线随 d 曲线的变动到达与横轴垂直的 Y 点便停止了,此时它与 S_1 曲线的偏差已达到临界点。这种 S_1 和 S_2 曲线对 d 曲线的反应就是准结构弹性,它只发生在 Y 点之内的时间里。在图 6.1(b)中,S_1 曲线与 S_2 曲线都随着 d 曲线变化,尽管 S_1 曲线与 S_2 曲线并不重合,存在着一定的偏差,但其偏差并不凝固化,经常在与 d 曲线相交时消失,因而 S_1 和 S_2 曲线能够始终围绕着 d 曲线变动。这种 S_1 和 S_2 曲线对 d 曲线的反应就是真实结构弹性,它发生在所有时间里。当然,这一反应也可能背离或偏离 d 曲线。

这样,我们对结构弹性的衡量必须放在一个较长的时期内,观察其真实弹性。从短期来看,任何结构弹性都只表现为准弹性,因为短期内产业固定资产结构和技术结构是不变的。虽然从短期来考察结构弹性也有一定的意义,它可以看出中间要素投入结构对需求结构变动的反应程度,而且作为一种供给结构量变,它也是考察供给结构质变(即真实结构弹性)的必要前提。但结构弹性的本质问题,则是供给结构对需求结构变动的长期反应。结构弹性效应也是蕴含于这种长期反应之中的。因此,我们必须记住,对结构弹性量度是对其真实弹性的量度。

6.2   结构弹性量度

前面已经指出,供给结构需求弹性是指供给结构对需求结构交动的反应程度。那么,如何测量这一反应程度呢?这在理论上和实践中都是一个新的课题。目前的弹性理论对个量和总量的弹性测度都有相当深入的研究,并在实践中被广泛运用,但对结构弹性的测度研究尚为鲜见。也许结构弹性测度从技术性上讲,更为复杂,或者说无法精确地测量。作为一种探索,我设想用两种方法来近似地量度供给结构需求弹性。

6.2.1   结构弹性总体量度

这一方法是把供给结构和需求结构作为总量处理,用其各自总的变化程度进行比较,以此来确定供给结构对需求结构变动的反应程度。

按照一般的弹性计量方法和公式,一个变量对另一个变量的反应程度,可以用两个变量的变化的百分比之比来求得。现在,我们把供给结构和需求结构作为存在着函数关系的两个变量,并分别求出这两个变量的构成变化数值。若设 S_{sk} 为供给结构变化值(%), D_{sk} 为需求结构变化值(%), q_{ij} 和 q_{io} 分别为供给结构的报告期构成比和基期构成比, p_{ij} 和 p_{io} 分别为需求结构的报告期构成比和基期构成比,则:

$$S_{sk} = \sum_{i=1}^{n} | q_{ij} - q_{io} | \tag{6.1}$$

$$D_{sk} = \sum_{i=1}^{n} | p_{ij} - p_{io} | \tag{6.2}$$

若设 ΔS_{sk} 为供给结构变化增值，ΔD_{sk} 为需求结构变化增值，则 $\dfrac{\Delta S_{sk}}{S_{sk}}$ 为供给结构变化的相对值，$\dfrac{\Delta D_{sk}}{D_{sk}}$ 为需求结构变化的相对值。如果用 E_{sd} 来代表供给结构需求弹性，由定义可得出其公式为：

$$E_{sd} = \frac{\Delta S_{sk}}{S_{sk}} \div \frac{\Delta D_{sk}}{D_{sk}} = \frac{\Delta S_{sk}}{\Delta D_{sk}} \cdot \frac{D_{sk}}{S_{sk}} \qquad (6.3)$$

供给结构需求弹性可以用几何方法来计量。设有一条供给结构变动曲线，现在要求出它上面一点 A 的结构弹性。我们先作一条过点 A 的供给结构曲线的切线，得到图 6.2。

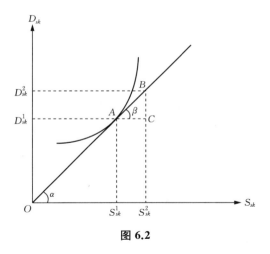

图 6.2

假定需求结构由 D_{sk}^1 变化到 D_{sk}^2。这时，如果供给结构曲线是线性的，那么供给结构变化值就由 S_{sk}^1 变为 S_{sk}^2。这样，需求结构变化的绝对值就是 $D_{sk}^1 D_{sk}^2$，其变化的相对值就是 $\dfrac{D_{sk}^1 D_{sk}^2}{OD_{sk}^1}$，供给结构变化的绝对值就是 $S_{sk}^2 S_{sk}^1$，其变化的相对值就是 $\dfrac{S_{sk}^2 S_{sk}^1}{OS_{sk}^1}$。根据供给结构需求弹性的定义，我们得到：

$$E_{sd} = \frac{S_{sk}^2 S_{sk}^1}{OS_{sk}} \div \frac{D_{sk}^2 D_{sk}^1}{OD_{sk}^1} = \frac{S_{sk}^2 S_{sk}^1}{OS_{sk}^1} \cdot \frac{OD_{sk}^1}{D_{sk}^2 D_{sk}^1}$$

$$= \frac{OD_{sk}^1}{OS_{sk}^1} \cdot \frac{S_{sk}^2 S_{sk}^1}{D_{sk}^2 D_{sk}^1} = \frac{OD_{sk}^1}{OS_{sk}^1} \div \frac{D_{sk}^2 D_{sk}^1}{S_{sk}^2 S_{sk}^1} \qquad (6.4)$$

因为，
$$\frac{OD_{sk}^1}{OS_{sk}^1}=\operatorname{tg} d$$

$$\frac{D_{sk}^2 D_{sk}^1}{S_{sk}^2 S_{sk}^1}=\frac{CB}{AC}=\operatorname{tg}\beta$$

所以，
$$E_{sd}=\frac{OD_{sk}^1}{OS_{sk}^1}\div\frac{D_{sk}^2 D_{sk}^1}{S_{sk}^2 S_{sk}^1}=\frac{\operatorname{tg} d}{\operatorname{tg}\beta} \tag{6.5}$$

即供给结构需求弹性等于两者的平均变化量与边际变化量之比。若将 OD_{sk}^1 换为 D_{sk}，OS_{sk}^1 换为 S_{sk}，$D_{sk}^2 D_{sk}^1$ 换为 ΔD_{sk}，$S_{sk}^2 S_{sk}^1$ 换为 ΔS_{sk}，则：

$$\frac{OD_{sk}^1}{OS_{sk}^1}\cdot\frac{D_{sk}^2 D_{sk}^1}{S_{sk}^2 S_{sk}^1}=\frac{D_{sk}}{S_{sk}}\cdot\frac{\Delta S_{sk}}{\Delta D_{sk}}$$

$$=\frac{\Delta S_{sk}}{\Delta D_{sk}}\cdot\frac{D_{sk}}{S_{sk}} \tag{6.6}$$

运用上式，我们可以根据供给结构变动曲线的切线与横轴的夹角来计算结构弹性并判定其大小情况。例如在图 6.2 中，供给结构变动曲线的切线过原点，点 A 的弹性为 $\operatorname{tg}\alpha\div\operatorname{tg}\beta$。由此我们可以判断：由于 $\triangle OAS_{sk}^1$ 与 $\triangle BAC$ 是相似三角形，所以 $\angle\alpha=\angle\beta$，即 $\operatorname{tg}\alpha\div\operatorname{tg}\beta=1$。这表明点 A 的结构弹性为 1。用同样的方法，我们可以判断结构弹性 $E_{sd}>1$，或 $E_{sd}<1$ 等诸多情况。根据这一计量方法对供给结构弹性的量度，其弹性的状况大致可归纳为以下几种（见图 6.3）：

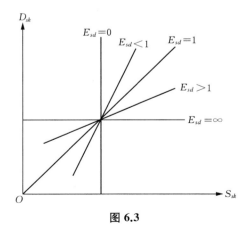

图 6.3

（1）$E_{sd}=0$，即供给结构无弹性。这反映在图形上是一条与横轴垂直的直线。它表明，供给结构变动曲线的斜率为零，无论需求结构怎样变动，供给结构都保持原来状态，表现为结构扭曲。

（2）$E_{sd}=\infty$，即供给结构弹性无穷大。这反映在图形上是一条与横轴平行的直线。它表明，当需求结构没有变动时，供给结构自行其是地变动。这种供给结构变动是完全脱离需求结构要求的,表现为供给结构扭曲。

(3) $E_{sd}=1$,即供给结构比例弹性。这反映在图形上是一条从原点出发向右上方倾斜的曲线。它表明,供给结构是需求结构变动按比例变动的,而且其与需求结构的变化方向相同。这种供给结构变动与需求结构有最大的适应性。

(4) $E_{sd}>1$,即供给结构弹性充足。这反映在图形上是一条较平滑的曲线。它表明,供给结构变动的幅度大于需求结构变动的幅度,供给结构对于需求结构变动很敏感。这种供给结构变动能较快地适应需求结构变动的要求。

(5) $E_{sd}<1$,即供给结构弹性不足。这反映在图形上是一条比较陡峭的向右上方倾斜的曲线。它表明,供给结构变动虽与需求结构变动方向相同,但其变动幅度小于需求结构变动幅度。这种供给结构变动在一定程度上表现为结构刚性。

这种供给结构弹性总体量度方法虽然大体上可衡量出产业结构弹性的大小,但由于其是以构成比变动的绝对数(不管其正号还是负号)为基础的,因此只有当每一产品的供求变动方向完全一致时,该方法才可以较精确地测度供给结构需求弹性。所以,这种结构弹性总体量度方法也许只是在理论分析上更有意义。

6.2.2 结构弹性个体汇总量度

这种方法是把供给结构和需求结构分解为个量处理,逐个求出各种产品的供给收入弹性和需求收入弹性,然后进行两者对照,确定各产品供给对需求变动的反应程度,最后根据不同类型的反应程度对产品进行归类,以某一大数类型确定供给结构弹性状况。

在第 5.1 节中,我们曾指出,需求结构是国民收入水平的函数(在消费与积累比例既定情况下)。因此,作为需求结构函数的供给结构也可以视为是国民收入水平的函数。这样,我们首先逐个求出各产品的需求收入弹性和生产收入弹性。

设 ED_i 为第 i 产业产品的需求收入弹性,ΔD_i、D_i 分别为社会对该产业产品的需求增量和原来需求基数,$\Delta D_i/D_i$ 为该产品的社会需求增长率,ΔY、Y 分别为人均国民收入增量和原来人均国民收入基数,$\Delta Y/Y$ 为人均国民收入增长率,那么第 i 产业产品的需求收入弹性为:

$$ED_i = \frac{\Delta D_i / D_i}{\Delta Y / Y} = \frac{\Delta D_i}{\Delta Y} \cdot \frac{Y}{D_i} \tag{6.7}$$

如果我们用 ES_i 表示第 i 产业产品的生产收入弹性,用 ΔS_i、S_i 分别表示第 i 产业产品生产增量和原来生产基数,$\Delta S_i / S_i$ 为该产业产品生产增长率,那么同样可以求出第 i 产业产品生产收入弹性:

$$ES_i = \frac{\Delta S_i / S_i}{\Delta Y / Y} = \frac{\Delta S_i}{\Delta Y} \cdot \frac{Y}{S_i} \tag{6.8}$$

在一定时期内,第 i 产业产品的需求和生产同时对应着同一的人均国民收入水平,因而通过比较该产品的需求收入弹性和生产收入弹性,就可以推断出该产业生产对需求变化的反应程度。由于需求收入弹性和生产收入弹性各自可能出现 6 种情况(即 $E=0$、$E=\infty$、$E=1$、$E>1$、$E<1$、$E<0$),因而一种产品的需求收入弹性与生产收入弹性就可能出现 36 种不同的组合(见表 6.1)。当然,其中有一部分组合在现实生活中是不存在的,例如 $ED_i=\infty$、$ES_i=0$ 等。

从表 6.1 的组合中,我们可以归纳出几种具有典型意义的类型。假定第 i 产业产品原来处于供求平衡状态,因此:

(1)如果 $ES_i=ED_i$(排除其中一些不现实的组合),说明该产业产品供给变动不仅与其需求变动同方向,而且两者变动的幅度相同,从而可以判定这是比例供给弹性。

(2)如果 $ES_i>ED_i>0$,说明该产业产品供大于求。如果对此进一步细分,还可以表明其供大于求的程度。例如,$ES_i>1>ED_i=1$ 与 $ES_i>1>ED_i<1$,后者供大于求的程度比前者严重。这种情况可判定为供给弹性充足。

表 6.1 i 产品的需求收入弹性与生产收入弹性的组合

ED_i ＼ ES_i	$=0$	$=\infty$	$=1$	>1	<1	<0
$=0$	$ES_i=ED_i$	$ES_i>ED_i$	$ES_i>ED_i$	$ES_i>ED_i$	$ES_i>ED_i$	$ES_i<ED_i$
$=\infty$	$ES_i<ED_i$	$ES_i=ED_i$	$ES_i<ED_i$	$ES_i<ED_i$	$ES_i<ED_i$	$ES_i<ED_i$
$=1$	$ES_i<ED_i$	$ES_i>ED_i$	$ED_i=ES_i$	$ES_i>ED_i$	$ES_i<ED_i$	$ES_i<ED_i$
>1	$ES_i<ED_i$	$ES_i>ED_i$	$ES_i<ED_i$	$ES_i=ED_i$	$ES_i<ED_i$	$ES_i<ED_i$
<1	$ES_i<ED_i$	$ES_i>ED_i$	$ES_i>ED_i$	$ES_i>ED_i$	$ES_i=ED_i$	$ES_i<ED_i$
<0	$ES_i>ED_i$	$ES_i>ED_i$	$ES_i>ED_i$	$ES_i>ED_i$	$ES_i>ED_i$	$ES_i=ED_i$

（3）如果 $0<ES_i<ED_i$，说明该产业产品供不应求。如果 $0<ES_i<1<ED_i$，则表明该产业产品严重供不应求。这种情况不致可判定为供给弹性不足。

（4）如果 $0=ES_i<ED_i$，说明该产业产品供给并不随其需求变动而变动，不管需求怎么增长，其供给不变。这种情况大致可判定为供给无弹性。

（5）如果 $ES_i>ED_i=0$，说明该产业产品的需求不变，而其供给却增加了。这种情况大致可判定为供给弹性无穷大。

（6）如果 $ES_i<0<ED_i$，或 $ES_i>0>ED_i$，说明该产业产品的供给与需求背向运动。前者表现为需求绝对增大，而供给绝对减少；后者表现为需求绝对减少，而供给绝对增大。这种情况大致可判定为供给反向弹性。

在上述分类的基础上，可对全部产品进行归类，"对号入座"，然后进行统计分析，确定每一种类型的产品数量比重，用比重最大的类型来表征供给结构需求弹性。显然，这一方法虽然可以精确地量度每一产品的供给弹性，但只能依据"大数定理"推测供给结构弹性的总体状况。

6.3　结构弹性效应

结构弹性效应是指供给结构适应需求结构变动的程度对经济增长的影响。显然，当供给结构弹性 $E_{sd}=1$ 时，由于供给结构完全适应需求结构变动要求，从而其对经济增长起到最大的正效应。这种最大的正效应表现在两个方面：一是总产出效用最大化，即有效总产出最大化；二是生产能力利用效率最大化，即不存在生产能力闲置或过度使用。这种结构弹性的"帕累托最优"也许只能作为一种理想的参照系，在现实经济中是不可能完全达到的。因此，我们将以现实经济中的实际结构弹性为分析对象，来反证结构弹性效应问题。这一反证将从总产出效用水平和生产能力利用效率两个方面展开。

6.3.1　结构弹性与产出效用的关系

由于结构弹性是指供给结构对需求结构变化的反应程度，涉及产出比例与需求比例的相互关系，所以结构弹性效应就不能用产出的物品量本身来说明，而必须以产出的效用满足来说明。产出的物品量本身只是反映了供给能力水平，产量或产值便是其衡量指标，它并不反映供给满足需求的程度，即它并不一定能够成为给人们带来消费满足的使用价值。与此不同，产出的效用满足是指产出的物品给人们带来消费满足的水平，它反映了供给满足需求的程度。如果我们把前者称为一般产出，把后者称为有效产出，即提供一定效用或社会福利的产出，那么两者的关系如图 6.4 所示。

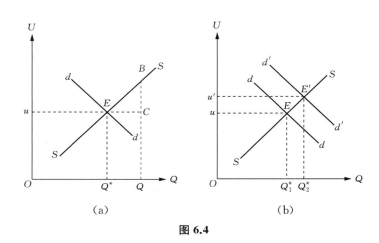

图 6.4

图 6.4 中，横轴为产出水平 Q，纵轴为效用水平 u，SS 曲线为供给曲线，dd 曲线为需求曲线。如果产出水平为 OQ［图（a）］，那么 QQ^* 便是超出需求的供给。这部分产出并不能带来效用水平的提高，因为 $EC=BC$，而效用水平则停留在经过 E 均衡点的 uc 线上，故 QQ^* 部分是无效产出，能够提供效用的产出水平是 OQ^*。如果产出水平为 OQ_1^*［图（b）］，那么一般产出就是有效产出，即 Q 与 Q^* 重合。在这种情况下，效用水平是随产出水平增加而提高的，即随着 Q_1 增加到 Q_2，u 提高到 u_1。这说明，当既定的产出不能全部满足消费需求时，便出现了有效产出与一般产出的偏差，并且有效产出小于一般产出。当既定的产出能够全部满足消费需求时，这些产出便全都属于有效产出，并且其产出越多，效用越大。

结构弹性效应不是表现为一般产出的增长，而是表现为有效产出的增长。有效产出增长有两个衡量指标：一是有效产出增长的绝对量指标，它是以满足消费需求的产出数量（产值）来表示；二是有效产出增长的相对量指标，它是以满足消费需求的产出量与一般产出量（或产出需求量）之比来表示，即用有效产出比例来表示。

有效产出比例是指产出满足消费需求的相对程度。在供求关系不同的格局下，它有以下两种表示方式：

（1）在供大于求的情况下，一般产出量中有一部分属于无效产出，故一般产出量大于有效产出量，而有效产出量等于产出需求量。若设 Q 为一般产出量，Q_u 为有效产出量，Q_∞ 为产出需求量，在供大于求的情况下，其关系为：

$$Q > Q_u = Q_d \qquad (6.9)$$

此时，有效产出比例表现为有效产出量与一般产出量之比，或产出需求量与一般产出量之比，其计算式为：

$$有效产出比例\ P = \frac{Q_u}{Q} = \frac{Q_d}{Q} \qquad (6.10)$$

（2）在供不应求的情况下，一般产出量小于产出需求量，故全部产出均属有效产出，即一般产出量等于有效产出量，其关系表现为：

$$Q = Q_u < Q_d \qquad (6.11)$$

此时，有效产出比例表现为有效产出量与产出需求量之比，或一般产出量与产出需求量之比，其计算式为：

$$P = \frac{Q_u}{Q_d} = \frac{Q}{Q_d} \qquad (6.12)$$

式（6.10）和式（6.12）都反映了产出满足消费需求的相对程度，只不过是前者反映了供大于求的产出满足消费需求的相对程度，后者反映了供不应求的产出满足消费需求的相对程度。对这两个等式，要根据不同情况加以运用，不能不作区分地进行使用。从这两个等式中可以看到，不管是供大于求还是供不应求，供求差距越大，有效产出比例越低；供求差距越小，有效产出比例越高。如果有效产出比例由低转高，则表示有效产出的相对增长；如果有效产出比例由高转低，则表示有效产出的相对减少（负增长）。

在给出了衡量有效产出增长的指标之后，我们将用这些指标来说明结构弹性对有效产出增长的影响，即结构弹性效应。为了便于说明，我们设定两种结构弹性类型:一种是总量不变的结构弹性,即供求总量不变,而供求结构变动;另一种是总量变动的结构弹性,即供求总量变动下的结构变动。

(1)总量不变的结构弹性效应。为了分析简便,我们假定由两种最终产品 x_1 和 x_2 形成供求结构关系。在这两种产品总量(可用产值来表示)不变时,其不同数量的组合就形成不同的产出构成。若设 Q 为产出量,b 为产出构成,则 $Q=x_1+x_2$,$b=x_1/x_2$。这在图 6.5 中,表现为一条截距为 Q、斜率为 -1 的斜线,我们称之为"产出线 QQ"。不同规模的 Q,表现为不同截距的产出线。在此因假定总量不变,故只有一条既定截距的产出线。它的 -1 斜率表明了在给定 Q 条件下,x_1 与 x_2 之间此消彼长的关系。这一产出线上的任何一点,表示 x_1 和 x_2 的构成比例 $b=x_2/x_1$。另外,我们用 W 和 W' 表示不同的需求偏好;W_1、W_2、W_3 为一定需求偏好下的一组社会无差异曲线,分别衡量效用或社会福利的不同水平。

假定原先需求偏好为 W,与产出构成在 E 点相切,即原先的供给结构与需求结构是平衡的。现在需求偏好发生了变动,由 W 转变为 W',这时有可能出现几种结构弹性值,我们只考察以下三种情况:

第一,结构弹性 $=1$,即供给结构完全按照需求偏好变动而变动,x_1 的数量由 x_1 增至 x_1',x_2 的数量由 x_2 减至 x_2',产出构成与需求偏好在 E_1' 点相切。

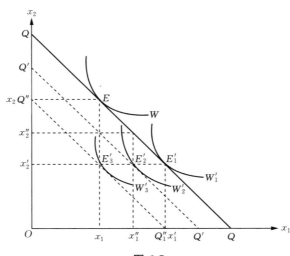

图 6.5

此时,社会无差异曲线 W 和 W_1' 都在同一条 QQ 线上。这表明,虽然经过结构变动,但有效产出绝对量和相对量不变,即 $x_1 + x_2 = x_1' + x_2'$,$\dfrac{x_1 + x_2}{x_1 + x_2} = \dfrac{x_1' + x_2'}{x_1' + x_2'} = 100\%$。

第二,结构弹性<1,x_1 产品的数量由 x_1 增至 x_2'',x_2 产品的数量由 x_2 减至 x_2''。这一产出构成的变动无法在 QQ 线上与 W_1' 相切,从而形成产品过剩与短缺并存,$x_2'x_2''$ 部分成为无效产出,$x_1'x_1''$ 部分成为产出不足。虽然其一般产出为 $x_1'' + x_2''$,QQ 线上,但其有效产出只是 $x_1'' + x_2'$,在 $Q'Q'$ 线上。因此,这一产出构成实际上只能满足低于 W_1' 水平的 W_2' 需求偏好。由于 $QQ > Q'Q'$,故这一供给结构变动的有效产出绝对量减少,即 $x_1'' + x_2' < x_1 + x_2$。同时,由于其有效产出既小于一般产出($x_1'' + x_2' < x_1'' + x_2''$),又小于产出需求量($x_1'' + x_2' < x_1' + x_2'$),所以这一结构变动的有效产出比例也下降,即 $\dfrac{x_1'' + x_2'}{x_1'' + x_2''} < \dfrac{x_1 + x_2}{x_1 + x_2}$。如果把 Q 视为其一般产出量,Q' 为有效产出量,则可表述为 $\dfrac{Q'}{Q} < \dfrac{Q}{Q}$。

第三,结构弹性=0,即需求偏好由 W 转变为 W',而供给结构依然不变。这种结构弹性效应变动基本上与第二种情况类似,但其程度更为严重。这时,有效产出($x_1 + x_2'$)大大小于一般产出($x_1 + x_2$),也大大小于产出需求量($x_1' + x_2'$),产出构成只能在更低社会福利水平的条件下满足 W' 需求偏好。这不仅表现为有效产出绝对量的大幅度减少,而且表现为有效产出比例的大幅度下降。

总之,图 6.5 直观地反映了不同结构弹性将伴随一组社会无差异曲线,它们分别代表着不同的效用或社会福利水平,从而证明了结构弹性对有效产出增长的引致效应。

(2)总量变动的结构弹性效应。在产出规模变动的情况下,x_1x_2 坐标图上就会出现多条不同截距的产出线。假定原先的产出构成与需求偏好一致,两者相切在 E 点,全部产出均为有效产出($x_1 + x_2$),有效产出比例为 100%。现在需求偏好由 W 转变为 W'',这不仅表现为需求构成变动,即 $x_1/x_2 \neq x_1/x_2''$,而且表现为需求量变动(见图 6.6)。在此情况下,我们考察以下四种结构弹性值的有效产出效应:

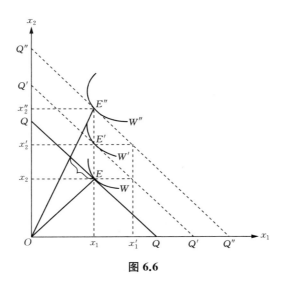

图 6.6

第一,结构弹性等于1,即 x_1 产品数量不变,x_2 产品的数量由 x_2 增至 x_2''。此时,产出构成与需求偏好在新的点 E'' 相切,x_1+x_2'' 均为有效产出,产出有效比例为 100%。与原型相比,它表现为有效产出绝对量增加,即 $x_1+x_2''>x_1+x_2$,而有效产出比例不变。

第二,结构弹性小于1,即 x_1 不变,x_2 增至 x_2'。此时,x_1+x_2' 均为有效产出,但其小于产出需求量,即有效产出不足,从而产出构成与需求构成不相适应,即 $x_1/x_2'\neq x_1/x_2''$,它实际上只能在点 E' 与另一需求偏好 W' 相切。与原型相比,它表现为有效产出绝对量增加,即 $x_1+x_2'>x_1+x_2$,而有效产出比例下降,即 $\dfrac{x_1+x_2'}{x_1+x_2''}<1$。

第三,结构弹性等于0,即 x_1+x_2 不变,并且 x_1/x_2 不变。此时,x_1+x_2 均为有效产出,但远远小于产出需求量,表现为有效产出严重不足,从而产出构成与需求构成严重偏离,其偏离程度在图 6.6 上表现为由原点连接点 E'' 的射线与由原点连接点 E 的射线在 QQ 线上的距离。与原型相比,它表现为有效产出绝对量不变,而有效产出比例严重下降,即 $\dfrac{x_1+x_2}{x_1+x_2''}<\dfrac{x_1+x_2'}{x_1+x_2''}<1$。

第四,结构弹性小于0,即 x_2 产出量不变,x_1 增至 x_1',或者 x_2 减少,x_1 增至 x_1'。在前一种情况下,x_1+x_2 均为有效产出,x_1 增加部分为无效产出。虽然 x_2 的有效产出不足的严重程度与结构弹性等于0时相同,但由于 x_1 无效产出的增加,使产出构成与需求构成的严重偏差比结构弹性等于 0 时更为严重(读者可以自己从图 6.6 中原点引出另一条射线来表示其与需求构成偏差的更大距离)。与原型相比,它表现为有效产出绝对量不变,但有效产出比例极其恶化,不仅 $\frac{x_1+x_2}{x_1+x_2''}<\frac{x_1+x_2'}{x_1+x_2'}<1$,而且 $\frac{x_1+x_2}{x_1'+x_2}<1$。如果结构弹性小于 0 表现为 x_2 减少,x_1 增至 x_1',那么其有效产出比例更加恶化,甚至使有效产出绝对量减少。

　　总之,在总量变动的情况下,不同的结构弹性对有效产出的影响,其基本逻辑是与总量不变情况下的结构弹性效应相一致的,即结构弹性＝1,能保证有效产出增长最大化;结构弹性小于 1,或等于 0,甚至小于 0,将依次按不同程度减少有效产出的增长。唯一的区别在于,总量不变的结构弹性效应表现为有效产出绝对量变动与其相对量变动是同方向(同步)的,而总量变动的结构弹性效应则表现为有效产出绝对量变动与其相对量变动可能发生分离,或者是绝对量不变,比例变动;或者是绝对量变动,比例不变,甚至出现反向变动,即有效产出绝对量增加,而其比例下降。这只是告诉我们,在判断结构弹性效应时,不仅要看到有效产出绝对量增长,更要注意有效产出比例,而且要同时注意两种有效产出比例。

6.3.2　结构弹性与生产能力利用效率的关系

　　在分析结构弹性与有效产出之间关系时,我们实际上是以真实结构弹性为基础的,即产出构成变动意味着潜在产业生产能力构成与实际产业生产能力构成的一致变动。这样,当产出构成变动偏离需求构成,即结构弹性不等于 1 时,只存在无效产出和有效产出不足(短缺)的问题。然而,在现实经济生活中,中间投入要素构成作为短期因素,经常偏离潜在产业生产能力构成,从而形成产品供给结构与实际产业生产能力结构相一致,与潜在产业生产能力结构不一致的格局。在这种情况下,产出构成对需求结构变动的反应,往往是与生产能力闲置和过度使用结合在一起的。

　　在前面的分析中,我们曾指出中间要素投入结构偏离潜在产业生产能力构成是产出构成的量变过程,当这一偏差成为持续稳定时,将引起潜在产业生产能力结构的相应变动,使其偏差消失,因而这一偏差是短期现象。我们在这里所要考察的不是这种短期偏差,而是一种长期偏差,即常态偏差。产生这种常态偏差的主要原因是资产存量凝固化,这一问题我们将在下一章中进行分析。

　　根据第 6.2 节中对结构弹性的时间界定,以这一偏差为背景的供给结构弹性只是一种准弹性,而这一准弹性表现为供给结构对需求结构变动的一种短期反应。但在这里,这一偏差已成为常态偏差,因而它就表现为对需求结构变动的一种常态反应。那么,这种常态反应与真实结构弹性是一种什么关系呢? 如果我们假定中间要素投入结构必须服从潜在产业生产能力结构,并且与其一致,这种资产存量凝固化所决定的供给结构弹性实际上就是弹性值小于 1,或等于 0 的真实结构弹性。反过来说,这是弹性值小于 1 或等于 0 的真实结构弹性,在中间要素投入结构偏离潜在产业生产能力构成时的一种特殊表现形态。因此,我们可以把这种中间要素投入结构长期偏离潜在产业生产能力构成的供给结构弹性看作是一种常态"准弹性",或特殊形态的真实结构弹性(其弹性值小于 1 或等于 0)。

　　这种常态偏差下的结构准弹性之所以存在,是由于中间要素投入与潜在产业生产能力之间存在着多种组合,从而形成一定范围的产品供给调节区域(见图 6.7)。

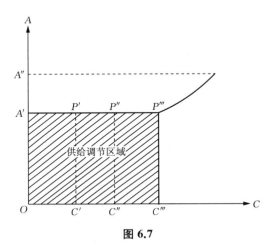

图 6.7

　　图 6.7 中,横轴代表中间要素投入,纵轴代表由固定资产决定的潜在产业生产能力,A' 曲线与 C'、C''、C''' 曲线的交点 P'、P''、P''' 代表不同水平的实际产业生产能力。在 P''' 上,潜在产业生产能力得到全部的发挥,形成中间要素投入的临界点,若中间要素投入继续增加,且形成产品供给,就要扩大潜在产业生产

能力,即 A' 曲线经点 P''' 后向右上方移动,到达点 A''。而在其临界点之前,则可以有各种不同水平的中间要素投入,形成不同水平的实际产业生产能力,从而 $A'P'''C'''O$ 就构成了一定潜在产业生产能力下的产品供给调节区域。当然,这是以潜在产业生产能力与实际产业生产能力的偏差为条件的。

在正常的情况下,受需求结构变动的拉动,总是中间要素投入结构首先发生变动,使实际产业生产能力与潜在产业生产能力发生偏差,这种持续的偏差将带动固定资产结构变动,从而使这种偏差趋于消失,然后再出现新的偏差及其消失。但在资产存量凝固化的情况下,中间要素投入结构的变动并不能有效地带动固定资产结构的相应变动,从而使潜在产业生产能力与实际产业生产能力的偏差成为经常性的状态,产品供给结构的适应性调整只能在这种经常性偏差的条件下和范围内得到实现。

在大多数场合,这种由存量转移受阻引起的潜在产业生产能力与实际产业生产能力的偏差,主要是潜在产业生产能力过剩,具体表现为资产设备的闲置。若设偏差度为 R,潜在产业生产能力为 A,实际产业生产能力为 P,那么偏差度就为:

$$R = A - P(A > P) \tag{6.13}$$

这种情况主要发生在需求变动要求其产量收缩的产业。这些产业因存量转移受阻,引起潜在产业生产能力大于实际产业生产能力的偏差,其具体过程可用图 6.8 加以描述。

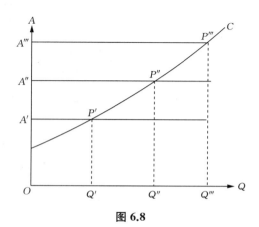

图 6.8

图 6.8 中,横轴为产品产量,纵轴为潜在产业生产能力;C 曲线代表中间要素投入曲线,C 曲线与 A 曲线的交点 P 为固定资产和中间要素均衡状态下的实际产业生产能力。在存量转移正常的情况下,随着产量的扩大($Q'{\rightarrow}Q'''$)或缩小($Q'''{\rightarrow}Q'$),潜在产业生产能力也相应扩大($A'{\rightarrow}A'''$)或缩小($A'''{\rightarrow}A'$),从而使潜在产业生产能力与实际产业生产能力保持动态的均衡,即沿着 C 曲线上下移动与不同水平的 A 曲线达到新的均衡点 P。

但在资产存量转移受阻的情况下,潜在产业生产能力并不随着 C 曲线位置上的移动而发生变化。假定潜在产业生产能力水平处在点 A'',如果根据需求结构变动的要求,该产品产量需要减少,即从 Q'' 向 Q' 移动,中间要素投入随之作出反应,沿 C 曲线从 P'' 点往左下方滑动。然而,潜在产业生产能力水平并不因此从点 A'' 下降到点 A',结果中间要素投入无法与潜在产业生产能力达成新的均衡,形成实际产业生产能力点 P' 与潜在产业生产能力点 A'' 的偏差,也就是 $A''A'$ 缺口。这一缺口表明了存量闲置的规模。假如该产品的产量要求从 Q''' 减至 Q',而 A''' 水平的潜在产业生产能力不变,那么其缺口 $A'''A'$ 就更大,存量闲置就更严重。可见,在存量转移受阻的情况下,产品供给数量的减少是以资产存量闲置为代价的,两者的变动成反比。

在现实经济中,产品供给结构适应需求结构的变动,不仅表现为某些产品供给数量的减少,同时也表现为另一些产品供给数量的增加。在潜在产业生产能力不变时,如果中间要素投入量增加能够增加产品供给数量,那便意味着生产能力的过度使用。

然而,图 6.8 只是直观地反映了潜在产业生产能力闲置的可能性,却没有反映其过度使用的情况。实际上,我们前面所使用的潜在产业生产能力的概念中,暗含着一个规定性,即这是一种供合理利用或标准利用的生产能力。但是,在生产能力的实际利用过程中,也许会超出这一标准利用界限。在这一标准利用界限之上还存在一个生产能力利用最高限。对应不同的生产能力利用程度,既定生产能力所能产出的产品数量是不

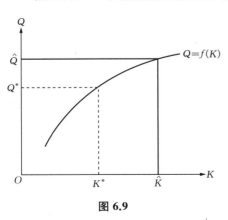

图 6.9

同的(见图 6.9)。

图 6.9 中,横轴表示生产能力利用程度,纵轴表示产品产量;K^* 表示生产能力合理利用程度,对应的产量 K^* 为产品生产的合理水平或标准水平;$\hat{K}$ 表示生产能力最高利用程度,对应的产量 $\hat{Q}$ 是产品生产的最高水平。超过 $\hat{K}$ 点后,产量不可能继续提高。

我们把超过标准限度的生产能力的利用定义为产业生产能力的过度利用,其范围就是生产能力利用标准限度与最高限度之间的空间。产业生产能力过度利用的活动空间为产品数量在存量转移受阻情况下的扩大提供了可能,其数量扩大的范围在 Q^* 与 $\hat{Q}$ 之间。尽管产业生产能力过度利用给产品数量扩大创造的余地是不大的,但它毕竟使供给结构在短期内能有所变动。因此,产业生产能力过度利用在一定程度上使产品供给结构能对需求结构变动作出某些有限的反应。

由于中间要素投入结构变动偏离潜在产业生产能力结构,所以产出构成对需求偏好变动的反应有可能是在潜在产业生产能力闲置和过度使用的情况下发生的。下面,我们具体分析三种情况。

第一种情况:供求总量不变,产品供给结构对需求结构变动的反应值等于1。只要需求结构变动的幅度在中间要素投入结构偏离潜在产业生产能力结构可承受的范围内,这种情况是可能发生的。当然,这种结构弹性只是准弹性,尽管其弹性值等于1。在总量不变的结构弹性中,它表现为实际产业生产能力结

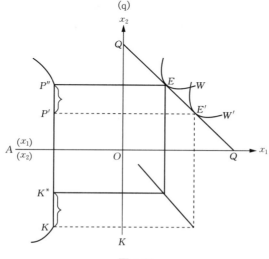

图 6.10

构对需求偏好变动的反应值为 1,在潜在产业生产能力结构对需求偏好变动的反应值等于 0。这种准弹性值与真实弹性值的偏差说明,产业结构适应需求结构变动是在某些产业生产能力闲置,而另一些产业生产能力过度使用的情况下实现的(见图 6.10)。

图 6.10 中假定与 W 需求偏好相切的产出构成是由潜在产业生产能力结构决定的。当需求偏好由 W 转变为 W' 时,潜在产业生产能力结构没有随之变化,即弹性值等于 0,但中间要素投入结构完全随之而变化,从而实际产业生产能力结构弹性值为 1,产出构成在 E' 点与需求偏好 W' 相切。在产出构成与需求构成新的均衡点上,却发生了 x_1 产品生产的生产能力过度使用(图中由 K^* 与 $\hat{K}$ 之间的缺口表现出来),和 x_2 产品生产的生产能力闲置(图中由 P' 与 P'' 之间的缺口表现出来)。

第二种情况:供求总量变动(这里假定总量增大),产品供给构成对需求构成变动的反应值为 1。图 6.11 表明,随着需求偏好由 W 转变为 W',中间要素投入结构发生相应变动(包括中间要素投入量增加),从而使产出构成在 $Q'Q'$ 线上与 W' 相切,其弹性值为 1。但潜在产业生产能力构成并没有变动,包括其总量也没有增加,因而其构成点仍停留在 QQ 线上。在这种情况下,x_1 产品的生产能力发生闲置,即 $P'P''$ 缺口,而 x_2 产品生产则出现生产能力过度使用,即 $K^*\hat{K}$ 缺口。即使 x_2 产品的生产能力增加(增量投入),从而使两部门潜在生产能力构成点出现在 $Q'Q'$ 线上,也不会与 W' 相切,仍然是生产能力闲置与生产能力过度使用并存,只不过生产能力过度使用的程度有所减弱。

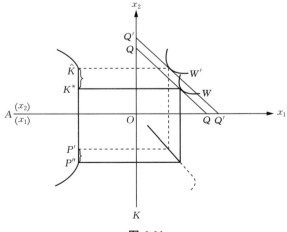

图 6.11

第三种情况:供求总量不变或变动,产出构成对需求构成变动的反应值小于1,但不等于0。图6.12表明,当需求偏好由 W 转变为 W_0' 时,时间要素投入结构随之发生变动,但弹性不足,从而使产出构成在 QQ 线上无法与 W_0' 相切,实际上只能在 $Q'Q'$ 线上满足低水平的需求偏好 W_1'。同时,潜在产业生产能力构成没有发生变化,其弹性值为0。在这种情况下,x_1 产品既出现生产能力过度使用,即 K^* 缺口(K 为实际使用度);又存在有效产业不足,即 $K\hat{K}$ 缺口($\hat{K}$ 实际上对应的是 x_1 产品的产出需求量)。而 x_2 产品生产既存在生产能力闲置,即 $P'P''$ 缺口;又有无效产出,即 $P'd$ 缺口(d 为 x_2 产品的产出需求量,P' 点上的产出量大于 d,故为无效产品)。读者可以自己证明,在供求总量变动,而产出构成对需求构成变动的反应值小于1的情况下,其结果基本上与上面的分析相同。

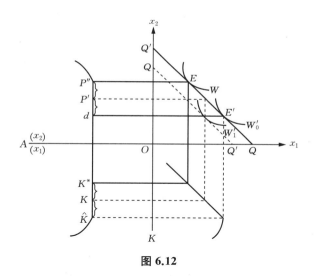

图 6.12

总之,在潜在产业生产能力构成反应值不为1的情况下(即小于1,或等于0),不管实际产业生产能力构成对需求结构变动的反应值为1,或小于1,总存在着生产能力闲置和过度使用,或者以另一种形式表现出来,即无效产出和有效产出不足。也就是说,这种产出构成对需求偏好变动的适应性调整,是在生产能力闲置和生产能力过度使用双重偏差下实现的。

在这双重偏差下实现的产出构成的适应性调整,是以社会福利减少为代价的。按照社会最优福利的观点看,最佳生产点在于生产能力合理使用的位置上,即点 K^*。在点 K^* 对应点上,边际社会收益曲线与边际社会成本曲线相交,即

$R_K = C_K$（R_K 表示社会收益函数，C_K 表示社会成本函数）。这是满足社会最优福利 W_K 的条件，即 $W_K = R_K - C_K = 0$。因此，生产能力使用不足（其生产点在点 K^* 左边）和过度使用（其生产点在点 K^* 右边），都意味着社会福利的减少。图 6.13 表明，在 K_1 点（生产能力使用不足）上，由于一部分生产能力闲置，不增加其产量，反而增大其成本，故实际福利只是 A 面积减掉 K_1 与 K^* 之间的阴影面积，在点 K_2（生产能力使用过度）上，随着产量增长，社会边际成本急剧上升，大大超过社会边际收益，从而社会福利不但没有上升，反而下降了，其实际福利等于面积 A 减掉面积 B。可见，生产点只有处于 K^* 的位置才是最佳福利生产点 G。在此点上或其周围，生产能力利用才是最有效率的。这种利用效率不仅表现为静态效率，而且表现为动态效率。生产能力使用不足显然是静态无效率，而生产能力过度使用虽然有静态效率，但却是动态无效率的。[①]

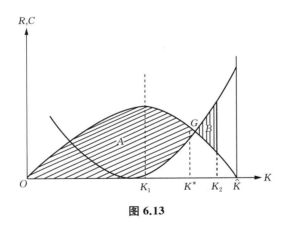

图 6.13

　　总之，在生产能力闲置和过度使用双重偏差下实现的产出构成对需求偏好的适应性调整，是不可能达到社会最优福利的。这就告诉我们，判定结构弹性效应不仅要看产出构成弹性效应，更要注意潜在产业生产能力结构弹性效应，尤其在两者发生偏距时，要以后者为主。

---

　　① 樊纲等人对此问题作了深入分析。参见樊纲:《公有制宏观经济理论大纲》,上海三联书店 1990 年版,第 292—293、539—548 页。

7 结构弹性效应:需求分析

显然,提高结构弹性效应是上一章分析所能推断出来的唯一结论。然而,影响结构弹性效应的因素并不仅限于供给方面,也与需求方面有关。尽管结构弹性是指供给结构对需求结构变动的反应程度,但这一反应程度能否带来有效产出最大化的效应则取决于供给与需求两方面的变动。如果我们作一个极端的假定,即供给结构变动本身合乎规律性的。这里包含着两层意思:一是供给结构按照需求偏好的变动而变动;二是供给结构按其自身客观规律的变动。即使在这种情况下,结构弹性效应也不一定达到最大化,因为需求结构变动本身也会反过来制约供给结构弹性。在前面的分析中,我们主要分析供给结构对需求结构变动的反应,暂时舍象掉了需求结构变动对供给结构弹性的制约影响。但在分析结构弹性效应问题时,我们必须引入这一因素,并对此展开分析。当然,这并不否定供给因素在结构弹性效应中的重要作用,但那将放在下一章中阐述。这里,我们暂且假定供给结构是合乎规律地变动的,以便分析需求因素对结构弹性效应的影响。

7.1 需求结构正常变动下的弹性效应

7.1.1 必需品消费和非必需品消费

根据第 5.2 节中我们对需求结构变量的理论设定,需求结构正常变动系指与国民收入水平相适应的消费水平及其消费方式所引致的需求结构变动。这一变动暗含着两个前提条件:(1)国民收入使用额的分配是合理的,即积累与消费之间的比例合理,从而消费水平与国民收入水平相适应;(2)消费方式是与消费水平相适应的。在这两个前提条件下,需求结构变动是与国民收入水平或经济发展阶段相适应的,因而被定义为"正常变动"。

既然我们已假定供给结构是合乎规律地变动的,那么在需求结构也正常变动的情况下,结构弹性效应会有什么影响和变化呢? 乍一看,结构弹性效应似乎不会有什么影响和变化。但深入的分析将表明,即便在这种情况下,结构弹性效应也是会有影响和变化的。为了说明这一问题,我们首先考察需求结构正常变动下所经历的两个消费阶段。

根据恩格尔法则揭示的需求结构变动的特征,我们可以归纳出不同人均国民收入水平下的两个消费阶段。在人均国民收入水平较低的情况下,消费需求的重点将停留在较低的需要层次,以满足基本生存需要,从而形成了以满足温饱为中心的必需品消费阶段,即以必需品为主的消费阶段。在人均国民收入水平较高的情况下,消费需求的重点将转移到较高的需要层次,以满足发展和享受需要,从而形成了以耐用消费品为代表的非必需品消费阶段。统计分析表明,耐用消费品支出大幅度增加,其所占比重上升,是所有国家在第二次世界大战后,消费结构变化的一个最显著的特征。几次重大的消费革命,都是以"耐用消费品热"为其内容的。这说明,随着人均国民收入水平提高,以必需品为主的消费阶段必然到转变为以非必需品为主的消费阶段。这一转变是需求结构正常变动的反映。

7.1.2　耐用消费品的时间常数对供求比例的影响

那么,消费阶段从以必需品为主转向以非必需品为主,对结构弹性效应有什么影响呢? 这需要从区别耐用消费品与非耐用消费品的特征说起。耐用消费品区别于非耐用消费品的一个显著特征,就是耐用消费品的使用(消费)有一个较长的时间常数,即折旧年限较长。它不像一般必需品那样投入消费就被很快消费完了,从而在较短时期内又产生同一需求。耐用消费品这一特征对其供求比例有重大影响,它使比例平衡度出现非平滑起落。

当收入水平达到一定程度,或由于某种技术进步导致生产成本降低,都会诱发和创造出对某种耐用消费品的需求。这种需求产生后,会在很短的时间内迅速扩大,形成很大的需求量,因为耐用消费品的需求弹性较大,其需求形成突然。但这一需求一旦被满足,便会突然下降,一直到大批耐用消费品接近折旧完毕才会重新产生需求，其原因在于耐用消费品的消费是逐渐进行的。与这种需求的波动性相对应，耐用消费品的生产则是均匀连续的，它不可能一开始就能满足这种突然增大的需求量，然后就停产。因此，在初始阶段，需求量将大大高于供给量，从而销售速度大大高于生产速度，表现为严重的短缺，生产多少就能卖多少，总是供不应求。但在这一现象后面，由可耐用消费品消费周期长，所以实际生产速度大大高于消费速度。造成这一假象的原因，主要是消费速度大大滞后于购买需求，因为需求量并不是在一个时期内均匀分布的，而是在一开始就存在了。因此，一旦累积供应量与累积需求量达到平衡后，马上会出现产品过剩。

图 7.1 描述了这种需求波动性与生产和消费均匀连续性的矛盾所引起的从供不应求到突然过剩的过程。该图中，横轴为时间 t，纵轴为数量 x，S_x 为累积供应量曲线，D_x 为累积需求量曲线，两者的斜率分别由其变化率决定的。在 t_1 年时，供求达到平衡。在这之前产品短缺，在这之后产品过剩。如果产品使用年限为 t_2 年，则一直要到 t_2 年后，最初购买的产品消费完毕，其需求量才又回升。从这里，我们可以看到耐用消费品的时间常数对供求平衡度的影响。在 t_1 年内，比例平衡度小于 1，但逐渐接近 1，不平衡系数 $k < 0$。在 t_1 年那一瞬，比例平衡度 $b = 1$，不平衡系数 $k = 0$。一旦过了 t_1 年，比例平衡度迅速下降，$b < 1$，不平衡系数 $k > 0$。到 t_2 年后，比例平衡度才又回升。这一过程在图 7.1 上表现为尖形波形状。尖形波的顶点是一个非平滑的转折点，在这一点 p，产品的边际收益突然崩溃，从正变为 0。

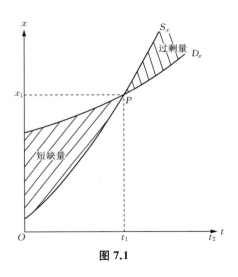

图 7.1

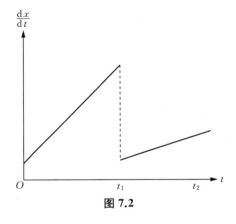

图 7.2

在这种需求变动状态下,如果要求供给与之相适应,即供给量不超过需求量,那么达到供求平衡点后将迫使生产速率产生非线性变化(如图 7.2 所示)。我们知道,潜在产业生产能力一旦形成,在短期内是不变的。因此,生产速率的非线性变化实际上意味着潜在产业生产能力的闲置。从这一点可以推断,真实结构弹性一定不等于 1,所以结构弹性效应下降。

7.1.3 耐用消费品的替代性对供求比例的影响

上面对耐用消费品的时间常数的分析是以单个产品为对象的。如果把研究对象扩大到多个耐用消费品,那么耐用消费品区别于一般必需品的另一个显著特征是有较大的替代性。由于人们对非必需的耐用消费品有较大的选择弹性,在一定的可支配收入水平下,可以选择购买这一耐用消费品,而不购买另一种耐用消费品,所以耐用消费品之间存在较大的替代性。

这种较大的替代性使耐用消费品的需求变动有可能呈现不规则的波动性(请注意,耐用消费品的时间常数引致的波动是同期性的)。例如,原先人们的购买热点集中在 A 耐用消费品上,A 产品的需求量很大,但没过多长时间,一种新的耐用消费品 B 的需求被创造出来了,人们的购买热点也许迅速转移到 B 产品上,B 产品的需求量突然增大。在消费水平既定的情况下,人们选择 B 产品,势必要放弃对 A 产品的需求,从而 A 产品的需求量突然下降。这种购买选择的迅速转移实际上就是两种耐用消费品之间的需求替代。这表明,当进入非必需品为主的消费阶段后,需求结构的变动将更加迅速。

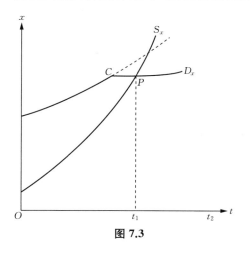

图 7.3

当 A 产品的需求被 B 产品需求替代时,A 产品累积需求曲线将突然出现一个不规则的拐点,如图 7.3 所示。这表示需求变化率产生非线性变化情况。在这种需求变动中,过了 t_1 年后,产品突然过剩的缺口更大。这是因为,在初始阶段,供不应求的较大缺口拉动生产能力迅速扩大,但在未达到平衡点之前,需求曲线已出现拐点 C,需求量已下降。此时,由于仍然处于短缺,生产还是按原先的速率在进行,结果经过 t_2 年之后,原速增长的产出量与趋于下降的需求量之间形成更大的缺口,在图 7.3 上表现为 P 点后更大的喇叭口。

如果经 P 点后 A 产品仍按原规模生产,则形成大量无效产出。如果要求其供给量不超过需求量,那么将迫使生产速率发生非线性变化,并且程度更加严重;也就是说,将有更多的潜在生产能力闲置。因此,耐用消费品较大的替代性引致的需求结构迅速变动,对结构弹性效应有一定程度的影响。

7.1.4　缩小供求尖形波振荡

消费阶段从以必需品为主转入以非必需品为主后,由于耐用消费品需求变动特征的影响,即使供给结构和需求结构均正常变动,结构弹性效应也相对下降,这是客观趋向。要想完全避免耐用消费品供求的尖形波振荡,是不现实的,而且也不符合社会福利原则,因为我们无法改变耐用消费品较长的时间常数和较大的替代性。在此情况下,如果要避免供求尖形波振荡,唯一办法是放慢生产速率,即在累积需求量曲线斜率不变时,改变累积供应量曲线的斜率,使供给在产品折旧期限到达时实现与需求的平衡,或在产品需求下降到相当程度时实现与需求的平衡,如图 7.4 所示。

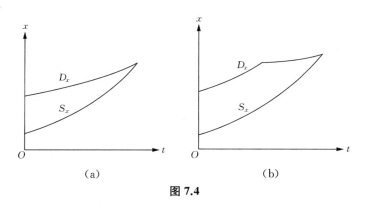

（a）　　　　　　　　　　（b）

图 7.4

这种办法虽然避免了供求尖形波振荡,不会发生比例平衡度的大起大落,但它是以长期供不应求的比例失衡为其代价的。从结构弹性的角度来看,这表现为弹性不足,其结果是有效产出不足,所以结构弹性效应是不大的。

因此,我们不能设法"避免"这种不可避免的振荡,而要设法减缓或缩小供求尖形波振荡,使尖形波适当平缓些,振荡幅度小一些。这可以从需求和供给两方面着手。

从需求方面来说,主要是尽量设法防止需求过分集中在少数耐用消费品上,用需求分散化,从而使各耐用消费品的初始需求量相对缩小一些。为此,就要适当地拉开收入差距,形成合理的消费序列结构,使对某种产品的有效需求在时间序列上分布较均匀些。[①]另外,要进行需求的合理导向,形成消费的多重选择格局,从而使各耐用消费品的需求变动相对稳定一些。

从供给方面来说,主要有在产品出现过剩时,努力提高效率,降低成本,从而降低产品价格,创造出新的大量需求,使过剩程度减轻或消失。

7.2　需求结构滞后变动下的弹性效应

7.2.1　需求结构滞后变动

所谓需求结构滞后变动是指与国民收入水平不相适应的低消费水平所引致的需求结构变动。因此,这种需求结构变动的滞后是相对于一定国民收入水平所一般对应的需求结构变动而言。如果我们通过大量统计分析,回归出一个既定国民收入水平下的标准(一般)需求结构,它大致可以反映出需求结构随国民收入水平变动而变化的规律性,那么与这一参照系相比,处于更低层次的需求结构就可以定义为滞后变动。

那么,怎么会形成需求结构滞后变动的呢? 在第 5.2 节中我们曾指出了消费水平与消费需求结构的相关性,因而解释需求结构滞后变动的原因,首先将涉及消费水平问题。在消费方式与消费水平不发生偏差的情况下,低消费水平就决定了低层次需求结构(即以低层次需要为主的需求结构)。如果在相同的国民收入水平下,需求结构滞后变动的直接原因就是偏低的消费水平,那么,偏低的消费水平又是怎么决定的呢? 在国民收入既定的情况下,消费水平的高低直接取决于国民收入使用额在消费和积累之间的分配。如果积累率高了,消费率则低;反之亦然。因此,偏低的消费函数实际上是高积累的结果。

所谓偏低的消费函数是指人均实际消费增长率不是处在正常标准范围,而

---

① 参见王晓鲁:《国民经济新成长阶段与农村发展》,浙江人民出版社 1987 年版,第 120—121 页。

是处在"可以容忍的下限"。在正常标准控制下,消费基金增长率大致与劳动生产率提高同步;而在容忍限度控制下,消费基金增长率将总是滞后于劳动生产率的提高。因此,这种高积累、低消费的分配格局决定了需求结构滞后变动,其关系如图 7.5 所示。

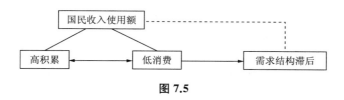

图 7.5

7.2.2 低水平弹性效应

在这种需求结构滞后情况下,即使供给结构对其作出完全的反应(弹性值为 1),也是一种低水平弹性效应。尽管供给结构完全适应需求结构变动要求,使有效产出达到最大化,但相对于经济发展水平,这种有效产出是低水平的。这就是说,在结构弹性均为 1 的前提下,这种有效产出水平要低于需求结构正常变动下的有效产出水平。具体分析如下:

(1)需求结构滞后变动使需求结构处于相对低下的水平,以必需品消费为主要构成,即使供给能满足这些需求,但由于基本必需品大都是低附加价值商品,因而难以提供较高的产业利润和商业利润。这种低水平的有效产出不仅在当时只表现为较少的社会福利,而且它也不可能成为较快回收投资并产生更多积累的源泉。例如,农民自给性食物基本上不提供税利,粮油工业每百元产值的利税也只有 7.1 元,而日用金属品工业每百元产值的利税则可达 17.6 元,电子工业为 22.2 元,建材工业高达 29.9 元。如果校正价格不合理因素,使之接近于供求平衡价,那么耐用消费品系列中产值利税率以至资金利税率在 50%—80% 以上的产品决不乏其例。① 因此,这种低水平有效产出难以明显地体现积累效应,从而对动态的经济增长有严重影响。

(2)需求结构滞后变动使消费需求主要集中在初级产品上面,因而即使供给有充分适应性,也是浅层次的结构弹性。由于初级产品的生产,其产业关联比

---

① 参见周其仁等:《发展的主题》,四川人民出版社 1987 年版,第 157 页。

较简单,加工环节少,分工度低,所以与需求结构滞后变动相对应的供给结构变动,其内部关联规模相对较小。根据我们在第3章的分析,关联规模扩大具有促进经济增长的效应。从这一点来看,适应需求结构滞后变动的结构弹性,尽管表面上达到了有效产出最大化,但由于其关联规模深化相对滞后,因此它的关联规模效应是低下的。

(3)需求结构滞后变动将导致消费品的有效需求不足。在供给适应需求的情况下,消费品的有效需求不足将造成消费品工业的缓慢发展,而消费品工业的缓慢发展又将引起中间需求不足,进而导致生产资料生产的减缓。因此,需求结构滞后变动将通过产业关联导致整个经济系统的生产下降。在这种情况下,结构弹性效应完全是以低增长为背景的。

(4)需求结构滞后变动限制了人们对生活非必需品的消费需求,从而影响了这些产业的正常增长,使其在产业结构中的比重长期偏小。这实际上就是抑制了产业结构的成长,阻碍了产业结构正常的升级。然而,结构成长却对经济增长有促进作用,即结构成长效应(这将在第Ⅲ篇中详细论述)。

总之,在需求结构滞后的情况下,即使供给结构弹性值为1,其弹性效应也只是低水平弹性效应。

7.3　需求结构超前变动下的弹性效应

7.3.1　需求结构超前变动:两种类型

所谓需求结构超前变动,是指与国民收入水平不相适应的高消费水平或高消费方式所引致的需求结构变动。同理,这种需求结构变动的超前也是相对于一定国民收入水平所一般对应的需求结构变动而言,即偏离标准需求结构变动的超前。需求结构超前变动因其引致的原因不同,可以分成两种关型:整体超前和局部超前。

需求结构变动整体超前是由与国民收入水平不相适应的高消费水平所引起的。在既定的国民收入使用额的分配中,如果与合理的分配比例相比,消费率过高,而积累率偏低,并假定这两部分同消费资料与生产资料的实物比例相一致,那就表现为实际消费水平偏高。自然,在既定的国民收入水平下,偏高的实际消费水平将具有偏高的消费方式。然而,这种偏高的消费方式则是以低积累为其代价的。假定综合要素生产率不变,低积累的动态过程是与低收入交织在一起的。如果以动态的低积累—低收入的循环为背景,这种静态的偏高消费方式则是一种早熟的消费方式,因为它与动态的经济发展水平不相适应。

这种早熟消费方式所引致的需求结构往往具有整体超前的特征,即整个需求结构与同一人均收入水平的标准(一般)需求结构相比,更为高级。例如,在人均收入 300 美元的情况下,其整个需求结构却达到了人均收入 500 美元的水平。这种需求结构的超前,可以通过与相同收入基准点上的标准需求结构的比较作出大致的判断。

一般而言,这种需求结构的超前在发展中国家,尤其是在刚进入工业化过程的发展中国家中,是很少见的。因为大多数发展中国家在进入世界性现代经济增长的过程中,出于赶超的需要和工业化的需要,往往实行较高的积累和较低的消费,而这在很大程度上是由经济发展阶段和面临的发展任务所决定的。在发展中国家中,往往存在着下面所述的另一种类型的需求结构超前。

假定国民收入使用额的分配是合理的,即消费水平与一定经济发展阶段相适应,并假定消费基金、积累基金同消费资料、生产资料相适应。在这种情况下,仍然有可能出现消费方式早熟,进而引起需求结构超前。因为在人们的实际消费行为中存在着"示范效应",这一效应打破了消费水平与消费方式之间的固定联系。示范效应越强,消费水平与消费方式之间的相关度越小;反之则反是。

凯恩斯学说中关于消费函数的分析,实际上暗含着一个假定,即每个人的消费行为与任何其他人的消费行为之间相互毫无关系,因而消费同收入保持着相当稳定的关系,而且它主要地取决于总收入的水平。如果按照这一观点,那么在我们上述的假定中就不可能出现消费方式早熟以及需求结构超前的问题了。杜森贝里对凯恩斯学说中关于消费函数的暗含假定提出了批评。他认为,人们通过社会接触,在学习及习惯的形成过程中,建立了消费者偏好的相互依存关系。经常接触高收入阶层所消费的(其质量比低收入家庭习惯上消费的商品更为高级的)各种商品,是促使低收入阶层提高自身的生活水平,使他们为增加消费而减少储蓄的一个推动力。[1]

---

① 参见杨叔进:《经济发展的理论与策略》,江苏人民出版社 1983 年版,第 138 页。

　　杜森贝里提出的"示范效应"概念为消费方式偏离消费水平的现象提供了解释，即在较低的消费水平下，由于示范效应的存在，有可能产生较高的消费方式。显然，这种由示范效应促进的消费方式相对于与一定经济发展阶段相适应的消费水平来说，是属于早熟的。这种消费方式的早熟程度直接表现为消费水平与消费方式的偏差度，而这种偏差度则与示范效应强度成正比，如图 7.6 所示。

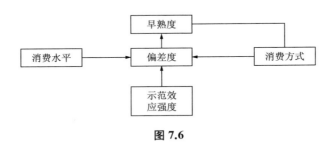

图 7.6

　　那么，示范效应的强度是由什么因素决定的呢？我们先从一个封闭系统进行分析。一般来讲，示范效应强度首先取决于收入分配的差距悬殊。只有存在不同的收入阶层，从而形成不同的消费方式，才有低收入阶层的消费仿效和高收入阶层的消费示范。在其他条件相适应的情况下，收入分配的差距越悬殊，示范效应强度越大。比较均等的收入分配，往往会削弱示范效应。其次，取决于商业化程度。只有在每个人都面临种种增加收入的机会，从而有可能改变低收入现状的情况下，人们才会向往和争取高等级的消费方式；否则，低收入者会认为高等级的消费方式是与他们格格不入的，因而不加仿效。再则，取决于一定的经济发展程度。只有当低收入者能满足生存的基本需要之后，他们才有可能仿效高等级的消费方式。如果处于仅能糊口的经济水平，示范效应是比较微弱的。最后，取决于以运输和通信等基础设施为基础的社会联系广度。在其他条件不变的情况下，交通运输和通信联系越发达，人们的社会交往和联系越广泛，从而示范效应越强烈。由此可见，在经济欠发达的国家中，示范效应是比较微弱的。

　　然而，在开放系统中，示范效应将发生国际性的传播，即发生发达国家的高消费方式对不发达国家的影响。这种国际的示范效应的强度取决于两个方面：(1)一个国家的开放度，尤其是国外先进的高档消费品的进口数量。这种进口品或引进国外先进设备生产的高档消费品是国际的示范效应发挥的物质基础。(2)国内的示范效应发展的程度。只有当这种国内的示范效应起作用时，国际的示范效应才有可能传播;否则,这种效应多半将局限于某些地区,或只限于某些集团中的人,特别是那些富有的和受过外国教育的人。[1]对于发展中国家来说,只要具备一定的国内示范效应,那么国际的示范效应对其的影响将是较大的。大多数发展中国家发生消费方式早熟问题,主要是国际的示范效应的作用。

这种由示范效应引致的消费方式早熟对需求结构的影响,也表现为需求结构变动超前,但却具有不同的特征,即需求结构的局部超前。所谓"局部超前",是指在抑制较低层次的需求的基础上追求较高层次的需求。我们知道,需求层次上的满足及其程度有一定的次序性,通常总是在较低层次的需求有较大程度满足后,再扩大较高层次需求的满足程度。然而,示范效应却打破了这种次序性,率先扩大较高层次需求的满足程度。但在收入水平既定的情况下,这不仅会造成如杜森贝里所说的"减少储蓄",而且会抑制较低层次需求的满足程度,例如通过紧衣缩食来添置高档耐用消费品。因此,这种需求结构超前只是表现为较低层次需求滞后,较高层次需求前倾。具体的衡量指标就是在一定人均收入基准点上,某些高档耐用消费品的人均占有量领先,而某些必需品或一般消费品的人均占有量落后。这与前一种需求结构超前是完全不同的。

7.3.2 低质量弹性效应

在需求结构超前变动情况下,如果供给结构随之而变动,很可能难以完全适应,即弹性值难以为 1。即使供给结构能够适应需求结构超前变动,其弹性效应也是低质量的。

产生上述情况的原因在于,在经济发展的不同阶段,产业发展的相对地位是不同的。统计分析表明,产业部门相对地位的变动和更替与经济发展阶段有很大的相关性。然而,在需求结构超前变动的情况下,一些新兴耐用消费品产业受需求拉动而迅速扩大,实际上是超越了特定发展阶段的经济实力,与国内生产力水平是不相适应的。如果撇开外部因素(即进口),那么供给结构对这种需求结构超前变动往往是缺乏弹性的。由于我们假定供给结构正常变动,所以这种缺乏弹性不是因为供给结构对需求变动的信号没有反应,也不是因为供给结构本身具有刚性,而是因为缺乏相应的供给基础和供给能力。我们在本章开头就已

---

① 参见杨叔进:《经济发展的理论与策略》,江苏人民出版社 1983 年版,第 140 页。

指出,供给结构正常变动除了表现为对需求偏好作出反应外,还表现为按其自身内在规律的变动。这种按其自身内在规律的变动包括产业之间技术水平、生产能力等方面的协调变动。因此,在需求结构超前变动情况下,即使供给结构对其有反应(即受需求引导),但受其自身内在变动规律的制约,也是缺乏弹性的。

如果引入外部因素,那么在国内生产能力无法满足需求结构超前变动的要求时,可以通过进口(引入生产能力或消费品)来弥补。这时,供给结构对超前需求结构变动虽然有弹性,但却是以昂贵的代价来支撑的。因为这种引进的生产能力的技术进步和技术积累的速度与国内的基础工业的技术水平有相当大的差距。这样,尽管新兴耐用消费品产业对上游产业(包括一部分中游产业)的依存度较高,其发展不仅可以刺激中游产业的发展,而且可以刺激上游产业的增长,但由于移入产业与原有产业的技术水平差距悬殊,使两者的产业关联发生断裂,因此这些超前崛起的新兴耐用消费品产业往往不得不依赖于国外较发达的产业条件,即转向国外购买中间投入品。这些产业的中间需求发生外移,不仅使其产品需求对前向部门的压力和前向部门的增长统统"泄漏"到国外,而且使其自身的生存主要依靠国外的供给来维持,带有明显的闭锁性。这种依赖于外部条件而自我维持、自我循环的移入结构与国内产业缺乏天然的关联,从而严重影响了产业结构聚合质量。不仅如此,这种移入结构的存在还急剧地增大了对外汇的强烈需求,形成了较大的外汇供求差;为了填补这一缺口,往往不得不大量出口传统产品,特别是初级产品(这是由既定的出口结构决定的)。在世界市场的初级产品价格大幅度下跌的情况下,初级产品的大量被迫出口,将带来极大的经济损失。

即使撇开供给结构对需求结构超前变动所作出反应的可能性条件,假定其有弹性,这种结构弹性也是低质量的,因为需求结构超前变动打破了正常的需求序列,它所拉动的某些产品(产业)的扩张往往具有突发性和不规则性。如果供给结构对这种需求结构超前变动作出反应的话,那么将破坏自身结构变动的正常秩序,产生以下两种明显的结构偏差:

第一,生产资源突然转向超前消费需求所拉动的某些产业,使原来应该得到正常发展的产业受到抑制,无法继续扩张,有的甚至过早地收缩。这种强制交替的产业发展势必形成结构偏差,并且一旦超过临界点,便会发生结构逆转的情况。

　　第二，受超前消费需求拉动的某些产业的急剧膨胀和扩张，在动态的需求结构超前变动过程中，也可能在短期内被另一些产业的迅速崛起所替代，发生陡然收缩。这样，由于新产品的成长期过于短促，一方面无法形成与国内相关产业的密切联系，另一方面无法通过扩大批量来降低成本，发挥规模经济效应。

8 结构弹性效应:供给分析

如果假定需求结构正常变动,并且排除其正常变动下的非必需品(主要是耐用消费品)消费阶段对结构弹性效应的影响,那么结构弹性效应的大小就取决于供给方面的因素。事实上,供给结构需求弹性主要是讲供给结构这一因变量的反应能力,其弹性效应的基本方面自然也应该是供给因素。

8.1 供给结构正常变动下的弹性效应

在第7章开头我们已指出供给结构的正常变动包含两层意思:一是按照需求偏好变动而变动;二是根据自身内在规律而变动。现在,我们给定了需求结构变动是正常的这一前提条件,因而从结构弹性角度来说,供给结构正常变动可以表述为:(1)受真实需求偏好导向的变动;(2)能进行自身有效调整的变动。前者意味着供给结构与需求结构的变动方向是完全一致的;后者意味着供给结构适应需求结构变动的调整是比较充分的(因为正常的需求结构变动是符合供给结构自身内在变动规律要求的)。因此,在假定需求结构正常变动的条件下,供给结构的正常变动实际上就是适应需求变动要求的结构变动。

8.1.1 必需品供给和非必需品供给

在第7.1节中我们曾指出,需求结构正常变动经历了从必需品消费阶段向非必需品消费阶段的转化。与此相适应,供给结构变动也将经历一个从必需品供给阶段向非必需品供给阶段的转化。这在产业结构变动上表现为第一产业向第二、第三产业的转移。

这种供给阶段的转变对供给结构变动，进而对结构弹性效应有什么影响呢？这一问题的分析应从必需品生产与非必需品生产的不同特点入手。以耐用消费品为代表的非必需品生产（不是所有的非必需品生产）区别于必需品生产的特点，主要有以下几个方面：

（1）生产的产业链较长。耐用消费品，尤其是高档耐用消费品生产，需要有较多产业的相应配合，涉及面广，加工环节多，对上游产业（包括一部分中游产业）的依存度较高。例如，电视机、电冰箱、洗衣机等产品的生产，其产业关联远比粮食、服装等一般必需品复杂得多。

（2）生产的设备专用化程度高。很多耐用消费品的生产需要有专用技术和专用设备，而不像必需品生产可用较多的通用技术和通用设备。这表明耐用消费品生产的专业化要求较高。

（3）生产的批量小。由于耐用消费品的需求弹性和替代弹性较大，不像必需品需求弹性和替代弹性较小，所以耐用消费品的生产批量比必需品的生产批量相对小些。

（4）生产的寿命周期短。由于耐用消费品的更新换代速度较快，一种新产品的出现在较短时期内便会过时淘汰，所以其生产的寿命周期较短。必需品虽然也有一个更新换代的问题，但产品寿命周期相对较长，不会迅速更替。

必需品供给与非必需品供给的这些不同特点对供给结构变动是有一定影响的。因此，在其他条件不变的情况下，它会使结构弹性效应有所差异。

8.1.2　耐用消费品生产特点与弹性效应

当供给从必需品为主阶段转向非必需品为主阶段时，由于耐用消费品生产的特点，供给结构适应需求结构的变动将会出现新的症状。

（1）供给结构变动的频率加快。由于耐用消费品更新换代速度快，生产的寿命周期短，因而其生产的时间常数较短（正好与其消费的时间常数相反）。这在供给结构变动上的反映就是变动频率加快。如果与必需品生产阶段的供给结构变动相比，那么它就表现为随时间推移而发生的供给结构变动加速度，如图 8.1 所示。该图中，t 为时间，P 为结构变动频率，Ⅰ时间段为必需品生产阶段，Ⅱ时间段为非必需品生产阶段。

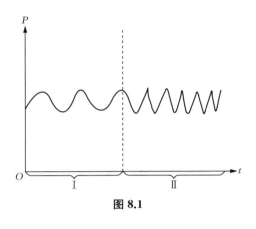

图 8.1

（2）供给结构变动的不确定性增大。由于耐用消费品的需求弹性和替代弹性较大，生产往往是多品种、小批量，因而耐用消费品生产之间此长彼消的变动有较大的不确定性。虽然，从总体上讲，其变动的方向具有一定的规律性，但在某一时点上，其变动的偶然性是较大的，表现为多种可能性的变动。

（3）供给结构变动的难度加大。由于耐用消费品生产的技术设备的专用程度高，难以实行转产和产业转移，从而增大了结构变动的摩擦。这不仅增加了结构调整的难度，而且也提高了结构调整费用。例如较多的设备报废（因不能被再利用，而不是正常的折旧报废），劳动者为改变劳动技能而重新培训等。

（4）供给结构变动的程度加深。由于耐用消费品生产的产业关联较复杂，所以某些个别产品生产的变动将会引起一连串的反应，使原来的产业供求关系发生重新组合。这种较大的波及影响将会造成供给结构较为深刻的全面变动。

非必需品供给阶段的供给结构变动的新症状对弹性效应是有一定影响的，因为这一阶段供给结构变动症状有两个内在矛盾：一是变动频率加快与变动难度加大的矛盾；二是变动不确定性增大与变动程度加深的矛盾。下面就来分析这两个矛盾。

（1）供给结构变动频率加快要求生产要素的部门调整速度加快，两者成正向关系，即变动频率越快，调整速度也越快；反之亦然。而供给结构变动难度加大，则造成生产要素的部门调整的速度减慢，两者成反向关系，即变动难度越大，其调整速度越慢；反之亦然。这样，供给结构变动频率加快与变动难度加大在调整速度问题上产生了矛盾，前者要求调整速度加快，后者却使调整速度放慢。如果说，这一矛盾在初始阶段可能是潜在的，那么随着变动频率不断加快和变动难度不断加大，该矛盾一旦超过临界点便会明显化（见图 8.2）。

在图 8.2 中，横轴为调整速度 u，纵横为变动难度 r 和变动频率 P；rr 曲线为与调整速度成反向关系的变动难度曲线，PP 曲线为与调整速度成正向关系

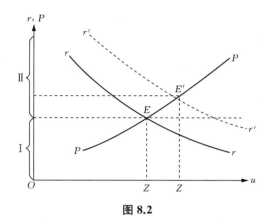

图 8.2

的变动频率曲线。rr 曲线和 PP 曲线均为时间的函数。前者从右下方向左上方移动,后者从左下方向右上方移动。在第 I 时间段,变动频率和变动难度均不很大,从而两者对调整速度的要求,其差距不很大,所以这一矛盾是以潜在形式存在的。但在第 II 时间段,由于两者对调整速度的要求超过了均衡点 E,所以 PP 曲线向右上方移动要求有更快的调整速度,而 rr 曲线向左上方移动则使调整速度放慢。两者的矛盾明显化,并且日益激化。

这一矛盾的存在和发展势必会影响弹性效应。因为变动难度加大使调整速度放慢,实际上是限制了供给结构适应需求结构变动的能力,使供给结构难以作出迅速的调整,从而就会降低结构弹性,造成有效产出不足与无效产出增加并存的局面。缓解这一矛盾,进而降低其对弹性效应的影响,其主要方面在于改善变动难度对调整速度的制约。这就是说,要在同一变动难度的条件下,提高生产要素部门调整的速度。这在图 8.2 中表现为 rr 曲线往右上方水平移动形成 $r'r'$ 曲线。$r'r'$ 曲线表明,在任何同一水平的变动难度下,它比 rr 曲线有更快的调整速度。因此,它与 PP 曲线的均衡点 E' 比 E 更高。当然,改善变动难度对调整速度的制约是有限度的,rr 曲线不可能无限制地往右上方移动,但我们应该设法把变动难度对调整速度的制约影响尽可能地减少到最低程度,以适应供给结构迅速变动的要求。

(2) 供给结构变动不确定性增大要求生产要素的部门调整随机性加强,两者成正向关系,即变动不确定性越大,调整随机性越强;反之则反是。然而,供给结构变动程度加深却在某种程度上削弱了生产要素部门调整的随机性,两者成反向关系,即变动程度越深,其调整随机性越小;反之则反是。这样,供给结构变动不确定性增大与变动程度加深在调整随机性问题上产生了矛盾,前者要求调整随机性加强,后者却限制了调整随机性。这一矛盾将随着变动不确定性不断增大和变动程度不断加深而日益尖锐。

这一矛盾的存在和发展也会降低结构弹性效应。因为变动程度加深对调整随机性的制约,实际上是阻碍了供给结构对需求结构变动不确定性的适应性。当需求结构变动的不确定性增大时,供给结构只有采取随机调整,才能适应其变动。如果供给结构缺乏随机调整能力,则无法适应需求结构的变动,从而使结构弹性效应下降。在非必需品生产阶段,这一矛盾也许是不可避免的,因为它是耐用消费品生产的一种二律背反现象。唯一可取的办法,也许是缓解这一矛盾,把其对结构弹性效应的影响降低到最低限度。这一矛盾得以缓解的主要措施,一是加强对供给结构不确定变动的预测,尽可能地掌握其变动的内在规律,增强科学预见性;二是改善和提高产业的应变能力,加强产业关联重新组合的能力。

总之,随着供给从必需品阶段向非必需品阶段的转化,即使在供给结构正常变动的情况下,其内在的矛盾也会影响结构弹性效应。这实际上告诉我们,在非必需品生产阶段,供给结构适应需求结构变动的客观要求大大提高了。

8.2　供给结构扭曲变动下的弹性效应

8.2.1　供给结构扭曲变动的成因

所谓供给结构扭曲变动,是指脱离需求结构变动要求,并与之相对立的供给结构变动。从直观上看,这是指最终产品的产需脱节的结构变动。但由于中间产品的产需脱节也会影响到最终产品的产需关系,所以,这一结构扭曲变动实际上也包含着供给结构内部扭曲的意思。

供给结构发生扭曲变动的直接原因,是供给结构与需求结构之间的正常联系发生中断,从而使供给结构脱离需求结构发生盲目变动。我们在第5.4节中曾指出,供给结构对需求结构变动作出反应的第一阶段是接受信号刺激,第二阶段是作出机能反应。供给结构扭曲变动主要原因存在于第一阶段。因为信号是供给结构与需求结构的对应关系得以建立的中介体,两者之间正常联系的中断

往往是这一中介体的缘故。具体地讲,这有以下两种可能原因:

(1)供给结构不接受信号刺激,致使这一中介体失效。这实际上是供给结构不受需求结构导向,从而造成两者正常联系的中断。在现实经济中,这种可能性比较小。即使有可能,也局限在较小范围。例如,某些产品的生产完全是受政治或军事需要的支配,而脱离经济性需要,所以它对需求偏好变动的信号刺激没有反应,或不接受其信号刺激。

(2)信号在传输过程中失真,不能真实反映需求结构变动要求。如果供给结构在这种失真信号的引导下作出机能反应,便成为背离需求结构的扭曲变动。这就是说,信号传输能力不强,将会导致供给结构与需求结构正常联系的中断。在现实经济中,这种可能性比较大,如图 8.3 所示。

图 8.3

值得提出的是,如果信号失真是短期的、暂时的,即在长期过程中它是可以被不断纠正的,那么它对供给结构的刺激还不至于造成其与需求结构非均衡对应的常态扭曲。只有长期的信号失真,才会造成供给结构扭曲变动的常态。

在现实经济中,信号失真造成供给结构与需求结构正常联系中断,是导致供给结构扭曲变动的主要原因。我们将着重对这一问题展开分析。通常,促使供给结构对需求结构变动作出反应的信号刺激有两类:一类是需求信号;另一类是收益信号。在正常情况下,需求信号刺激与收益信号刺激应该是一致的。就单一产品来说,需求强度越大,其收益程度越高;反之则反是。但在不正常的情况下,需求信号刺激与收益信号刺激也许并不对称,或者是需求强度大,而收益程度低;或者是需求强度小,而收益程度高。形成这种偏差的客观基础是这两类信号有各自的传输通道。需求信号是通过价格或数量通道传输的,即把需求偏好变成价格或数量差异度传输给生产者;收益信号则是通过收入分配通道传输的,即把生产效益差异度变成收入差异度传输给生产者。在这两个通道的信号传输过程中,都有可能产生各种干扰和噪声。如果这两个通道的信号传输能力有差异,那么就会产生需求信号刺激与收益信号刺激不对称现象。这种不对称现象,实际上反映了其中有一个信号是失真的。如果供给结构主要按照这一失真信号作出机能反应,那么就会出现脱离需求结构的扭曲变动。

在两种信号刺激不对称的情况下,供给结构主要受哪一种信号刺激作出反应,则取决于特定条件下的生产者的目标函数。如果生产者的目标函数是收益最大化,那么收益信号刺激对供给结构的作用占主导地位。在这种情况下,即使某一产品的需求强度较大,但只要其收益程度低,其产品供给就少;反之,即使某一产品需求强度较低,但只要其收益程度高,其产品供给就多。如果生产者的目标函数是满足需求最大化,那么需求信号刺激对供给结构变动的作用就占主导地位。在这种情况下,供给主要是根据需求信号发生变动的。因此,在既定的生产者目标函数下,如果起主导作用的信号失真,那么供给结构必定扭曲变动;如果是另一种起非主导作用的信号失真,那么供给结构变动的扭曲程度相对低些。

当然,也有可能出现两种信号均失真下的刺激对称现象。其产生的条件是,这两个通道的信号传输能力都较低,并且程度相同。在这种情况下,不管生产者的目标函数如何,供给结构必定发生扭曲变动。

那么,这两种信号是怎样在传输通道中受到干扰而发生信息损失和信号畸变的呢?首先从需求信号失真来看。假定其信号是通过价格通道传输的,如果价格得以形成的市场机制是残缺不全和不完善的,例如人为垄断、封锁割据、非正常的流通秩序等,那么价格将是扭曲的,并不能反映真实的需求偏好。这表明,需求信号在变成价格信号时发生了畸变。假定需求信号是通过数量通道传输的,如果数量信号得以形成的行政机制是缺乏效率的,例如官僚主义、长官意志、主观主义以及落后的操作工具等,那么数量信号(即计划指标)将带有较大的盲目性,与真实的需求偏好有较大偏差。

其次,从收益信号失真来看。如果在收入分配过程中搞平均主义,干好干坏一个样,那么效益差异度就不能准确地转变为收入差异度,从而使收益信号发生畸变。若设曲线 P 为部门效益变化信号,L_0 为部门最高收入限制,L_1 为受最高收入水平限制的部门收入变化信号,L_2 为不受最高收入水平限制的部门收入变化信号。这样,就如图 8.4 所示。

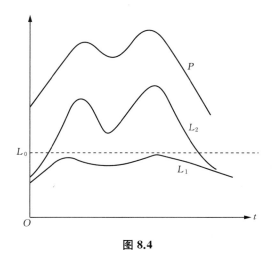

图 8.4

图 8.4 表明,由于受最高收入的限制,不同的经济效益转变为相应的收入水平时,虽然效益与收入之间有一定联系,即效益好时收入相对高些,效益差时收入相对低些,但这一变换的放大倍数点不同,即效益并不完全正比于其收入,因而 L_1 与 P 的波型完全不同。这意味着收益信号发生了畸变。与此不同,L_2 由于不受最高收入水平限制,其效益完全正比于收入,因而其波型与 P 完全相同。L_2 曲线低于 P 曲线只是表明,当效益转变成收入时,收益信号缩小了一个常数倍数。从收入的角度来看,这是一个放大的常数倍数,即扣除了各项费用(包括税收等)之后,收入总是从效益增加量中按不变的比例分得的一部分。在一定分配比例(常数倍数)下,部门效益越好,其收入越高;反之则反是。如果这一分配比例不是常数而是随时间变化的变量,收益信号就将发生畸变。如果部门收入与其效益完全脱钩(即没有一一对应关系),那只是意味着收益信号在收入分配过程中的模糊度变大,从而发生信号错失(扭曲)。

8.2.2　供给结构扭曲变动的类型

在考察这一问题时,我们不管到底是哪一种信号失真造成供给结构扭曲变动,只假定信号失真和信号失效(即供给结构不接受经济信号刺激)造成供给结构与需求结构正常联系中断。另外,为了深入考察供给结构内部扭曲与外部扭曲的关系,我们按照产品最终用途,把所有产品归并为两大类产品:消费品和投资品,把与此相应的产业部门归并为两大部类:消费品生产部类和投资品生产部类。经过这样的调整，由无穷多个产业组成的供给结构模型就转化为由消费品供给结构与投资品供给结构串联耦合而成的供给结构模型。与此相对应，我们把需求也归并为消费品需求与投资品需求结构。这样，就形成了一个经过扩展的供给结构与需求结构对应模型，如图8.5 所示。

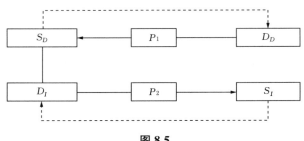

图 8.5

图 8.5 中，D_D 为消费品需求结构；S_D 为消费品供给结构；D_I 为投资品需求结构；S_I 为投资品供给结构；P_1 为 D_D 与 S_D 之间的中介体（信号），P_2 为 D_I 与 S_I 之间的信号；带箭头的实线表示信号刺激，带箭头的虚线表示供给的机能反应；S_D 与 D_I 之间的实线表示消费品与投资品之间的产业关联。我们将利用这一模型来考察供给结构扭曲变动的不同类型。

我们首先假定消费品与投资品之间存在正常的产业关联，即消费品生产的增长能通过产业关联带动投资品生产增长。在这一假定条件下，供给结构扭曲变动有以下两种类型：

（1）拉动型供给结构扭曲变动。这主要是由 P_1 失真引起的供给结构扭曲。当 P_1 失真时，它将造成 S_D 与 D_D 正常联系中断，而 S_D 扭曲将通过产业关联造成 D_I 的扭曲。在这种情况下，P_2 即使不发生任何错失或畸变，其实质也是扭曲的。显然在 P_2 刺激下，S_I 的变动也是扭曲的。可见，这种供给结构扭曲变动是由 P_1 失真所拉动的，如图 8.6 所示。

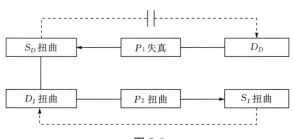

图 8.6

（2）推动型供给结构扭曲变动。这是由 P_2 失真所引起的供给结构扭曲。当 P_2 失真时，D_I 与 S_I 的正常联系便中断了，S_I 发生扭曲变动。在这种情况下，即使 P_1 是正常的，从而 D_D 与 S_D 的联系是正常的，但 S_D 的实际投入却是扭曲的。所以，尽管在 P_1 正常刺激下，C_D 仍然扭曲变动；因为投入决定产出，扭曲的投入结构决定扭曲的产出结构。可见，这种供给结构扭曲变动是由 P_2 失真所推动的，如图 8.7 所示。

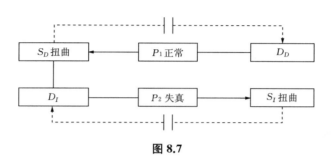

图 8.7

上述两种类型是在消费品供给结构与投资品供给结构串联耦合的假定条件下发生的。然而，在现实经济中有可能出现消费品供给结构与投资品供给结构相对分离的状况，即消费品生产增长并不带动投资品生产增长，投资品生产具有自我服务和自我循环的闭锁性。这种情况意味着两者的串联回路已发生了短路。在消费品供给结构与投资品供给结构串联耦合出现短路的情况下，供给结构扭曲变动也有以下两种类型：

（1）分离型供给结构扭曲变动。这是由于 P_1 和 P_2 分别失真所引起的 S_D 和 S_I 双重扭曲。这种双重扭曲是由 P_1 失真和 P_2 失真分别决定的，而 P_1 与 P_2 之间不存在传递关系，所以这双重扭曲是相对分离的。尽管如此，但对于需求结构来说，它们共同构成了供给结构扭曲变动。只不过这种供给结构扭曲变动表现为两个相对分离的子系统的扭曲变动，如图 8.8 所示。

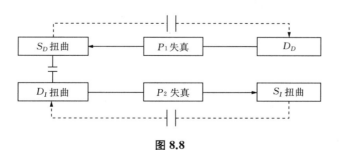

图 8.8

（2）渗透型供给结构扭曲变动。在消费品供给结构与投资品供给结构相对分离的情况下，如果只有其中一个信号失真，从表面上看，似乎只有一种供给结构会发生扭曲变动。实际上，这种供给结构扭曲变动会渗透到另一供给结构变动中去。如果 P_1 正常，按理 S_D 在短期内变动是正常的，但 S_D 与 D_I 之间的短路就决定了 S_D 不可能在长期内对 D_D 作出正常反应，因为投资品生产的自我循环不能保证对消费品生产提供足够的投资品，从而消费品生产具有相对萎缩的趋势，久而久之，S_D 便发生扭曲变动。反过来，如果 P_2 正常，按理 S_I 变动应是正常的，它与 D_I 的联系不会中断，但 S_D 与 D_I 之间的短路决定了 D_I 不可能在长期内是正常的，因而 S_I 对这种 D_I 作出反应，从 D_D 要求来看，也只能是一种扭曲变动。

8.2.3　结构弹性负效应

在供给结构扭曲变动的情况下，由于其脱离需求偏好而变动，所以结构弹性值只有三种可能：第一种可能是：当需求偏好转变时，供给结构对其没有反应，依然如故，即结构弹性值等于 0。第二种可能是：当需求偏好既定时，供给结构不停地盲目变动。这种结构弹性有点类似弹性无穷大。第三种可能是：供给结构与需求结构成反向变动，即需求减少的产品，其供给增大；而需求增大的产品，其供给减少。这种结构弹性小于 0。

这三种供给结构扭曲变动下的结构弹性，其效应不是大小问题，而是负效应问题。所谓弹性负效应，是指供给结构变动只增加社会成本，而不增加任何社会福利（或有效产出）的效应。显然，供给结构扭曲变动对于经济增长有弊无利，对经济增长的健康发展设置了严重的障碍。

值得指出的是，供给结构扭曲变动下的弹性负效应不仅表现为大量无效产出所造成的资源浪费，而且表现为有效产出短缺对需求结构正常变动的拖曳，从而导致经济成长滞后。前一种负效应已有大量论著作了深刻分析，我们着重分析后一种负效应。

在第 7.2 节中我们曾指出，需求结构滞后变动是由偏低的消费水平引起的，而偏低的消费水平则是既定的国民收入使用额在消费和积累之间不合理分配的结果。由于在那里分析我们假定供给结构变动是正常的，所以只能从消费水平的角度谈需求结构滞后变动的原因。现在我们已进入对供给结构扭曲变动的分析,这样就可以从供给结构扭曲变动负效应的角度来考察需求结构滞后变动的另一种类型,即有效产品短缺强制下的需求结构滞后变动。

事实上,经过国民收入使用额的分配而转化来的居民可支配收入水平,并不代表消费水平,而只是决定了居民的一种意愿消费需求。这种意愿的消费需求只有通过实际购买才转化为实际的消费需求。与此相对应,就存在着意愿的消费需求结构与实际的消费需求结构。在供给结构扭曲变动的情况下,由于存在着有效产品供不应求的情况,所以居民的意愿消费需求可能因为买不到所欲购买的产品而不能实现,这样就产生了对意愿消费需求的修正问题,从而也形成了意愿消费需求结构与实际消费需求结构的差别。

有效产品供不应求,表现为两种情况:一种是总量供给的短缺引起的供不应求;另一种是产品结构失调引起的供不应求。这两种情况的存在,都将使居民已经很低的购买力得不到完全实现。在总量短缺情况下,居民手中的一部分货币将成为不可支出的货币。这是由短缺导致的强制储蓄的极端形式。在结构性短缺情况下,消费者将出现三种选择:(1)进行强制替代的购买;(2)进行强制支出的购买,这是由于初始意图受到挫折而引起的对非替代品的购买;(3)等待,即持币待购。在发生强制替代购买和强制支出购买时,消费支出仅仅是购买方向的改变,总支出水平不变;而发生等待时,则是实际消费支出的减少。

在现实经济中,总量短缺和结构性短缺往往是同时存在的。这种短缺与人均消费水平的提高没有必然的联系,两者之间的关系既不是正相关,也不是负相关。消费量可能一年比一年更多,而消费者却继续在排队、等待和实行强制替代。[1]但短缺的存在却是抑制消费倾向的因素之一,它使意愿消费需求与实际消费需求发生偏离。意愿消费需求与实际消费需求的偏离对消费需求结构滞后的影响,有以下两种不同的方式:

(1) 由不可支付的货币和等待造成的总支出水平的减少,使意愿消费需求与实际消费需求发生绝对值的差异。若设意愿消费需求为 C_n,实际消费需求为 C_r,在短缺情况下,其关系必然为:

$$C_n > C_r$$

---

① [匈]亚诺什·科尔纳:《短缺经济学》(下卷),经济科学出版社 1986 年版,第 89 页。

若设未实现的购买力为 B,则:

$$B = C_n - C_r$$

由于消费水平直接决定了消费需求结构,所以与 C_r 相适应的需求结构必定低于与 C_n 相适应的需求结构。这种情况从时间序列来看,就表现为需求结构变动滞后。

短缺降低实际消费倾向,进而造成需求结构的滞后,在不同运行机制或产品实现过程中有不同的表现。在消费品市场购买的方式下,短缺降低实际消费倾向是有一定限度的。若短缺十分严重,致使消费者的预期发生混乱,从而使消费者减少了等待,加强了强制替代,尤其是强制支出,则可能造成市场恐慌和抢购现象。在这种场合,短缺与实际消费需求呈正方向变动,互相促进。[①]图 8.9 描述了在市场购买过程中短缺对实际消费需求的影响。

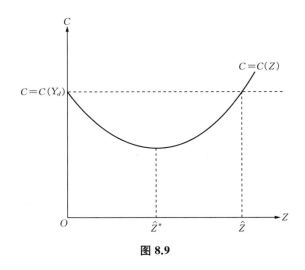

图 8.9

图 8.9 中,横轴 Z 表示短缺程度,纵轴 C 表示实际消费支出,曲线 $C = C(Z)$ 表示实际消费随短缺程度 Z 的变化而变化的轨迹。当 $Z = 0$ 时,即不存在短缺时,实际消费需求就等于由可支配收入决定的意愿消费需求,如图 8.9 $C = C(Y_d)$ 点所示。然后,随着短缺的增强,即 Z 值增大,实际消费越来越小于意愿消费,即未实现购买力 B 值增大。但当短缺超过了社会认可的正常水平,即超过其临界

---

① 参见符钢战等:《社会主义宏观经济分析》,学林出版社 1986 年版,第 113 页。

值 $\hat{Z}^*$,就会造成消费者的恐慌,大量的强制替代和强制支出将会发生,从而使实际需求随着短缺的加强而上升。这一过程在图 8.9 中表现为实际消费曲线向右上方倾斜。但这一变动并不能改变需求结构非正常变动的局面,其原因将在下面具体分析。

然而,在消费品行政配给的方式下,短缺与实际消费需求就只表现为反方向运动的关系。这样,实际消费 C 随短缺程度 Z 的变化而变化的轨迹就有所不同了,如图 8.10 所示。

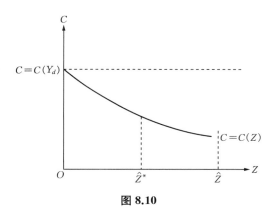

图 8.10

在大多数产品实行行政配给的情况下,即使当短缺超过了临界值 $\hat{Z}^*$(正常短缺程度),大量的强制替代和强制支出也无法发生,从而只会出现大量的等待和不可支付的货币,使实际消费需求不断趋于下降。这一过程在图 8.10 中表现为实际消费曲线从左上方向右下方的倾斜。

尽管图 8.10 中的情况是一种极端的假设,它只有在战时共产主义的历史环境中才出现过,但在传统社会主义经济中有着一种加强行政配给方式作用的内在趋势。短缺越严重,行政配给的分配作用就越大,即如图 8.11 所示:

图 8.11

因此,我们可以把它视为传统社会主义经济中特有的典型情况。这种消费品的行政配给方式抑制了实际消费需求随短缺程度超过其临界值而产生的需求膨胀,使实际消费需求不断随短缺程度的加剧而下降。所以,短缺及其行政配给方式使实际消费需求大大低于意愿消费需求,从而造成消费需求结构变动的严重滞后。

(2)由强制替代和强制支出造成的购买方向的改变,使意愿消费需求与实际消费需求发生错位。这种情况对需求结构的影响,有以下两种可能:

第一,如果实际购买的替代品和强制支出所得产品与意愿购买的产品相比,属于更高的需求层次,那么在打乱了社会正常的消费方式的前提下,它可能使实际需求结构超前,例如在较低需求层次的食品没有充分满足的情况下,被逼扩大了对文化和服务的需求。这种情况在现实经济中也出现过。

第二,如果实际购买的替代品和强制支出所得产品与意愿购买的产品相比,属于更低的需求层次,那么它实际上是抑制了消费需求的正常水平,从而使消费结构变动滞后。这种情况在现实经济中更普遍,一则满足较高需求层次的消费品相对更少,二则较低的可支配收入也难以购买价格昂贵的高档消费品,所以大多数强制替代和强制支出所购买的产品是满足较低需求层次的。相比而言,强制替代和强制支出导致消费需求结构变动滞后的可能性更大。

综上所述,我们可以看到,短缺是影响需求结构变动滞后的重要因素之一,这是供给结构扭曲变动特有的现象。其基本过程如图 8.12 所示。需求结构滞后变动下的低水平弹性效应我们已在第 7.2 节中作了详尽分析。可见,供给结构扭曲变动的弹性负效应,不仅通过无效产出的浪费直接表现出来,而且通过对需求结构强制性滞后变动间接表现出来。因此,改变供给结构扭曲变动局面是发挥和提高结构弹性效应最关键的问题。而这一问题的解决,取决于信号的有效性和产业关联的聚合质量。对于提高信号有效性来说,主要是改善和提高信号传输能力,而这又涉及完善收入分配机制和价格(数量)机制的深层问题。

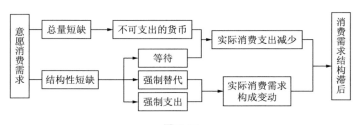

图 8.12

8.3 供给结构僵化变动下的弹性效应

8.3.1 供给结构僵化变动的含义

所谓供给结构僵化变动，是指在适应需求结构变动的过程中难以进行自身有效调整的供给结构变动。这也就是通常所说的"供给结构刚性"。但"刚性"一词是与弹性相对立的，即意味着无弹性，而我们所说的那种在适应需求结构变动中难以进行自身有效调整的供给结构变动并不是无弹性的，它只是弹性不足而已。所以，为了避免概念混乱，我们把这种供给结构变动定义为僵化变化，而不是用"结构刚性"来表述。

供给结构僵化变动与前面所讲的供给结构扭曲变动的一个根本区别，就是它并不脱离需求结构而自行变动，即是在适应需求结构变动的前提下发生的变动。而它与供给结构正常变动的区别，则在于它是一种难以进行自身有效调整的结构变动。从供给结构僵化变动的基本含义中我们可以看到，这一结构变动状态的主要症结，不在于信号刺激这一中介体上，而在于机能反应能力上，因为它是在适应需求结构变动的前提下发生的变动，这表明供给结构与需求结构的正常联系并没有完全中断，由此可推断信号刺激是有效的。所以，供给结构僵化变动的全部问题就集中在机能反应能力上，即机能反应能力差导致其难以进行自身的有效调整。

在第 5.3 节中我们曾分析了供给结构变动的两种方式，即以潜在产业生产能力结构变动为基础的质变方式和潜在产业生产能力结构不变情况下由中间要素投入结构变动决定的量变方式。这里，我们仍可以借用此分析方法来考察供给结构僵化变动的情况。

第一种情况：在适应需求结构变动的过程中，不仅潜在产业生产能力结构难以实现有效调整，而且中间要素投入结构也缺乏足够的弹性，这样供给结构在质变和量变两种方式上都表现为僵化变动。

第二种情况：在适应需求结构变动的过程中，潜在产业生产能力结构难以实现有效调整，而中间要素投入结构则有较大的变动弹性。这样，在短期内供给结构也许并不明显地表现出僵化变动，但中间要素投入结构变动偏离潜在产业生产能力结构的程度是有限的,因而从长期看,供给结构仍然表现为僵化变动。

第三种情况:在适应需求结构变动的过程中,潜在产业生产能力结构有较大变动弹性,而中间要素投入结构则难以实现有效调整。虽然这种情况极为少见,但在某种特殊场合仍可能出现。例如,大量的新增固定资产投资可能使潜在产业生产能力结构有较大的变动弹性,但中间要素投入的分配格局因体制限制而凝固化(如劳动力不能流动等)。在这种情况下,由于供给结构变动表现为实际产业生产能力结构变动,而不是潜在产业生产能力结构变动,所以供给结构还是表现为僵化变动。

可见,供给结构僵化变动实际上是产业生产能力结构难以实现有效调整,因而它主要涉及生产能力存量转移和增量配置问题。

8.3.2 存量转移和增量配置

在西方宏观经济理论中,存量是一个与流量相对应的概念,它是指在一定时点上测算出来的变量,而流量则只能是按一定的时期测算的变量。我们在这里使用的存量是与增量相对应的,所以其含义有所不同。它是指一定时点上原有规模的数量,而增量则是超过原有规模的新增数量。经过这种概念调整,尽管原材料本来只是一种流量,但现在我们则可以把原有一定规模的原材料视为存量,而把新增原材料看作增量。同样,原有的固定资产规模为存量,新增固定资产为增量;原有劳动力规模为存量,新增劳动力为增量。还要注意,这一增量是扣除了折旧和补充原有劳动力更替后纯粹新增加的生产能力。由于技术是渗透在各生产要素之中的,所以在考察存量转移和增量配置问题时无法单独列出。并且,为了分析简便,我们假定其是不变的。

产业生产能力的存量转移和增量配置是供给结构机能反应的两种内在作用机制。在简单再生产条件下,原有生产能力在部门之间的转移,将引起产业生产能力结构的变动。在扩大再生产条件下,即使原有生产能力的部门分布不变,新增生产能力在部门之间的配置也将引起产业生产能力结构的变动。当然,这两种作用机制对供给结构机能反应的影响是有一定区别的。

在产业生产能力规模既定条件下,存量转移所引起的一些部门生产能力的增加是以另一些部门的生产能力绝对减少为前提的。与此不同,增量配置所引起的一些部门生产能力的增大则是以另一些部门生产能力相对减少为前提,其拥有的生产能力绝对量并不减少。供给结构在适应需求结构变动的过程中，可能会遇到不同情况所提出的不同要求。一种情况是需求结构变动要求某些部门产品供给量绝对增加，而另一些部门产品供给量绝对减少。供给结构对此要求的机能反应应该是某些部门生产能力扩大，而另一些部门生产能力收缩。在这种情况下，增量配置虽然能够满足某些产业部门生产能力扩大的要求，但却无法实现另一些产业部门生产能力收缩的目标，而存量转移则有可能同时满足这两方面的要求。另一种情况是需求结构变动要求某些部门产品供给量绝对增加，而另一些部门产品供给量不变，或者要求所有部门产品供给绝对量都增加，但某些部门增加幅度大些，而另一些部门增加幅度小些。供给结构对此要求的机能反应应该是某些部门生产能力扩大，而另一些部门生产能力不变，或者所有部门生产能力都扩大，但扩大的幅度有差异。在这种情况下，存量转移就无能为力了，而增量配置则有可能同时满足这两方面的要求。因此，在供给结构适应需求结构变动所作出的机能反应中，存量转移和增量配置的作用是不可互相替代的，缺乏其中任何一种机制，供给结构机能反应就会处于僵化状态。

8.3.3 供给结构僵化变动的成因

一般说来，造成供给结构僵化变动的直接原因就是存量转移失灵，增量配置失效。存量转移失灵是指原有生产能力部门分布凝固化，不能重新组合。增量配置失效是指新增生产能力部门配置失当。显然，当这两个作用机制都发生故障时，供给结构的机能反应能力将趋于零，即丧失其反应能力。如果只是其中一个作用机制发生故障，那么供给结构的机能反应能力虽不会趋于零，但比较小。只有在这两个作用机制都充分发挥其作用时，供给结构的机能反应能力才比较大。在现实经济生活中，其逻辑可能不是那么简单和明了，即不存在存量转移完全失灵或增量配置完全失效，更多的是一定程度的存量转移失灵和增量配置失效，从而决定了机能反应能力不是趋于零，也不会很高，而是偏低水平，使供给结构表现为僵化变动。

存量转移失灵的部分原因在于其自身的特性，因为存量转移的可能性取决于被转移的生产要素的通用程度。一种生产要素的通用性越小，其转移的可能性也越小。随着社会专业化生产的发展，设备、原材料、劳动职业的专业性增强，通用性下降，从而存量转移的摩擦增大。例如，某些高度专用性设备无法转移到其他部门使用,劳动力必须经过重新职业培训才能转移到其他部门等。这在一定程度上也表现为存量转移失灵,即转移不够灵活。

撇开这种因素的影响,存量转移失灵则主要是转移机制失灵。转移机制失灵表现为两个方面:一是缺乏存量转移的动力(压力),即转移推动力;二是缺乏存量转移的有效渠道。在传统社会主义经济中,由于缺乏竞争机制和兼并机制,以及行政性"条条块块"的分割所形成的刚性利益格局,所以存量转移既缺乏强有力的推动力,又缺乏有效的渠道,存量转移几乎不复存在。即使在个别时期,对一些企业实行"关、停、并、转",也往往是在行政性"条条块块"范围内进行的。

从存量转移失灵的要素构成来看,在一般情况下,固定资产存量转移失灵最为严重,劳动力转移失灵其次,原材料转移失灵相对好些。这是因为,原材料一则通用性较大,二则每一年度可进行重新计划分配,虽然刚性的利益格局也阻碍其重新分配,但经过一番"讨价还价"的谈判,还是可以有一定程度的变动。相比之下,劳动力和固定资产转移要困难得多。我们把这种不同要素存量转移失灵的程度差异定义为结构性存量转移失灵。这种结构性存量转移失灵必然伴随着资源配置效率的损失。

增量配置失效主要是由于新增生产要素分配机制失效。这种分配机制失效,主要表现为新增生产要素分配受到某种非价格化或非数量化过程的制约。例如,在传统社会主义经济中,增量分配的一般原则是按各部门前期份额进行分配的。即使根据部门相对短缺强度进行某些增量分配的调整,也是掺杂着各方面对分配主体的相对影响力量(即争投资、争原材料、争招工指标的压力)的因素。此外,还取决于分配者对短缺的社会成本的承担主体和显示方式的确认。一般来说,一个部门的短缺所产生的社会成本若要由分配者自己承担,并且具有集中和快速显示后果的特点,那么增量分配者就比较容易确认该部门的短缺而给予较多的增量分配。这种受到某种非数量化过程制约的增量分配,其本身就具有一定的刚性,从而大大降低了供给结构机能反应的能力。

从增量配置失效的要素构成来看,在一般情况下,固定资产增量配置失效最为严重,其次是原材料,最后是劳动力。尤其在劳动力供大于求的情况下,其增量配置失效的程度相对低些。我们把这种不同生产要素增量配置失效程度的差异定义为结构性增量配置失效。

在上面关于存量转移失灵和增量配置失效的原因分析中,我们以传统社会主义经济为例，只是为了便于说明问题。这并不排除在市场经济中也会出现存量转移失灵和增量配置失效的情况。例如市场分割和垄断会阻碍存量转移，市场信号短促和机制不完善会影响增量配置效率等。

8.3.4 供给结构僵化变动的低弹性效应

由存量转移失灵和增量配置失效引起的供给结构机能反应能力偏低，决定了供给结构适应需求结构变动的僵化状态。这种状态下的结构弹性是不充足的，即弹性值小于1，因而其结构弹性效应是比较低下的。

供给结构僵化变动下的低弹性效应，是以大量潜在生产能力闲置与有效产出不足并存为其主要特征的。从结构性存量转移失灵和增量配置失效来看，转移失灵和配置失效最严重的均为固定资产。相对而言，中间要素的转移失灵和配置失效的程度稍好些，而且原材料和劳动力在存量转移失灵和增量配置失效中的排列顺序有所不同，这意味着原材料或劳动力的存量转移与增量配置之间有一定程度的弥补性。例如，劳动力存量转移比较困难，而其增量配置失效并不严重，那么后者在一定程度上就弥补了前者的缺陷。从这种结构性分析中我们可以看到，供给结构僵化变动总是伴随着潜在产业生产能力结构与实际产业生产能力结构之间的严重偏差，如图8.13所示。

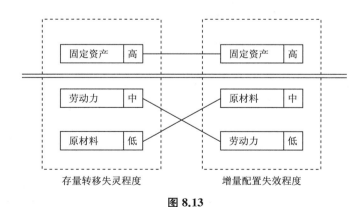

图 8.13

这一偏差实际上意味着在一部分固定资产闲置的同时，另一部分固定资产的过度使用。若设潜在产业生产能力大于实际产业生产能力的偏差（即资产设备闲置）为正偏差 R_+，而潜在产业生产能力小于实际产业生产能力的偏差（即

生产能力过度利用)为负偏差 R_-,那么总偏差就表现为:

$$\begin{cases} R_+ = A - P, \ A > P \\ R_- = A - P, \ A < P \end{cases}$$

　　长期以来,中国的供给结构适应需求结构的变动就是在这种产业生产能力结构性偏差中进行的。如果从理论上假定产品收缩产业与产品扩大产业的标准生产能力利用程度是相同的,那么这种产业生产能力结构性偏差下的产品供给结构的适应性调整就可以用图 8.14 来描述。

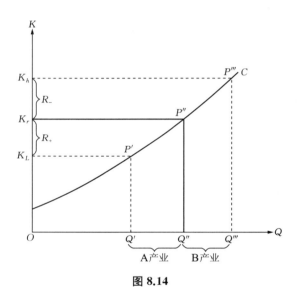

图 8.14

　　在图 8.14 中,我们假定适应需求结构变动的要求,A 产业属于产品收缩产业,B 产业属于产品扩大产业。在供给结构机能反应僵化的情况下,A 产业的产品减少对应于其生产能力利用不足 K_L 所形成的正偏差 R_+,而 B 产业的产品增加则对应于其生产能力过度使用 K_h 所形成的负偏差 R_-。因此,供给结构适应需求结构变动的弹性在很大程度上取决于产业生产能力的正、负偏差的可能性范围。前面的分析已经指出,在这种正、负偏差的情况下实现的供给结构弹性,其弹性效应是较差的。更何况,负偏差的可能性范围是有限的,所以产品增加的调整余地不大,从而表现为有效产出不足。相反,正偏差的可能性范围是很大的,从而以大量资产设备闲置为条件的产品减少的调整余地较大。

9 综合分析:中国例证

前两章对结构弹性效应的供给分析与需求分析,都是以其对方的正常变动为考察前提的,即需求分析以供给结构正常变动为理论前提,而供给分析则以需求结构正常变动为理论前提。这是为了便于从理论上分别揭示供给结构变动状态和需求结构变动状态对结构弹性效应的影响。现在,我们将在此基础上把两者有机结合起来进行综合分析。这一综合分析也可以采取纯理论形式,研究供给结构非正常变动和需求结构非正常变动的各种类型的不同组合,及其对结构弹性效应的影响。但我认为,这一综合分析采取现实考察方法可能更有价值,可以进一步深化前两章的理论分析。从理论的实践性要求出发,这一综合分析的现实考察将以中国为例。中国的供给结构变动状态和需求结构变动状态以经济体制改革为分界线表现为具有典型意义的转变,而改革以后阶段的前十年与近期的情况又有所不同,所以,下面分改革前、改革十年和近期三个阶段对供求结构变动进行综合分析,以揭示这三个不同时期的结构弹性效应。

9.1 改革前的结构弹性效应

9.1.1 滞后型需求结构

改革前(1978 年以前),中国消费需求结构变动在某些时期(如 1952—1957 年)还算处于正常状态,但从总体上讲,是一种滞后型需求结构。根据第 7.2 节中提出的定义,我们首先来看这一时期国民收入分配中的消费水平。表 9.1 从总体上反映了这一时期消费增长严重滞后的基本状况。国内学者张凤波在《中国宏观经济分析》一书中对此作了较深入的统计分析,我们选择其中两项分析来加以说明。

表 9.1

	国民收入 增长倍数	积累额 增长倍数	消费额 增长倍数	居民货币收入 增长倍数
1953—1978 年	4.9	8.36	3.96	4.2

(1) 国民收入的边际消费倾向分析。设消费函数 $C = a + bY$,C 为消费额,Y 为国民收入使用额,采用 1952—1985 年的数据(单位为亿元,按当年价格计算),根据上式用最小二乘法计算出 b,得出表 9.2 的结果(表中括号内的数字为计算方程式的判定系数)。

表 9.2 中国国民收入的边际消费倾向

时　　期	消费总额	居民消费	农民消费	非农居民消费
1952—1957 年	0.6954 (0.992)	0.6584 (0.992)	0.3638 (0.952)	0.2945 (0.978)
1958—1976 年	0.5958 (0.921)	0.5236 (0.910)	0.3906 (0.844)	0.1444 (0.865)
1977—1985 年	0.6770 (0.988)	0.5902 (0.987)	0.3940 (0.983)	0.1977 (0.987)
1952—1985 年	0.6649 (0.993)	0.5769 (0.992)	0.3783 (0.984)	0.2020 (0.987)

资料来源:张凤波:《中国宏观经济分析》,人民出版社 1987 年版,第 181 页。

从表 9.2 中可以看到,1958—1976 年间中国国民收入的边际消费倾向相对较低,只达到 0.5958,亦即每增加 1 亿元国民收入平均引致 0.5958 亿元用于消费,而 0.4042 亿元用于积累,分别低于其前后两个时期的 17% 和 14%。经验证明,1952—1957 年间中国国民经济中消费与积累的关系比较合理,消费是随国民收入的增加而稳步增长的(这可以从此时期较高的判定系数中得出此判断)。1958—1976 年间消费对于国民收入的平均边际消费倾向的下降则表明,此期间积累与消费的比例关系失调造成消费支出大量减少,消费水平未能随国民收入的增长而得到相应的提高。由于中国的居民消费约占整个消费的 90%,所以,这种情况也可以从居民消费对于国民收入的边际消费倾向下降至 0.5236 得到说明。改革后,消费对于国民收入的平均边际消费倾向出现回升,居民消费对于国民收入的平均边际消费倾向也恢复到 0.5902,其中农民部分为 0.394,非农居民部分为 0.1977。这表明积累与消费的关系得到较大的调整,开始趋于合理。由判定系数可知,该时期消费支出的增长也较稳定。

(2)消费对于国民收入的弹性分析,即消费支出增长对国民收入增长的反应程度,或国民收入的增长率导致的消费支出的增长率分析。根据 $\ln C = a + b \ln Y$ 公式,采用最小二乘法计算出 b,得出表 9.3 的结果。

表 9.3   中国的消费对于国民收入的弹性值

时　　期	消费总额	居民消费	农民消费	非农居民消费
1952—1957 年	0.9050 (0.991)	0.9361 (0.992)	0.7857 (0.952)	1.2305 (0.892)
1958—1976 年	0.8308 (0.866)	0.8060 (0.847)	0.9726 (0.732)	0.5815 (0.796)
1977—1985 年	1.0303 (0.936)	1.0181 (0.985)	1.0664 (0.981)	0.9365 (0.984)
1952—1985 年	0.9286 (0.980)	0.9034 (0.978)	0.9247 (0.942)	0.8906 (0.965)

资料来源:张风波:《中国宏观经济分析》,人民出版社 1987 年版,第 181 页。

表 9.3 中的结果表明,1952—1957 年间,消费对于国民收入的弹性值为 0.9050,居民消费的弹性值为 0.9361,消费支出的增长率略低于国民收入的增长率。而 1958—1976 年间,消费的弹性值下降到 0.8308,居民消费的弹性值也下降到 0.806,消费支出的增长率大大滞后于国民收入的增长率。另外,该时期的判定系数也较大幅度地下降,说明消费增长趋势很不稳定。

从上述实证分析中我们可以得出一个基本判断,即改革前,相对于经济发展水平,中国存在着偏低的消费率和较慢的消费增长率,从而只有较低的消费水平。在这种偏低消费水平制约下,中国的消费需求结构变动呈现滞后状态。不仅如此,前面第 8.2 节中提到有效产出短缺对意愿消费需求的修正,从而影响需求结构滞后变动的情况在改革前也明显存在着。这可以通过该时期居民结余购买力的迅速增长得到间接反映。

当然,居民结余购买力总额的增长与经济发展水平的提高有关(两者呈正相关关系），甚至还与物价上升等因素有关。但在改革前的时间段里，经济增长速度并不很快（与 1978 年以后相比），尤其是 1958—1978 年间，如表 9.4 所示。而且，从总体经济水平来说，当时尚处于满足温饱阶段。在这种背景下，居民偏低的本年收入中按理绝大部分将用于本年货币支出，其结余购买力总额不会太高，其增长也不会太快。同时，在改革前实行物价集中管理，基本上是固定价格，因而完全可以排除物价上涨因素对其的影响。因此，在该期间，结余购买力总额的较快增长在很大程度上就要归因于有效产品短缺。

表 9.4

时　　　期	社会总产值 年平均增长速度（%）	工农业总产值 年平均增长速度（%）	国民收入使用额 年平均增长速度（%）
1952—1978 年	7.62	7.76	6.30
1958—1978 年	5.99	6.43	5.02
1979—1984 年	11.22	11.10	10.55

资料来源：根据《中国统计年鉴》(1985) 中的数字计算。

表 9.5 显示了某些时点上居民货币收支平衡情况。表中年初结余购买力为上年度积累下来的购买力，由储蓄存款和手存现金两部分构成。年初结余购买力与本年货币收入总额形成了全年社会商品购买力的来源。它减去本年货币支出额，便是年末结余购买力总额。在改革前的阶段里，各年的货币收入总额基本

表 9.5　中国居民货币收支平衡表　　　　　　　　　　　　　　　（亿元）

	1952 年	1960 年	1970 年	1980 年	1983 年
年初结余购买力总额	19.4	123.2	184.9	477.2	1032.0
储蓄存款	5.5	68.3	75.9	281.0	675.4
手存现金	13.9	54.9	109.0	196.2	356.6
本年货币收入总额	269.3	575.9	710.1	1899.9	2639.1
本年货币支出总额	258.1	563.9	717.9	1722.0	2335.4
年末结余购买力总额	30.6	135.2	177.1	655.1	1335.7
储蓄存款	8.6	66.3	79.5	399.5	892.5
手存现金	22.0	68.9	97.6	255.6	443.2

资料来源：《中国贸易物价统计资料》，中国统计出版社 1934 年版。

上大于货币支出总额,再加上年初结余购买力,每年年末均形成较大的结余购买力。所以,这一阶段的结余购买力增长较快,1960 年为 1952 年的 4.42 倍,1970 年为 1960 年的 1.31 倍,1980 年为 1970 年的 3.7 倍。而且,在这一庞大的结余购买力中,手存现金所占比例在较长时期内一直高于储蓄存款,也从一个侧面反映了有效产品短缺造成的持币待购现象。总之,在经济发展较低水平阶段,偏低的可支配收入中又存在这么庞大的结余购买力,显然大大加剧了消费需求结构的滞后性。

9.1.2 分离型供给结构扭曲变动

改革前,中国供给结构变动基本上属于分离型供给结构扭曲变动。国内学者对 1978 年以前的轻、重工业的相关分析表明,重工业产值同固定资产投资变动之间密切相关(相关系数 $r = 0.9254$),而与轻工业增长之间的相关系数为 0.6879,其相关性弱于前者。生产消费品的轻工业,其产值变动与固定资产投资变动之间的相关程度也很高($r=0.7214$),而同居民消费水平之间却不存在相关性($r=0.2768$)。[①]

从这一实证材料中我们可以推断出以下几点结论:(1)消费品生产与消费水平不相关表明消费品供给结构与其需求结构的正常联系是断裂的,即中介信号失真;而消费品生产与固定资产投资的较高相关性,则说明轻工业增长是在资源条件约束下由其投资增加直接推动的。所以,消费品供给结构是脱离其需求结构而变动的。(2)重工业的增长基本上是由固定资产投资引起的投入品需求拉动的,而不是由消费品生产增长引起的投入品需求拉动的,这表明投资品生产与消费品生产的产业关联是相对分离的。(3)投资品需求结构本身是有缺陷的,因为重工业和轻工业的增长都与固定资产投资具有很高的相关程度,说明投资品需求膨胀,而投资品需求的分配则取决于行政部门的计划安排,所以其需求信号本身往往是失真的。在这种情况下,投资品供给结构也是扭曲变动的。

把上述这几个结论综合起来,那么中国改革前的供给模式就是一种消费品

---

① 参见中国经济体制改革研究所发展研究室:《工业增长中的结构性矛盾》,四川人民出版社 1988 年版,第 4 页。

生产与其需求脱节,并不能很好带动投资品生产,以致投资品生产自我服务、自我循环的供给模式。这一模式基本上符合分离型供给结构扭曲变动的若干特征,因而我们判定 1978 年以前中国供给结构变动属于这一类型。这一类型得以形成的主要原因,是行政干预下的信号失真(包括需求信号和收益信号)和软预算约束下的信号失效。

9.1.3 恶性循环的供求结构对应组合

改革以前阶段,中国的供求结构就是分离型扭曲供给结构与滞后型需求结构的对应组合。这一对应组合的基本关系大致可以作如下描述。

以消费需求结构滞后变动为前提条件的强制高积累,使供给结构重型化成为可能,而供给结构与需求结构正常联系的中断则为资源优先投入重工业提供了保证,从而使供给结构重型化由可能转变为现实。因为消费品供给结构脱离消费品需求结构的扭曲变动,以及消费品生产带动投资品生产的产业关联断裂,使重工业增长主要是由对其自身投资引起的投入品需求拉动的。而在信号失真的投资饥饿冲动下,投资需求膨胀使投入品短缺成为经常性状态,这种失真的短缺信号引导更多的资源投入重工业。因此,在改革以前阶段,积累的近一半被用于重工业部门。在全民所有制工业的基本建设投资中,重工业投资始终占 90% 左右。

然而,失真的短缺信号中断了投资品供给结构与投资品需求结构的正常联系,使其供给结构发生扭曲变动,具体表现为它主要为重工业投资活动服务,而不是为生产消费品的轻工业的生产活动服务。这样,重工业就形成了与轻工业相分离的自我服务、自我循环的发展。在这种情况下,消费品生产的发展受到较大的限制,呈现相对萎缩倾向。1953—1978 年间,中国轻工业产值只增长了 9.71 倍,而重工业产值则增长了 27.8 倍。

消费品生产发展缓慢导致其供给不足,从而被迫实行消费品行政配给方式。这种以短缺为特征的消费品供给结构扭曲变动,造成实际消费需求大大低于意愿消费需求,使本来就偏低水平的居民可支配货币得不到充分实现,从而加剧了消费需求结构的滞后性。这种因有效产出短缺而形成的社会结余购买力,其中一部分将强迫储蓄,而这一储蓄则可以转化投资优先发展重工业,促进分离型供给结构扭曲变动。

从上述描述中我们可以看到,分离型供给结构扭曲变动与需求结构滞后变动是互为前提、互相作用的。在这种交互过程中,供给结构与需求结构各自的非正常变动状态,非但得不到调整和改善,反而日益恶化,所以它可称为恶性循环的供求结构对应组合(见图 9.1)。

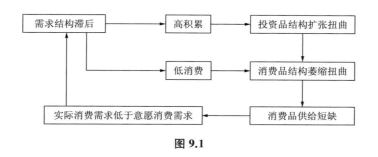

图 9.1

9.1.4 对经济增长的严重窒息

滞后型需求结构与分离扭曲型供给结构的对应组合,虽然在特定条件下出现,并得以维持,但存在的并不就是合理的。从结构弹性效应来看,滞后型需求结构只能带来低水平弹性效应,而分离型供给结构只会产生弹性负效应,两者的对应组合不可能有较好的弹性效应。实践证明,这种供求结构的对应组合对经济增长有严重影响,具体表现在以下几方面:

(1)由于投资品供给与消费品生产需求脱节,重工业主要是为投资活动(以重工业为主)服务的,所以只有在投资增长形成的对原材料和工业设备的大量需求的情况下,其庞大的生产能力才能得到充分利用。然而,由计划安排的固定资产投资也不是均衡增长的。1952—1978 年间,中国固定资产投资水平表现为一条剧烈波动的曲线(见图 9.2)。显然,这种投资的剧烈变动将造成重工业生产的大幅度波动,并使其在生产停滞和下降时伴随大量的生产能力闲置。这种生产能力闲置是一种浪费。

(2)重工业的自我服务使投资活动既为其提供了需求,刺激其生产,同时又形成了新的重工业生产能力,造成新的生产能力过剩,从而需要用下一轮更大规模的投资来刺激生产。这种强大的投资压力与资源约束形成尖锐的矛盾,不断产生"投资扩张—投资收缩—投资再扩张"的交替过程,从而成为周期性经济波动的内在基础。

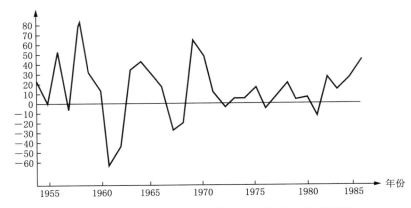

图9.2　全民企业固定资产投资变动曲线（环比增长指数）

（3）消费品生产既与社会需求脱节，又与中、上游产业生产活动割裂，使其被迫萎缩增长。虽然在工业化进程中会出现一个以重化工业为主的阶段，在此阶段，轻工业生产相对收缩，其产值和劳动力比重相对减少，但这是由需求结构变动所引致的结果。在我们所分析的这种非均衡对应的供求结构中，轻工业生产并不受消费需求的引导，因而其增长的约束条件不是市场份额，而是生产能力本身。由于重工业并不具有为其生产活动服务的特征，所以轻工业发展受到严重的资源约束，出现抑制性的萎缩增长。这不仅恶化了产业结构关联，而且直接影响经济增长。

因此，这种非均衡对应的供求结构需要进行调整，以减少对经济增长的不利影响。这种供给结构与需求结构关系的调整，其基本内容包括两个方面：一方面调整需求结构的滞后性；另一方面调整供给结构的扭曲。

消费需求结构的调整，主要是：（1）正确处理积累与消费的关系，确定合理的积累率，适当提高消费水平；（2）增加消费品供给，尽量满足居民有支付能力的意愿消费需求，增大居民消费的选择性。

供给结构的调整，主要是：（1）明确生产的目的，使供给受需求的引导，并适应需求的变动；（2）沟通产业之间的关联，使上、中游产业为下游产业的生产活动服务；（3）适当压缩重加工工业发展，相应扩大轻工业及其他产业的发展。

上述这些供求结构的调整内容，虽然看上去简单，事实上并非如此。这些方面的调整实际上面临着体制的障碍，不是单靠某些调整政策所能解决的。也就是说，要使这种非均衡对应的供求结构关系得以调整，必须进行全面的体制改革,改变形成这种非均衡对应关系的机制性条件,否则,单靠政策调整是无济于事的。

9.2　改革十年的结构弹性效应

9.2.1　超前型需求结构

1978 年之后,中国消费需求结构变动出现反弹,一改长期以来的滞后状态,具有超前倾向,其特征是以家用电器为代表的新兴耐用消费品和高档日用消费品的需求迅速发展。虽然在改革初期,曾一度出现传统消费品需求的超常规增长,但这是在持续多年的收入增长停滞和市场供应严重短缺之后发生的,具有一种矫枉过正的性质,所以不能把此看作需求结构超前变动。我们把改革后出现的需求结构超前变动仅限于新兴耐用消费品需求的迅速兴起。

这种需求结构超前变动不属于整体超前类型,因为这一时期国民收入使用额中的消费分配水平并不过高;1977—1985 年间,消费对于国民收入的平均边际消费倾向为 0.677,消费和积累的比例关系基本合理。同期,消费对于国民收入的弹性值虽然超过 1,即消费增长率超过了国民收入增长率,但由于这是在前一时期消费水平较低的基础上达到的增长速度,所以可以认为消费与积累的比例关系基本上还是较合理的。在这种情况下,需求结构超前变动属于局部超前类型。

1978 年之后,由于经济体制的改革和经济发展,客观上形成和具备了强化国内,示范效应的条件。首先,"让一部分人先富起来"的政策使收入分配的差距相对扩大,出现了以"万元户"为标志的高收入集团,虽然其比重甚小,但影响极大。尽管从总体上讲,收入分配平均化仍占主导地位,但异军突起的一小部分高收入集团的消费方式却对绝大多数较低收入的人产生重大影响,并为其仿效。其次,随着人均国民收入的不断提高,以及居民收入的增加,全国居民的消费水平从 1978 年的人均 175 元,增长到 1984 年的 327 元,人民的温饱问题基本上得到解决。再则,商品经济的发展为人们创造了更多的增加收入的机会,从而增强了对改变低收入现状的预期。这种预期助长了仿效高等级消费方式的动机。最后,社会交往和联系的扩大,尤其是大批农民走出落后闭塞的农村,感受到了城市的生活方式。这些变化无疑为强化示范效应提供了条件。

　　但直接对中国需求结构超前产生重大影响的是国际的示范效应。这种国际的示范效应的传播,其启动的关键是以家用电器为代表的新兴耐用消费品和高档日用消费品的大量进口,包括成品、散件和生产线的进口。开始是有关的制成品进口,例如彩电。这些高档消费品被一部分高收入集团购买后,即产生强烈的示范效应,为大多数收入较为均等的居民所仿效。在较低需求层次尚未充分满足的情况下,发生需求"跳跃",对这些产品形成强大的需求压力。在 1981—1988 年间,尽管这些高档耐用消费品的年平均增长速度很高(见表 9.6)但如此之高的生产增长速度竟仍然满足不了居民对这些耐用消费品的需求。这种需求结构变动不仅与国内经济发展水平相比是超前的,即使与国外同等或较高发展水平国家的需求结构相比,也是大大超前的。

表 9.6　中国主要耐用消费品增长速度　　　　　　　　(%)

	1981	1982	1983	1984	1985	1986	1987
电冰箱	13.5	79.7	88.7	190.4	164.5	55.4	78.4
彩　电	373.8	89.4	84.3	152.2	325.0	−5.0	162.3
洗衣机	422.9	97.7	44.5	58.0	535	0.7	11.8
照相机	67.1	19.1	24.7	36.3	41.8	13.2	26.7
录放机	108.1	124.5	43.4	56.0	79.4	26.1	12.6

　　资料来源:《中国统计年鉴》(1988),第 345 页。

9.2.2　渗透型供给结构扭曲变动

　　中国自 1978 年以来,由于市场机制的局部引入,消费品生产开始与社会需求发生联系,获得一定程度自主权的生产者在利润动机驱使下对市场需求有了一定的反应。轻工业产值增长速度同上年社会货币收入的增长速度之间,一反过去不相关状态,呈现高度相关性($r = 0.8496$),而过去与固定资产投资增长的相关关系消失了。这说明,消费品供给结构与消费品需求结构已初步建立起正常联系。

　　然而,投资品生产在很大程度上仍保持了旧的增长模式。在此期间(1979—1985 年),重工业与固定资产投资的相关性仍然十分显著($r = 0.8916$),而与轻工业增长之间却没有较大的相关性。这说明,重工业尚不具有为消费品生产活动服务的特征。它与下游产业的关联是断裂的(即相对分离的)。由于投资品需求仍然局限于投资品生产发展本身,而投资品生产发展又主要由失真的数量信号引导和支配,所以投资品供给结构变动是扭曲的。

因此,从总体上看,消费品供给结构与投资品供给结构是相对分离的,前者自身表现为非扭曲变动,后者自身表现为扭曲变动。虽然消费品供给结构能在一定程度上对需求结构变动作出反应,但投资品供给结构扭曲对其有渗透影响,从长期来看,消费品供给结构在适应需求结构过程中也将发生扭曲。这些症状表明,改革以来的十年中,供给结构变动属于渗透型扭曲变动。但值得提出的是,即使撇开投资品供给结构扭曲对消费品供给结构变动的渗透影响,这一阶段消费品供给结构变动虽不是扭曲变动,但也不能算是正常变动,而是一种僵化变动,因为消费品供给结构适应需求结构的变动,主要是增量配置在起作用,存量转移甚少。

自经济体制改革以来,一个明显的变化是投资决策分散化。投资决策分散化意味着投资在一定程度上更多地受利润率等经济信号的导向,从而削弱了非经济因素对其的制约。从这一意义上讲,它改善了供给结构变动的增量配置能力,增强了供给结构对需求结构变动的弹性。例如,在改革初期,曾一度出现了传统消费品需求超常规增长,消费品供给结构在适应这一变化过程中,增量配置起了重大作用。从全民所有制范围的基建投资来看,1981年同1978年相比,国家预算外投资所占比重从16.7%上升到43.2%;轻工业投资占全国投资总额的比重,从5.8%上升到9.8%。这一投资格局和投资结构的变化,使轻工业部门的生产能力迅速扩大,从而较好地满足了传统消费品需求的增长。

但是,在改革以来的十年中,存量转移却没有取得突破性进展。虽然1979年之后我们在理论上承认了生产资料同样也是商品,并在实践中开放了局部生产资料市场,组织了各种设备租赁,通过各种横向联合实行设备转移等,但由于缺乏有效的转移和兼并机制,这种存量转移还是十分有限的。据有些学者估算,在此期间全社会固定资产存量中通过流动、转移而从闲置转入运转的总量在200亿—300亿元之间,仅占总存量的2%—4%。[1]

---

[1]　参见周其仁等:《发展的主题》,四川人民出版社1987年版,第165页。

9.2.3　强烈摩擦的供求结构对应组合

改革以来的十年中,中国的供求结构就是超前型需求结构与渗透型扭曲供给结构的对应组合。这一对应组合的基本关系可以作如下描述。

在以新兴耐用消费品需求迅速发展为特征的消费需求结构超前变动下,消费品供给结构以增量配置为基本方式对此作出一定反应。但由于重工业在很大程度上仍保持着旧的增长模式,尚不具有为下游产业生产活动服务的特征,所以当下游产业的需求从弹性低的行业转向弹性高的行业时,某些中游产业和上游产业的供给往往与关联产业的需求脱节,即投资品供给结构与消费品生产需求结构分离。投资品供给结构的扭曲变动对消费品供给结构的渗透影响,使消费品供给结构不能有效地利用增量配置手段对超前变动的需求结构作出适应性反应。这样,超前型需求结构与渗透型扭曲供给结构之间存在着一个两者不能对应组合的矛盾,即这种供给结构根本不能适应超前型需求结构变动;或者说,在这种供给结构下,需求结构根本无法实现超前变动。

解决这一矛盾,并使两者得以对应组合的条件就是进口依赖。新兴耐用消费品部门的生产能力的引进,缓解了投资品供给结构扭曲变动对消费供给结构适应需求结构变动的制约,使消费品供给结构能在与投资品供给产业关联断裂的情况下,对需求结构超前变动作出反应。然而,这一进口依赖是全面性的,即不仅要引进生产线,而且还要引入原材料。这种下游产业的需求外移进一步弱化了消费品供给结构与投资品供给结构的产业关联。这一基本关系如图9.3所示。

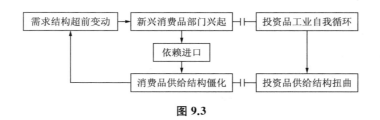

图 9.3

9.2.4　难以支撑的经济增长

这种供给结构与需求结构的对应组合对经济增长的影响,也许更为复杂一

表 9.7　中国新兴消费品主要生产部门工业产值增长速度　　（％）

	1981 年	1982 年	1983 年	1984 年	1985 年	1985 年比 1980 年
工业总产值	4.15	7.71	10.53	14.05	17.99	66.17
下游产业工业总产值	14.12	5.71	8.70	13.86	18.08	75.51
新兴消费品主要生产部门工业总产值	18.92	9.71	9.59	19.50	27.10	108.00

　　资料来源:中国经济体制改革研究所发展研究室:《工业增长中的结构性矛盾》,四川人民出版社 1988 年版,第 14 页。

些。从表面上看,它似乎加速了经济增长,因为与新兴需求相适应的产业普遍具有深加工、高技术的特征,其增长速度是较快的,远远快于整个工业的增长速度(见表 9.7)。与 1980 年相比,1985 年全国新增工业总产值中有 30.8％来自新兴消费品主要生产部门。新兴消费品生产的迅速增长在很大程度上支撑了这一阶段的经济高增长。然而,这种非均衡对应的供求结构关系对长期的经济增长却是十分不利的。实际上,它也难以支持长期的经济增长,因为它在很大程度上削弱和破坏了长期经济增长的基础。其具体表现如下:

　　（1）这种由超前消费需求拉动的新兴消费品产业部门的兴起,带来了对进口原材料、零部件和引进技术装备的高度依赖。而这些产业部门主要是面对国内市场、满足国内的超前消费需求,出口动力极小,并且本身也缺乏国际竞争力。这样,它对进口的依赖就不得不通过传统产业的产品,尤其是初级产品的出口来满足。显然,这种出口创汇是难以满足新兴消费品产业高度进口依赖的。1978—1985 年,中国进口总额增长了 8.47 倍,年平均递增 32.5％,出口总额则增长 4.79 倍,年平均递增 24.6％。1985 年出现了 149 亿美元的外贸逆差。在国际收支状况恶化的情况下,这种依靠进口支撑的经济高增长是难以持续的。一旦进口减少,立即使新兴消费品生产迅速下降,并造成生产能力的大量闲置。

　　（2）这些通过引进生产能力而形成的新兴消费品部门与国内中、上游产业的关联是断裂的。尽管新兴消费品工业迅速发展,对其投入品产生了大量需求,但原有重工业生产能力却对这种新兴需求缺乏反应,仍然保持着对投资需求的敏感反应。同时,这些由超前消费需求拉动,靠国外技术装备的移入产业与原有产业之间也存在着相当大的技术差距,而且这些新兴消费品工业的平面扩展和膨胀过快,使国内原有的装备工业来不及进行技术更新、产品替代和对引进技术的吸收与消化。这样,新兴消费品工业的中间需求大量外移,通过引进国外的中间供给得到满足,从而形成了一个与国内工业缺乏关联效应的闭锁性的移入结构。这种移入结构与原有结构分别形成了各自的自我维持、自我循环的隔绝状态,给经济增长带来了损害。

(3)在超前消费需求拉动和进口的支撑下,这些新兴消费品部门的生产能力过快地膨胀,人为地缩短了产品生命周期,使得产业内部来不及实现布局和规模的合理化,来不及实现零部件的国产化,可能已面临市场饱和与早衰的威胁。例如较早时期的新兴产品黑白电视机、单缸洗衣机和单门电冰箱等就遭此厄运。这不仅大大降低了外汇的使用效益,牺牲了规模经济,不利于实现进口替代,而且造成了不必要的重复建设和过度竞争,并导致生产能力的过剩。据统计,在当时情况下,全国电视机、洗衣机的生产能力利用率都不到70%。

(4)在供给结构局部扭曲的情况下,超前消费需求的拉动,使地方政府和企业向中、下游产业投资的积极性过高,对市场信号的反应过分强烈,致使这些产业部门大量重复建设、过度竞争。在中、下游工业迅速增长和出现过剩的同时,上游产业产品(即能源和基础原材料)的短缺日益突出,成为制约国民经济发展的瓶颈。在这种严重的结构失衡的情况下,经济增长和效益的提高受到很大影响。

对于这种非均衡对应的供求结构,其调整的基本方向:一是纠正消费需求结构的超前性;二是彻底改变供给结构的扭曲。

消费需求结构的调整,主要是:(1)消费水平的提高要与劳动生产率的提高、国民收入的提高相适应;(2)引导消费需求,减少消费行为的盲目性,纠正不顾实际情况、一味追求高档化的消费倾向;(3)抑制通货膨胀,稳定市场,使人们建立起合理的消费预期,减少购物保值的盲目抢购。

供给结构的调整,主要是:(1)实行进口替代,以沟通移入结构与原有结构的关联,从而促进原有结构的高级化,其关键环节是要对引进的项目进行消化与吸收,继而开发创新;(2)改变重工业旧的增长模式,使其能对新兴需求作出反应,通过存量调整、利用、改造和发挥原有的庞大闲置生产能力,以适应新的需求;(3)适应缩小中、下游产业部门的投资,扩大上游产业部门的投资,以缓解能源和基础原材料的短缺。

9.3 近期的供求结构关系

面对消费需求结构超前与供给结构局部扭曲的非均衡对应,中国政府采取了治理整顿措施。在这种紧缩政策的作用下,通货膨胀得到了抑制,消费行为得到了端正,消费需求结构的超前得到了纠正。同时,能源和基础原材料与加工工业的关系得到了改善,上游产业部门供给的短缺趋于缓解。但是,由于还没有触及深层的体制因素,供给结构仍然呈现出较为严重的刚性,从而形成了现阶段消费需求结构合理化与供给结构刚性的非均衡对应。这种非均衡对应的供求结构所导致的一个明显结果,就是市场疲软、经济低速增长。

自治理整顿以来,超前消费的示范效应被削弱了,消费需求结构得到了调整,开始从盲目追求高档耐用消费品转向对中低档日用消费品的需求。这一消费需求结构的变动,比较适应中国现阶段的人均国民收入水平,对经济发展是有积极意义的。因为下游产业的需求从弹性高的行业转向弹性低的行业,减轻了对进口的高度依赖,从而移入结构与原有结构断裂的矛盾趋于缓和,下游产业需求的外移大大减小。我们知道,处于中、下游的轻化、轻机、轻工、食品、缝纫、皮革、造纸、文教等行业的后向关联均高于前向关联,当产业之间的技术差距相对缩小、产业关联相对加强时,它的发展可以刺激上游产业的增长。

问题在于,当消费需求结构朝正常化方向转变时,供给结构却没能对此作出积极反应。这主要表现在以下几个方面:(1)当消费需求重心向日用消费品转移时,工商企业却仍然热衷于新兴耐用消费品的供给,因为这些商品价高利大,而日用消费品价低利小;(2)当消费需求热点从高档消费品转向中档消费品时,工商企业却仍然把注意力集中在高档消费品的供应上;(3)当消费需求对商品质量、品种和款式的选择性不断增强时,工商企业仍然维持着旧产品的供给。

这种供给结构不能较好适应需求结构变动的原因,主要是供给结构机能反应能力差。虽然治理整顿的紧缩政策在一定程度上产生了产业结构、产品结构调整的压力,但在双重体制框架中运行的国民经济却缺乏有效的结构调整机制,即增量调节有限、存量调节失灵。这样,企业仍把主要注意力放在企求紧缩政策松动和外部环境变化上,而不是积极进行产品结构调整,乃至实行生产能力在产业之间的转移。实际上,在存量调节失灵的情况下,增量调节的余地会越来越小,因为增量调节是通过新增投资来实现的,它必须以相应的新增财力为基础。在紧缩政策的作用下,经济增长速度放慢以及国民收入增长速度下降,其本身就减少了可用于投资的数额。如果此种代价所换来的结构调整压力因存量调节失灵而不能有效地转化为经济增长的动力,那么这种紧缩政策只是带来了低速增长,而不会出现人们所预期的产品质量改善和品种更新等结构优化效应。显然,在这种情况下,低速的经济增长必然使增量调节结构的余地日益缩小。因此,存量调节失灵和增量调节有限致使供给结构僵化变动,无法较好地适应消费需求结构的变动。这样,在市场上就出现这样一种情况:逐步相对减少的消费需求面临着相对大的产品供给;而逐步相对增大的消费需求则面临着相对小的产品供给。这种结构性的供求不对称关系自然形成市场疲软状态。从表面上看,确实是居民持币待购或储币待购,但居民待购的对象和内容已发生了变化。如果看不到这一点,就会把市场疲软简单归因于有效需求不足。

理论界对市场疲软的看法,大多数是从总量角度进行考察的。一种比较典型的看法认为,市场疲软的背后所反映的是总供给超过总需求的格局。其立论主要是根据居民当年的购买需求同市场供应量的比较。尽管这一观点也承认存在大量社会结存购买力,但认为这些社会结存购买力在近期不会形成实际购买需求。因此,在这种观点看来,扭转市场疲软主要应采取刺激有效需求的措施。另一种比较典型的看法则认为,市场疲软的背后所反映的仍然是总需求大于总供给的格局。其主要立论是,市场销售疲软并不是居民没有购买力,而是居民持币或储币待购,购物的积极性下降。越来越庞大的社会结存购买力仍然形成社会总需求大于总供给的经济总态势。为此,扭转市场疲软,要在继续坚持双紧方针的前提下,适当调整紧缩的力度,适当刺激市场现期需求。

这两种典型观点虽然对市场疲软的性质有不同的判断,从而所采取的对策措施有异,但它们的一个共同点则都是从总量角度出发,立足现期购买需求不足之上的。我认为,这种市场疲软并不是全面疲软,而是结构性疲软。这种市场疲软背后所反映的是供给结构不能适应需求结构变动的格局,而不是总量失衡的格局。

如果单纯从总的社会零售额同期比较来看,确实表现为社会零售总额的下降,但并不能以此为根据作出市场全面疲软的判断。这是因为,市场上只是表现为新兴高档耐用消费品的销售出现疲软，而日用消费品（尤其是那些质量提高、款式改进、品种更新的产品）的销售额则出现上升趋势。这些日用消费品价格较低，其旺销的零售额增加远不足以抵消高档耐用消费品滞销所导致的零售额的下降，故总的零售额增长速度是下降的。如果仅着重于商品零售总额的增减，而忽视商品销售结构的差异，就会作出错误的判断。

市场结构性疲软的直接原因是存量调节失灵所引起的供给结构僵化，而这种结构僵化的深层原因则是体制因素。在缺乏一系列促使资产存量流动、转移和重新组合的机制的情况下，供给结构的僵化是必然的。因此，撇开经济体制改革的深化来谈解决市场疲软的对策，恐怕是危险的。如果我们不能较好地改善这种供给结构僵化状态，只是一味地强调松动紧缩措施或调整紧缩的力度，通过单纯刺激需求来复苏市场，使经济增长走出低谷，那么适度刺激（如适当地降低存款利率）不会起多大的作用，很难引起人们对高档耐用消费品和陈旧产品的购买消费欲望。除非采取较大的动作，例如高通货膨胀、物价较快上涨等，来刺激消费需求，那就会重蹈前两次紧缩的覆辙，导致一次更加无法承受的失控。

因此，解决市场疲软的根本出路还是深化经济体制改革，逐步启动和建立存量调节机制，使供给结构能较好地适应正趋向正常的消费需求结构，通过刺激结构性的有效供给来缓解市场疲软，摆脱低速增长。为此，笔者倾向于把缓解市场疲软的重心放在刺激结构性有效供给，而不是刺激需求上。适当地刺激现期需求只能作为辅助措施，决不能把其作为摆脱市场疲软的基本对策。也就是说，刺激结构性有效供给只能在继续坚持双紧方针的前提下进行。调整紧缩的力度只有在服从刺激结构性有效供给目标的情况下才是可行的，其适当的程度完全取决于是否有益于对结构性有效供给的刺激。

从这一原则出发，我认为刺激有效供给的具体措施，大致有以下几条：

（1）利用居民手中存留较大的结余购买力和企业缺乏资金的契机，适时推行股本融资，让一些既有相当经济实力，又有发展潜力（即能适应正在转向的市场需求的产品）的公司、企业向社会发行股票，并相应地建立一级证券市场和二级证券市场，使股票成为群众手中的一种重要的金融资产。这不仅可以使相当一部分资金永久性地由需求领域转向工商企业，有利于紧缩力度的调整，而且使这些企业解决了资金短缺的困难，有利于这些企业进行产品结构调整，增加有效供给。从长远来看，更为重要的是，它启动了存量调节，使供给结构能对需求结构变动作出积极反应。

（2）利用市场疲软给企业造成的压力，启动企业破产或兼并机制，为资产存量的流动、转移和重新组合提供更大的活动空间。这不仅能真正消除一批低质量、旧品种的滞销商品，而且能加快适销对路产品的有效供给。目前，人们往往把希望寄托于这些不景气企业自身进行产品结构调整，以适应市场的需求。这实际上是很困难的。一则，这些企业本来的基础就比较差，要求其更新产品、提高质量，势必要进行必要的技术改造、设备更新等基础性工作，这就需要增加资金投入。但在紧缩的条件下，资金的短缺根本无法满足这方面的要求。二则，在现行体制条件下，这些企业虽然日子不好过，但仍然缺乏要求更新产品、提高质量的强大动力，更多的是企求紧缩政策松动。因此，寄希望于这些企业自我改造以适应市场需求，看来是要落空的。即使这些企业有自我改造、实行产品结构调整的动力，并且具有新增资金投入的条件，这里仍然有一个时滞问题，难以及时增加有效供给，缓解市场疲软，从而就会提出一个国民经济能否承受的问题。相反，通过启动企业破产或兼并机制，则可以在不增加很多资金投入的条件下，通过高效益企业对低效益企业的改造和利用，在较短时间内增加适销产品的有效供给。

（3）利用部分职工拿折扣工资停工的时机，启动有关的社会保障制度的改革，建立失业救济制度，同时对这些人员实行职业培训，提高其素质，以适应现代化生产的需要。这也是改善供给结构弹性的一项战略措施。

（4）利用居民较大的结余购买力，拓宽消费选择领域，扩大消费领域的商品供给的范围和规模。例如实行住宅及其他公共服务的商品化，改善消费需求结构，同时也能够刺激这些方面的有效供给。

上述这些措施都贯穿着深化改革和结构调整的内容，并不是单纯的总量政策，因而在实施方面具有较大的难度。但要走出结构性市场疲软的困境，也只能选择这种难度较大的措施。通过治理整顿，目前中国正出现一个深化改革的较好环境和时机，能否利用这一契机推进改革，不仅关系到结构性市场疲软的缓解，而且关系到能否建立起正常的供求结构对应组合，提高结构弹性效应，保证国民经济持续、稳定、协调地发展。

III 结构成长效应

10 结构成长:基本模型

10.1　结构成长的定义

10.1.1　结构关联和结构弹性分析的继续

我们在设定最初分析模型时就对产业结构概念作了修正和补充,把它定义为与外部环境相互作用的产业之间关系结构,并用图 1.1 简单表示了产业结构与需求结构、资源结构、分配结构之间的关系。在第 Ⅰ 篇里,我们把产业结构作为"白箱"处理,揭示其内部构造关系,进行了结构关联分析。在第 Ⅱ 篇里,我们则把产业结构作为"黑箱"处理,揭示其与需求结构变动的关系,进行了结构弹性分析。在本篇中,我们将把产业结构作为动态系统处理,揭示其与整个外部环境交互作用关系,进行结构成长分析。从这一基本分析线索来看,结构成长分析是前两篇结构分析的发展和继续。

产业结构成长是其与外部环境能量互换的结果。脱离外部环境条件,无法说明产业结构的成长,而外部环境条件对其成长的影响又要通过内因发生作用,并以其内部构造关系的变动表现出来。因此,结构成长分析不仅要把"白箱"处理方法和"黑箱"处理方法有机地结合起来,而且要以前两篇结构分析的基本立论为其分析框架。从这一意义上讲,结构成长分析是在前两篇结构分析基础上的综合分析。

当然,结构成长分析并不是前两篇结构分析的简单综合。它不仅引入了除需求结构以外的外部环境因素(需求结构是最主要的外部环境因素),而且还从产业结构与外部环境因素交互作用的角度(结构弹性分析只从产业结构适应需求结构的单一角度进行了分析)对其作了动态分析。这都将使结构成长分析具有更大的信息量和更宽的视野。所以,结构成长及其效应分析是前两篇结构效应分析的深入发展。

10.1.2   结构成长的内容和形式

产业结构成长作为一个历史发展过程就是从低级形态向高级形态转变的过程,也就是我们通常所讲的"产业结构高级化"。然而,人们往往对产业结构高级化作片面的理解,即把产业结构高级化简单地等同于第三产业产值(或劳动力)比重增大。不可否认,产业结构成长确实表现为产值(或劳动力)比重的主导地位从第一产业、第二产业和第三产业的依次转移。但这一表现只有与结构成长的内容相一致时,才是产业结构高级化的真实反映;如果与其内容不相一致,那么它只是一种虚幻反映(假象)。因此,我们必须从本质内容和表现形式的统一中来把握产业结构成长的基本含义。

产业结构从低级形态向高级形态的发展,其实质内容包括三个方面:(1)结构规模由小变大,即产业部门数量增加,产业关联复杂化,也就是我们在第一篇里所讲的"结构关联深化"。(2)结构水平由低变高,即技术矩阵水平提高,以技术密集型为主体的产业关联取代以劳动密集型为主体的产业关联。(3)结构联系由松变紧,即产业之间的聚合程度提高,关联耦合更加紧密。

这三方面的变动实际上是产业结构内部构造的变动,它意味着产业结构发生了质的变动。因此,结构规模扩大、水平提高和联系紧密就是产业结构从低级形态向高级形态发展的根本标志。这些产业结构质的变动决定了一、二、三产业之间产值(劳动力)构成的变化,产业结构转换只是这些质的变动的外部反映。当产业结构内部构造没有发生这些实质性变化时,利用外部力量改变产值(或劳动力)的部门构成(或产业构成),将造成产业结构超前转换,出现产业结构虚高级化。

10.2   结构成长过程

10.2.1   产业之间优势地位的更迭

结构成长的实质性内容虽然是其内部构造的质变,但其成长过程则表现为产业之间优势地位的连续不断的更迭。这就是说,结构规模扩大、结构水平提高和结构耦合紧密是在产业间优势地位不断更迭的过程中发生或实现的。通常,产业之间优势地位的更迭是以产业部门发展速度的非均衡为前提的,即各产业之间的增长速度存在着差异性。如果我们用产业部门的增长率作为标准,就可以判断出各产业在其结构中所

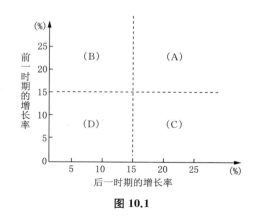

图 10.1

处的地位。在任何情况下,产业结构中总是存在着四种类型的产业(见图 10.1)。

图 10.1 中的纵轴表示前一时期(如 20 世纪 70 年代)各产业部门的年平均产值增长率,横轴表示后一时期(如 80 年代)各产业部门的年平均产值增长率。图中虚线表示这两个时期的所有部门的年平均增长率。

图 10.1 显示了四种增长率变动状态:A 组的产业部门,其增长率在两个时期中都超过了平均增长率,故称为"成长产业";B 组的产业部门,在前一时期其增长率高于平均增长率,而在后一时期大体与平均增长率相等,故称为"成熟产业";C 组的产业部门,在前一时期也许大体接近平均增长率,而在后一时期相当多地高出平均增长率,故称为"发展产业";D 组的产业部门,在两个时期中都与平均增长率不相上下,或都远低于平均增长率,故称为"衰退产业"。

在任何一个时点上,总是同时存在这四种类型的产业部门。而从时间序列来考察,这四类部门是一个连续发展的过程:原有老的产业增长减速,被新的高增长的产业所取代;在依次的发展进程中,潜在的高增长产业又将跑到前面,代替了原来高增长的产业。正是这种产业之间优势地位的更迭,形成了产业结构的有序演变。

10.2.2 增长部门的三种类型

在这种产业之间优势地位的更迭过程中,虽然直观的反映是一批增长部门对另一批减速增长部门的连续更迭,但产业结构固有的产业关联却限定了这种产业优势地位的更迭是结构性更迭。因此,在那些同属于增长的部门中,其在结构成长过程中的作用是不同的。

　　罗斯托把增长部门区分为三种不同类型：(1)主导增长部门。这是指由于最迅速、有效地吸收创新成果、满足大幅度增长的需求而获得持续较高的增长率，并对其他部门的增长有广泛的直接和间接影响的部门。(2)辅助增长部门。这是指能适应主导部门的发展，或作为主导部门发展条件的部门。(3)派生增长部门。在这些部门中，主导部门对结构成长的贡献是最大的和最重要的。罗斯托认为，不论在什么时期，甚至在一个已经成熟并且继续成长的经济中，前进动力之所以能够保持，是由于为数有限的主要成长部门(即主导部门)迅速扩大的结果，而这些部门的扩大又产生了具有重要意义的对其他产业部门的作用。[①]

10.2.3　主导产业及其在结构成长过程中的作用

　　主导产业与其他产业的区别，在于其固有的特性：(1)引入了创新，获得了与新技术相关联的新的生产函数；(2)具有大大超出国民经济总增长率的持续高速增长的部门增长率；(3)其效果超出了该部门本身，对其他部门乃至整个经济的增长是有重要的和广泛的影响。这三个方面是一个有机整体，缺少其中一个，就不成其为主导产业。

　　例如，目前已成传统产业的食品业、纺织业和木材业等，虽然也可能引入新的生产函数，但由于需求等因素的影响，创新对于提高它们的平均增长水平，效果很有限，更谈不上对其他产业部门的带动作用，故不能作为主导产业部门。

　　又如，在特定的周期内，确有一些高投资率和高增长率的部门，但这些部门的高增长率却不是由于创新引起的，而主要受高利润率的影响。这些部门也不能成为主导部门。因为高利润率在特定周期内可能出现在辅助增长部门或派生增长部门。为此，罗斯托认为有必要区分主导增长部门和主导循环部门。前者是引入新生产函数的真正的主导部门，后者主要受利润率影响。因此，主导增长部门持续的高增长率只有在剔除了周期性因素之后才会显现，它不一定支撑特定周期的繁荣。与此同时，主导循环部门虽能支撑特定周期的繁荣，却不能带动产业结构的高级化。

　　主导产业除了具有创新与高速增长的特性外，其扩散效果也是一个重要标志。罗斯托认为，扩散效应是主导部门的关键。这种扩散效应是指某些部门在

――――――――――

[①]　参见[美]罗斯托：《经济成长的阶段》，商务印书馆1962年版，第63页。

各个历史间歇的增长中,起到了"不合比例增长"(罗斯托语)的作用。具体地说,有以下三种方式:

(1)后向效应。主导部门处在高速增长阶段时,根据其技术特点,会对各种要素产生新的投入要求,从而刺激这些投入品的发展。这些投入要素可能是物质的,如原材料和机器;也可能是人力,如熟练工人、高级管理人员等;甚至可能是制度方面的,例如铁路的发展刺激了更大规模地从小额储蓄者那里动员长期资本的方式。

(2)旁侧效应。主导部门的兴起会引起它周围的一系列变化,其中涉及按技术等级制度建立起来的有纪律的劳动力队伍、处理法律问题和市场关系的专业人员、城市先行资本投资、银行和商业制度,以及建筑业和服务业等。因此,新主导部门的出现,常常改变了它所在的整个地区。例如,在历史上,棉纺织业革命改变了曼彻斯特、波士顿,汽车工业改变了底特律,铁路在其所到之处,引起了老都市中心的改造。这种旁侧效应还表现为提高了现代人在总人口中的比例,并且强化了生产过程的现代观念。

(3)前向效应。主导部门的活动创造了能够引起新的工业活动的基础,为更大范围的经济活动提供了可能性,有时候甚至为下一个重要的主导部门建立起台阶。其具体方式是:首先,通过削减其他产业部门的投入成本,从而吸引企业家们进一步开发新产品和劳务;其次,客观上造成结构失衡,使某些瓶颈问题的解决有利可图,从而吸引发明家和企业家。主导部门不仅在技术上,而且在原材料供给上,都具有前向效应。

罗斯托认为,从经验上证实了经济增长中主导部门概念的合理性的,是这三种来自迅速增长部门的扩散效应的组合的。[①]罗斯托的扩散效应概念,与赫希曼的"产业关联效果"的含义是不同的。(1)罗斯托的扩散效果,并不局限于产业之间的技术性联系(投入产出关系),而扩展到经济、社会等更为广泛的领域;(2)主导部门的扩散效果是通过主导部门"不成比例地高速增长"导致"结构瓶颈"来实现的,因而就本质而言,它是不能用投入—产出这类均衡分析工具来讨论的一种非均衡的动态的部门之间关系。

随着经济规模的扩大和分工的深化,单个主导部门带动整个经济发展的情

---

① 参见[美]罗斯托编:《从起飞进入持续增长的经济学》,四川人民出版社 1988 年版,第 8 页。

况越来越罕见。更多的是,一组部门的发展带动整个经济。这组部门被称为"主导部门综合体"。例如,由钢铁、机械、电力和化学工业构成的主导部门综合体,由汽车工业体系构成的主导部门综合体,等等。

罗斯托认为,主导部门综合体由主导部门和与主导部门有较强后向关联、旁侧关联的部门组成。因此,在确定作为主导部门综合体的汽车工业体系时,他把上至车用燃料生产,下至汽车零售商全都容纳于主导部门综合体之内。这里,罗斯托虽然突出强调了主导部门综合体形成的内在技术根据,但也在一定程度上混淆了主导部门和主导部门的扩散效果的区别。

那么,如何看待主导部门综合体内部的部门关联和主导部门与其扩散效果的部门的关联呢?看来,这两者的区别在于关联有无时滞。一般来说,主导部门综合体内部的技术联系是无时滞的(不容许其中单个部门独立发展),综合体内的各部门基本上保持一体化发展;而部门之间的关联作用,则是允许或要求一定时滞的技术联系(容许单个部门在短期内独立发展)。[①]

可见,产业结构成长过程在很大程度上就是主导产业的更替过程。这种更替虽然是以部门之间的增长率不平衡为前提的,但部门的相互依赖形成了一些约束,即维持部门之间投入产出比例的平衡。如果违反这些约束,就可能阻碍结构成长。

10.3　结构成长的基本决定因素

产业结构演进是一个有规律性的动态过程。尽管影响产业结构变动的因素很多,但其中不少因素(如发展战略或政策的选择等)属于随机变量,还有一些因素(如自然资源天赋程度等)属于状态变量。这些变量对产业结构变动特征有影响,但并不决定产业结构有规律的动态演进。决定产业结构高度化演进的本质变量,主要有三组:需求结构、相对成本和国际贸易。

10.3.1　需求结构升级

需求结构的一个基本特征是它对各类商品供给的丰富程度具有不同的反

---

① 参见曾新群:《产业主导部门分析理论的发展》,《中国工业经济研究》1988 年第 1 期。

应。因此，随着人均收入的不断提高，需求的重点便会逐步向高层次转移，即从人均收入较低水平上的"必需品"范围移向人均收入较高水平上的"高档品"或"奢侈品"范围。这一特征对产业结构的有序演进具有直接影响。

大量的统计分析表明，需求结构的三个变化阶段与产业结构的变化阶段是相对应的。

在人均产值 300 美元以下的低收入阶段，恩格尔系数较大，人们的消费需求主要集中在温饱问题上，即需求结构处在"生理性需求占统治地位的阶段"。与这一需求结构相适应，产业结构中农业占有较大份额，在工业中则纺织业占较大比重，整个产业结构中以资本有机构成低的产业占主导地位。

在人均产值 300 美元以上，温饱问题大致解决，需求结构的重点转向了非必需品，特别是耐用消费品，从而人们的消费需求进入了"追求便利与机能"的阶段。与此相适应，产业结构转向使用工业原料的以资本品、耐用消费品制造为中心的基础工业和重加工业的生产。

在人均收入高水平阶段，物质资料已相当丰富，人们对精神生活、生活质量和生活环境的要求大大提高，从而开始进入"追求时尚与个性"的需求阶段。人们需求的多样性和多变性更需要多品种、小批量的生产方式，并要求加强产前产后的服务，从而促使了以信息咨询业等高科技产业为中心的现代服务业的大发展，使产业结构迅速走向服务化。

需求结构变量影响产业结构有序变动的测量指标，通常是产业收入弹性。

产业收入弹性表示某一产业部门产品的人均消费需求额随人均国民收入在某一水平上发生的变化所产生的反应。其计算公式为：

$$某产业收入弹性 = \frac{该产业产品的人均需求增长率}{人均国民收入增长率} \tag{10.1}$$

收入弹性系数的大小，从需求方面反映了各产业部门将在产业结构中能够占有多大的份额。生产高收入弹性的产品的产业将在产业结构中占有更大的份额，生产低收入弹性的产品的产业将在产业结构中占较小份额。

除了在对数的函数式（$\ln c = a + b \ln y$）中，收入弹性是一个与 b 一致的常数；在其他函数式（半对数、反对数、反重对数、二次重对数）中，收入弹性是一个依赖于 y（人均收入）的变量。因此，随着人均收入的变动，各产业的收入弹性系数是变化的，其变化方向是双重的：一是随人均收入的递增而递减；二是随人均收入的递增而递增。

一般来说，随着人均收入的提高，从而需求结构的升级，农产品的收入弹性不断低于工业品，轻工业产品的收入弹性又不断低于重工业产品。这种收入弹性的规则变动反映了产业结构变化的趋向（见表 10.1）。

表 10.1 制造业各行业的收入弹性

	综　　合	不发达国家	高收入国家
（制造业平均）	1.369	1.89	1.30
食品、饮料、卷烟	0.978	1.72	0.93
纺　织	1.205	2.12	0.75
服装、鞋类	1.361	1.95	1.25
木　器	1.531	1.71	1.51
纸张、纸制品	2.035	2.36	1.86
印刷、出版	1.718	1.24	1.64
皮革制品	0.893	2.01	0.91
橡胶制品	1.982	1.94	1.46
化工产品	1.547	1.80	1.12
有色金属矿产品	1.157	2.37	1.14
钢　铁	1.991	2.98	1.16
机　械	1.984	2.23	1.87
其他制造业	1.847	2.05	1.85

注：根据 1953 年与 1958 年约 50 个国家的数据整理；不发达国家是指人均国民收入低于200 美元的国家。

资料来源：联合国：《工业发展的研究》，1963 年。

表 10.1 是不同发展水平国家制造业各行业的收入弹性的截面分析，表中的数据表明：（1）在某一发展水平上，不同部门的收入弹性系数是不同的。在人均收入低于 200 美元的国家，纺织、纸张及纸制品、皮革制品、有色金属矿产品、钢铁、机械等收入弹性较高，其他部门的收入弹性相对低些，从而显示了这一时点上不发达国家产业结构变化的状态。高收入国家也同样如此。（2）在不同的发展水平上，同一部门的收入弹性将发生显著变化。从整个制造业来说，当发展水平从不发达国家向高收入国家移动时，其收入弹性便从 1.89 下降到 1.30。几乎所有表列商品的收入弹性，都是随着人均收入的提高而递减的。其中，收入弹性递减最大的是钢铁（－1.82）、纺织（－1.37）、有色金属矿产品（－1.82）和皮革制品（－1.10）。只有一个产业（即印刷、出版）表现出一种随人均收入提高不断增

长的弹性。这种产业部门收入弹性随人均收入提高而历史性变化,反映了产业结构的成长及其阶段性。

10.3.2 相对成本降低

这是一个从供给方面对产业结构变动产生决定性影响的因素。相对成本的高低反映了与生产供给能力有关的资源(资本、劳动力、自然资源)耗费水平。相对成本较低的产业,就有可能在相对国民收入上占有优势,从而吸引资源向该部门流动,使该产业部门得以迅速扩大。因此,相对成本的变动会从供给方面推动产业结构的变化。

相对成本是各种生产要素组合的综合比较利益的指标。决定相对成本的因素很多。有技术水平、规模经济程度、劳动力价格、自然资源赋存等因素。

但最重要因素的是技术进步。技术进步提供了新的生产工具和生产方法,提高了人力资源和物资资源投入的质量,从而劳动生产率大幅度提高,使生产成本显著降低。如果撇开垄断价格因素,那么技术进步速度较快的产业,其生产成本的下降速度也较快。

由于各产业部门技术进步的速度是不同的,因而在产业部门之间出现了"生产率上升率不均等增长"的现象。正是这种生产率上升率的差异,推动了产业结构的变动及其高级化。大量的经验材料表明,工业比农业、重工业比轻工业、加工业比原材料工业,在生产率上升率方面有较大的优势,从而这就成为产业结构高级化演进的重要根据。这一问题我们将在第 12 章进行详细论述。

10.3.3 国际贸易

国际贸易是在开放经济条件下来自外部的影响产业结构变动的因素。它对产业结构的影响,主要是通过国际比较利益机制实现的。一般说来,各国之间产品生产的相对优势的变动,会引起进出口结构的变动,从而带动国内产业结构的变动。

当然,国际贸易这一因素具有双重性。在违反国际比较利益原则的情况下进行国际贸易,它虽然也会影响国内产业结构的变动,但并不能促进产业结构有序发展,而往往造成国内产业结构的畸形。只有在符合国际比较利益的情况下,国际贸易才能成为促进产业结构有序发展,不断向高级化转化的基本因素。

因此,国际贸易对一国的产业结构会发生什么性质的影响,以及发生何种程度的影响,关键在于国际比较利益。国际比较利益是建立在各国生产要素禀赋差异的基础上的。由于这种差异,引起生产要素价格的差异。当一国密集地使用它天赋具有的比别国丰富、因而价格便宜的生产要素生产商品时,由于其成本相对便宜,所以在国际贸易中,它就能取得比较利益。

无疑,建立在生产要素禀赋差异基础上的国际贸易,将对国内产业结构产生重大的影响。这是因为,这种生产要素禀赋的比较优势,一方面将引导该国在产业结构选择上倾向于某种类型的要素组合方式(劳动密集型,或者资金密集型等其他类型);另一方面,这种相对成本较低的专业化生产,在国际贸易中将处于较有利的地位,从而反过来有利于进行国内产业结构的调整。

当然,这是一种静态的比较利益。在一些后起的国家,某些具有潜在要素禀赋优势的产业,在发展初期,由于某些原因,其产品成本较高,但一旦借助于某种力量(如政府扶植等)克服了这一障碍,就会拥有比较利益。这就是所谓的"动态比较利益"。

比较利益在各国的分布并不是一成不变的。这是因为:(1)相关国家资源禀赋状况发生了变化,如自然资源新开发;(2)市场状况发生了变化,如劳动力价格变动;(3)生产本身的技术状况发生了变化,如新技术的采用;(4)其他一些无法从物理方面测定的生产要素的变动,如企业家精神、管理效率等。所有这些都将改变国际比较利益优势的格局,进而通过进出口结构的变动影响国内产业结构。

国际贸易通过比较利益机制促进国内产业结构变动的方式,因各国情况而异,但大致可归纳为如下两种:

(1)以某一产品的进口为起端,借助于这一进口产品来开拓国内市场,引发该产业在国内的发展。当该产业发展到一定程度、规模经济得到充分利用、生产成本显著下降时,再利用本国某些生产要素禀赋比较优势,出口该产品,并通过国际市场的开拓,进一步促进该产业的发展。

这种方式经常被后起国家所采用,因为这种方式有利于这些国家发挥"后起国优势":一是利用进口开拓国内市场,发展新兴产业;同时,又可避免技术开发风险,减少投入成本。二是利用后起发展国家的劳动力价格相对便宜的优势,把该产品打到国际市场上去,以取得比较利益;同时,又扩展了国内的产业。所以,发展中国家通常运用这一方式来促进本国产业结构的发展。

　　(2) 首先在国内开发新产品,形成国内市场,以此促进该产业的发展。当国内市场趋于饱和时,便开拓国外市场,实行产品出口。随着国外市场的形成,进一步出口有关技术和输出资本。当国外生产能力形成之后,再把这种产品以更低价格打回本国市场,以此促使国内这一产业的收缩,乃至转向其他新产品的开发。通过这样一个周而复始的过程,该国的产业结构便不断发生变动。

　　这种方式大多被发达国家所采用。它们借助于先进的生产能力,在国际贸易中处于有利地位,以此来促进国内产业结构的迅速发展。

10.4　结构成长偏差:先行国与后起国比较

　　尽管产业结构成长的规律性是有普遍意义的,但具体的结构成长道路则可能是特殊的。各种外部环境因素都会对结构成长的具体过程发生影响,导致结构成长的偏差。在世界性的现代经济增长进程中,进入这一过程的时间先后对其结构成长具有重大影响。由于进入这一过程的时间先后实际上意味着经济发展面临的世界经济环境和国内条件都已发生了重大变化,因而其结构成长的具体途径可能不同。我们把先加入现代经济增长进程的国家称为先行国,把后加入这一进程的国家称为后起国,两者的区别主要在于发动现代经济增长的国内外条件不同。下面,我们对这两种类型国家的结构成长状况进行比较,以揭示结构成长偏差。

10.4.1　产业配置顺序不同

　　先行国的产业结构演变是一个自然生成的过程,是与人的消费需求顺序(首先是农产品食品,其次是日用工业消费品,然后是耐用消费品)相对应,与市场引导的顺序相一致的。因此,先行国的产业结构是沿着"农业—轻工业—重基础工业—重加工业—现代服务"的顺序发展的,产业结构的转换是自然发展的结果。

　　后起国的产业结构演变具有跨越性。它往往利用先行国的现成技术和设备,凭借国家力量优先发展基础工业和重加工业,以求在较短时期内建立起比较完整的现代工业基础,然后再进一步实现农业改良,并完善和提高消费品工业体系。而且,其服务业也往往跨越发展,即在第二产业尚未充分发展时,第三产业已开始兴起。

10.4.2　产业结构转换的态势不同

先行国的产业结构转换是在结构关系比较平衡的基础上进行的,不存在孰重孰轻的现象,从而结构转换的摩擦较小。例如,这些国家的重工业上升到主导地位,是在轻工业得到充分发展,并为重工业发展积累了足够资本的情况下发生的,而第三产业的突起,则是与第一、第二产业的高度发展相适应的。所以,先行国产业结构的转换升级,结构关系比较协调,主次地位分明,不存在因基础不稳而发生结构逆转的状况。

后起国的产业结构转换格局具有很大的倾斜性:在农业与工业中,工业倾斜发展;在轻工业与重工业中,重工业倾斜发展;在基础工业与加工业中,加工业倾斜发展。这种倾斜的结构转换态势,有利于加速结构转换过程,但却往往是建立在结构关系不平衡基础上的,从而结构转换的摩擦较大。如果不能准确地把握这种结构转换的倾斜度,就可能造成产业结构关系不协调,结构中的主次地位模糊,几大产业不相适应,甚至出现较大的结构逆转的情况。当然,如果能较好地掌握倾斜度,则可加速结构转换,日本和联邦德国在这方面提供了成功的经验。

10.4.3　产业结构变动的起点不同

先行国产业结构变动的起点较高,产业结构变动曲线普遍后移。先行国在进入现代成长阶段时,农业在总产值中的份额一般在 40% 左右,在劳动力中的份额在 60% 以下;而后起国的农业产值份额一般为 60%,劳动力份额为 80%,分别高出 20 个百分点。由于起点不同,先行国的产业结构变动比较靠后(即在较高的人均产值水平上进行),后起国的产业结构变动比较靠前(即在较低的人均产值水平上进行),所以,它们产业结构变动曲线的位置有差异。

较早加入现代经济增长进程的国家,产业结构变动曲线普遍后移,即要在更高的人均产值水平上才能达到任一发展阶段上国际平均结构。例如,美国约在人均国民生产总值 1600 美元(1980 年不变价格)时,工业的产值份额才超过农业,比国际平均水平滞后约 700—1200 美元,工业化顶点发生在人均产值 7400—7700 美元之间(1953—1955 年)。相比之下,后起国的产业结构变动曲线普遍前移,即在较低的人均产值水平上达到更高发展阶段上的国际平均结构。例如,日本约在人均国民生产总值 1600 美元时,工业产值份额早已超过农业,工业份额约为 40%,农业则约为 20%,工业化顶点则发生在人均产值 6000 美元之间(见图 10.2)。

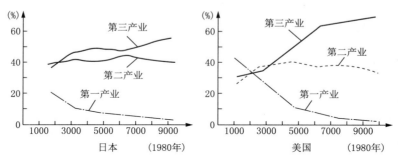

图 10.2　美国与日本产业结构变动比较

资料来源:梦虹:《国外产业结构的变动特点》,《经济研究参考资料》1987 年第 150 期。

10.4.4　产业结构变动节奏不同

先行国一般是产业结构随人均产值增加而变动,尽管这种相关程度在各国之间有所不同。例如,农业部门产值在社会总产值中的份额的下降和人均产值的同等的普遍的长期上升是同时发生的。然而,在后起国中,尽管按人口平均产值并没有显著上升,农业部门产值在社会总产值中的份额却下降得相当显著。例如,洪都拉斯、菲律宾、埃及在 40—60 年间,人均产值几乎没有什么变动,农业部门产值份额在洪都拉斯下降了 1/3,在菲律宾和埃及下降了 2/5 或更多。①

这种人均产值停滞与农业部门产值份额显著下降相结合的情况,典型地反映了后起国产业结构变动节奏的特殊性。这种结果并不奇怪。在许多后起国中,人口在增长,某些现代工业和服务业已经出现,而农业部门则陷于停滞(因基础不牢固)。因此,即使人均国民生产总值没有上升,农业部门的产值份额也会降低。当然,这种情况并不是一定适于一切后起国家。但是,产业结构变动幅度大大超过人均产值增长幅度的情况,在后起国却是十分普遍的。

10.4.5　结构变动质量不同

在先行发达国的成长过程中,产值和劳动力从农业向工业与服务业的转换

---

① 参见[美]库兹涅茨:《各国的经济增长》,商务印书馆 1985 年版,第 162 页。

基本上是同步的,即随着农业产值份额的下降,农业劳动力也相应地向工业与服务业转移,两者转移幅度的差异不大,因而在产业结构变动中,各部门之间在生产率和收益上趋于均等化。

但在后起国,特别是当代发展中国家中,产值结构转换普遍先于就业结构转换。这种状况反映了农业与非农业部门之间比较劳动生产率的较大差异。一般说来,先行国农业与非农业部门之间劳动生产率的比率接近于1;而在后起国,农业与非农业部门之间劳动生产率的比率在2以上。统计分析表明,在第二次世界大战后的十年间,先行发达国中农业部门与非农业部门之间每一工人平均产值的差距显著缩小,而在后起国则不存在这种现象。每一工人产值在两大部门之间的不等量对于人均产值的增高,在发达国家有反应,而在欠发达国家则没有反应。因此,后起发展中国家的工业化增长进程在产值份额变动上表现得较显著,而在劳动力份额变动上的表现则是有限的;它使农业部门与非农业部门之间比较劳动生产率已有的差别更扩大了。可想而知,在这种由比较劳动生产率巨大差异引起的单位物质资本收益巨大差异的情况下,资本由低收益场所向高收益场所的流动,必然存在着一些障碍。这就显示出后起国在产业结构转换中与先行国的质量差异。

10.4.6　结构变化率的时间分布不同

先行国的产业结构变化率比较平稳,没有明显的相对停滞和加速的不同阶段;而后起国的产业结构变化率的时间分布则不均匀,这可分为两个明显的阶段。

后起国早期的产业结构变动,如果单纯从产值份额考察,变动也很显著,但由于劳动力份额变动严重滞后,所以从总体上看,结构变化率相对较小。这种相对较小的结构变化率,在很大程度上是由二元经济特性决定的,因为后起国在这一阶段必须吸收农业剩余劳动,完成先行国在进入成长起点之前就已经实现的任务。

只有当经济发展到一定程度,初期工业化的任务基本完成,二元经济结构开始趋向良性循环并逐渐消除时,产业结构变动才进入加速阶段。这一阶段的基本任务是实现经济结构的现代化。在这个阶段上,产业结构变动已不再是外力强制推动的结果,而是经济内在潜能的发挥和创新的结果。因此,产业结构转换的进程可在较短时期内完成。

后起国产业结构变动的特点表明,它们虽然在经济发展过程中将面临更多的困难,但同时具有后发优势,可以加快产业结构转换的历史进程。对于后起国来说,关键是如何利用和发挥这种后发优势。

11 结构成长效应分析

11.1 部门增长与国民经济增长

产业结构成长对经济增长的引致效应可以用一句通俗的话来表示,即在结构转换中求效益、求速度。那么,如何说明这种结构成长效应呢？前一章的分析已经给了我们某种直觉的认识。既然结构成长过程是产业之间优势地位的更迭,表现为一些部门增长减速与另一些部门增长加速不断交替发展的过程,那么结构成长对经济增长的影响必然是与部门增长相联系的。为此,我们首先要分析部门增长与国民经济增长的关系。

众所周知,国民经济体系是由各产业部门的有机联系所构成的,产业部门是国民经济体系中的基本元素。因此,国民经济增长实际上就是各部门增长的总和。所以,我们完全可以从部门的角度来考察国民经济增长。

部门增长与国民经济增长之间的关系,既可以从供给角度进行分析,也可以从需求角度进行分析,两者并行不悖,其目的都是为了说明部门增长与国民经济增长的内在联系,以便为揭示结构成长效应的机理提供一个理论前提。

11.1.1 供给分析方法

这是一种从部门的角度对供给方面的增长因素进行分解,以此来说明部门增长与国民经济增长内在联系的分析方法。对于供给方面的增长因素的分解,我们可以借用新古典学派的总量增长模型,即：

$$G_V = G_A + \beta_K G_K + \beta_L G_L \qquad (11.1)$$

式中：G_V 代表总产出；G_K 和 G_L 分别代表资本和劳动投入的增长率；G_A 代表全要素生产率的增长；投入系数 β_i 被定义为投入 i 的产出弹性，表示这种投入每增长 1% 对产出增长的影响。这一总量增长模型通过变形，可用于国民经济的每个部门，成为部门增长方程：

$$G_i = \beta_{ki} G_{ki} + \beta_{il} G_{li} + \lambda_i \qquad (11.2)$$

式中：下标 i 指各产业部门；λ 为全要素生产率的增长；G_i 为 i 部门增长率。由于国民经济是各产业部门有机联系的整体，所以整个经济的增长率可以由部门增长率的加权平均值给出：

$$G_V = \sum P_i G_i \qquad (11.3)$$

式中：P_i 是每个部门增长的平均份额的权数；$P_i G_i$ 代表 i 部门增长对整个经济增长的贡献。这一公式表明了部门增长与国民经济增长之间的内在联系。

11.1.2　需求分析方法

这是一种从整个经济为产出一个既定水平的 GNP 所需求的商品数量的角度，来说明部门增长与国民经济增长关系的分析方法。它借助于投入产出表中每个生产部门的商品使用（需求）的方程，即：

$$X_i = \Sigma_j X_{ij} + D_i + E_i - M_i \qquad (11.4)$$

式中：X_i 代表部门 i 的总产出；X_{ij} 代表部门 j 对商品 i 的中间使用；D_i 代表国内最终需求，$(E_i - M_i)$ 代表商品 i 的净贸易额（出口－进口）。由于我们在这里主要是研究特定部门的增长，而不是有关部门之间相互联系的问题，所以完全可以消去作为增长的独立因素的中间需求，把其归结为最终需求的组成部分。这样，部门 i 的产出增长便等于国内需求扩张（DD）、出口扩张（EE）、进口替代（IS）和技术系数变化（IO）四种因素之和。

$$\Delta X_i = DD + EE + IS + IO \qquad (11.5)$$

而整个经济的产出增长便可以表示如下：

$$DD_1 + \quad EE_1 + \quad IS_1 + \quad IO_1 = \quad \Delta X_1$$
$$DD_2 + \quad EE_2 + \quad IS_2 + \quad IO_2 = \quad \Delta X_2$$
$$\vdots \qquad\qquad \vdots \qquad\qquad \vdots \qquad\qquad \vdots \qquad\qquad \vdots$$
$$\underline{DD_n + \quad EE_n + \quad IS_n + \quad IO_n = \quad \Delta X_n}$$
$$\sum DD_i + \sum EE_i + \sum IS_i + \sum IO_i = \sum \Delta X_i = \Delta X$$

11.1.3　结构变化与增长之间的相互关系

上述两种分析方法都表明了部门增长与国民经济增长有密切关系。整个经济增长率首先取决于各部门的增长率,即各部门的增长率越高,整个经济的增长率也就越高;反之亦然。供给分析方法更是表明,各个部门的增长率是不同的,因而增长率越高的部门,其产出在国民生产总值中所占的比重越大,整个经济的增长率就越高。

然而,部门增长与国民经济增长的关系并不是各部门增长简单加总的关系,因为国民经济增长并不是各部门按同一比例增长的结果。部门增长是不平衡的,一些加速增长,另一些减速增长,表现为结构变化。所以,我们要进一步分析结构变化(即部门不平衡增长)与国民经济增长之间的相互关系。

为了分析简便,我们设两个部门 X_1 和 X_2,两者的产出组合成一个结构,其总和为总产出(见图 11.1)。最初,两部门产出水平分别为 X_1^1 和 X_1^2(上标指时期),总产出 $X = X_1^1 + X_2^1$,产出组合在 Ⅰ 点。到报告期,两部门产出水平分别达到 X_1^2 和 X_2^2,总产出增长到 $X^2 = X_1^2 + X_2^2$,产出结合处于 Ⅱ 点。与基期相比,两部门产出增量分别为:$\Delta X_1 = X_1^2 - X_1^1$;$\Delta X_2 = X_2^2 - X_2^1$。 这样,总产出的变化通过部门产出变化的总和给出:$\Delta X = \Delta X_1 + \Delta X_2$。 但总产出的变化掩盖了结构的重要变化。

为了测量这一结构变化,揭示其与增长的相互关系,我们可以先假设其经济增长(即总产出变化)是两部门按比例扩大产出的结果,即两部门在 Ⅰ 点产出组合的基础上其产出份额按比例扩大的结果。这样,产出 Ⅰ 组合点向 Ⅱ′ 点的移动是线性的,而且 Ⅱ′ 点的总产出与 Ⅱ 点相同,即 $\hat{X}^2 = \hat{X}_1^2 + \hat{X}_2^2$,$\hat{X}^2 = X^2$。 在总产出水平相同的情况下,从 Ⅱ′ 点向 Ⅱ 点移动则意味着两部门产出变化是非平衡增长,即不是按比例扩大的,$\Delta X_1 > \Delta X_2$。 这一种部门生产上的变化,可由 δX_1

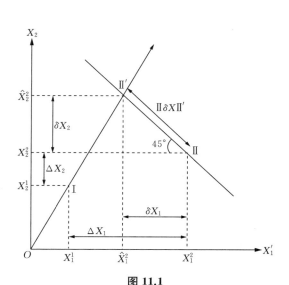

图 11.1

和 δX_2 给出（δ 代表结构变化）。由于总产出水平不变，从 II' 点向 II 点移动所产生的部门在 δ 上的变化之和必然等于零，所以 δX_1 与 δX_2 在数值上相等，而符号相反。

在部门量度单位 δ 的基础上，有可能设计出关于结构变化的若干概括性的量度单位。根据图 11.1，这一概括性量度是 II 点和 II' 点之间的距离，即 $\text{II}\delta X\text{II}'$。$\text{II}\delta X\text{II}'$ 量度是点 II 和 II' 间的欧几里得距离，它是由部门 δ 量度（δX_1 和 δX_2）的平方和的平方根给出的。这一量度也可以运用到多部门模型之中，并被表示为同总产出量度的一个比率。可见，部门增长与国民经济增长的关系，总是表现为部门结构变化的增长（与部门产出份额固定不变的增长相偏离的增长）与国民经济增长的关系。部门结构变化的增长，从图 11.1 来看，就是 X_1 部门加速增长与 X_2 部门减速增长的动态结合，即结构成长过程。因此，这实际上就是结构成长与经济增长的相互关系，它表明结构成长是实现经济持续增长的一个重要机制。

11.2　结构成长效应的表现方式

前面的分析虽然已指出了结构成长对经济增长的引致效应，但那只是从部门增长与国民经济增长的相互关系的表层考察得出的认识。并且,在前面关于部门增长的分析中,我们并没有给出一定的约束条件,而结构成长则是产业结构与外部环境因素交互作用的动态变动。因此,我们要进一步从产业结构与外部环境因素交互作用的角度,深入考察结构成长促进经济增长的具体方法和途径。

11.2.1　结构成长效应:有效产出的极大增长

在第 10.3 节中,我们曾指出决定结构成长的若干基本因素。在一个封闭经济系统中,结构成长是与需求结构升级和相对成本下降相联系的,前者的联系通过产业收入弹性变动表现出来,后者的联系通过生产率上升率变动表现出来。结构成长实际上就是不断由具有更高收入弹性和生产率上升率的部门取代原有部门的过程。如果我们暂先撇开这一过程对资源投入的影响,仅从产出角度来看,那么结构成长效应就表现为有效产出的极大增长。

我们已经知道,结构成长是与产业部门的扩张和收缩相联系的,而产业部门的扩张和收缩则是其产品寿命周期的外在反映。在供求关系作用下,任何一种产品都会呈现出一定的寿命周期。一般来讲,产品寿命周期是由三个阶段构成的,即成长期、成熟期和衰退期(见图 11.2)。

图 11.2 中,横轴代表时间,纵轴代表产量,N 点表示产量的饱和水平。上述曲线的微分方程是:

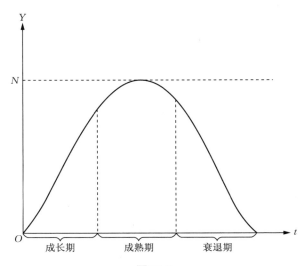

图 11.2

$$\frac{\mathrm{d}Y}{\mathrm{d}t} = KY(N-Y) \tag{11.6}$$

式中：Y 表示产量；$\frac{\mathrm{d}Y}{\mathrm{d}t}$ 表示产量 Y 的增长速度；N 代表产量的饱和水平，称为饱和参数；K 是增长速度 $\frac{\mathrm{d}Y}{\mathrm{d}t}$ 与 Y 和 $(N-Y)$ 的积之间的比例系数（大于零）。通常，饱和参数 N 的大小是与其收入弹性的高低密切相关的，而系数 K 的值则与其生产率上升率的高低密切相关。产品寿命周期曲线的形状就是由 N 值和 K 值的大小决定的。

式(11.6)表明，产量的增长速度 $\frac{\mathrm{d}Y}{\mathrm{d}t}$ 是与两个因子成比例的。一个因子是 t 时产量 Y，Y 随着时间 t 而增长，故称之为动态因子；另一个因子是 $(N-Y)$，它是随着时间 t 的推移而减少的，故称之为减速因子。当一个产品（产业）处于成长期时，饱和参数 $(N-Y)$ 为负，其收入弹性较高，在一定 K 值的情况下，产量的增长速度较快，这在图 11.2 上表现为向右上方倾斜的曲线。当其产品（产业）的扩张过程接近饱和时（即 Y 的值接近于 N 时），减速因子 $(N-Y)$ 就逐渐接近于零，于是产量的增长速度 $\frac{\mathrm{d}Y}{\mathrm{d}t}$ 也趋向于零。这意味着该产品（产业）的扩张开始停止，而进入收缩阶段。

如果我们进一步考虑其产品的使用期限，那么式(11.6)可修改如下：

$$\frac{\mathrm{d}x_i}{\mathrm{d}t} = K_i x_i (N_i - x_i) - M_i x_i \tag{11.7}$$

式中，新增加的 $M_i x_i$ 表示产业 i 的产品的使用时期的长短，其使用寿命越短（相当于 M_i 越接近于零），就需要有更快的速度生产出相应量的产品，以补偿被消耗掉的产品。显然，这时的饱和水平不再是 N_i，而是 $N_i - \dfrac{M_i}{K_i}$。 这是因为在饱和水平时，增长速度 $\frac{\mathrm{d}x_i}{\mathrm{d}f} = 0$。 设在饱和水平时的产量为 x_i^0，则有：

$$\frac{\mathrm{d}x_i}{\mathrm{d}t} = K_i x_i^0 (N_i - x_i^0) - M_i x_i^0 = 0 \tag{11.8}$$

$$N_i - \frac{M_i}{K_i} = x_i^0$$

这时,产业部门 i 向稳定的状态 $x_i^0 = N_i - \dfrac{M_i}{K_i}$ 移动,这种状态表示 i 产业正在生产出来的和正在被消费掉的产量 x_i 之间的一个动态平衡。

从上面的分析中,我们可以看到,结构成长实际上就是具有更高的收入弹性、生产率上升率和产品替换率的产业部门不断取代衰退产业部门的过程。在这一过程中,势必出现产量增大、成本下降的经济效益,从而促进国民经济的增长。这是因为,原有部门的产出增长率过了一段时间后会下降,它们在总产值中所占的份额也随之下降。如果在这些部门减速增长时,没有出现另一些高速增长的部门,即没有实行结构转换或结构成长,那么总产值和按人口平均的产值就必然会出现增长减速的情况。相反,如果大力发展收入弹性较高的产业,及时实行结构转换,那么这些具有比平均增长率更高水平的部门的加入,不仅能抵消原有部门增长减速的影响,而且可以支撑起整个经济的更高的增长率。因此,结构成长的意义就在于,它不断地推出具有超过平均水平增长率的新兴部门,在原有部门减速增长时,支持了总体增长速度。从这一意义上讲,结构成长是经济增长高速度的必要条件。产业结构的高变换率与经济发展的高增长率之间存在着内在联系。

11.2.2　资源的有效利用和开发

在前面分析中,我们注重于结构成长对有效产出增长的影响,而暂时撇开了资源投入因素,这实际上假定了产业结构成长既不受资源约束,同时也不对资源投入产生影响。事实上,新兴产业部门的形成和发展总是要以一定的资源利用为基础的,而且它们对资源的利用和开发有重大影响。这些新兴部门对资源的利用,大致可归纳为以下两种情况:

(1)新产业所利用的资源没有超出原有结构的资源利用范围,即新产业部门是在原有既定资源的条件下形成和发展起来的。在这种情况下,新产业必定和原有产业处于某种资源利用的竞争关系中。因此,新产业只有改进对资源的利用方式,更有效地利用现有资源,才能争得自身的生存空间;否则,它将被抑制。当新产业发展起来,并取代了旧产业时,新的产业结构必定是提高了对资源的利用程度。

（2）新产业开辟了新的资源利用途径，扩大了原结构的资源利用范围，即新产业部门是在新的资源条件下形成和发展起来的。在这种情况下，新产业虽然可能在资源利用上与原有产业并不处于竞争关系之中，但它的出现意味着新结构比旧结构具有更为广泛的资源开发。

为了分析结构成长过程中资源利用情况，我们假定只存在两种类型的产业部门，即旧产业与新产业。设产业 X_1 为旧产业，产业 X_2 为新产业，它们各具有参数 K、N、M 的不同值。显然，新产业的参数值较旧产业要大。此外，它们对经济资源的利用，有多种情况：也许不同，也许相同，或部分不同和部分相同。这可由引入因子 $\beta (0 \leqslant \beta \leqslant 1)$ 来表示。如果 $\beta = 1$，说明新、旧产业部门所使用的资源完全相同；如果 $\beta = 0$，则表示它们使用完全不同的资源；如果 $0 < \beta < 1$，则表示它们在资源使用上有重叠的部分。这样，由新旧产业构成的产业结构系统可由下述的方程组来描绘：

$$\begin{cases} \dfrac{\mathrm{d}X_1}{\mathrm{d}t} = K_1 X_1 (N_1 - X_1 - \beta X_2) - M_1 X_1 \\ \dfrac{\mathrm{d}X_2}{\mathrm{d}t} = K_2 X_2 (N_2 - X_2 - \beta X_1) - M_2 X_2 \end{cases} \tag{11.9}$$

在这一结构系统中，新产业出现的瞬间状态是：

$$X_1^0 = N_1 - \frac{M_1}{K_1} \text{ 和 } X_2^0 = 0 \tag{11.10}$$

如果：

$$N_2 - \frac{M_2}{K_2} > \beta \left(N_1 - \frac{M_1}{K_1} \right) \tag{11.11}$$

那么，新产业的产量将增长到某个有限值，并占有系统中的一定经济资源。在上述分析的基础上，我们来具体分析产业结构变动几种可能发生的情况。

（1）如果新产业 X_2 所利用的经济资源完全与旧产业 X_1 的相同，即 $\beta = 1$。同时，假定 $M_2 = M_1$，而新产业的收入弹性参数 N_2 和生产率上升率参数 K_2 的综合值比旧产业的 N_1 和 K_1 的综合值大，即：

$$N_2 - \frac{M_2}{K_2} > N_1 - \frac{M_1}{K_1} \qquad (11.12)$$

那么新产业 X_2 将取代旧产业 X_1,结构系统将向着 $X_1^0 = 0$ 和 $X_2^0 = N_2 - M_2/K_2$ 的状态运动。这种新产业取代旧产业的结构变动(如图 11.3 所描绘)将导致现有资源的有效利用,使单位资源所生产的产品数量增加,因为 $X_2^0 = N_2 - M_2/K_2 > X_1^0 = N_1 - M_1/K_1$,同样的资源所生产的新产品的数量 $X_2^0 > X_1^0$。事实上,在使用相同资源的情况下,X_2 产业之所以能取代 X_1 产业,就是因为有更高的资源利用率。

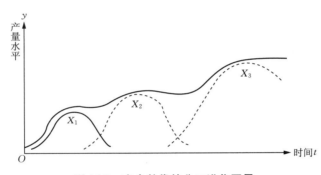

图 11.3   完全替代的分工进化图景

(2)如果新产业 X_2 在资源使用的选择上不同于旧产业 X_1,而且完全是以新的资源的开发为基础产生的,即在新资源开发下形成的新产业 X_2,那么 $\beta = 0$。根据式(11.11),新产业 X_2 的成长条件为:

$$N_2 - M_2/K_2 > 0 \qquad (11.13)$$

如果有足够的新开发的资源使新产业 X_2 生存下去,那么它将增长到一个稳定的产出水平 $X_2^0 = N_2 - M_2/K_2$。这一水平完全取决于它的参数 N_2、K_2 和 M_2。这时,新产业 X_2 和旧产业 X_1 共存,产业结构变动表现为产业部门增加,结构规模扩大,即结构平衡态从 X_1^0 发展到 $(X_1^0 + X_2^0)$。这种产业结构的演进意味着新资源的开发,资源利用规模的扩大,即 $X_2^0 + X_1^0 = N_2 - M_2/K_2 + N_1 - M_1/K_1 > N_1 - M_1/K_1 = X_1^0$。

(3)以上两种情况都是极端现象,在现实经济中,新产业 X_2 的出现所使用的资源往往与旧产业 X_1 的资源使用有部分重叠,即 $0 < \beta < 1$。这种资源使用

部分重叠可以有两种情况:一种是产品完全替代下的资源使用部分重叠;另一种是产品部分替代下的资源使用部分重叠。下面分别论述。

第一,在新产业 X_2 的产品完全替代旧产业 X_1 的产品,但 X_2 产业所使用的资源与 X_1 产业所使用的资源不完全相同的情况下,其变动方程为:

$$N_2 - M_2/K_2 > \beta(N_1 - M_1/K_1)$$
$$\beta(N_2 - M_2/K_2) > N_1 - M_1/K_1 \tag{11.14}$$

根据式(11.14),新产业 X_2 的产量将增长到某个有限值,并占有系统中的部分资源。对于式(11.14),由 $\beta < 1$ 可得出:

$$(N_2 - M_2/K_2) > \beta(N_2 - M_2/K_2) \tag{11.15}$$

而:

$$\beta(N_2 - M_2/K_2) > N_1 - M_1/K_1$$

故:

$$N_2 - M_2/K_2 > N_1 - M_1/K_1 \tag{11.16}$$

这就与式(11.12)相同了,说明产业 X_2 将取代产业 X_1,并且最终的产量水平将高于原来的 X_1^0。这种产业结构变动不仅使原有资源得到更有效的利用,而且使新资源得到开发。

第二,在新产业 X_2 的产品部分替代旧产业 X_1 的产品,其资源使用也部分与旧产业 X_1 相重叠的情况下,其变动方程为:

$$N_2 - M_2/K_2 > \beta(N_1 - M_1/K_1)$$
$$\beta(N_2 - M_2/K_2) < N_1 - M_1/K_1 \tag{11.17}$$

结果,新产业 X_2 将增长,但与旧产业 X_1 共存,并且最终状态可表示为:

$$X_1^0 = \{N_1 - M_1/K_1 - \beta(N_2 - M_2/K_2)\}/(1 - \beta^2)$$
$$X_2^0 = \{N_2 - M_2/K_2 - \beta(N_1 - M_1/K_1)\}/(1 - \beta^2) \tag{11.18}$$

总的产量水平为:

$$X_1^0 + X_2^0 = \{N_1 - M_1/K_1 + N_2 - M_2/K_2\}(1 + \beta)$$
$$> N_1 - M_1/K_1 \tag{11.19}$$

可见,在任何形式的产业结构演进中,新的结构取代旧的结构总意味着对资源更大的开发和更有效的利用,从而促进着经济增长。

11.3　结构成长效应的度量

由于结构成长表现为产业之间优势地位的更迭,从而是资源的更有效的利用,所以结构成长效应实质上就是资源流向生产率更高部门的再配置效应。这种资源从低效益部门向高效益部门的转移对经济增长的贡献,通常被称为资源总配置效应。

这种效应存在的基本前提是部门之间的要素收益率存在显著的差异,结构成长使资源从低效益部门向高效益部门转移,势必提高生产要素的收益率,因此测量在具有不同边际生产率的部门之间资源再配置对增长的作用,就要比较生产率总增长率与生产率部门增长率的加权平均数,两者之间的差距就是结构成长效应或总配置效应。M.赛尔奎因通过多国模型中全要素生产率增长的构成的分析,从数量上揭示了结构成长所能产生的资源再配置效应(见图11.4)。

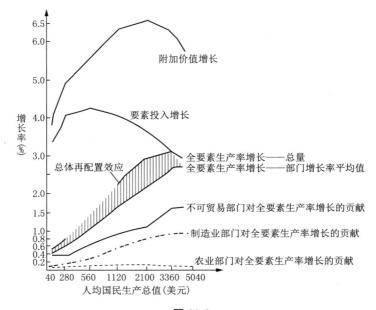

图11.4

从图 11.4 中可以直观地看到,结构成长的资源再配置效应就是生产率总增长率与生产率部门增长率的加权平均数之间的差距。当结构成长使资源从低效益部门向高效益部门转移,从而使部门要素收益率趋于相等时,生产率总增长率与生产率部门增长率的加权平均数之间的差距也趋于消失。但从动态过程来看,部门要素收益率的非均衡是绝对的,因而这种结构成长的资源再配置效应始终是存在的,并是可以度量的。

测量这种总配置效应的一个较为简单的公式是从总劳动生产率的增长公式中导出来的。我们把劳动生产率 y 定义为:

$$y = \sum_i \frac{V_i}{L_i} \frac{L_i}{L} = \sum_i y_i r_i \tag{11.20}$$

式中:V_i 代表 i 部门的产出;L_i 代表 i 部门的劳动;r_i 代表 i 部门中的就业比重。关于时间的微分给出总劳动生产率增长率 G_y。

$$G_y = \sum_i \rho_i G_{y_i} + \sum_i \rho_i G_{r_i} \tag{11.21}$$

式中:$\rho_i = V_i/V$ 是部门 i 产出在总产出(GDP)中的比重。式(11.21)表明,G_y 是由两项因素构成的:(1)工人人均产出的部门增长率的平均数;(2)具有不同劳动生产率的部门之间的劳动力流动。可见,第二项可以用来测量部门之间就业变化对总劳动生产率增长的贡献,我们用 $A(y)$ 来表示。它表明在相对劳动生产率不变时,总劳动生产率的增长随着劳动力的流动 G_{r_i} 的发生而发生。但是,由于 $A(y)$ 只强调了劳动要素部门再配置效应,忽视了劳动以外的其他要素,并且它只是根据平均数而不是根据边际产品来计算就业变化的相对贡献,因此这种测量只是一个简单的近似值。

为了综合测量资源转移对增长的影响,需求对 $A(y)$ 进行修改和补充,首先把 $A(y)$ 变换为:

$$A(y) = \sum_i \rho_i G r_i = \frac{1}{V} \sum_i L_i (y_i - y) \tag{11.22}$$

式中,一个变量上的一点表示一个时间的导数。这种表达使得 $A(y)$ 明显地依赖于每个工人的平均产品在各部门之间的差异。然后,用边际产出 f_L 代替平均产出 y,再加上一项资本投入,得出总配置效应或 TRE 的测量。

$$TRE = \frac{1}{V} \sum_i L_i (f_{Li} - f_L) + \frac{1}{V} \sum K_i (f_{Ki} - f_K) \tag{11.23}$$

式中，$f_{Li}(f_{Ki})$ 代表 $L(k)$ 在 i 部门的边际产出，$f_L(f_K)$ 代表 $L(k)$ 的全国平均数。

TRE 可以较为精确地测量出，当资源再配置在一定程度上减少了不平衡时，全要素生产率的总增长率 $\bar{\lambda}$ 快于部门增长率的加权平均数 $\sum \rho_i r_i$ 的程度。当劳动和资本的边际生产率在各部门都相同时，式（11.23）中的差异就消失了，总配置效应也消失了。

此外，还有一种对式（11.23）的估算更为方便的总配置效应公式：①

$$TRE = \lambda - \sum_i \rho_i \lambda_i = \frac{1}{y} \sum_i R_i r_i (f_{Ki} - f_K)$$
$$+ \sum_i r_i \left(\frac{y_i}{y} - a \frac{k_i}{k} \right) = A(k) + 净配置 \tag{11.24}$$

式中，右边第一项 $A(k)$ 测量两种贡献的差异：（1）部门资本积累对劳动生产率增长的贡献；（2）在所有部门的边际生产率等于 f_K 时，部门资本积累对劳动生产率增长的贡献。第二项是净配置效应，它由两个部分组成：（1）总配置效应 $A(y) = \sum_i r_i / r_i \rho_i = \sum_i r_i y_i / y$；（2）对总配置效应 $A(y)$ 不足的修正。它承认，因为平均产出不变，故常常需要净投资。如果在劳动再配置之后，每个工人所装备的资本量与以前那个部门的工人所配备的资本量相等，即使资本密集度（$R = K/L$）在每一个部门都保持不变（$k_i = 0$），总的资本—劳动比率也将表现为一个净变化，由 $\sum r_i k_i / k$ 给出。当总资本弹性 a 乘以这个总的资本—劳动比率的变化时，就得出了工人人均产量的预期变化。在完全均衡（各部门之间边际产出相等）的条件下，$A(R)$ 和净配置两项都等于零，从而 λ 和 $\sum \rho_i \lambda_i$ 之间的差异就消失了。

钱纳里等人根据一些国家（地区）的有关数据，估计了在各个不同时期资源部门再配置对增长的作用（见表11.1）。尽管这种估计也许并不很精确（有可能低估或高估资源再配置对增长的贡献），但基本上反映了产业结构成长对经济增长的作用。从表11.1来看，在所有时期内，总配置效应 TRE 都是正的，但也发

---

① 此公式的推导参见［美］钱纳里等：《工业化和经济增长的比较研究》，上海三联书店1989年版，第344—345页。

表 11.1　多国模型中资源部门再配置对增长的贡献

时期	人均收入（美元）	年增长率(%) 总 $TFP = \sum \rho_i \lambda_i + TRE(\lambda)$		有关增长的总配置效应 产出 (TRE/GV)	有关增长的总配置效应 TFP (TRE/λ)	由净配置效应引起的 TRE 份额	以劳动生产率百分比测量的再配置 总配置效应 A (y)	以劳动生产率百分比测量的再配置 净配置效应
0	100—140	0.44	0.04	1	9	100＋	15.0	5.7
1	140—280	0.72	0.15	3	20	69	17.0	5.5
2	280—560	1.40	0.29	5	21	85	16.5	9.0
3	560—1120	2.28	0.56	9	25	89	20.0	12.5
4	1120—2100	2.92	0.75	11	26	90	20.0	14.0
5	2100—3360	3.11	0.40	6	13	83	9.0	7.5
6	3360—5040	2.80	0.08	2	3	75	0.0	1.5

注：TFP 表示全要素生产率；TRE 表示总配置效应；GV 表示总产出。

资料来源：[美]钱纳里等：《工业化和经济增长的比较研究》，上海三联书店 1989 年版，表 8.8。

生了一个"S"形的变化。它对产出增长的贡献在人均收入 560—1120 美元阶段时达到较高值,而在人均 1120—2100 美元阶段时达到最大值(11%)。同时,总配置效应对全要素生产率的增长也起了重大作用,是全要素生产率增长的一个重要组成部分。

　　从表 11.1 反映的总配置效应在各个阶段的模式来看,大约是经历了一个最初加速而后放慢的过程。这一过程实质上就是资源从传统农业部门向现代非农部门,尤其是向现代工业部门转移的过程。总配置效应在人均收入 2100 美元之后开始下降,只是表明了作为增长潜在源泉的从农业中游离出来的资源的枯竭,以及农业生产率的极大提高。笔者认为,这种现象只是反映了结构变动进入了一个相对稳定阶段;在这样一个阶段,总配置效应也相对低些。但不能从中推论出:在以后工业部门资源向服务业。尤其是向信息业转移时,总配置效应就不存在了,甚至是负的配置效应。这一推论意味着,资源向服务业转移不能够给增长带来任何利益,甚至可能阻碍增长。当然,在目前工业部门增长率仍相对较高而服务业生产率相对较低的情况下,资源转移到服务业部门会出现负的配置效应。但从产业结构发展趋势来讲,工业部门增长率将下降,服务业(尤其是信息业)的增长率将迅速提高。当世界新技术革命给信息业带来巨大发展时,资源向信息业的转移仍将产生巨大的总配置效应,从而促进经济增长。因此,我们不能把一定阶段的总配置效应的下降凝固化,而要把它看作是一个动态的周期性过程。

12 创新:成长效应的支点

既然产业结构成长具有资源再配置效应,那么推进结构成长就成为经济发展中的一项战略任务。然而,结构成长并不是政府可以借助行政力量"拔苗助长"的。结构成长有其规律,成长速度的快慢主要取决于其内部的转换能力,而这一转换能力是与创新联系在一起的。在缺乏创新,或创新不足的情况下,人为地加快产业结构的转换,必然造成结构失衡,以至强迫性的结构逆转,严重地影响国民经济持续、稳定、协调的发展。国际经验表明,只有在创新及创新扩散的前提下,才能在保持结构均衡的基础上加快结构成长,发挥成长效应。因此,创新是结构成长效应的支点。

12.1　哪个是结构成长的核心动因

12.1.1　结构成长的奥秘:争论

前面已经指出,结构成长过程表现为产业之间优势地位的连续更迭。如果从某一时间横截面来看,这就表现为产业之间不同水平的增长率的并列。因此,结构成长必定是以不同部门增长率的差异为前提的。

大量的统计分析表明,在任何较长的时期内(如 10 年左右),不同产业部门之间的产出增长率有相当大的差别。有些部门的产出增长率比平均数值大两三倍,而其他一些部门的增长率只有平均数值的一半。这说明各部门有各自不同的条件。那么,这些条件是什么以及它们如何影响增长率的呢? 这就是长期以来研究产业问题的经济学家们一直在探讨的"生产率之谜"。这一现象的探讨对于揭示产业结构有序演进促进经济增长的奥秘,是有重大意义的。

索尔特对这一现象考察了三个可能的原因[①]:(1)劳动效率的变动;(2)资本对劳动替代率的变动;(3)技术进步率的变动。他认为,劳动所得与劳动成本的差别同生产率增长速度的差别并不一致,因而从直观上来看,劳动效率差异的程度不足以使生产率增长速度形成如此大的差别。至于第二个可能的原因,尽管随着技术进步有可能发生大规模的替代,但总的来说,要素替代率的差别与生产率增长速度无关。因此,他认为只有最后一个变量(技术进步率的变动)是形成生产率增长速度差别的主要原因。由于技术进步推动生产率,使得产出的相对价格下降,因而导致了需求和产出增长。

卡尔多却认为,技术进步和生产率增长差异实际上可能是不同部门面临的需求增长率不同而引起的。[②]其主要理由是,需求增长拉动产出增长,从而导致了规模经济,所以生产率随之增长。索尔特和卡尔多的两种观点之间的差别在于对维多恩定律(产业产出增长率与生产率增长速度之间的明显关系)作出了不同的解释。前者的因果关系是从技术、供应和生产率出发,经过价格,然后到产出增长;后者的因果关系则是从需求出发,经过价格,然后到生产率增长。这可比较如下:

索尔特:$T \uparrow \to r \uparrow \to P \downarrow \to D \uparrow \to G \uparrow$

卡尔多:$D \uparrow \to P \downarrow \to G \uparrow \to E \uparrow \to r \uparrow$

式中:T 代表技术;r 代表生产率;P 代表价格;D 代表需求;G 代表产出;E 代表规模经济;$\uparrow$ 和 $\downarrow$ 分别表示增加和下降。从因果关系的要素来看,索尔特增加了技术变量,而卡尔多增加了规模经济变量;从因果关系的起点和终点来看,前者是技术和产出,后者是需求和生产率。可见,索尔特是从供给角度分析的,并假定技术进步率在各部门是根本不同的;而卡尔多则是从需求角度进行分析的,他从因果关系中撇开了技术变量,实际上是暗含着一个假设,即技术进步是外生变量,它"平均说来"是连续的和均匀分布的。从基本倾向来说,我赞同索尔特的观点,但索尔特并没有对技术进步与需求以及国际贸易之间的关系进行详细论述,也没有具体分析技术创新对产业结构成长的各种影响,所以索尔特并没有真正

①   W. Salter, 1966, *Productivity 2nd Technical Change*, Cambridge University Press, 2nd edition.

②   N. Keldor, 1966, *Causes of the Slow Rate of Economic Growth of the Unnited Kingdom*, Cambridge University Press.

揭示产业结构成长作用于经济增长的内在机制。下面,我们将考察在决定产业结构成长诸因素中创新的地位,以及创新推动产业结构有序演进的具体表现。

12.1.2 创新在三个基本变量中的作用

前面第 10.3 节中曾经指出,决定产业结构成长的三个基本变量是需求结构、相对成本和国际贸易。如果在一个封闭系统中进行考察,那么决定变量就是前两个。一般说来,这三个基本变量对结构成长的影响是互相联系的,其中一个因素变动会通过一种链式关系引起另外两种因素的变动。当然,在各种障碍作用下,其联动也许不强烈,甚至可能不存在。通常,只有在三者产生联动,其互相作用趋于一致时,才能促进产业结构成长。然而,在这当中起核心作用的是创新。经济学家特利克耶杰认为,在需求模式和相对成本变化中,创新无疑起着主要作用。[①]

按照熊彼特的观点,创新是引入一种新的生产函数,从而提高社会潜在产出能力。这具体表现在两个方面:一是带来新商品和劳务的创造;二是在既定的势动力和资金的情况下,提高原有商品和劳务的产出数量。因此,创新不仅可以提高生产商品和劳务的能力,而且可以增加品种。除此之外,创新还具有一种扩散效应,促进经济发展的加速与飞跃。下面,我们具体分析创新在这三个基本变量中的作用。

(1)创新对相对成本变化的作用。从概念的从属关系来讲,创新只是决定相对成本的因素之一。因此,在没有发生创新的情况下,相对成本也会因规模经济、资源比较优势以及劳动力价格下降而变动,从而影响产业结构的变动。但历史经验表明,这种结构转变的意义并不大,不足以推动产业结构的重大质变。只有在发生创新的情况下,相对成本的巨大变动才能对产业结构发展产生本质意义的影响。其具体的作用过程,我们将在下面专门论述。

(2)创新对需求结构变动的作用。这主要表现在以下两个方面:

第一,由创新所引起的新产品或新工艺的出现,伴随而来的常常是人均收入水平的提高和生活条件的改善。它的影响是随着经济增长的进程一层层地添加在原有的需求结构上的。无论是为了适应于改变了的生活条件作出反应,还是

---

① Nestor E. Terleckyj, 1957, Factors Underling Productivity Advance, 300—309.

为了新产品作出反应,它都会造成新的需求压力。当然,需求的变化也将反过来刺激创新,但在现代经济增长中,创新始终居于突出地位。

第二,更为重要的是,需求结构拉动产业结构有序发展的前提条件,就是需求结构的变动要与创新相联系,以创新为基础。这是因为,需求结构变现的拉动影响按其性质有两类:一是有利于产业结构正常转变的积极影响;二是不利于产业结构正常转变的消极影响。

这种积极影响一般与适应经济发展水平要求的需求模式相联系。这种需求结构的变动是以人均收入的提高为前提的,因而它拉动产业结构的合理变动,从深入的分析中可以看出,这种需求模式的积极影响作用是与创新相联系的,并以创新为基础。因为人均收入水平的提高主要来自于创新的贡献。相反,对结构成长产生消极影响的需求模式往往是脱离人均收入水平的超前需求模式,这一需求模式实际上是缺乏创新支撑的需求结构升级的产物。

（3）创新对国际贸易变化的作用。虽然自然资源禀赋优势也能在国际贸易中取得比较利益,但在现代经济增长中,比较优势的重点日益转向技术、管理、组织等方面,从而它也就越来越紧密地依赖于创新能力。国际经验表明,国际贸易的相对优势的迅速改变,有赖于创新能力的增强。日本从一个不具有自然资源比较优势的国家迅速成为具有技术比较优势的国家,完全是与其强大的创新能力分不开的。

因此,一个国家的创新活动和创新能力是产业结构有序发展的核心动因。唯有创新,才能从根本上提高产业结构的转换能力。唯有创新,才能使需求结构和国际贸易的变动对产业结构产生积极的影响。

12.2　创新推动结构成长的方式

既然创新是结构成长的奥秘所在,那么创新又是如何推动产业结构有序发展,进而促进经济高速增长的呢? 这可以从静态与动态两个方面进行考察。

12.2.1　静态分析:直接与间接影响

静态分析是从横截面的角度来考察创新对结构成长的作用方式。这种作用方式又可以细分为直接影响和间接影响两种。

（1）创新对产业结构成长的直接影响。假定在一个具有资源再分配自由的社会中,当创新一旦在某些部门出现,并可以带来潜在产出能力提高时,人们将面临这样一种选择:主要以增加本产业产出的形式来获得创新的收益,还是把本产业的资金、劳动力等要素转移到其他产业,以增加其他产业产出的形式来获得创新的收益?

一般说来,当创新带来的是新产品开发或原有产品改善时,由于这些产品的需求弹性较大,也许将吸引生产要素向该部门流入。这是因为,这些产品刚引入社会,其产品价格对成本的反应、需求对价格的反应都比较敏感,从而其产量的提高将可能取得较高的收益。当该部门能够获得高于一般产业部门平均水平的收益时,其他部门的生产要素就会向其转移。因此,迅速的创新将倾向于该产业部门扩张,如20世纪20年代的汽车工业的发展就是如此。

当创新仅仅是导致了原有产品的生产效率提高时,如果这些产品需求弹性较小,那么这将促使该部门的生产要素向外流出。这是因为,这些产品已趋于成熟,产品价格对成本的反应、需求对价格的反应已不再特别敏感,从而其产量的大幅度提高将降低该产品的价格,使其收入下降。在这种情况下,迅速的创新经常更倾向于使该产业部门收缩,尤其是减少劳动力,如20世纪50—60年代的农业创新就是如此。

可见,不论哪一种方式,创新都将引起生产要素在部门之间的转移,引起不同部门的扩张或收缩,从而促进产业结构的有序发展。

（2）创新对产业结构变化的间接影响也有两种方式。第一种方式是,创新通过对生产要素相对收益的影响而间接影响产业结构变化。经济学家希克斯（Hicks）认为,创新会通过改变各种生产要素,尤其是劳动和资本的相对边际生产率,改变其收益率之间的平衡。[①]这就是说,创新通过对劳动与资本相对收益的影响,改变其在国民收入中的相对份额。当然,一项创新有可能以相同的比例,提高劳动与资本的边际生产率。但是,这种情况是比较罕见的,更经常的是创新对它们的非平衡影响:资本边际生产率的提高比劳动边际生产率的提高更快;或者相反。甚至,创新还可能绝对地降低这一要素或那一要素的边际生产

---

① Hicks, Jone R., 1964, *The Theory of Wages*, Palgrave Macmillan.

率。在这种情况下,就会刺激生产要素之间的替代:资本对劳动的替代;或劳动对资本的替代。前者就是所谓的"节约劳动的创新",后者就是"节约资本的创新"。显然,这种要素的替代会影响到产业结构变化。

第二种方式是,创新通过对生活条件和工作条件的改变而间接影响产业结构变化。创新往往会创造新的需求(最终需求和中间需求)和某些潜在的巨大需求,并且有可能通过连锁反应对需求产生更广泛的影响。这些需求结构的变动无疑会影响产业结构的变化。

12.2.2 动态分析:三个层次

动态分析是从一个发展过程来考察创新对产业结构的影响,我们从三个层次渐进地展开分析。

(1)创新决定着单个产业部门扩张与收缩的运动状态。从单个产业部门来看,其产生与发展的过程往往是与创新的兴衰相联系的。重大的新产品的开发会导致一个新兴产业的出现。进一步的创新又会大幅度降低该产业部门产品的成本,使该产业部门进入一个高速增长的阶段。库兹涅茨认为这种高速增长达到一定点之后,便出现减速增长趋势。他综合了技术的、经济的和统计的分析,归纳出一组导致部门减速增长性变量:技术进步减缓;增长较慢产业对其所产生的阻障作用;其达到大规模经营时面临的资金限制(无论资金来自其产业内还是产业外);受到新兴国家相同部门的竞争性影响。[①]

在这些影响产业部门减速增长的变量中,最主要的是创新的减缓。那么,在一个产业部门的发展中为什么会出现创新减缓倾向? 这是因为,创新使该部门产品的成本大幅度下降,从而把这种产品从具有价格敏感性的高档品转变为价格低廉因而其需求不再受价格影响的必需品。在这种情况下,该产品的进一步创新,不论其在工程技术上是如何革命,基本上也不会引起产量增长的进一步加速。这种倾向使创新对于降低成本的潜力趋于枯竭,从而难以继续从创新中获得较大收益。由于创新的动力来自预期的收益,所以在该部门预期收益下降时,就会减弱创新的动力,而把创新更多地引向更有希望的产业部门中去。

---

① 参见 Kuznets, 1930, *Scular Movements in Production and Price: The Nature and Their Bearing upon Cyclical Fluctuations,* Houghton Mifflin Co., 1—58。

由于创新减缓,再加上其他因素,该部门的产出相对就会下降,然后被后来进入高速增长阶段的产业所超过。由此可见,创新速度的变动在很大程度上决定了单个产业部门扩张与收缩的运动状态。库兹涅茨用逻辑曲线的 Gompertz 曲线拟合了几十条不同部门产量和产品价格的长期趋势线,证明了产业减速增长或多或少是有规则的。我认为,这种规则性正是创新变量的规则变动所致。

(2)创新决定着优势产业更迭的有序演变。如果任何一个产业部门的发展都是与创新相联系的,那么它们都将循着规则性的扩张和收缩的道路。这样,一个国家的各产业部门就可以根据其距离创新起源的远近来确定它们的相对地位。据此大致可以分成三类:一是低增长部门;二是高增长部门;三是潜在高增长部门。在这三类部门中,高增长部门的地位是最重要的,它对一国经济增长的影响极大,起着支撑作用。霍夫曼把其称为"优势产业",并用这种优势产业的变化来区分工业化的不同阶段。

这三类部门是一个连续发展的过程:原有的产业增长减速,被新的高增长产业取代;在递次的发展阶段中,潜在的高增长产业又将跑到前面代替原来高增长产业的位置。这种优势产业的更迭就形成了产业结构演变的阶段性。

不仅如此,创新还决定了这种优势产业更迭的有序性。固然,政府可以利用强硬手段,限制低增长部门的有效需求和供给,迫使资源转向高增长的优势部门,但这种结构改变的弹性是有限度的。库兹涅茨认为,基本的理由有两点:一是最终需求的特定结构倾向于稳定,它限制了任何一定时间内能够被引入的种种革新的相对比例,也限制了一种革新一旦在采用后所能保持的较高相对价值的时间长度。二是技术的总体水平,有待于各方面的不同程度的改进,而这种改进则有赖于一个国家的经济和技术发展的情况。[①]其实,库兹涅茨是从创新水平和创新能力的角度,指出了产业结构变动具有客观有序性,决不是可以随意实行优势产业更迭的。

(3)创新决定了产业结构变动的方向。高增长部门的更迭虽然使产业结构变动呈现有序性,但并不一定能够反映产业结构变动的方向。因为在特定的周期内,也会出现一些高增长部门;这些部门主要是受利润率影响,在某个或几个周期中表现出高增长率。这种高增长部门的更迭就不能决定产业结构变动的方

---

① 参见[美]库兹涅茨:《各国的经济增长》,商务印书馆 1985 年版,第 365 页。

向。为此,罗斯托区分了主导增长部门和主导循环部门。主导增长部门是引入了创新(新的生产函数)的真正的主导部门,而主导循环部门是没有引入新的生产函数,受高利润率影响的辅助增长部门或派生增长部门。只有前者的更迭,才能带动产业结构向高级化发展,后者只能支撑特定周期的繁荣,却不能带动产业结构的高级化。

由于,产业结构高级化本质上并不是指某些部门比例的升降,而是指技术的集约化,即采用先进技术的部门在数量上和比例上的增加,因此,只有引入了新的生产函数,并对其他部门增长有广泛的直接和间接影响的主导部门的更迭,才能提高整个产业的技术集约化程度,导致产业结构向高级化方向演进。这说明,产业结构变动的方向性是由创新在某一产业内迅速、有效地积聚,并通过部门之间的技术联系(投入—产出关系)发生扩散效应(前向关联和后向关联效果)来决定的。没有创新和创新的扩散,高增长部门的更迭只是产业结构变动的低水平循环。

12.3　结构成长中的创新扩散

上面关于创新推动结构成长的分析是把创新本身作为既定前提的,以便揭示创新对结构成长的影响;但在现实经济生活中,创新要成为结构成长效应的支点,其本身要具备扩散和群集的能力。如果不存在这一必要条件,那么这种创新是无法有效地推动结构成长的,或者可以把这种创新定义为限制性创新,其在结构成长中表现为创新不足。这一节主要从单一部门角度分析创新扩散这一必要条件。在其分析过程中,先假定创新采用者(厂商)是均质的,然后再引入创新采用者的差别,以考察影响创新在一个部门内扩散的各种因素,最后进行动态分析。

12.3.1　传染病模型及其在中国的运用

顾名思义,这一模型把创新扩散类比为流行病的传染过程。流行病的传染过程通常表现为,少数感染者通过与健康者的接触将其病毒传播开来,随着疾病的传播,感染者的数目不断增加,扩散的速度也不断加快,直到健康者的数目所剩甚少时,其疾病的蔓延速度才开始下降。技术创新扩散与其有很大的相似之处,只不过它所扩散的是有关创新本身的信息。当一项创新只被少数厂商采用时,其信息量是很小的,从而具有很大的风险。随着越来越多的厂商采用这项创新,有关这一创新的信息量就大为增加,同创新有关的风险也相应减少,这促使更多的厂商采用该项创新。随着潜在采用者的数目减少,其扩散的速度就逐渐降低直至这一过程终止。

这样一个创新扩散过程可以用数学公式来表示。若设 $x(t)$ 为潜在采用者的比例,他们已经在时间 t 采用这项创新,那么创新的扩散速度将是:

$$T = \frac{\mathrm{d}x(t)}{\mathrm{d}t} \tag{12.1}$$

基于前述的考虑,这一扩散速率将预期与采用者的部分 $x(t)$ 和潜在剩余者的部分 $[1-x(t)]$ 成比例:

$$\frac{\mathrm{d}x(t)}{\mathrm{d}t} = \beta x(t)[1-x(t)] \tag{12.2}$$

式中:β 是一个常数。微分式(12.2)有如下解:

$$x(t) = \frac{1}{1 + \exp(-\alpha - \beta t)} \tag{12.3}$$

式(12.3)是逻辑时间曲线方程。这一条"S"形曲线,其扩散速度先是增加,到拐点后下降(见图 12.1)。

在式(12.3)中,α 和 β 的含义是:前者决定扩散曲线开始上升的点,β 是扩散曲线上升的斜率,因此 α 和 β 的值的高低对创新扩散有重大意义。通过不同 α 和 β 值的逻辑扩散曲线的比较,可以看到在曲线 1 上有较早开始(α)和较快扩散

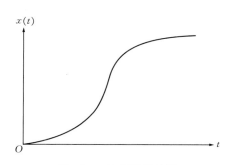

图 12.1　逻辑扩散曲线

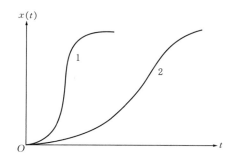

图 12.2　在逻辑曲线上 α 和 β 值的效果

速度(β)的效果(见图 12.2)。

在创新扩散过程中,不同的 α 和 β 值往往是由规模程度、技术熟练程度和管理水平以及生产的技术性质等因素决定的;同时,也是由创新的成本和收益水平决定的。

然而,在中国传统经济体制下,决定 α 和 β 值的关键因素是利益机制弱化,企业缺乏采用创新的动力。在这种情况下,促使企业采用创新的动力是:(1)是为了更好地完成上级部门下达的生产任务;(2)为了完成上级部门硬性规定的技术革新的任务。因此,企业采用创新的快慢往往是由上级部门的压力决定的。上级部门强调技术进步时,企业采用创新的步子就大些;反之,步子就小些。同时,企业本身也缺乏采用创新所必备的物质条件。企业即使有采用创新的意愿,也没有资金。唯一的资金来源是上级部门下拨的技术改造资金。因此,企业采用创新的快慢又取决于下拨的技术改造资金数额的大小。在这种情况下,创新扩散过程中的 α 和 β 值通常是较低的,而且其扩散曲线不是随时间 t 而变动,在更大程度上,它是根据上级部门偏好的不同时间分布而变动。一旦某个时期上级部门偏好于技术进步,创新扩散曲线便陡然上升,而当其偏好转向时,扩散曲线便迟迟难以上升(见图 12.3)。

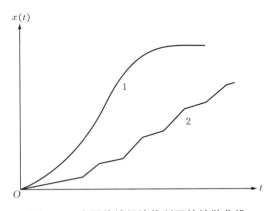

图 12.3　中国传统经济体制下的扩散曲线

图 12.3 中,曲线 1 表示随时间 t 变动的一般逻辑曲线,曲线 2 表示传统体制下创新扩散的状态。比较之下,可以明显看到曲线工具有静止与突发交替的特征,并且 α 和 β 的值偏低。

12.3.2 戴维模型及其在中国的运用

这一模型针对传染模型的缺陷,明确引入了厂商间差别这一变量。在传染模型中,采用者(厂商)被假定为均质的,即厂商的规模和增长,以及行为方式是相同的,它们之间唯一可能的差别是采用创新的"先驱""早期仿造者"和"落后者"之分。这样,传染模型就忽视了采用某个创新的合理性和利润率对于不同经营条件的采用者可能是不同的。戴维模型引入了厂商之间差别这一变量之后,就把创新视为对厂商的一个刺激因素;厂商对创新的采用,则是对这一刺激因素的反应。这样,每个厂商都有一个刺激的临界点,只有当创新的刺激强度超过了临界点,厂商才会采用这项创新。因此,创新扩散就变成了确定刺激和临界点的问题。

在戴维的模型中,该临界点是由厂商规模确定的。与每单位产出的旧技术相比,一项新技术总是假定固定成本较高而变动成本较低。如果假定存在正规模收益,那么在既定时间内,只有那些具有相应规模的厂商采用创新才会有收益,而不具有相应规模的厂商就不会采用该项创新,因为创新代表的刺激本身并没有超过其临界点。可见,技术的演进和厂商的增长两者都可以改变临界水平和潜在采用者的数量。这样,扩散的时间轨迹将取决于现有厂商规模的分布,取决于单个厂商的增长率以及资本和劳动成本的变动。

除此之外,创新扩散曲线的形状与创新本身的类型有关。根据创新的复杂程度和费用水平,可将其归纳为两种类型:A 组和 B 组。A 组创新是由技术上较简单,费用较廉价的创新组成。这种创新的学习效果在初级阶段就很显著,但很快就急骤下降,使得技术在扩散过程的早期阶段就相当稳定。B 组创新是由技术复杂,费用昂贵的创新组成。它通常建造在专用的基础上,并且要求在采用者的场地上有较长的装配期。这组创新的学习效果在早期阶段比 A 组要慢。然而,B 组改进的范围将比较大,因而在较后的阶段,扩散的速度和扩散的上限将超过 A 组。戴维模型就描述了不同类型的创新导致不同形状扩散曲线的情况(见图 12.4)。

在中国传统经济体制下,且不论企业缺乏采用创新的动力(这在前面已论述过了),从而不具备对创新这一刺激的灵敏反应。即便我们假定企业对创新还有一定的反应,该临界点由企业规模来确定。由于条条块块的行政分割,企业的生

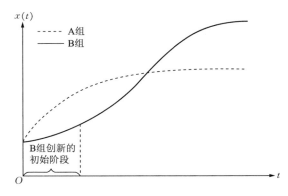

图 12.4　A 组和 B 组创新的扩散曲线

产规模普遍存在着不经济现象,规模狭小便严重阻碍了创新的采用。当然,在上级部门支持下,不具有相应规模的企业也可能采用创新,但那是以牺牲正规模收益为代价的。这时,临界点事实上是不起作用的。如果让临界点起作用,那么企业不经济的规模的分布将使创新扩散的时间轨迹大大后移。

在这样的企业规模状态下,不要说对 B 组的创新在初始阶段十分不利,就是对于 A 组创新也不适应。如果再考虑到企业缺乏采用创新的动力,那么 A 组创新和 B 组创新的扩散曲线形状在传统经济体制下也会变形。在传统经济体制下,A 组创新的学习效果在初期阶段也不会很显著;而 B 组创新则要细分成 B_1 和 B_2,B_1 创新为不是国家重点扶植的,B_2 创新为国家重点扶植的。B_1 创新与 A 组创新相比,其学习效果在早期阶段自然比 A 组更慢,但 B_2 创新的扩散在早期阶段则比 A 组显著(见图 12.5)。

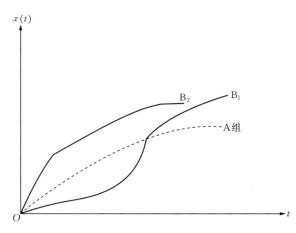

图 12.5　不同类型创新的扩散曲线

可见,即使属于同样技术复杂昂贵的 B 组创新,在传统经济体制下却有截然不同的扩散曲线。由国家重点扶植的 B_2 创新,其扩散速度是很快的;相反,A 组和 B_1 创新的扩散速度则很慢。这种情况从一个侧面反映了部门创新的不协调。具体地讲,在中国传统经济体制下,重加工工业的创新扩散相对领先,而基础工业的创新扩散和轻工业的创新扩散相对滞后。

12.3.3 动态模型及其在中国的运用

以上关于创新扩散的分析,主要是从采用者(需求)角度考虑的,并是作为静态模型考察的:假定潜在的采用者人数和扩散的创新在扩散周期的开始和结尾都一样。但在实际过程中,创新的扩散不仅取决于采用者的选择,而且也取决于供给者的选择。只有在对供求双方都有利可图时,创新扩散才能完全进行下去。另外,许多创新在扩散过程中经过了相当大的变化,这些变化既可以增加潜在采用者的数目,反过来,也会导致创新本身随后的改进。因此,对创新扩散的分析,还需要从供给角度进行动态考察。这里,我们采用梅特卡夫模型给予说明。

该模型认为,新技术的出现会形成一个调整断层。若设 $n(P_n, a)$ 为均衡市场需求,它完全取决于创新的价格 P_n 和创新的实施 a(代表新技术超过原技术的优势);设 $X_n(t)$ 为扩散过程中的一特定瞬间的实际需求,那么调整断层就被定义为:

$$n(P_n, a) - X_n(t) \tag{12.4}$$

假设需求的增长率 $gd(t)$ 与这一调整断层成比例:

$$gd(t) = b[n(P_n, a) - X_n(t)] \tag{12.5}$$

创新供给与创新供给者的利润率有关,创新的利润率则取决于创新价格、创新需求和生产创新的成本,因此创新供给增长率为:

$$gs(t) = \frac{P_n(t) - h_0 - h_1 X_n(t)}{K} \tag{12.6}$$

式中: $P_n(t)$ 是创新的价格; $X_n(t)$ 是创新的实际需求; h_0、h_1 和 K 是常数,h 反映了成本,k 反映了资本基金和投资要求的供给。假定需求和供给的增长率在扩散过程中的每一点上将相等,从而确定一条平衡的扩散路径,那么扩散速度就是:

$$g(t) = B[C_n - X_n(t)] \qquad (12.7)$$

式中:$g(t)$是扩散速度;B_n 和 C_n 是形式上类似于传染模型中扩散速度常数 β 和饱和常数 K 的参数;$X_n(t)$是在时间 t 时的需求。参数 B_n 和 C_n 由需求和供给的动态联合决定,因受创新实施的影响,它们在扩散过程中是可以变化的。

在这一模型中,促使创新供给者向市场引入创新的暂时垄断,用调整断层 $C_n - X_n(0)$ 来表示[$X_n(0)$是在扩散过程开始时对创新的需求]。这一调整断层对于第一位创新者的取值最大,随着更多的模仿者进入市场,它将逐渐减少。调整断层的下降,反映在需求的比例增长率递减上(图 12.6)。

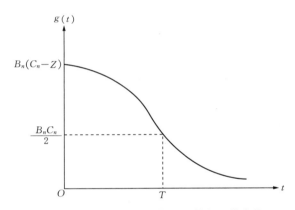

图 12.6 一项创新扩散期间调整断层的变化

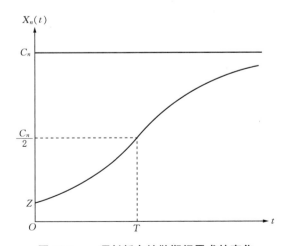

图 12.7 一项创新在扩散期间需求的变化

在扩散过程中,需求 Z 将沿着逻辑曲线增加的同时(见图 12.7),创新价格将下降而生产成本将增加(见图 12.8)。因此,创新者的利润率将随同调整断层和需求的比例增长率一起下降。

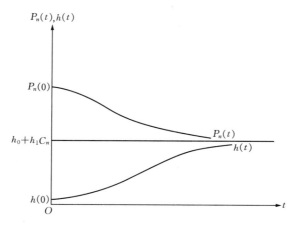

图 12.8   一项创新在扩散期间价格 $P_n(t)$ 和成本 $h(t)$ 的变化

然而,扩散过程中生产成本上升是由于对创新后的改进所致,而创新后的改进则可以导致创新价格的下降,并实施改善。这将增加扩散过程中的调整断层(见图 12.9),导致需求的比例增长率开始增加(见图 12.10)和创新生产者的利润率开始增加(见图 12.11)。然而,最终技术的递减收益将会出现,进一步的创新后改进也会消失。

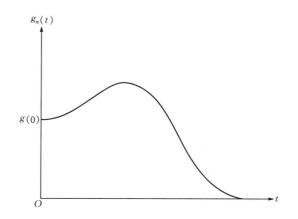

图 12.9   创新在扩散期间创新后改进对调整断层的效果

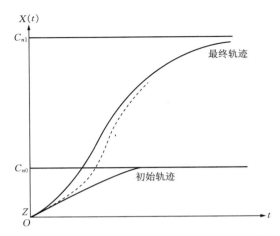

图 12.10　一项创新在扩散期间创新后改进对需求演进的效果

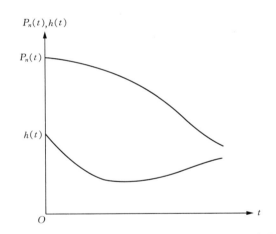

图 12.11　创新在扩散期间经过改进对价格和成本的效果

在中国传统经济体制下,科技成果是被无偿使用的,因而创新供给没有价格弹性,创新供给与创新供给者的利润率无关。在此情况下,创新供给的增长率是技术成果推广强度与技术成果运用所需资金供给的函数,即:

$$gs(t) = \frac{A(t)}{K} \tag{12.8}$$

式中:A 为技术成果推广强度;K 是常数,反映了技术成果运用所需资金的供给。技术推广强度并不是企业对创新的实际需求,而是企业所要采用技术成果的行政压力,创新供给与这一压力大小成正向关系,而与 K 成反向关系。因此，在这种创新扩散过程中，创新供给者缺乏创新后改进的动力，同时也缺乏进行创新后改进的资金（由上级部门下拨的科研经费所限定），因而创新后改进的效果甚微。

12.3.4 小结：经济分析的政策含义

（1）创新的扩散与人们的利益关系密切相关。从需求方面来说，当创新相对来说更赚钱和少花钱时，采用起来就快；从供给方面来说，当创新利润率越高时，创新引入市场以及创新后改进更快。因此，促进创新扩散的政策含义之一，就是强化创新采用者和供给者的利益机制，并协调两者的利益关系。在利益机制弱化的情况下，创新扩散的参数 B_n 和 C_n 将很小，其扩散速度缓慢。

（2）在利益机制既定的情况下，厂商规模对创新扩散有重大影响，它决定了是否采用创新的临界水平。因此，规模经济成为促进创新扩散的一个物质条件。显然，从政策上促进厂商的规模经济，对于创新扩散具有重大意义。

（3）不同类型的创新会形成不同形状的扩散曲线，这对于政策调整来说，就要考虑在一定程度上援助那些技术上复杂、昂贵的创新，尤其在这种创新的初始阶段，通过相应的政策援助加快其学习效果，使其尽早进入快速扩散阶段。

（4）创新扩散期间创新后改进有极为明显的效果，它意味着创新与采用者环境的相互作用使技术不断趋于成熟的变化。因此，我们不仅要重视新出现的一项创新，而且也要重视创新后改进。它所创造的收入、派生需求和对其他经济活动的刺激，能使整个系统的总量经济增长产生净增加。

12.4 结构成长中的创新群集

前面所讲的创新扩散是指某一创新在部门内的扩散。这一分析虽然是研究创新在结构成长效应中作用的基础，但其本身还不足以说明全部的问题，因为个别部门的创新尽管对结构成长有影响，但其影响是有限的。所以，我们要在此基础上进一步研究多部门之间的创新问题，即创新群集问题。

创新群集是指一定时期内相当规模的产业部门同时出现的创新的集合。这一假说最初是由熊彼特提出的。他认为，如果一项创新足够重要的话，初始创新的扩散过程将进一步生成相关的创新,因为"一大批仿造者"将试图改进最初的创新,并在有关的产品、工艺、技术和组织机构方面作出其他的创新。历史资料表明,创新在一定时间内群集成组地出现是存在的,几次重大的技术革命便是其有力的例证。

但是,熊彼特的创新群集假说只是提出了一种类型的创新群集,即部门关联型创新群集。这一创新群集是以一定产品的产业关联为主线而形成的若干创新的集合。这种类型的创新群集在熊彼特的"主导产业"概念中得到充分体现。也就是说,以主导部门的创新为核心,通过主导产业的回顾效应、旁侧效应和前向效应,带动辅助部门和派生部门的创新,从而形成以主导产业部门为核心,以产业关联为纽带的创新群集。这种创新群集的主要特征是创新之间的集合紧密,有较高的系统性。

除此之外,还有两种类型的创新群集:一种是技术联系型创新群集;另一种是松散型创新群集。技术联系型创新群集是指以某些具有强大影响力的技术创新为核心,通过其在很多部门的许多产品和工艺上的广泛运用,从而生成一系列相关创新的集合。一般而言,这种核心的技术创新是由通用技术组成的,从而它们可以表现出能在各种各样不同的产品和工艺上推广和运用的极大能力,像一条主线那样把不同部门(也许这些部门之间并没有特定的产业关联)的技术进步联系起来。因此,可能存在着一个跨部门技术转让的累积过程,在一组新技术的实际应用中,每一次改进都不但给产生这种改进的部门,而且也给采用和进一步改进这种新技术的其他部门带来好处。这种创新群集的主要特征是创新之间的集合广泛,有较大的辐射面。

松散型创新群集是指在产业关联和技术上没有直接联系,仅仅是因为需求全面增加或宏观经济中的其他有利条件等共同的刺激而使它们集合在一起的创新。这种创新群集往往是在特定时期内有利于创新的环境给各部门提供了较多的创新机会,而这些创新尚未通过产业关联或技术联系进一步发展时出现的,或者是在这些众多创新本身不具备进一步引发相关创新时出现的。例如,这些创新不是发生在主导部门,或这些创新是专用技术,对其他部门的适用性较小等。这种创新群集的主要特征是创新之间的集合是松散的,具有较少的系统性。

总之,创新群集有三种类型:(1)部门关联型;(2)技术联系型;(3)松散型。

这三种创新群集对产业结构成长具有决定性意义。它们将使产业结构发生重大转换,促进其有序发展。当然,其具体方式有所不同。部门关联型创新群集主要通过主导部门的更迭引起产业结构全面的变动,从而过渡到结构成长的新阶段。技术联系型创新群集主要通过一组强有力的新技术轨迹,导致各领域多方面的迅速开发利用,提高许多部门的工艺水平以及产品和服务的性能和规格,从而使结构成长产生新的飞跃。松散型创新群集主要通过创新在产业结构中的随机分布,引起产业关联大规模的变动,使产业之间的投入—产出关系发生重新组合,从而促进结构成长。

可见,在结构成长过程中,创新群集是其必不可少的一个条件。创新群集使结构成长发生质变的飞跃。从这一意义上讲,创新群集越迅速,结构成长越快;创新群集的次数越多(越频繁),结构转换能力越强。然而,创新群集并不是"自动"发生的,它需要有一系列条件来保证。多部门中的创新群集从逻辑上讲是以部门内创新扩散为基础的。一项创新如果在部门内不能顺利扩散,它就无法进入创新群集的行列。推而广之,如果大多数创新不能在其部门内得到扩散,那么就不会形成创新群集的局面。因此,保证创新扩散的各项条件(在第 12.3 节中已阐述)也就是保证创新群集的基本条件。除此之外,创新群集的形成还需要其他一些条件。对于部门关联型创新群集来说,必须具备创新在相关部门传导的机制,以及相关部门创新能力的配套条件。对于技术联系型创新群集来说,必须具备技术转让机制,以及使用同一技术的产品之间互相学习的条件。对于松散型创新群集来说,必须具备在多个领域同时实现技术新突破的能力。这些各有侧重的条件从广义上可归结为一条,即包括管理在内的良好的体制条件。

12.5 创新不足的结构成长:中国范例

首先应加以肯定,中国产业结构成长是处在以"超后起发展国、超大国经济和超重就业压力"为特征的背景之下的。因此,中国产业结构的成长轨迹出现偏差(与标准结构成长轨迹相比)是不可避免的。问题并不在于这一非同寻常的结构成长的超常规轨迹,而在于这一超常规轨迹下的缺乏创新力度的实质。

12.5.1　低效益下的产业配置顺序超前

从中国后起发展的经济特征来讲,产业结构变动曲线前移也许是不可避免的选择(见第 10.4 节中的论述)。但把这种引发产业配置顺序超前的高积累、高投入建立在低效益、低产出的基础上,则是创新不足的结构成长的表现。在 1952—1981 年间,中国每年的资金投入增长率为 11.6%,劳动力投入增长率为 2.6%,综合要素投入增长率为 6.3%,但同期附加价值的年增长率只有 6%,其结果是综合要素生产率每年平均下降 0.3%。(1)对照国际经验,日本在 1960—1973 年①间,综合要素投入增长率为 6.4%,只比中国高 0.1%,但其综合要素生产率年均增长 4.5%。在同一期间,韩国的综合要素投入增长率甚至比我们低 0.8%,而综合要素生产率每年增长4.1%。显然,在低效益基础上的高投入使超前发展付出了沉重的代价。

12.5.2　部门比较劳动生产率的扩大

在正常的产业结构变动中,部门之间的比较劳动生产率差距是不断趋于缩小的,因而不同部门每一劳动者产值的不等量性在人均收入较高水平要比人均收入较低水平阶段小些。在一般情况下,在 300—1000 美元区间,部门之间的劳动生产率差距将大幅度缩小。

然而,在中国产业结构的变动中,部门之间的比较劳动生产率差距并没有逐渐缩小,尤其是农业与工业部门的比较劳动生产率差距明显偏大(见表 12.1)。

尽管中国农产品与工业产品之间存在较严重的价格剪刀差,表 12.1 中,第

表 12.1　中国三大产业比较劳动生产率结构

	第一产业	第二产业	第三产业	第二、第三产业/第一产业
1952 年	0.65	3.25	3.87	10.95
1957 年	0.54	4.80	3.62	15.60
1978 年	0.45	3.71	1.96	12.56

资料来源:根据刘伟、杨云龙:《中国产业经济分析》表 1—15 数据编制。

---

①　参见世界银行:《中国经济结构的变化与增长的可能性和选择方案》,气象出版社 1985 年版,第 98 页。

一产业的比较劳动生产率含有较大的失真程度。但这种失真程度在1952—1978年间大体相同,所以我们仍然可以用以纵向比较(进行国际比较是不妥的)。这种纵向比较明显地反映了中国农业劳动生产率增长极慢,与非农产业的差距较大。

即使我们用农业实物劳动生产率(根据谷物产量计算)来衡量,也是如此。1957—1978年,中国农业实物劳动生产率只提高了6.7%,且不说与工业发达国家农业劳动生产率提高速度相比(与联邦德国差52.2倍),就是与发展中国家的巴西和印度相比,也分别差6.11倍和3.73倍(在1960—1979年间,巴西提高了41%,印度提高了25%)。然而,中国工业劳动生产率增长速度,如果以1952年为100,1978年则为266,1980年为288.7;其劳动生产率增长速度即使与工业发达国家相比,差距也很小,比发展中国家就更快了。

虽然发展中国家二元结构是不可避免的,但在这种部门比较劳动生产率差距如此悬殊的情况下,产业结构变动的振荡具有不断扩大的发散性。

12.5.3 结构逆转的振荡

在一般的产业结构变动中,轻工业所创国民收入份额一旦超过农业,农业便再也无力与轻工业抗衡,它们之间的差距将不断拉开,以农业为重心的阶段便宣告结束。以后重工业取代轻工业而占据主导地位的情况,也是如此。

然而,在中国产业结构变动中,主导地位的变更经常伴随着结构"逆转",即已失去主导地位的产业部门再一次兴起,重新占据主导地位,从而产业结构变动表现出强烈的振荡性,大起大落,反反复复。

(1)虽然中国在较短时间内建立了一个比较完整的工业生产体系,工业产值迅速增长,但农业始终是国民经济重要制约因素,农业问题曾多次迫使我们实行"退却",重新调整比例关系,通过产业结构变动的逆转来矫正结构变动超前的累积偏差。

从表12.2中可以看到,在"一五"时期农业产值居主导地位,产业顺序为"农轻重";而到"二五"时期,重工业一跃而为第一位,居主导地位(40.22%)。但1963—1965年立即出现结构逆转,农业产值重新占据主导地(38.27%);"三五"时期又恢复了"农轻重"的产业顺序,重工业从"二五"时期的40.22%下降到"三五"时期的31.02%。这是第一次重大的结构振荡。

表 12.2　中国农、轻、重产值构成变动　　　　　　　　（％）

	以工农业总产值为 100								
	1952 年	"一五"时期	"二五"时期	1963—1965 年	"三五"时期	"四五"时期	"五五"时期	"六五"时期	1987 年
农业总产值	56.9	49.56	30.9	38.27	37.58	29.66	26.36	29.08	25.3
轻工业总产值	27.8	29.78	28.88	28.97	31.4	30.64	32.72	34.76	36.0
重工业总产值	15.3	20.66	40.22	32.76	31.02	39.7	40.92	36.16	38.7

资料来源：根据《中国统计年鉴》(1988)第 47 页数据整理编制；表中每一时期的数字均为平均数。

从"四五"时期开始，虽然从总体上进入了"重轻农"产业顺序结构，但仍然出现一定程度的结构逆转现象。农业产值在"六五"时期再一次兴起，从"五五"时期的 26.36％上升到 29.08％；与此同时，重工业产值再次进入谷底，从"五五"时期的 40.92％下跌到"六五"时期的 36.16％。这可以看作是第二次较大的结构振荡。

（2）不仅农业与工业之间的结构变动呈拉锯状，而且轻工业与重工业之间的结构变动也是反反复复。从表 12.3 中国工业结构中的霍夫曼比例值变动中，可以看到这种情况。为了简明起见，我们以表 12.3 的数据绘成图 12.12。

表 12.3　中国工业结构中的霍夫曼比例值

	1952 年	1957 年	1962 年	1965 年	1970 年	1975 年	1980 年	1985 年	1987 年
霍夫曼比例	1.815	1.220	0.893	1.065	0.855	0.788	0.892	0.903	0.930

资料来源：根据《中国统计年鉴》(1988)第 44 页资料计算编制。

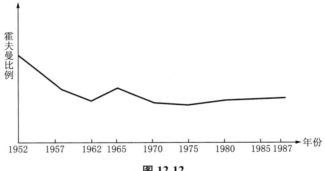

图 12.12

图 12.12 清晰地表明,1952—1962 年,霍夫曼曲线骤然下降,重工业产值份额骤然超过轻工业,但这一时期国民经济正处于最困难时期;经过三年调整,霍夫曼曲线重新上升,比例值恢复到 1 以上。"三五"和"四五"时期,霍夫曼曲线又逐渐下降;但"五五"和"六五"时期,霍夫曼曲线又趋于上升,并形成轻、重工业规模大体相当的局面。

12.5.4 小结

中国产业结构成长是建立在创新不足基础上的,其主要表现为:

（1）不仅滞后发展的农业、轻工业和基础产业缺乏创新,而且超前发展的重加工业本身也缺乏创新,在高投入中低效运行。

（2）由于缺乏创新的基础,产业结构变动的振荡就比较大,经常出现结构逆转,并且这种产业结构的振荡始终是低水平的振荡。

（3）在缺乏创新基础的情况下,重加工业的超前发展过度,并且超前发展产业不能有效地带动滞后产业的发展,从而使产业结构极不协调。

（4）同时,第一、第二、第三产业结构很不协调,以及劳动力结构和产值结构变化率之间无规则联系,使产业结构变动带有较大的无序性。

因此,中国产业结构变动模式的基本缺陷就是创新不足。然而,形成这一基本缺陷的深层原因,则在于导致中国国民经济非均衡运行的作用机制,即传统经济体制模式和传统经济发展战略。

对中国传统结构成长模式的分析与批判,并不是我们的主要任务。我认为,更为重要的是,在此基础上探寻充满创新活力的结构成长新模式。中国是一个后起发展的国家,在结构上带有明显的二元经济特征(传统经济与现代经济并存),因而在今后一段时期,中国产业结构成长将面临的中心问题,就是如何以创新来改造传统经济和加速现代经济发展,使两者得到较好的协调。为此,下面两章将探讨发展中国家(包括中国)结构成长中的一个关键问题,即如何在创新的基础上发挥后起者优势,促进结构快速而健康地成长。这一问题涉及两个方面的内容:(1)传统农业部门改造及其与现代非农产业部门发展的关系;(2)新技术革命下的新兴产业发展及其与原有产业发展的融合。

13 二元结构改造

发展中国家结构成长过程中的一种独特形态就是传统经济与现代经济并存的二元结构。这一独特形态的出现是发展中国家发挥后起者优势的必然产物；但这一形态本身也反映了发展中国家结构成长的"先天不足"。因此，二元结构得不到及时改造，将严重阻碍其结构成长。

二元结构改造的核心问题就是实现传统农业部门劳动力向现代非农产业转移。只有完成了这一任务，发展中国家的结构成长才会产生质的飞跃，进入一个新阶段。因此，如何实现传统农业过剩劳动力向现代非农产业的转移，是发展中国家结构成长中一个十分迫切而至关重要的问题。可以说，这一问题不解决好，发展中国家的结构成长效应将是十分低下的。正因为如此，二元结构改造引起了人们极大的关注，许多发展经济学家对此问题进行了深入研究，提出了各种模型。我们将在前人研究成果的基础上，结合中国的实际情况，探寻解决这一问题的基本思路。

在此分析过程中，我们先假定非农产业部门有吸纳农业劳动力的能力，着重考察农业劳动力转移的基础，然后再分析农业劳动力转移的总体条件以及转移模式问题。

13.1 农业劳动力转移的基础：农业现代化

13.1.1 农业过剩劳动力的定义

农业劳动力转移是指农业过剩劳动力的转移。那么，何谓农业过剩劳动力？

对于这一概念的不同理解,将形成整个模型的重大差别。

　　著名的刘易斯模型赖以建立的一个重要假定,即农业部门劳动力供给无限;这一假定的基本前提,则是农业部门存在大量过剩劳动力。刘易斯把农业过剩劳动力定义为劳动边际生产率等于最低生存费用之后的那部分劳动力(见图 13.1)。

　　图 13.1 中,Q 为农产品数量(农业总产值),L 为农业劳动力数量。在图 13.1(a)中,OF 曲线为最低生存费用下的消费曲线,其斜率等于农业总产值 $OQ_2 = L_3F$ 除以劳动力人数 L_3。在图 13.1(b)中,最低生存费用水平表现为 OW,或 W 曲线。Q/L 为平均产值曲线,$\Delta Q/\Delta L$ 为劳动边际生产率曲线。

　　首先,从图 13.1 中可以明显地看到,劳动力中的 L_2-L_3 部分对于农业生产来说是完全多余的,因为在收益递减规律作用下,劳动力数量过了 L_2 点之后,其劳动边际生产率 $\Delta Q/\Delta L$ 为零。这表明 L_2-L_3 部分的农业劳动力的投入对总产值没有什么贡献,在图 13.1(a)中表现为 $L_3F = L_2E = Q_2$。 这部分劳动力被定义为"剩余劳动力"。至于 L_1-L_2 部分的农业劳动力,刘易斯认为对于农业生产来说,在某种意义上也是多余的,虽然这部分劳动力的边际生产率大于零,从而其对总产值增加有一定的贡献,但其边际贡献却小于最低生存费用。在图 13.1(a)中,沿总产值曲线任意一点作切线,其斜率就是在该点上的劳动力的边际生产率。如果沿点 D 作切线,其斜率恰好与 OF 线的斜率相等,这意味着该点投入的劳动力 Q 的边际贡献刚好等于最低生存费用。在点 D 之后,沿总产值曲线的任一点作切线,其斜率都将小于 OF 线的斜率。这意味着 L 点之后投入的劳动力的边际贡献都将小于最低生存费用。在图 13.1(b)中,这表现为过 L_1 点后劳动边际生产率曲线降到了最低生存费用水平线 W 的下面。因

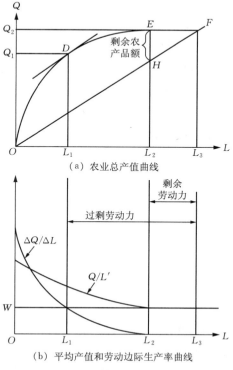

(a) 农业总产值曲线

(b) 平均产值和劳动边际生产率曲线

图 13.1

此,这部分农业劳动力也是多余的,它和"剩余劳动力"一起构成了"农业过剩劳动力",即 $L_1 - L_3$ 部分。

按照这一定义,刘易斯推论,只要新的就业机会所提供的报酬不低于农业的最低生存费用收入,农业劳动力就会被吸引过去,并且在农业劳动力数量减少到 L_1 以前和农业劳动边际生产率提高到 W 水平之上以前,农业部门所提供的劳动力将是无限的。因此,在刘易斯模型中,传统农业部门过剩劳动力转移的全部问题就取决于现代工业部门对劳动力的吸收能力。

这种以农业劳动边际生产率与最低生存费用水平关系来确定的"农业过剩劳动力"概念,是值得商榷的。虽然,剩余劳动力 $L_2 - L_3$ 向外转移并不会减少农业总产值(即 $L_3F = L_2F$),并且由于农业部门内部消费人口的减少,如果留在农业部门的劳动力仍按最低生存费用水平消费,则其总消费额就会由 L_3F 下降到 L_2H[见图 13.1(a)],从而农业总产值与农业部门消费额之间会出现一个余额,即 $L_2E - L_2H = EH$。这个余额就是剩余农产品总额,它以实物流的形式形成对工业部门就业人口的食物供给。

然而,问题在于当农业过剩劳动力(按刘易斯定义)在 L_2 点之后继续向外转移,就会减少农业总产值。因为在 $L_1 - L_2$ 阶段,农业劳动边际生产率虽然仍低于最低生存费用水平,但已大于零,从而对农业总产值有影响。在农业总产值下降的情况下,继续实行农业劳动力的转移,将形成农产品供给短缺的结构扭曲,最终导致这部分劳动力向农业回流。因此,在农业劳动生产率不变情况下,那部分劳动边际生产率大于零而小于最低生存费用水平的农业劳动力不应该属于"过剩劳动力"。相对于社会对农产品需求来说,这部分劳动仍然是农业必要劳动。只有那部分劳动边际生产率等于零的劳动力(即刘易斯所谓的"剩余劳动力"),才是可以往外转移的过剩劳动力。

目前,在国内理论界对农业过剩劳动力还有另一种理解,即把农业劳动力的闲置视为"过剩"。如果是在农业稳定增长的前提下,这种农业劳动力的闲置确实反映了劳动力过剩,但撇开这一前提,空泛地把闲置劳动力定义为过剩劳动力,则是欠妥的。这是因为,在农业增长不稳定、农业产出小于需求的情况下,劳动力的闲置只是说明了一方面农业实际劳动力投入不足,另一方面农业劳动力大量浪费。这种劳动力闲置并非真正的劳动力过剩,而是劳动力利用不足。从中国前几年的实际情况来看,确实存在这种现象:一方面农业劳动力大量闲置,另一方面农田基本建设劳动投入少,水土流失严重,生产环境恶化,农业生产徘徊不前。如果我们简单地把农业劳动力闲置定义为过剩劳动力,让其往外转移,后果是十分严重的。

总之,任何脱离农业稳定增长、农业产出满足社会需求来定义农业过剩劳动力都是不妥当的。这并不是单纯的概念之争,而是一个应该由哪部分劳动力转移的现实问题。如果按以上两种对农业过剩劳动力的定义,那么这些过剩劳动力向非农产业转移,必将导致劳动力的部门逆转。中国农业劳动力转移的经验教训充分证明了这一点。20 世纪 60 年代初期,中国农业总产值的增长为负数,同 1959 年相比,粮食生产连续三年下降。同期,农村非农业劳动力由 1958 年的 5810 万下降到 1963 年的 71 万,减少 90% 之多。1980 年比 1979 年粮食生产下降 1166 万吨,99.3 万非农业劳动力回到农业部门。1985 年以来,粮食生产 5 年徘徊,又有近 1000 万非农业劳动力返回农业部门。

因此,我认为,农业过剩劳动力应定义为在农产品供给满足社会需求的条件下,其劳动边际产量等于零的那部分劳动力;或者说,农业过剩劳动力是农业稳定增长,并且满足社会需要条件下的农业闲置劳动力。只有这部分农业劳动力才可以向非农产业转移。

13.1.2　劳动力转移与农业发展

对于农业过剩劳动力的不同定义,实际上涉及一个更深层次的问题,即劳动力转移与农业发展的关系。按照刘易斯的定义,在农业劳动边际生产率提高到最低生存费用水平之上以前,农业劳动力供给是无限的,从而否定了农业发展水平(农业总产值水平)对农业劳动力转移规模与速度的制约。相反,从我们的定义出发,则充分肯定了农业发展水平对农业劳动力转移的制约,即农业劳动力转移规模与速度应以不影响农业稳定增长为最高限度。

这一问题的分歧可以具体表述为:在农业劳动生产率既定条件下,农业劳动力能否往外转移? 在刘易斯模型看来,回答是肯定的。我们则认为,在农业劳动生产率既定条件下,其劳动边际生产率不等于零的那部分劳动力往外转移,将直接减少农业产出,造成农产品供给短缺。这种导致农业发展萎缩的劳动力转移是难以实现的。因此,农业劳动力转移要以农业劳动生产率提高基础上的农业稳定增长为前提,农业劳动生产率提高是解决劳动力转移与农业发展之间矛盾的关键。刘易斯模型的一个严重缺陷,就是忽视了农业劳动生产率提高对劳动力转移的决定性影响。

　　著名的兰尼斯—费景汉模型对此作了重大改进,强调了农业劳动力转移与农业本身发展的密切关系,强调了农业劳动生产率提高在农业劳动力转移中的重大作用。该模型把传统农业部门过剩劳动力向现代工业部门转移的全过程分为三个阶段(见图 13.2)。它正确地指出了,当第一阶段农业边际劳动生产率为零值的剩余劳动力转移完毕后,若农业劳动力继续往工业部门转移,由于这部分

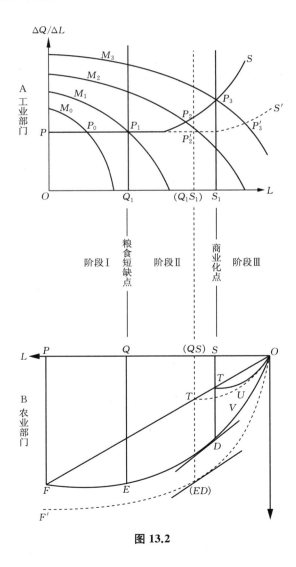

图 13.2

劳动力的边际生产率大于零,便会造成农业总产值由 QE 降至 SD,从而农业部门所能提供的剩余农产品数额,将不可能与工业部门劳动力的增加同步,出现农产品短缺。在市场机制中,这将引起农产品相对价格提高,于是工业部门不得不提高工资,比如说由 $Q_1P_1 = OP$ 逐渐提高到 S_1P_3。因此,点 Q 为粮食短缺点,过了这一点,整个经济处于粮食供给短缺状态。如果过了点 S,农业劳动力继续往工业部门转移,那么此时农业劳动边际生产率开始大于最低生存费用水平,故农业部门人均收入水平将由农业劳动的边际产量决定,这意味着一个完全"商业化"的农业出现了。农业部门的总消费曲线将变换为 OUT 曲线,而农业对工业部门的劳动供给价格也将由农业劳动的边际产量决定。同时,工业部门的粮食短缺更为严重,其劳动工资曲线 S 迅速上升。

这一模型实际上告诉我们,过了粮食短缺点 Q 后,农业劳动力的转移是难以实现的。要想在保证农产品供给的条件下转移农业劳动力,必须提高农业劳动生产率。假定收入水平不变,提高农业劳动生产率有两种效应:一方面它可以提高农业总产量(即由 OF 曲线变为 OF' 曲线),增加剩余农产品数额,从而把粮食短缺点往后推迟,即延长第一阶段;另一方面它还将提高农业劳动边际生产率,使其较早地与最低生存费用水平相等,从而让农业部门商业化点提前来到。这样,随着农业劳动生产率的提高,第二阶段的时间将缩短,并将在某一农业生产率水平下,两个转变点重合[在图 13.2 中,该重合点为(QS)]。可见,农业劳动力顺利转移是伴随着农业劳动生产率提高和农业发展而实现的。

由此可以推论,当农业劳动生产率既定时,农业产出的增长只有依靠劳动投入量的增加,即投入大量人力进行精耕细作,才能提高土地生产率和农产品产量。在这种情况下,农业劳动力投入对于农业生产的贡献是比较大的。

国内学者曾采用一些特殊的生产函数形式,利用公开发表的数据,对中国农业生产与各种投入要素之间的关系作过分析。[①]若设农业生产函数的变量为劳动力 L(农村劳动者人数,万人),土地 A(农作物总播种面积,万亩),农业机械 K(农业机械总动力,万马力),化肥 F(农用化肥施用量,万吨),农业总产值指数 Y(可比价格)。纵向分析采用 1952—1985 年的数据,各投入要素与农业生产的关系如下:

---

① 参见张风波:《中国宏观经济分析》,人民出版社 1987 年版。

$$\ln Y = -31.78 + 3.12\ln L + 0.307\ln A + 0.127\ln K$$

$$(8.46) \qquad (0.226) \qquad (3.31)$$

$$R^2 = 0.9899 \quad D\text{-}W = 1.38 \quad S.E = 0.033$$

上式结果表明,中国 30 多年来,农业生产对劳动力的弹性值最大,达到 3.12,这说明劳动力对于农业生产的贡献最大。也就是说,30 多年来,中国农业劳动力每增加 1%,导致农业总产值平均增加 3.12%。而且,其 t 检验值 8.46 也最大,表明其说明力强,与农业生产的关系最为密切。农业机械化程度对农业生产的贡献最小,表明中国 30 多年来农业技术进步较慢;但其 t 值比土地的 t 值大,表明其对于农业生产具有较强的说明力,与农业生产的关系还是较密切的。土地的弹性值虽比机械的弹性值大些,但 t 检验值表明,土地的说明力很弱,与农业生产的关系不密切。

上述历史分析只是说明了新中国成立以来农业生产受各投入要素影响的总体过程,然而各投入要素对农业生产的影响程度是在不断变化的,例如农业机械化的发展由 1952 年的 25 万马力增加到 1985 年的 28433 万马力,增长了 1136.32 倍,显然这一变量对农业生产的影响程度大大提高了。因此,我们要进一步进行横断面分析,把握现阶段中国农业生产受各因素的影响程度。以下是采用 1985 年 29 个省、自治区、直辖市的数据进行回归分析的结果。

$$\ln YY = -1.083 + 0.324\ln LL + 0.171\ln KK$$

$$(3.23) \qquad (1.62)$$

$$+ 0.12\ln AA + 0.295\ln FF$$

$$(0.999) \qquad (2.75)$$

$$R^2 = 0.9728 \qquad S.E = 0.181$$

式中:YY 表示各地区农业总产值,可比价格,单位是亿元;LL 表示各地区农业劳动力,单位是万人;KK 表示各地区农业机械总动力,单位是万马力;AA 表示各地区农作物总播种面积,单位是万亩;FF 表示各地区农用化肥施用量,单位是万吨。

上式结果表明,在 1985 年中国各地区农业仍然是受劳动力因素的影响最大,其弹性值达到 0.324,其 t 值也最大,这说明劳动力对农业生产的贡献最大,与农业生产关系最为密切。其次是农业技术进步因素(化肥和机械),而土地对于产值增长所作的贡献很小,两者的关系也不密切。因此,即使经过 30 多年的农业发展,中国农业生产仍处于较落后状态,农业产值的增长在很大程度上依赖于劳动投入。1984 年,中国粮食获得了 4071 亿公斤的创纪录丰收,而每个农业劳动力也只产粮 1350 多公斤。据专家统计,中国平均每个农业劳动力生产肉类43 公斤,为世界平均值的 24.7%;生产奶类 5 公斤,不足世界平均值的 1%;生产蛋类 9.6 公斤,为世界平均值的 27%。在这样一种低水平农业发展的情况下,不可能出现农业劳动力大规模转移的客观趋势。如果不能迅速提高农业劳动生产率,那么中国的农业仍将是以消耗大量劳动力为特征的密集型产业,而中国人民日益增长的生活需要和工业以及整个国民经济发展,都要求更多的农业劳动力投入,以获得更多的足够的产出。

13.1.3　农业技术进步与人口增长

上面的分析表明,农业劳动力转移要以农业劳动生产率提高基础上的农业剩余产品持续增加为前提条件。这种农业剩余产品的增长率决定了农业劳动力转移的增长率。然而,农业剩余产品的增长率又取决于农业技术进步速度和人口的最大增长率。

假定经济系统是封闭型的。若设 Y 为农业生产产量,L 为可用土地的总量,P 为总人口数,令生产函数是柯布—道格拉斯型的,即:

$$Y = e^{\alpha t} L^{\beta} P^{1-\beta} \tag{13.1}$$

式中:e^{α} 为技术进步引起的产量变化。由于土地被假定为固定不变,所以:

$$Y = e^{\alpha t} P^{1-\beta} \tag{13.2}$$

如果用 Y 代表人均农业产量,则:

$$y = Y/P = e^{\alpha t} P^{-\beta} \tag{13.3}$$

对时间求微分并除以 y,可得到:

$$y/y = \alpha - \beta P/\rho \tag{13.4}$$

令:

$$y/P = \eta$$

则:

$$y/y = \alpha - \beta\eta \tag{13.5}$$

或：

$$y = (\alpha - \beta\eta)y$$

通解如下：

$$y(t) = e^{(\alpha-\beta\eta)t}y(0) \tag{13.6}$$

式(13.6)表明：若 $\alpha - \beta\eta > 0$，则人均收入在任何正的产出水平下都会增长。在落后的经济中，β（即农业劳动的递减收益）被假定为保持不变。因此，对于农业生产来说，可操纵的变量是 α（即技术进步速度）和 η（即人口的最大增长率）。或者提高 α，或者降低 η，或者两者同时改变，只要 $\alpha > \eta$，就可以假定人均产量有了提高。当 $\alpha = \eta$ 时，"低水平的均衡"就可能出现。

因此，$\alpha - \beta\eta > 0$ 是产生农业剩余的充分必要条件，而农业剩余的产生以及持续保持是农业劳动力顺利转移的充分必要条件。如果人口增长得到控制，那么提高农业技术进步就成为增加农业剩余，从而推动农业劳动力转移的主要环节。所以，农业劳动力转移的基础就是以农业技术进步为特征的农业现代化。反过来讲，改造传统农业、实现农业现代化，也就是农业劳动力转移的伟大历史意义所在。脱离农业现代化的农业劳动力转移是没有任何意义的，这在产业结构成长中表现为缺乏创新基础的劳动力部门构成的变动，以其结构的逆转为特征。

13.2　农业劳动力转移的总体条件：国民经济成长

在上面的分析中，我们是假定农业劳动力的需求无限，即非农产业能够全部吸纳农业部门转移出来的劳动力。但在现实经济中，能够吸纳多少数量农业过剩劳动力取决于国民经济成长的诸项条件。因此，在这一节里，假定农业劳动力处于过剩状态，着重考察非农产业对其的吸收能力。

13.2.1　国民经济总量增长的相关影响

农业劳动力转移与国民经济总量增长有着密切联系，前者受后者的制约。

如果没有一定速度的经济增长,就不可能有农业劳动力的大规模转移。从这一意义上讲,农业劳动力向现代非农产业的大规模转移是伴随国民经济工业化、现代化、商品化进程出现的。

美国经济学家西蒙·库兹涅茨对世界 59 个国家的人均国民生产总值与劳动力部门构成的统计分析结果表明,其共同趋势是非农产业的劳动力份额随人均国民生产总值的增长而增长,而农业劳动力份额随着人均国民生产总值的增长而减少(见表 13.1)。这说明非农产业吸纳农业劳动力的能力,关键在于人均国民生产总值能否以一定的速度增长。

表 13.1　1960 年的劳动力部门份额　　　　　　　　　　　　　　　　(%)

	1958 年国内生产总值基准水平(美元)				
	70	150	300	500	1000
A 部门	80.5	63.3	46.1	31.4	17.0
I 部门	9.6	17.0	26.8	36.0	45.6
S 部门	9.9	19.7	27.1	32.6	37.4

资料来源:〔美〕库兹涅茨:《各国的经济增长》,商务印书馆 1985 年版,第 210 页。

刘易斯模型更加具体地描述了现代工业部门发展对农业过剩劳动力转移的决定性作用。按照刘易斯的假定,工业部门使用“再生性资本”,其规模随着生产的发展和资本的积累不断扩大。但在一定时期内,资本数量总是一定的。按收益递减规律,一种生产要素添加到其他不变的生产要素上,其边际产值递减。同样,在资本数量一定、技术条件不变的情况下,劳动投入量 L 增加,劳动的边际生产率 $\Delta Q/\Delta L$ 会下降。这条劳动边际生产率曲线和农业部门劳动供给曲线的交点,便决定了工业部门对农业劳动力的需求量,或者说工业部门能够吸纳农业劳动力的数量(见图 13.3)。

图 13.3 中,OP 表示工业部门工资水平(大于或等于最低生存费用)。在这一报酬水平上,农业部门劳动供给曲线 PS 是一条与横轴平行的直线,表明劳动无限供给。M_0 曲线为工业部门在资本数量为一定时的劳动边际生产率曲线,它随着就业人数增加而逐渐下降。在一定的劳动边际生产率曲线下,工业部门所支付的不同的工资水平(P,P',P'')将决定不同的劳动需求量(L_0,L_0',L_0'')。当工资水平为 OP 时,工业部门的劳动需求为 M_0 曲线的最大值 OL_0。

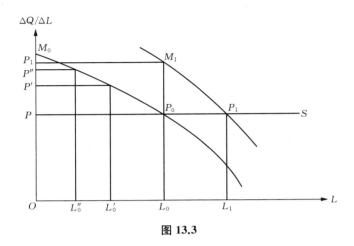

图 13.3

因此,在工资水平既定的情况下,工业部门的劳动需求的扩大取决于其劳动边际生产率曲线右移的幅度。当工业部门劳动边际生产率曲线由 M_0 转换为 M_1 时,劳动力的供求均衡点就由 P_0 转换为 P_1,而工业部门的劳动需求就由 OL_0 增加到 OL_1。图 13.3 中工业部门的劳动边际生产率曲线向右侧平移,只是表明在其他情况不变时,资本数量增加的结果。除了资本积累影响劳动边际生产率曲线变化及其幅度外,技术进步状况也影响其变化及其幅度。

撇开技术进步因素,工业部门吸收传统农业部门过剩劳动力的能力取决于资本积累的大小。从工业部门本身来说,积累来自其剩余的使用。在 M_0 曲线下,劳动总产品(图 13.3 中的 $OM_0P_0L_0$)可分成两个部分:一是支付给工人的报酬(相当于 OPP_0L_0);二是利润(相当于 PM_0P_0)。当 PM_0P_0 部分被重新用作投资时,劳动总产品将会提高,M_0 转换为 M_1。假定工资不变,就业将增加到 L_1;同时,利润量从 PM_0P_0 上升到 PM_1P_1。这个量再被用于投资,这一过程将重复进行,并且所有过剩劳动力终将被吸收殆尽。

13.2.2 国民经济结构特征的相关影响

在国民经济总量稳定增长的条件下,农业劳动力转移还会受到国民经济结构的影响。这种国民经济结构包括产业结构、工业结构、技术类型结构和资金有机构成结构等。这些结构状况对农业劳动力转移有较大的制约作用。刘易斯模型恰恰忽视了这些结构状态对吸纳农业劳动力能力的影响。

从产业结构来说。如果第二产业过度扩大,第三产业相对萎缩,形成"畸工型"产业结构,那么工业的就业弹性相对比第三产业的低,就会减少吸纳农业劳动力的数量。

根据库兹涅茨统计分析,服务业的反应弹性值是最弱的,即人均产值变动对服务业部门产值份额的影响较小,因而在不同的人均收入区间,服务业份额只是稳定地上升;即使在低收入水平阶段(70—150 美元),该部门产值构成也将占31%和36.9%。对照之下,中国第三产业的发展就显得很不正常。中国第三次产业(主要是服务业)在整个社会就业结构、产值结构中所占比重一直很低,不仅远远低于发达国家第三次产业所占比重,而且也低于世界上典型低收入大国第三次产业比重。中国服务部门占国内生产总值的比例只有17%,而典型低收入国家和中等收入国家分别为35%和40%。显然,这种第三产业偏低增长的产业结构大大降低了非农产业的就业弹性,削弱了非农产业吸纳农业劳动力的能力。

从工业结构来说,轻工业比重工业有更大的就业弹性,可以吸纳更多的农业劳动力。如果重工业过度扩张,轻工业得不到应有的发展,从而形成"畸重型"工业结构,那么这种结构也将严重限制工业部门所能吸纳的农业劳动力的数量。

长期以来,中国的轻工业尽管有很大的发展潜力,但一直受到严重压抑。轻工业的发展不足,也在一定程度上限制了农业过剩劳动力的转移。自经济体制改革以来,轻工业有了较大发展,从而在吸收劳动力就业方面发挥了较大作用。

从技术类型结构来看,在其他情况不变的条件下,不同技术进步类型对非农产业就业吸收量的影响很大。在中性技术进步场合,由于劳动对产量的贡献相对于资本而言保持不变,所以非农产业部门在原有工资水平上可以按与技术进步强度相同的比例增加劳动就业量。而在劳动密集型技术进步场合,产量对劳动投入的弹性发生变化,因而在等量资本的条件下可按更大的比例增加劳动就业量。反之,在资本密集型技术进步场合,劳动对产量的贡献相对于资本而言明显下降,所以在等量资本条件下,吸收劳动就业较低,有时甚至还会降低劳动就业量。如果技术类型构成畸重于资本密集型技术进步,那么就会降低非农产业吸收的劳动就业量;反之亦然。

从资金有机构成来说,在资金有限的情况下,高的资金有机构成直接限制了非农产业吸纳农业劳动力的数量;反之,较低的资金有机构成能吸纳较多的劳动力。与国际平均的资金有机构成相比,中国非农产业,特别是工业的资金有机构成异乎寻常的高。中国每一工人所占用的固定资产 4 倍于典型低收入国家(即人均国民生产总值 300 美元的国家）。①

实际上，上述几个方面是有一定关联的。例如，"畸重型"工业结构势必采用资金密集型技术，同时具有较高的资金有机构成。因此，从总体上看，中国的经济结构具有偏重工业，尤其是偏重重工业，偏重资金密集型技术进步和偏重高资金有机构成的特征，从而在相同的国民经济增长速度下，只能吸纳较少的农业过剩劳动力。

13.3　以创新为基础的农业劳动力转移模式

上面两节分别从供给与需求的角度考察了农业过剩劳动力转移的基本条件，虽然其具体内容不同，但其核心问题则具有同一性，即以创新为基础的传统农业部门的改造和以创新为基础的现代非农产业的扩展。因此，在这一节里，我们将分析以创新为基础的农业劳动力转移模式。

13.3.1　农业与非农产业良性循环的契机

从前面的分析中我们可以得出一个推论，即农业与非农产业之间形成互相促进的良性循环是保证农业劳动力顺利转移，从而发挥结构成长效应的必要条件。兰尼斯—费景汉模型清楚地表明，农业增长同工业增长一样重要。只有工业扩大才会吸收农业中的过剩劳动力，只有农业生产率提高才有可能在劳动力减少的情况下为工业提供更多的剩余农产品。因此，农业和工业应当平衡增长。该模型指出，其平衡增长的途径表现为在到达商业化点之前，工业部门的劳动供给曲线和劳动需求曲线的交点应落在最低生存费用水平线上（即图 13.2 上的 P_2' 点）。在此点上，由农业生产率提高而解放出来的劳动力正好被工业部门的扩大所吸收。如果这两条曲线的交点为 P_2，则意味着农业部门与工业部门的增长不平衡（见图 13.2）。这一不平衡增长将以农产品供给短缺制约而影响农业劳动力的顺利转移。

---

① 参见《世界银行对中国考察的背景材料——中国的经济结构变化与增长可能性和选择方案》，第 8 页。

实践证明，农业与非农业这两个部门相互联系地平衡发展是一个重要的战略性问题，它可以更有效地利用有限的开发资金使两个部门相互促进、不断增长。在这方面，成功的经验有中国台湾和韩国等，它们的农业部门与非农业部门之间有密切的关系，这种紧密的相互依赖关系创造出新的产业与就业机会，由此产生了增长的机制。相反，印度等国（包括中国在内）在 20 世纪 60—70 年代则是非农业部门向农业部门投入的少，而农业部门向非农业部门投入的多。在这种部门间相互依赖的关联性较弱的情况下，即使工业部门的增长率提高，农业部门的增长率也将减缓，从而使部门之间的差距扩大。而且，在生产不断扩大的工业部门里，还会持续产生诱发性的进口需求。因此，成功的经验与挫折的教训都证明：采取能够提高农业部门与非农产业部门的相关效果的发展战略是非常必要的。从这一意义上讲，兰尼斯—费景汉模型是能够经受得住历史检验的。

问题在于，如何才能建立起农业与非农产业之间的良性循环。在工业化初期，由于工业部门规模狭小，其内部积累较小，通常需要农业部门向其提供积累来源。在后起发展国家，工业化的兴起更是如此。如果非农产业部门仅仅依靠积累得以扩展，势必导致农业与非农产业之间陷入恶性循环。这可能有以下两种情况：

（1）产业依靠高积累得以扩展，以牺牲农业部门发展为代价，而农业的萎缩发展又反过来制约非农产业的发展。此时，非农产业尽管对农业劳动力有较大的吸纳能力（即有较大的需求），但农业的萎缩限制了农业劳动力对工业部门的供给，致使农业劳动力不能顺利转移，而被迫滞留在农业部门，以大量的劳动投入来维持低水平的农产品供给，如图 13.4 所示。

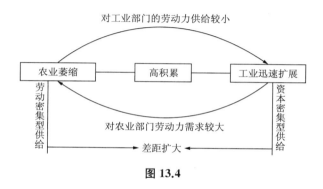

图 13.4

（2）农业保证自身发展,不向非农产业提供高积累,从而非农产业只能在低积累情况下缓慢扩展,这一缓慢发展反过来又制约了农业的发展。此时,农业在自身发展的基础上产生了较大数量的农业过剩劳动力,对工业部门的劳动力供给较大,但非农产业的缓慢发展限制了对农业部门劳动力的需求（即只有较小的对农业劳动力的吸纳能力）,致使农业劳动力无法往外转移。这种农业过剩劳动力的强行滞留,直接影响农业实现劳动密集型生产的转变,如图13.5 所示。

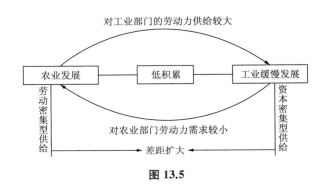

图 13.5

因此,只要非农产业单纯依靠积累,不管是高积累,还是低积累,都将影响农业劳动力的顺利转移,从而扩大传统农业与现代非农产业的二元结构的差距,影响结构成长效应。摆脱这一恶性循环的关键,在于非农产业要改变那种依赖于积累的外延型扩展,实行创新带动的内含型扩展,同时发展农业在相应积累基础上的创新能力。也就是说,以创新为契机,将农业与非农产业之间的关系引入良性循环的轨道。具体地讲,当非农产业进入创新带动的内含型扩展后,它可以在较少积累投入的情况下迅速发展,这就有可能使农业保持较多的积累,具备自我发展的能力。在此基础上,农业才能具有创新能力。与此同时,在农业劳动生产率提高的基础上,农业对工业部门的劳动力供给迅速增加,而工业部门在创新带动下的迅速扩展,则对农业劳动力有较大的吸纳能力。这样,就从供给与需求两个方面同时具备了农业劳动力转移的充分条件。农业过剩劳动力的迅速转移,保证了农业生产向技术密集型的转变,从而缩小了农业与非农产业之间的差距（见图 13.6）。

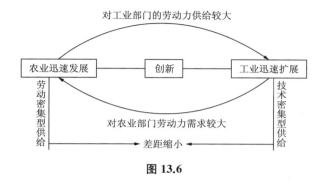

图 13.6

可见,二元结构的改造,不仅仅是传统农业部门的改造,而且也是现代非农部门发展模式的改造。从某种意义上讲,没有后者的改造,就不会有前者的改造。以往的发展经济学家把注意力集中在传统农业部门的改造上,而忽视了对现代非农部门发展模式的改造,是有缺陷的。然而,问题的实质并不仅仅停留在是否要进行全面性改造,而是如何进行改造。笔者认为,二元结构改造的核心问题就是要注入创新能力,这是走出二元结构"怪圈"的唯一出路。

13.3.2 提高农业自我发展能力

改造现代非农产业发展模式的重大意义之一,就是为提高农业自我发展能力提供相应条件。前面我们已经指出,农业劳动力转移的基础是农业技术进步基础上的劳动生产率提高。提高农业技术进步水平,实际上也是传统农业改造的核心问题。然而,实现农业技术进步是需要一系列基础条件的。国际经验表明,许多发展中国家难以推进农业技术革新的一个重要问题,就是缺乏相应的基础条件。从农业部门本身来看,实现农业技术进步所必需的基础条件,大致有以下几个方面:

(1) 生产基础(特别是农田水利设施)。改善以灌溉等水利设施为中心的生产基础对农业产量增长具有明显效果。据世界银行推算,灌溉地通常要比非灌溉地约增产 2 倍。例如,泰国的大米生产,非灌溉地的稻谷产量为每公顷 1.25 吨,灌溉地的产量则为 2.5 吨,如果再施肥,其产量还可以提高 50%,即达 3.75 吨。施肥对于非灌溉地是没有什么作用的,只有在灌溉地才能充分发挥作用。可见,农田基本建设是一项十分重要的基础性工作。

（2）流通基础，包括运输、储藏设施等。流通条件是支撑生产能力扩大和减少损耗的物质基础。增加运输设施有助于开拓新市场和降低运输成本，进而则可以稳定生产资料及农产品的价格。更为重要的是，改善运输和储藏设施将大大减少农业损耗。据统计，亚洲发展中国家在运输、储藏过程中造成的农产品耗损率为 4.5%—20%，有时竟高达60%。[①]

（3）制度基础，包括土地制度、生产和流通方面的组织制度以及税收和金融制度等。这些制度方面的改善将有助于农民公平地参加生产活动，调动其增产增收的积极性，改善农村的收入分配和提高收入水平，从而也给农民带来引进技术的资金力量与机会。

（4）文化教育基础。为了有效地使用物质设备，还需要有相应的技术和教育水平。农民文化素质的低下，往往是实现农业技术革新的重大障碍。因此，发展农村教育和普及农业技术、开发农业人力资源，也是一个必不可少的基础性条件。

上述这些基础条件是实现农业技术进步的必要条件，是缺一不可的"四位一体"的相关机制，只有使它们互相配合，才能促进农业技术进步。在这些基础条件中，除了制度基础条件，其余基础条件的确立都需要相应的资金投入。没有一定的资金投入，是无法奠定这些基础条件的。因此，农业中相应的资金投入是形成农业自我发展能力，实现农业创新的前提条件。

兰尼斯—费景汉模型虽然指出了提高农业劳动生产率的重要性，但它认为农业产出是由土地和劳动投入决定的，忽视了资本投入在决定农业产出方面的重大作用。因此，在该模型中（包括刘易斯模型），剩余农产品只被看作提供给工业部门扩大的资本积累的原始来源，而与农业自身积累无关。根据上面的分析，农业如果缺乏自身积累，就难以建立起实现农业技术进步的基础条件。由此可以推论，兰尼斯—费景汉模型中所谓农业劳动生产率提高，剩余农产品的持续增加，是缺乏现实基础的。

如果要促进农业劳动生产率的提高，保证剩余农产品的持续增长，就必须对农业进行资本投入，实现农业自身积累。这就是为什么在改造传统农业同时，必须改造现代非农产业发展模式的主要原因。改造现代非农产业依赖高积累的外

_____

① 　参见［日］篠原三代平等编:《2000 年的亚洲》，商务印书馆 1989 年版，第 88 页。

延型扩展模式,就是要留出相应的资金投向农业部门,建立起农业实现技术进步的基础性条件,使农业走上创新的发展轨道。

从理论上讲,实现农业自身积累有两种方式:一是在向非农产业部门发展提供积累的同时,进行自身积累;二是先向非农产业部门发展提供积累,待其发展到一定规模,然后进行自身积累。在现实中,发展中国家大多数采取了后一种农业积累方式,即先实行工业化,后实现农业现代化。但不论哪一种方式,都是以非农产业部门改变其外延型扩展模式为前提,并表明其对农业自我发展的重要性。

13.3.3 改善贸易条件

增强农业自我发展能力,首先要改善农业与工业的贸易条件。因为在发展中国家,农业向工业提供积累资金,主要是通过不利于农业的贸易条件来实现的。

这一贸易条件通常包括两种形式:一是工农业产品价格剪刀差,即通过偏低的农产品相对价格的不等价交换,使农业向工业提供积累资金。二是币值(汇率)高估。在出口结构以农产品为主的情况下,币值高估实际上是通过改变农产品的出口贸易条件来为工业提供积累。20 世纪 50—60 年代,发展中国家由这两种形式提供的农业转移资金约占国民生产总值的 10%。中国在经济体制改革之前,通过工农业产品价格剪刀差,农业向工业提供的积累资金也是十分巨大的。例如,1977 年中国农业所提供的积累达 482.2 亿元,相当于当年的国家财政收入的二分之一左右,其中以价格剪刀差形式提供的积累资金占 94%,农业税占 5.6%。[①]这种贸易条件造成的农业积累资金的转移,对农业发展有严重影响。

首先,假定其他条件不变,它直接削弱了农业自我积累能力,使农业缺乏足够的资金投入来改造其落后的基础条件,甚至影响农业简单再生产。若设 P_a 为农产品价格,P_i 为工业品价格,其贸易条件为 P_a/P_i,M 为销售剩余,Y_a 为出售农产品的收入,我们有:

$$Y_a = P_a M \tag{13.7}$$

农民收入可分解为消费(对工业品的购买)和积累。设 i 为工业消费品,I

---

① 参见李炳坤:《工农业产品价格剪刀差问题》,农业出版社 1981 年版,第 50 页。

为农业积累,收入可表示为:

$$Y_a = P_a M = P_i \cdot i + I \tag{13.8}$$

假定农民对工业品消费是一个既定量,那么农业积累大小就取决于其收入,而农民收入在销售剩余既定时则取决于农产品价格 P_a,或贸易条件 P_a/P_i,因而农业积累 I 是 P_a/P_i 的函数,即:

$$I = f(P_a/P_i) \tag{13.9}$$

农业积累的大小就取决于农业与工业的贸易条件 P_a/P_i,农产品相对价格越低,农业积累越少。

其次,如果由于销售剩余 M 增大而导致农业收入增加,在消费既定时,剩余的收入也不一定就能成为农业积累。因为这种贸易条件造成了农业与非农产业之间悬殊的比较利益,如果农民具有资金投向自由选择权的话,他将在利益诱导下把钱投向非农产业,而不愿投入农业。若设 I_a 为投向农业的积累资金,I_i 为投向非农产业的积累资金,那么这种积累资金投向的倾斜就取决于贸易条件 P_a/P_i 决定的产业之间比较利益(如图 13.7 所示)。图 13.7 中,II 线为积累资金线,P_a/P_i 曲线的斜率由农产品相对价格水平决定。假定 45°的 P_a/P_i 曲线为正常的贸易条件,由此向左上角移动的 P_a/P_i 曲线表示不利于农业的贸易条件,随着 P_a/P_i 曲线斜率的变小,积累资金投向越来越倾斜于非农产业,即 I_i 增大,而 I_a 相应缩小。

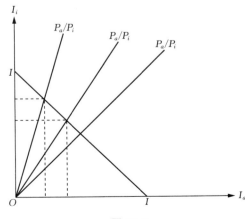

图 13.7

再则,当这种资金产业投向的自由选择受到限制时,只要农民在销售其产品方面具有自主权,那么这种不利于农业的贸易条件则将导致农民减少其产品销售额,即产生"泄愤效应",进而减少农产品供给(见图 13.8)。

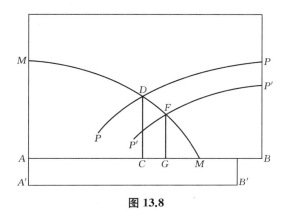

图 13.8

在图 13.8 中,AB 为第一年已知的农产品产量,MM 曲线为农民为自己消费而留用的产品边际效用曲线,随着留用农产品的数量增加,其边际效用递减。PP 曲线为以较高价格销售产品的边际效用曲线;$P'P'$ 曲线为以较低价格销售产品的边际效用曲线。农民为自己留用的产品量与销售产品量的比例由 MM 曲线与销售产品边际效用曲线相交的均衡点决定。PP 曲线与 MM 曲线的均衡点 D 决定了农民为自己消费留用的产量为 AC,销售剩余为 CB。随着农产品价格下降,$P'P'$ 曲线与 MM 曲线的均衡点 F,则使农民在消费边际效用下降情况下扩大了留用产品数量 $AC+CG=AG$,减少了销售剩余产品数量 $CB-CG=GB$。如果原先 AC 数量已够农民自身消费,那么他将在第二年减少其生产,使产量由 AB 减至 $A'B'$。

因此,农业与工业的贸易条件对销售剩余有影响。当贸易条件发生有利于农业的变化时,销售剩余将增加,但其增长率将逐步降低,如图13.9所示。这种销售剩余随贸易条件改善而增长幅度逐渐降低的原因,部分是由于贸易条件在

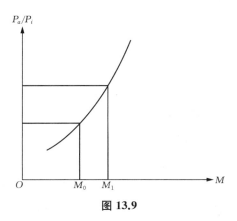

图 13.9

较为发达阶段所能发挥的作用有限,部分与闲暇和销售剩余之间的替代有关(此问题将在下面论述)。

最后,当贸易条件导致销售剩余减小时,不仅影响农业积累 I_a,而且也会影响农民对工业消费品的需求($P_i \cdot i$)。这是因为,农民实际收入的减少将会限制其消费需求(包括对自己产品的消费需求),而在农产品相对于工业品而言价格较低的情况下,农民将用自己的产品替代工业品进行消费,即产生替代效应。这样,就会大大降低对工业消费品的需求。这种贸易条件与农民对工业品消费之间的关系,如图 13.10 所示。该图中的曲线表示,当工业品价格相对于农产品价格而下降时,农民对工业品的需求将上升。均衡点 b 向 h 的移动,表明农产品相对价格提高和工业品消费的增加,两者成正比。

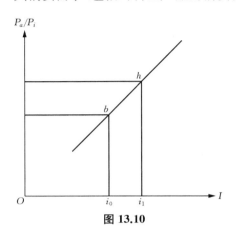

图 13.10

总之,不利于农业的贸易条件将严重影响农业自我发展能力,阻碍农业的创新和农业劳动力的转移。上述前三点构成对农业自我发展的直接限制,最后一点则是一种间接限制。因为农民减少对工业品消费将影响工业部门的发展,削弱其对农业劳动力的吸纳能力,同时也影响农业基础条件的建设,例如影响农业劳动者文化素质的提高等。因此,改善贸易条件对于增强农业自我发展能力是十分重要的,也是改造二元结构的一个必要条件。

13.3.4 处理好闲暇替代和消费替代

改善农业与工业的贸易条件固然重要,但它还不能完全保证农业自我发展的资金投入。也就是说,通过改善贸易条件虽然可以增加农业收入,但并不意味这些收入可以转变为农业投入。这是因为,这里还存在着两种途径的"泄漏":一是闲暇替代;二是消费替代。

农民的效用主要包括四个方面:(1)对农产品消费的效用;(2)对工业品消费的效用;(3)闲暇;(4)农业投入效用(假定积累资金投向农业)。若设农产品的消费为 a,工业品的消费为 i,闲暇为 L,投入为 I,那么农民的效用函数为:

$$U_a = U_a(a, i, L, I) \qquad (13.10)$$

这些效用之间存在着替代关系,构成一条无差异曲线,不同的总效用水平构成一组无差异曲线。现在假定农产品相对价格是合理的(既定的),农民出售农产品的收入主要取决于销售剩余 M。在农产品产量既定情况下,农民对农产品的消费与销售剩余之间存在着此消彼长的替代关系,销售剩余量取决于农民自己留用的农产品消费量,从而存在着农产品消费对销售剩余的替代。但由于农产品消费需求弹性较小,所以我们可以假定农民对农产品的消费需求是已知的,即 $a = a$。在这种情况下,销售剩余就取决于农产品产量,或农业收入取决于农产品产量。

然而,收入与闲暇之间存在着替代关系。当农产品相对价格提高后,既定数量的剩余农产品的销售将获得更多的收入。如果农民在更多收入与更多闲暇之间选择了后者,那就会出现在维持原有收入水平(农产品相对价格较低情况下的收入水平)条件下的劳动投入量减少。这意味着贸易条件改善反而导致销售剩余减少。闲暇与销售剩余之间的关系,如图 13.11 上的东南象限所示。曲线表示随着闲暇的减少,销售剩余将增加,两者关系是反函数性质。由于存在着闲暇对销售剩余的替代,所以农产品相对价格的无限提高不一定就能增加销售剩余。因为在某一点之后,农民也许希望消费更多的闲暇,劳动的供给曲线可能向后弯曲。

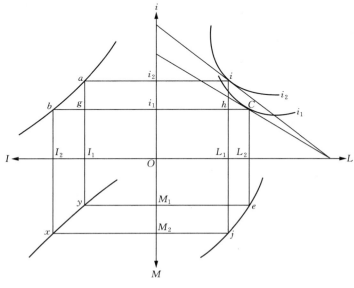

图 13.11

如果撇开农业投入 I，那么由销售剩余决定的农民收入将用于购买工业品，其收入与工业品消费成正比。因此，闲暇对销售剩余的替代，实际上也是对工业品消费的替代。闲暇与工业品消费之间的关系反映在图 13.11 的东北象限上。这种关系由无差异曲线族来描述。当无差异曲线 i_1 的均衡点 c 向曲线 i_2 的均衡点 i 移动时，闲暇减少而工业品消费增加，两者成反比。

假定闲暇消费已定，由销售剩余决定的农民收入将分配在工业品消费与农业投入上。在收入一定的情况下，工业品消费越多，则农业投入越少，即消费替代。这一关系反映在图 13.11 的西北象限上，曲线表示随着工业品消费减少，农业投入将增加；反之则反是。由于工业品的需求弹性较大，所以两者的替代余地较大。

如果工业品消费水平已定，那么销售剩余与农业投入成正比关系，或农产品消费与农业投入成反比关系。销售剩余越多（农产品消费比例越小），农业投入也越多。这一关系反映在图 13.11 的西南象限上。

上述一些效用之间的替代关系可以综合成图 13.11。我们将利用这一模型来分析效用替代的几种典型组合。

（1）如果闲暇增大，L_1 变为 L_2，那么销售剩余 M 将减少，由 M_2 变为 M_1，由此引起农业投入 I 减少，由 I_2 变为 I_1。同时，闲暇增大也将导致工业品消费 i 下降，由 i_2 变为 i_1。按理，工业品消费下降将引起农业投入 I 增大，但由于销售剩余减少导致的收入减少，在工业品消费下降时并不增大农业投入。

（2）如果闲暇减少，由 L_2 变为 L_1，那么销售剩余 M 将增大。由 M_1 变为 M_2。按理，农业投入 I 也会随之增大，由 I_1 变为 I_2。但闲暇减少却提高了工业品消费 i，使其由 i_1 变为 i_2。这样，销售剩余的增加部分实际上用于增大的工业品消费上了，农业投入并不增大。

可见，在闲暇替代和消费替代占主导地位的情况下，贸易条件改善的效果被泄漏了，并不能导致农业投入的增加。因此，贸易条件改善如果要产生对农业投入增加的效果，必须要减轻闲暇替代和消费替代，即闲暇保持在 L_1 水平，同时割断闲暇与工业品消费的替代关系，使消费水平也保持在 i_1，从而销售剩余的增加导致农业投入增加，即 $hjxb$ 方框。这种情况可以称为投入替代占主导地位。当然，在此模型中，我们作了极端的假定，即工业品消费不变，实际中随着贸易条件的改善，农民的消费水平应有所提高，但提高的幅度不应太大，以致挤占了对农业的适当投入。

从这一模型的分析结果中,我们可以引申出几个重要的政策含义:(1)价格政策固然重要,但单靠价格政策并不足以调动农业剩余,保证农业的资金投入,因而贸易条件的改善要与其他方面的改革和政策调整相结合。(2)当贸易条件发生有利于农业变化时,要设法阻止闲暇替代效应,增加劳动供给。(3)当农民收入提高时,要正确引导其消费,以便既能从需求上拉动工业部门发展,又能保证农业投入,促进农业的生产率和经济增长。只有处理好上述一些关系,才能增强农业自我发展能力,与现代非农产业协调发展,顺利实现农业过剩劳动力向现代非农产业的历史性转移,从而发挥结构成长效应。

14 新结构成长：历史跨越

传统农业部门的改造固然是结构成长进程中不可逾越的历史任务，但发展中国家的结构成长并非要像先进国家走过的历程那样"按部就班"。后起发展国家完全有可能凭借"后起者优势"，以创新为杠杆，实现历史跨越的新结构成长，缩短与发达国家的差距。问题在于，后起发展国家如何正确地把握住自己的优势，以新兴产业的发展带动整个产业结构的跨越式成长。

14.1 不同历史条件下的结构成长模式

14.1.1 结构梯度转换模式

结构梯度转换模式是指按第一产业、第二产业、第三产业序列依次渐进转换的结构成长模式。这种梯度转换模式的具体表现，就是产值构成或劳动力构成的重心先由第一产业转向第二产业，然后再由第二产业转向第三产业。从历史上来看，那些率先进入现代经济增长进程的国家基本上都是这种结构成长模式，其中以英国最为典型（见表 14.1）。

从表 14.1 中可以明显地看到，英国的农业劳动力首先主要向第二产业转移。第二产业大量吸收农业劳动力于 1901 年达到顶点（51.2％）。至此，农业劳动力大规模转移告一段落，尽管以后仍有一部分劳动力往外转移，但已不发生重大影响。从那以后，开始了第二产业劳动力向第三产业转移的历史进程，从 1901—1971 年，第二产业劳动力比重下降了 13.3 个百分点，从而使劳动力构成的重心移向了第三产业，1971 年第三产业劳动力比重占 59.2％。

表 14.1　英国劳动力就业构成的历史变动　　　　　　　　　　（%）

年份	第一产业	第二产业	第三产业
1801	35.0	75.0	
1851	22.0	48.3	29.7
1871	15.3	47.1	37.6
1901	9.1	51.2	39.8
1921	7.1	47.5	45.4
1951	5.1	49.2	45.7
1971	2.9	37.9	59.2

　　这种结构梯度转换模式有其内在规律性,但它更是一种特定历史条件下的产物。这种结构转换模式依存的历史背景,主要有以下几方面:

　　(1)这些先行国家在其工业化早期阶段,当时的工业技术水平还比较低,在整个工业中,以纺织业为代表的劳动密集型工业占主导地位,从而能吸收较多的农业劳动力。随着工业化的发展,资金密集型和技术密集型工业逐步取代劳动密集型工业而居主导地位,因而工业对劳动力的吸收逐步减少,甚至出现对劳动力的绝对排斥,使第二产业的劳动力向外转移。

　　(2)早期的工业技术往往是将一项完整的工作分解成多种简单重复的动作,使工人成为机器的附属物。马克思在《资本论》中对此曾作了精彩详尽的描述。这样一种工业技术只要求大量简单劳动,对劳动力素质的要求并不高。由于缺乏提高劳动力素质的需求,所以社会上的教育机构及其相关服务不很发展。同时,当时工人的收入水平较低,从而也不利于收入需求弹性较高的各种商业、服务业的发展。因此,这些先行国家在经济发展早期阶段,第三产业因条件限制不可能有较大发展,从而形成了第一产业主要向第二产业转换的基本格局。

　　(3)这些先行国家的率先崛起使它们在当时的世界经济活动中具有绝对优势,拥有广阔的世界市场。这种特定的世界经济格局为这些国家的制造业发展提供了极大的余地,使它们的制造业发展可以突破国内需求的限制,从而保证了第二产业的充分发展。

　　上述这些特定的历史条件,构造了结构梯度转换模式。无疑,随着历史条件的变化,结构转换模式也将发生变动。

14.1.2 结构跨梯度转换模式

相对于先行国来说，后进入现代经济增长进程的后起发展国家，其结构成长面临的历史背景就不同了。这种历史条件的变化，主要表现在以下几个方面：

（1）已经发展起来的工业技术使生产日益变成资本密集型和技术密集型，而不是劳动密集型，因此后起国家在其经济发展早期阶段就有可能让资本密集型和技术密集型工业占据主导地位（通过外来先进技术的引进和消化）。在这种情况下，第二产业吸收农业劳动力的能力相对下降，从而产生农业劳动力向第三产业转移的强大压力。

（2）由于后起发展国家有可能一开始就发展资本密集型和技术密集型工业，而在这类工业中所采用的技术水平较高，生产过程要求有更多的复杂劳动，所以与此相适应，就要提高劳动力素质。这一强烈的需求将拉动科技、文化教育事业的蓬勃发展。与此相联系，具有较高技术水平的熟练工人的收入也随之提高。这种较高的收入水平，在很大程度上刺激了第三产业发展。因此，在这些后起发展国家的工业化早期就存在着大力发展第三产业的客观要求。

（3）当后起发展国家进入现代经济增长进程时，世界经济格局已发生了重大变化，越来越多的国家的制造业产品进入世界市场，市场份额的分割不再那么集中了。在这种情况下，尽管世界市场对制造业产品的绝对总需求量是增加的，但由于市场份额分散化，所以对于每一制造业产品输出国来说，世界市场需求对其制造业生产的拉力大大减弱。更何况，后起发展国家的制造业产品竞争能力较弱，所占市场份额较小，国内制造业发展依赖于世界市场的余地较小。

在这些新的历史条件下，出现了另一种结构转换模式，即结构跨梯度转换模式。这一模式的特点是：（1）农业过剩劳动力一开始就以大致相同的规模分别向第二产业和第三产业转移，表现为极点向平面的辐射。（2）在农业过剩劳动力向外转移过程中，第二产业和第三产业吸收劳动力的幅度，开始也许前者较大，但以后越来越以第三产业吸收劳动力为主。（3）在农业劳动转移过程中，第三产业的劳动力就业比重往往始终大于第二产业劳动力比重。也就是说，在劳动力就业构成变动中，要么第一产业占主导地位，要么第三产业占主导地位,而没有出现第二产业占主导地位的情况。这一结构跨梯度转换模式的典型代表是日本,它表现了完全不同于英国式的劳动力部门转移的历史序列(见表 14.2)。

表 14.2　日本劳动力就业构成的历史变动　　　　　　　　　　(%)

年　分	第一产业	第二产业	第三产业
1878—1882	82.3	5.6	12.1
1920	53.6	20.7	23.8
1950	48.3	21.9	29.7
1960	32.3	29.5	38.2
1976	12.0	35.1	52.9
1980	10.9	33.5	55.4

显然,结构跨梯度转换模式区别于结构梯度转换模式的一个重大特征,就是第三产业跨越历史的发展。这种倾向在现代产业结构变动中已成为普遍的定势,尤其在世界新技术革命推动下,科学技术及其信息的迅速发展对第三产业的密切依赖,便世界各国无论其经济发展程度如何,第三产业的劳动力就业比重都超过第二产业的就业比重(见表 14.3)。

表 14.3

	第一产业		第二产业		第三产业	
	1960 年	1980 年	1960 年	1980 年	1960 年	1980 年
低收入发展中国家	77	72	9	13	14	15
中等收入发展中国家	62	46	15	21	23	24
上中等收入发展中国家	49	30	20	28	31	42
高收入石油出口国	62	46	13	19	25	35
市场经济工业国	18	6	38	38	44	56

资料来源:世界银行:《1984 年世界发展报告》,中国财政经济出版社 1985 年版,表 21。

下面的进一步分析将表明,在第三产业的跨越发展中,主要是其中的信息业具有明显增长势头,传统意义上的服务业是缓慢上升的,递增率并不很高。因此,结构跨梯度转换模式实际上是与世界新技术革命相联系的信息业迅速兴起的条件下形成的。

14.2   机会与选择

14.2.1   新技术革命提供的后发优势

结构跨梯度转换模式实际上是后起国在产业结构成长方面发挥"后起者优势"的表现,而这种"后起者优势"主要就是后起国面临着可以大量吸收创新的优势。因此,结构跨梯度转换模式得以实现的前提条件,就是必须借助于发达国家的创新成果。

目前,发达国家拥有的先进技术正在构成一个强大的、活跃的高技术群体,形成了一个世界新技术革命。这对于后起发展国家来说,也许有更重大的意义。因为新技术革命将为它们的结构成长提供更多的后发优势,从而有可能使它们的结构成长有更大的历史跨越。因此,探寻发展中国家结构成长的新道路,必须将其置于世界新技术革命提供的历史机遇之中。

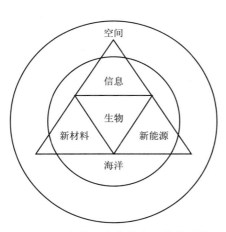

图 14.1   当代六大高技术群体的结构

当代世界新技术革命气势宏伟,它以集群的态势相互支撑、渗透、补充和促进,从而呈现出一幅由信息、新材料、新能源、生物、海洋和空间六大高技术群体组成的完整的有序结构(见图 14.1)。在这一结构中,各高技术群体形成一个有机整体,其各自的作用、地位和意义为:(1)信息技术是整个高技术发展的先导;(2)新材料技术是支持和促进整个高技术发展的基本条件和物质基础;(3)新能源技术是支撑高技术发展的物质动力源泉;(4)生物技术是揭示生命过程,创建新生物的全新领域;(5)海洋技术是利用地球的洋面、海中和海底资源的现代手段;(6)空间技术是探索地球圈外、太阳系、银河系乃至整个宇宙的新起点,是当今科技发展的象征。

这些在 20 世纪已经萌发的六大高技术群体,将在 21 世纪中进一步加速发展,并通过更广泛的实用化和商品化,将形成在世界经济发展中具有举足轻重作用的新兴产业。国内有的学者根据目前已经初露端倪的高技术产业及其基本内涵作出预测，21世纪高技术产业大致可划分为以下几个方面：(1)生物工程产业；(2)光电子信息产业；(3)软件产业；(4)智能机械产业；(5)生物医学产业；(6)超导体产业；(7)太阳能产业；(8)空间产业；(9)海洋产业。这些新兴产业与高技术的相互关联大致如图14.2所示，有的产业主要建立在某一项高技术基础之上，有的产业具有多项的高技术基础。但严格说来，任何一个新兴产业都会受到各项高技术的影响或渗透，只不过是所受的影响程度有差别。

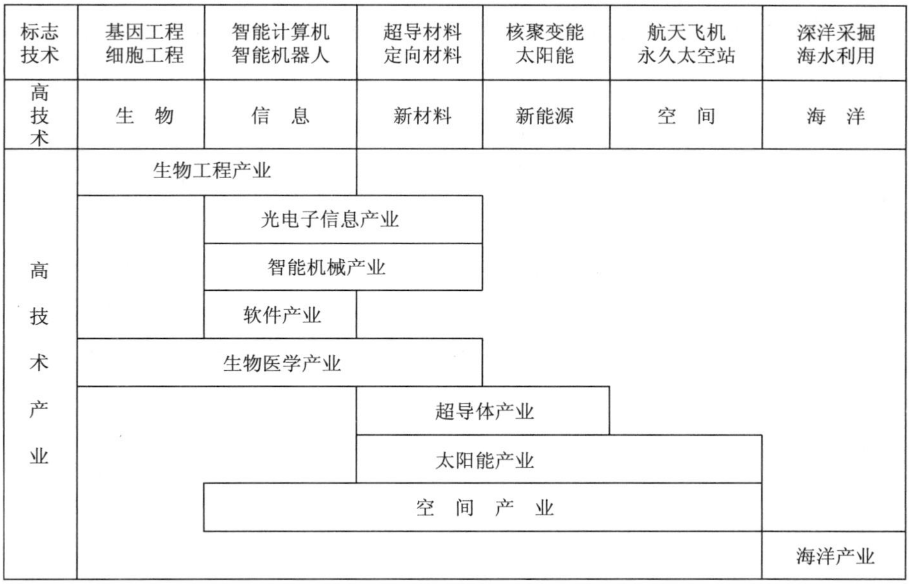

标志技术	基因工程 细胞工程	智能计算机 智能机器人	超导材料 定向材料	核聚变能 太阳能	航天飞机 永久太空站	深洋采掘 海水利用
高技术	生 物	信 息	新材料	新能源	空 间	海 洋
高 技 术 产 业	生物工程产业					
		光电子信息产业				
		智能机械产业				
		软件产业				
	生物医学产业					
			超导体产业			
			太阳能产业			
		空 间 产 业				
						海洋产业

图 14.2　21 世纪的高技术及其产业的相互关联

那么，这种世界新技术革命将对后起发展国家(尤其是中国)的产业结构成长产生何种影响？或者说，后起发展国家如何利用世界新技术革命所提供的机会，发挥后发优势，加速其产业结构成长呢？我认为，世界新技术革命对后起发展国家的产业结构成长将产生两种方式的影响；或者说，后起发展国家产业结构成长在世界新技术革命条件下将面临两种机会。

(1)直接影响。随着高技术的发展及其在全球的渗透，它会直接对后起发展国家的产业结构成长产生影响，促进这些国家产业结构的高级化。其具体方式是：

第一，高技术将向这些国家的传统产业强制渗透，从而改造和革新这些传统产业部门（诸如钢铁、煤炭、化工、石油、纺织、建材等），使它们在更高的技术层次上为人类的生存和发展提供更高质量和更大数量的生产资料和生活资料。在发展中国家，这些传统产业在其产业结构中仍处于重要地位，如能利用高技术对这些产业进行改造和革新，无疑将促使其产业结构发生质的飞跃。

第二，以高技术为基础的新兴产业的发展若能与原有产业的发展取得协调，必将带动和促进原有产业的加速发展，从而推进产业结构的成长。发展中国家（或地区）虽然不像少数发达国家那样有条件全面追求当代高科技所有的主要目标，但完全可能根据其国力和国情，采取有限目标，突出重点，跟踪突进，例如印度、韩国、巴西、阿根廷等都有选择地促进高技术某些领域的成长，分别在信息技术、生物技术、新材料技术、新能源技术等方面投入了力量。一旦在某些领域有了突破性进展，并形成新兴产业，这些新兴产业也许会带动其他原有产业发展，促进产业结构高级化。

第三，高技术的发展填补了某些产业发展不力的缺陷，缓解了产业结构中的瓶颈制约，从而促进产业结构成长。在许多发展中国家，其经济发展"先天不足"往往造成基础产业薄弱，如果新材料技术和新能源技术能有较大的突破，那么这些技术的引进将使其基础产业大大改观，并适应其他产业发展的需要。因此，利用高技术来改变产业关联中的薄弱环节，是后起发展国家促进其产业结构成长的一个绝好机会。

（2）间接影响。世界新技术革命对后起发展国家产业结构成长的间接影响，是通过国际产业分布的调整来实现的。由于发达国家处于新技术革命的领先地位，因而其首先受到新技术革命的强烈影响，产业结构发生重大变化，即工农业在国内生产总值（GDP）中的比重递减，服务业的比重递增。据世界银行统计，1965—1983 年间，一些西方国家的服务业比重上升了 12%—37%，工农业比重相应下降了 7%—12%（见表 14.4）。

这些发达国家由现代科技进步导致的以信息经济为特征的高技术化和服务化，形成了国际产业分布调整的动因。它们为了追逐更高的附加价值，纷纷把传统的原材料工业和一般加工业转移到欠发达国家和发展中国家，以便使自己的经济越来越多地集中于发展新兴的产业部门，特别是技术密集和知识密集的产业部门。这种国际产业分布的调整对于发展中国家来说，却是促进其产业结构

表 14.4　1965—1983 年一些国家 GDP 的部门分布　　　　　（%）

	农　业		工　业		服务业	
	1965 年	1983 年	1965 年	1983 年	1965 年	1983 年
美　　国	3	2	38	32	59	66
英　　国	3	2	41	32	56	66
加拿大	5	3	34	29	61	68
比利时	5	2	41	35	53	63
瑞　　典	6	3	40	31	53	66
丹　　麦	8	4	32	23	60	72
日　　本	9	4*	43	43	48	55

注："*"系 1982 年数字。

成长的机会。因为这些传统的原材料工业和一般加工业在目前和今后相当一段时期内不会退出经济生活，尽管在 21 世纪的国民经济中，其比重将减少，但其绝对产量和产值不会萎缩。这些劳动密集的、资本密集的工业对于一些发展中国家来说，不但不是夕阳工业，而且依然是大有发展前途的工业。发展中国家若能利用这种国际产业分布调整的机会，填补因发达国家对发展这些产业失去兴趣而产生的空隙，那么它将促进其产业结构的成长。

二战后，亚洲太平洋地区出现了三次国际性的产业转移。第一次发生在 20世纪 60 年代，日本承接了欧美国家具有传统优势的纺织、钢铁、造船、汽车等产业，实现了举世瞩目的经济高速增长。第二次发生在 70 年代，新加坡、韩国、中国香港、中国台湾承接了包括日本在内的西方国家的石油化工、钢铁、造船、服装、电子、汽车等产业，实现了经济腾飞。第三次发生在 80 年代末到 90 年代，东盟各国特别是马来西亚、泰国将在承接纺织、服装、电子、机械木材制品、运输装备等产业的过程中，实现经济起飞。历史经验证明，发展中国家和地区在承接每一次国际性产业转移时，既能获得发展产业的机会，也能获得发展技术的机会。只要能把吸收资本和吸收技术较好地结合起来，使资本积累和技术积累相随并进，就能促进其产业结构健康成长。

14.2.2　战略目标选择

世界新技术革命虽然为发展中国家提供了更多的后发优势，但发展中国家能否把握住这一机会实现结构跨梯度转换，则取决于其战略目标的正确选择。

新结构成长的战略目标选择是指在世界新技术革命提供的后发优势中,抓住其主要环节促进结构成长的战略性思考及其实施。在上面的分析中,已指出了新技术革命对后起发展国家结构成长可能发生的直接影响和间接影响,那么如何才能抓住这两种机会,并使其有机地结合起来,这就需要我们综合新技术革命对产业结构成长的本质影响,从而把握住新结构成长的关键环节,并以此来集聚新技术革命提供的全部后发优势,实现结构成长的历史跨越。笔者认为,新结构成长的战略目标应选择以信息技术为基础的信息业发展。

在世界新技术革命条件下,国民经济发展正处于以物资和能源为基础向以知识和信息为基础的转变过程;或者说,处于国民经济发展的结构框架的重心从物理性空间向知识性空间转变的过程。这种转变过程也就是所谓的"信息化"。当人们从原来的第三产业概念中把传统服务业(如商业、修理业、饮食业等)与信息业划分开来进行统计研究时,清楚地看到,当今经济真正的增长在于第四产业——信息产业。

美国经济学家 M.U.波拉特在《信息经济:定义和测量》一书中,将信息部门从国民经济的各部门中逐一识别出来,并将信息部门区分为一级信息部门和二级信息部门。前者包括所有在市场上直接出售信息产品和信息服务的信息行业,如计算机制造业、电信业、印刷出版业、大众传播媒介、广告业、会计业和教育业等;后者包括所有在政府部门和各企事业部门内部存在的信息产品和信息服务。[①]利用波拉特方法测度信息部门对国民生产总值的贡献,可以使我们看到,当前西方发达国家已经把信息产业当作国民经济发展的主要产业部门和国民收入的主要来源。

(1)从就业结构变动来看,信息业就业比重不断上升。图 14.3 表明 8 个国家的信息就业人员 1950 年后的数量发展变化情况,平均每 5 年增长 2.8%。新的有关数据材料还表明,发达国家的信息业就业人数已占绝大多数。例如,美国信息业的劳动者比重 1970 年为 46.4%,1980 年为 55%,1985 年为 60%,1988 年达到 70%。在 20 世纪 80 年代中期,日本和欧洲共同体的信息业就业比重也达到 50% 以上。

---

①　波拉特对信息部门的具体测算方法,请参见葛伟民:《信息经济学》,上海人民出版社 1989 年版,第 7 章第 1 节。有兴趣的读者还可参见[美]米查尔·鲁宾:《信息部门测度的两种方法》,《经济学译丛》1988 年第 2 期。

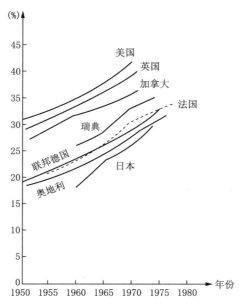

图 14.3　信息产业就业人数在劳动力中所占的比重

注:在引用中删掉了芬兰的数据,因统计口径不同。
资料来源:赫·皮加斯曼:《有第四产业吗?》,《经济学译丛》1982 年第 4 期。

(2)从产值结构变动来看,信息业产值比重有明显提高。经济合作与发展组织曾根据国民核算统计,计算了一些国家信息部门在国民收入所占的比重(见表 14.5),表明了这些国家的信息业产值从 20 世纪 60 年代初到 70 年代中期有较大幅度的增长,尤其是一级信息部门产值增长很快,比重明显提高。

这种以新技术革命为基础的信息业的迅速发展,一方面使发展中国家面临着更为严峻的挑战,因为发展中国家与发达国家相比,将出现工业化与信息化的双重差距;另一方面,也为发展中国家提供了加快发展的机会。因为信息产业是知识、技术、智力密集型的产业,在其提供信息产品和服务的同时,能在多方面起到直接或间接节约物质资源和人力资源的作用,并且它又能高度渗透到其他产业的结构和形态中,使其他产业的产出品和社会价值都包含有信息产业的价值。因此,信息业的发展将会极大地促进和带动其他产业的发展。如果后起发展国家能把信息业发展作为发挥后发优势的战略目标,那么它就有可能加快工业化步伐,缩短与发达国家的差距。在这一方面,日本是一个成功的例子。

日本的"后来居上"在很大程度上是选择了信息化作为发挥后发优势的战略目标,因此它有明确的"教育立国"和"科技立国"的战略思想。实践证明,它靠

表14.5 信息业产值在国内生产总值中所占的比重 （％）

	年　　度	一级信息部门	二级信息部门	总信息部门
美　　国	1958	19.6	23.1	42.7
	1967	23.8	24.7	48.5
	1972	24.8	—	—
	1974	—	24.4	—
英　　国	1963	16.0	13.8	29.8
	1972	22.0	10.9	32.9
法　　国	1962	21.6		
	1968	22.8		
	1972	24.8		
日　　本	1960	8.4		
	1965	14.4	21.8	36.2
	1970	18.8	16.2	
瑞　　典	1970	16.9		
	1975	17.8		

资料来源：［美］米查尔·鲁宾：《信息部门测度的两种方法》，《经济学译丛》1988年第2期。

"信息拿来主义"实现其经济起飞，大大加快了产业结构成长进程。通过日本与美国的比较分析，可以清楚地看到这一点（见图14.4与图14.5）。

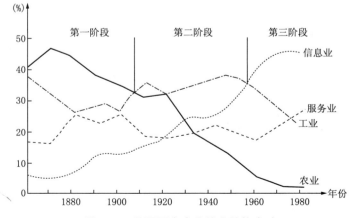

图 14.4　美国四大产业就业结构变动

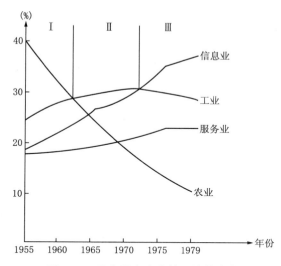

图 14.5　日本四大产业就业结构变化

图 14.4 是根据波拉特测算的美国 100 年来四大产业部门就业结构变动的情况。它表明美国四大产业部门的就业结构变化大致经历了三个阶段:(1)1860—1906 年是"农业化"向"工业化"转变的时期;(2)1906—1954 年是"工业化"的持续发展时期;(3)1954 年后,则是"工业化"向"信息化"转变的时期。日本四大产业部门的就业结构也经历了相同三个阶段的变化,但日本就业结构变化的第二阶段特别短。日本 1963 年后,工业部门就业人数开始超过农业就业人数;到1972 年时,信息业就业人数就开始超过工业就业人数,其前后只花了十年时间。而美国走完这段历程,则用了将近 50 年时间。另外,日本在实现产业结构的信息化的同时,工业就业比重并不像美国那样显著下降,也说明日本的信息化是早熟的,是前倾发展的。可见,对于发展中国家来说,在世界新技术革命条件下,实现产业结构的信息化的前倾发展,是发挥后发优势、促进产业结构快速转换的可供选择的战略目标。

然而,在中国产业结构成长模式中,却忽视或割裂了新技术革命对产业结构前倾发展的影响和作用,没有把信息化作为发挥后发优势的战略目标。在新中国成立 30 多年中,我们强调产业结构的工业化前倾发展,如果从阶段性上讲,这也可以作为发挥后发优势的战略目标,但在这一过程中,我们主要是按照传统的方式建立起庞大的工业化基础的,因而这种低技术的经济很快因能源和物资的匮乏而陷入困境。其结果,我们非但没有缩小与发达国家之间的差距,反而增大

了差距。在 20 世纪 80 年代中,我们强调发展第三产业,但却把目标集中在传统
的服务业(如商业、饮食业、修理业、旅馆业等)。事实上,这种狭义的服务业在产
业结构成长中并不占有显著地位。从美、日等国的服务业就业比重的历史演进
曲线看(见图 14.4 与图 14.5),它是比较平稳的,在整个过程中,其比重只是略有
上升。因此,大力发展这种服务业并不能有效发挥后发优势,促进产业结构成
长。相反,在经济发展的低水平上出现一个很大的服务部门,则是促成一种所谓
"虚假发展"的现象。[①]

　　由于忽视了世界新技术革命条件下信息化对产业结构成长的作用,所以中国
信息业的发展是比较滞后的。根据国家科委发展中心《中国信息经济初步分析》研
究报告提供的数据,中国信息部门规模不仅远远低于发达国家和新兴工业化国家,
而且还低于一些发展中国家(见表 14.6)另外,从信息部门的基本装备来看,也比较
落后。除了电视机外,电话机和计算机的普及率都远远低于发展中国家,而"三
机"普及率则在一定范围内表示信息资源开发利用程度与普及程度(见表 14.7)。

表 14.6　中国与委内瑞拉的信息部门规模比较

	产值比重			就业比重
	一级 信息部门	二级 信息部门	合　计	
中国(1982 年) 委内瑞拉	9.0 —	6.0 —	15.0 20—25.0	8.8 25.0

表 14.7　"三机"普及率比较

	发达国家	发展中国家	中　国	
			(1980 年)	(1985 年)
电视机(1880 年)	1/2(人)	1/500(人)	1/150(人)	1/15(人)
电话机(1981 年)	46%	2.8%	0.42%	0.62%
计算机(1980 年)	60%(美国)	4%	1/10 万人	1/1 万人

　　资料来源:王可:《信息化——一种新的世界发展战略与中国的选择》,《日本问题》1987
年第 1 期。

　　[①]　参见联合国工业发展组织:《世界各国工业化概况和趋向》,中国对外翻译出版公司 1980 年版,
第 13—14 页。

　　没有把信息化作为发挥后发优势的战略目标的一个重要认识根源，就是对世界新技术革命认识不足或不全面。其具体表现为：(1)没有看到新技术革命对经济社会影响的最终结果是导致信息化社会。(2)没有看到新技术革命对后起发展国家也有重大影响，把高技术与原有技术对立起来，把工业化和信息化对立起来，似乎我们现阶段的主要任务只是发展和运用一般先进技术，只是实现工业化，而与高技术、信息化关系不大。(3)没有看到新技术革命对后起发展国家产业结构成长的影响是多方面的，或者片面强调组织精干的科技力量对世界高技术进行跟踪和攻坚，或者片面强调承接发达国家调整下来的"夕阳产业"。因此，实现发挥后发优势的战略目标的转变，首先要加深新技术革命对产业结构前倾发展的影响和作用的认识，把注意力尽快从工业化转到信息化上来。尽管中国面临着工业化和信息化的双重差距，工业化的任务还很重，我们不能企望直接进入信息化阶段，但我们的战略目标不能只停留在传统工业化道路上，而要借助于信息化来加速工业化进程。

　　基于这一认识，我认为，中国产业结构成长新模式的一个重要内容就是要把信息化作为发挥后发优势的战略目标，即努力发展教育，充分利用信息技术的渗透性和增值性提高农业、工业和服务业(狭义)的生产能力和经济效益，充分开发信息资源，逐步将国民经济发展重点从开发物理性空间转向扩大知识性空间。在这一战略目标的贯彻过程中，要正确处理好工业化与信息化之间的关系。我们把信息化作为发挥后发优势的战略目标，并不意味着摒弃或忽视工业化，而是要让信息化为工业化提供现代化技术文明的基础，使工业化摆脱外延式发展的传统模式。同时，也要让工业化为信息化提供物质和能量。因此，在具体贯彻过程中，要采取工业化与信息化互补共进的方针。①只有这样，才能加速产业结构的成长。

14.3　新结构成长的基础条件

　　在世界新技术革命条件下，确立信息化的战略目标是发展中国家集聚后发优势，实现结构跨梯度转换的正确选择。然而，这一战略目标的实现，以至新结

---

　　①　参见王可：《信息化——一种新的世界发展战略与中国的选择》，《日本问题》1987 年第 1 期。

构成长的实现,则需要具备若干基础条件。对于发展中国家来说,这些基础条件也许相当薄弱,有的甚至尚不存在,但为了实现新结构成长,必须创造和培育这些基础条件。这也许是一项比战略目标选择更为艰巨和复杂的任务。

14.3.1 电子产业的发展

通常,公用通信网络、集成电路和计算机被视为实现信息化的三大物质基础设施。信息技术的发展及其运用是离不开这一物质基础条件的,因而电子产业发展在新结构成长中处于举足轻重的地位。可以预见,电子产业在新结构成长过程中将成为主导产业,因为电子产业不仅增长力高,而且规模大,对其他产业影响力强。据联合国 1988 年初统计,全世界国民生产总值的 65% 与集成电路和计算机有关。据美国 1988 年公布的数字,美国电子产业产值已达 2350 亿美元,超过化工、汽车、机械、石油等部门,一跃而成为美国第一大支柱产业。同年,日本电子业产值达 468846 亿日元,也居各产业之首。更为重要的是,电子产品运用广泛,有很强的扩散效应,起着类似于钢铁工业在重化工业中所起的那种作用。

自 20 世纪 80 年代以来,中国的电子产业有较迅速的发展。1987 年电子工业的产值是 1980 年的 6.3 倍,1989 年达 628 亿元。从 1983—1987 年,电子工业产值在工业总产值中的比重,从 2.3% 上升到 3.3%,呈现增长趋势。而且,电子工业的劳动生产率迅速提高(见图 14.6)。与其他工业部门相比,1980 年电子工业劳动生产率低于工业平均劳动生产率,到 1985 年提高为工业平均劳动生产率的 1.33 倍,而 1987 年又达到 1.68 倍(见表 14.8)。

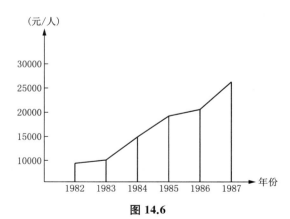

图 14.6

资料来源:《中国电子工业年鉴》(1988)。

表 14.8　中国电子工业劳动生产率与工业平均劳动生产率比较

	1980 年	1985 年	1987 年
工业平均劳动生产率(元/人)	12081	15080	16671
电子工业劳动生产率(元/人)		20041	27962

资料来源:《中国统计年鉴》(1989);《中国电子工业年鉴》(1988)。

然而,与新结构成长的要求相比,中国的电子产业发展规模和速度是远远不够的。目前中国集成电路的生产能力只有 1.1 亿块,而且 95％是中小规模电路,大规模和超大规模集成电路几乎全部依赖进口。国外发达国家集成电路技术已进入亚微米阶段(即 1 微米以下阶段,在一块 3 英寸大小的芯片上有上亿只元器件),而中国还只能达到 5 微米阶段。在计算机生产等方面也存在较大的差距。

因此,我们要采取切实可行的强有力的措施加快电子产业发展,把它尽快地搞上去。首先,要从新结构成长的历史跨越的高度,把电子产业作为具有重大战略意义的主导产业来发展,在其发展初期阶段给予大力扶植,例如优先技术引进、增加投资、实行补贴等。其次,要合理组织。电子产业是一个系统性很强的行业,配套性要求高,应组织企业集团来发展电子产业,以降低电子产品的生产成本及促进产品开发。再则,在电子产业发展初期,应集中投资,重点培植,不宜一哄而上;否则受资金、技术力量、配套能力等条件限制,谁也上不去,造成普遍的低水平重复。最后,促进电子产业的广泛运用,使其潜在需求得到充分开发,以需求拉动其发展。

14.3.2　信息技术的广泛运用能力

信息技术区别于一般意义上的新技术的不同凡响之处,就在于其有很广的应用范围,从而对经济和社会有极大的影响力。信息技术的运用,除了为信息的处理、贮存、传递、复制等提供高效率的专业技术外,还可以极其广泛地渗透到诸多产业部门,与其专业技术融合,而从极大地革新着现有产业的生产技术。例如,电子技术与机械技术的融合,形成机械电子一体化技术;电子技术与化学技术的融合,形成高科技新材料;计算机与通信技术的融合,发展起来高级信息通信网等。正因为如此,信息化战略目标的实施,才能有机地将新兴产业发展与传统产业改造结合起来。

然而，信息技术虽然有广泛运用的可能性，但要将这一可能变为现实，则取决于其他产业对其运用的能力。如果其他产业不能很好地利用信息技术，那么电子产业的发展就丧失了扩散效应，其发展就会与现有产业脱节，演化为高技术产业与原有产业技术水平悬殊的新的二元结构（旧的二元结构是传统农业与现代非农产业的技术落差）。显然，这就无法实现新结构成长的历史跨越。因此，信息技术的广泛运用能力也是新结构成长的基础条件之一。

现有产业对信息技术缺乏运用能力，有两种情况：一是对信息技术的运用缺乏动力，对信息技术运用不感兴趣；二是对信息技术的运用缺乏开发实力，无法对信息技术进行应用。从中国目前情况来看，这两个问题都不同程度地存在着。在新旧体制转换过程中，由于尚未建立完善的企业运行机制，企业行为短期化严重影响了企业的长远发展，从而使企业缺乏运用信息技术的创新动机。此外，企业对新技术的应用开发能力较差，缺乏相应的资金。据统计，平均来说，企业只有年销售额的 0.5% 的资金用于从事技术开发。[①]这显然难以引入先进的信息技术。

为了推动信息技术的普遍运用，实现新结构成长的历史跨越，必须加强企业运用信息技术的能力，使信息技术创新得以扩散。然而，这不仅仅是单纯增加开发费用的问题，它涉及更深层的体制改革，以建立起企业创新机制的问题。从这一意义上讲，新结构成长的历史跨越能否成功，不仅在于战略目标选择，而且在于是否有制度条件的保证。

14.3.3　人力资源开发和利用

如果假定新结构成长的战略目标和制度因素的条件具备，那么人力资源开发和利用则是实现新结构成长的关键。首先以信息技术为基础的电子产业的发展，需要一大批高技术人员。其次众多产业（企业）对信息技术的运用（即信息技术与本产业生产技术的融合），更需要有相当数量的科技人员。最后对信息技术发展和运用进行配套服务，也需要大量技术人员。如果缺乏实力雄厚的高水平、高质量的人力资源，新结构成长的历史跨越就失去了起跳的基石。

从中国目前情况来看，这一基础条件相当薄弱。电子产业是一个知识技术

---

① 参见《科技日报》1989 年 9 月 24 日。

密集产业,它要求有较高素质和技
术水平的劳动力,而中国电子工业内技
术人员的比例远远低于工人比例(见
图 14.7)。而且,这些工人中有相当部
分没有经过正规的技术教育培训。例
如,上海在高技术领域的 4400 多名工
人中,经过正规技术教育培训的仅
占 30％。①

其他产业部门的情况也许更差
些。据联合国教科文组织统计,高级
技术人员占职工总数的比例,美国为

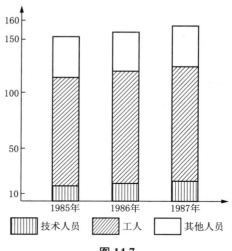

图 14.7

38％,日本为 32％,苏联为 29％;而中国只有 2％,平均 160 个乡镇企业才有一个
科技人员,即使与发展中大国印度相比,也有较大差距(见表 14.9)。显然,这是
极不利于先进的信息技术在诸产业部门运用和扩散的。

表 14.9 1985 年中、印两国高级技术人员比较

	科学家和工程师(万人)	每百万人中的科学家和工程师人数
中　国	103.3	975
印　度	247.0	3289

资料来源:《资料通讯》(杭州)1989 年 4 月 3—7 日。

信息技术的广泛运用必定极大地推动信息服务业的发展。这种服务明显地
具有高科技的特征。它要求服务人员到用户指定的地方去完成某项技术性工
作,或提供有关技术资料。服务工作范围涉及电脑及软件、电信以及工厂自动化
控制系统等,服务内容包括设备安装、调试、维护、修理、电脑操作、软件供应等项
目。同时,与这一智力服务相适应的数据库也将大量增加。例如,美国在 1989
年,电脑软件增长 24％,电子资料库增长 20％,电脑专业服务增加15.5％,资料
处理增加 13.5％。在 1975 年美国还只有 300 个数据库,到 1986 年增至 2500
个,目前已拥有 3600 个左右。②显然,这些信息服务都是高智力服务,需要有较

① 参见《解放日报》1990 年 12 月 21 日。
② 参见《国际商报》1991 年 1 月 5 日。

高素质的服务人员。中国不仅在这些服务方面相当薄弱,而且其服务人员素质也较差,远远适应不了这种服务的要求。据统计,上海市高技术产品批量生产单位共拥有销售及售后服务人员630多名,其中初中以上文化程度的仅占25%,了解和熟悉高技术产品的仅占10%。

总之,劳动力素质低下将成为中国结构成长中的严重障碍。我们必须清醒地看到,新技术革命条件下的结构跨梯度转换,是将农业劳动力更多地转向信息服务的第三产业,这对劳动力素质提出了更高的要求,如果不能尽快地提高国民素质,新技术革命提供的后发优势将丧失殆尽,结构成长效应无法实现,中国与发达国家的差距将进一步拉大。

Ⅳ 结构开放效应

15 结构开放:理论模型

前三篇我们是在封闭条件下对产业结构效应展开分析的。在本篇中,我们将从开放系统角度分析产业结构开放效应。由于本书是研究现代经济增长中的结构效应,而现代经济增长则是一个世界性的历史进程,其基本特征之一就是世界经济一体化趋势,所以结构效应就不是一种封闭性现象,它必定包括结构开放效应的内容。或者说,结构开放效应是现代经济增长中的结构效应的一个重要组成部分。

当然,结构开放效应与前三篇分析的结构关联效应、结构弹性效应和结构成长效应有着不可分割的联系。从历史上看,产业结构是逐步从封闭系统走向开放系统的。一国的产业结构是在其结构关联、结构弹性和结构转换达到一定程度后,才进入国际产业结构大系统的。事实上,也只有在结构关联效应、结构弹性效应和结构成长效应的基础上,才可能产生结构开放效应。从逻辑上讲,只有在分析了封闭条件下的结构效应,以及弄清了结构效应的内在机理之上,才有可能引入开放条件考察更为具体而又更为复杂的结构开放效应。因此,结构开放效应分析是前三种结构效应分析的更为具体的逻辑演化。

15.1 结构开放:产业联系国际化

15.1.1 现代经济增长中的结构开放

结构开放,或开放结构是相对于封闭结构而言的。如果一国产业结构与外部不发生联系,其结构的维系与变动完全是由国内的相关变量(如国内需求、国内资源和国内创新能力等)决定的,那便是封闭结构。相反,如果一国产业结构与外部发生联系,其结构的维系与变动受国外因素(如国外需求、国外资源、国外技术等)影响,那便是开放结构。

因此,一国只要有对外经济,其产业结构就是开放结构。从这一意义上讲,加入现代经济增长进程的所有国家,其产业结构本质上都是开放结构,只不过开放程度有所不同而已。所以,结构开放性是现代经济增长过程中普遍现象,研究产业结构必须考察这种结构开放性。

值得注意的是,现代经济增长进程中的结构开放性与以往有本质区别。国际贸易及国际经济交往早就存在,但以往的国际贸易及经济交往只限于较小的范围和规模,以及较浅的程度,外部因素对一国产业结构的影响不大,所以其产业结构只是一种浅层开放结构。与此不同,现代经济增长的基本特征之一是世界经济一体化趋势,各国的产业结构置于国际产业分工分业的背景之中,一国产业结构深受这种国际分工分业变动的影响,其结构变动也对其他国家产业结构发生重大影响,所以,现代经济增长过程所要求的是深度开放结构。

这种深度开放结构的主要标志就是国际产业分布与转移。国际产业分布与转移意味着产业联系国际化,即一个完整的产业结构已突破国界走向世界。一些发达国家主要发展尖端产业,一些中等发达国家主要发展现代产业,而一些发展中国家主要发展传统产业。这一产业分布在世界范围内形成一种完整的产业关联,即国际产业关联。因此,从每一国家来说,其产业结构则"残缺不全"的。那些发达国家注重于发展尖端新兴产业,把一些传统产业转移到欠发达国家和发展中国家中去,形成了"空心化"产业结构。而那些承接了国际产业转移的国家,则形成了相对低级的产业结构。正是这种一国"残缺不全"的产业结构,把各国的产业结构紧紧地联系起来了,它们必须互相依赖,实行互补,才能使国内产业结构有效率。这种一个国家产业结构与另一个国家产业结构之间的互补性正是现代经济增长过程中深度开放结构的基本特征。

15.1.2　国际产业关联表:模型

现代经济增长进程中的产业结构深度开放导致了产业联系国际化,那么如何分析这种国际产业联系呢? 显然,用单一国家产业联系表的结构比较是无法表明两国之间产业结构互相依赖关系的,它必须采用新的分析工具。目前,国际上通行的分析方法是以两国以上的产业联系表为基础,以贸易矩阵将其互相连结而成的联合产业联系表,即国际产业关联表,其基本模型如图 15.1 所示。

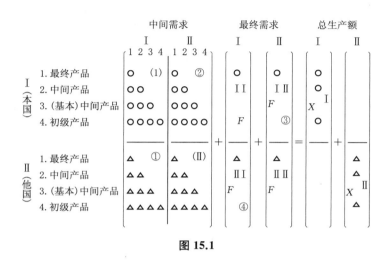

图 15.1

图 15.1 中,○表示本国商品的流量,△表示他国商品的流量。图左上的(Ⅰ)部分和右下的(Ⅱ)部分,表示各该国及他国产业关联表的中间产品投入矩阵,(ⅠⅠ)部分和(ⅡⅠ)部分为其各自最终产品矩阵。两国产业结构之间的互相依赖关系主要体现在①②③④部分。①部分表示Ⅰ国来自Ⅱ国的中间产品输入,②部分表示Ⅰ国对Ⅱ国的中间产品输出,③部分表示Ⅰ国对Ⅱ国的最终产品输出,④部分表示Ⅰ国来自Ⅱ国的最终产品输入。该模型揭示了某一国家的产业结构与其他国家产业结构的互相依赖关系,随两国之间的贸易结构的变化而变化。

15.1.3 贸易结构与产业结构互依性

从国际产业联系表模型中我们可以看到,一国与其他国家产业结构的互依性取决于两国的贸易及其结构。也就是说,两国之间的对外贸易使两国的产业结构之间发生互相依赖关系,但最终产品贸易与中间产品贸易对两国产业结构互相依赖的程度有不同的影响。

如果两国之间贸易是最终产品贸易,即模型中③部分与④部分之间的交换,由于最终产品生产过程是在各该国内被充分满足的,由国内投入矩阵所决定,所以两国之间的产业结构不发生直接互依关系,而是一种间接互依关系。如果两国之间贸易是中间产品贸易,即模型中①部分与②部分之间的交换,那么它必然影响其国内生产结构,从而使两国的产业结构发生直接互依关系。

可见,中间产品的国际贸易较之最终产品的国际贸易,对各国产业结构互依性的影响更大。各国之间的中间产品输入系数越大,越固定,两国之国的产业结构越是紧密互补。不仅如此,只要两国之间存在中间产品贸易,中间产品贸易的扩大必然诱发最终产品贸易的扩大(尤其是资本制品贸易量的扩大),而有间接增进两国依赖关系的效果。所以,中间产品贸易不但产生两国的产业结构的直接依赖关系,也必然诱发最终产品贸易引起的间接依赖关系。

因此,我们在分析一国产业结构开放度时,不仅要看最终产品贸易水平,更要注意中间产品贸易程度。通常,在贸易结构中,中间产品贸易比重居主导地位,说明其结构开放度较大;反之亦然。贸易结构在一定程度上可视为一国产业结构开放度的测量器。

15.1.4　两国产业结构互依关系的类型

从上述分析中,我们可以得出一个重要结论,即两国之间产业结构互相依赖关系及其程度,以各该国自对方输入的中间产品的数量多少而定。

这一结论是对奠定传统自由贸易理论基础的赫克歇尔—俄林定理的彻底修正。赫克歇尔—俄林定理仅仅依据最终产品贸易来考察两国的贸易关系,而不考虑中间产品贸易。因此,这一定理难以揭示两国之间产业结构的互相依赖关系。事实上,世界经济一体化的一个重要标志,就是各国中间产品贸易的扩大,从而导致各国产业结构直接互依性强化。

根据这一分析,我们将采用中间产品贸易变量,作为划分两国产业结构依赖关系不同类型的依据。如果两国的中间产品各有出口与进口,并且贸易量大致均衡,那么两国产业结构关系属于互相依存型关系。如果两国之间没有中间产品贸易,那么两国产业结构是各自维持独立的关系。如果一国的中间产品只有进口而无出口,或进口大大超过出口,那么这一国家产业结构是附属于对方国家的关系。这三种国际产业结构关系的类型,如图15.2所示。

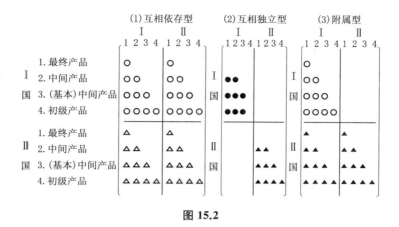

图 15.2

在现实经济中,因中间产品贸易扩大而产生的两国产业结构的互依关系,处于均衡状态的情况较少,大部分是处于不均衡状态,因而附属型结构关系多于互补型结构关系。

15.2 结构开放度的决定

一国产业结构开放的程度自然与贸易战略选择有关。如果假定贸易战略选择是理性的,那么结构开放度就取决于国内与国际的客观条件。这些内外因素决定了不同国家,或同一国家在不同时期的结构开放程度的差异。

15.2.1 国内因素:静态分析

如果撇开一国经济发展阶段对结构开放程度的影响,那么国内条件对结构开放度的影响就主要表现为资源赋存和市场规模。通常,一国的资源赋存状况往往从供给方面制约着产业结构,而一国的市场规模则从需求方面制约着产业结构。由于国内资源赋存与国内市场规模共同影响着产业结构性状,从而在一定程度也决定了结构开放程度,具体地讲:

(1)资源赋存贫富与市场规模大小对产业结构性状有重大影响,从而影响结构开放度。市场规模系指一国潜在的市场需求,与有支付能力的有效需求不同。由于潜在市场需求难以计量,传统的做法是以人口数量来代替。根据联合国工业发展组织的做法,是以国家在 1970 年时的人口为标准,并以 2000 万人口作为区别大国和小国的分界线。一般说来,大国的资源赋存相对丰裕,小国则可以进一步细分为资源丰富的小国和资源贫乏的小国。

对于大国来说,由于资源赋存较丰富,并且有较大的市场规模,所以它有可能按照其国内需求模式生产大部分产品,并使产业发展能较多地享受规模经济的好处,从而在相同的基准收入水平下,产业结构具有较高水平和较大的内向性。对于资源赋存丰富的小国来说,虽然资源条件使它有可能发展各种产业,但较小的人口规模决定它即便达到较高收入水平,也难以按照国内需求模式建立较完整的产业结构,获得规模经济的好处。因此,这些国家的产业结构具有较大的开放性,以便按照国外市场需求实现某些门类生产的专业化,从中最大限度地享有规模经济的好处。对于资源赋存贫乏的小国来说,产业结构受供求双重约束往往滞后变动,从而其结构具有更大的开放性。这样,它既可以借助于外部的补充性资源,又可以利用国外市场规模来改善自身。

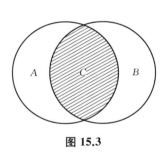

图 15.3

（2）资源赋存结构与市场需求结构的对称程度,对一国产业结构的开放度有重大影响。若用集合 A 表示国内资源供给,用集合 B 表示国内需求状况,在一般情况下,A 与 B 并不完全吻合,即并不能按照国内需求生产所有的产品。所以,A 和 B 往往只是部分重叠,其重影部分 C 的大小反映着产业结构的一定性状(见图 15.3)。

一般情况下,重影部分越大的产业结构,其供求条件越对称,从而外向性程度越低;重影部分越小的产业结构,其供求条件越不对称,从而外向性程度越高。

15.2.2　国内因素:动态分析

从动态角度来看,制约结构开放度的国内因素是一国经济发展不同阶段的产业结构变动特征。一国经济发展阶段的划分,通常是以人均收入水平的高低为标准的。习惯的做法是以人均收入 300 美元为分界线,把 300 美元以内发展水平称为发展初期,而把 300 美元以上的发展水平称为发展后期。在这两个发展时间段中,产业结构变动的状况是大有区别的,下面分两个层次来考察。

（1）三大产业份额变动的时间段差异。著名经济学家库兹涅茨根据 59 个不同类型国家的统计资料,分析了三大产业产值结构变动的一般形式,揭示了随着人均国内生产总值的提高,三大产业产值构成的变动趋势(见表 15.1)。

表 15.1 产值结构变动的形式

	按 1958 年人均国内生产总值水平(美元)分组							
	51.8(1)	82.6(2)	138(3)	221(4)	360(5)	540(6)	864(7)	1382(8)
A 部门	53.6	44.6	37.9	32.3	22.5	17.4	11.8	9.2
I 部门	18.5	22.4	24.6	29.4	35.2	39.5	52.9	50.2
(其中制造业)	7.7	10.4	12.6	16.2	18.1	23.9	31.3	31.2
S 部门	27.9	33.0	37.5	38.3	42.3	43.1	35.3	40.6

注:A 部门包括农业、林业、狩猎业和渔业;I 部门包括矿业及采掘业、制造业、建筑业、电力、煤气、水、运输和通信;S 部门包括商业、银行、保险、房地产、政府及国防等。

资料来源:[美]库兹涅茨:《各国的经济增长》,商务印书馆 1985 年版,第 111 页。

为了清楚地反映不同时间段三大产业产值份额的变动幅度的差异,我们划分三个时间段,即 51.8—138 美元、138—360 美元和 360—864 美元,并根据表 15.1 中的数据计算每一时间段三大产业产值份额的变动率,其公式为:

$$下降率 = \frac{基期数 - 期末数}{基期数} \times 100\% \qquad (15.1)$$

$$上升率 = \frac{期末数 - 基期数}{基期数} \times 100\% \qquad (15.2)$$

以上研究表明,在经济发展过程中,产业结构变动速度呈现明显的阶段性差异,如表 15.2 所示。

表 15.2 三大产业产值构成变动的阶段性差异

	51.8—138 美元	138—360 美元	360—864 美元
A 部门(下降率)	29.29	40.63	47.56
I 部门(上升率)	32.97	43.09	50.28
其中制造业(上升率)	63.64	43.65	72.93

(2)制造业内部结构变动的时间段差异。从库兹涅茨的统计分析中可以看到,当人均国内生产总值在约 92—306 美元的组距内,制造业在产值增加过程中的内部结构转换是十分有限的,而在较高人均国民生产总值组距中,制造业内部

结构转换则非常惹人注目(见表 15.3)。

　　根据表 15.3 上的数据归纳整理的制造业内部结构变动的阶段性比较,更加清楚地显示了:在两个时间段中,制造业内部结构变动速度有很大差异(见表 15.4)。

表 15.3　制造业各行业在制造业产值增加中所占份额的变动　　　　(％)

| | 按人口平均的国内生产总值的基准点价值(1958 年美元) | | | | | |
	91.7(1)	153(2)	306(3)	510(4)	1019(5)	1359(6)
1. 食品、饮料与烟草	33.8	37.4	34.8	27.2	17.6	15.5
2. 纺织品	18.3	14.2	10.5	9.4	7.1	5.6
3. 服装及鞋类	4.8	6.3	7.8	7.5	6.3	5.5
4. 木制品及家具	6.9	5.4	4.9	5.1	5.7	5.4
5. 纸及纸制品	0.9	1.3	1.9	2.9	3.9	4.3
6. 印刷及出版	2.5	2.6	2.9	3.5	4.7	5.3
7. 皮革制品(鞋类除外)	1.1	1.3	1.2	1.1	0.8	0.7
8. 橡胶制品	1.2	1.4	1.2	1.3	1.4	1.4
9. 化学及石油产品	8.7	9.3	9.7	9.6	8.9	9.3
10. 非金属矿产品	5.4	5.5	4.9	4.8	4.7	4.5
11. 基本金属	4.0	3.5	4.3	5.2	5.7	6.0
12. 金属加工产品	10.4	9.9	13.7	19.8	29.8	32.8
13. 其他	2.0	1.9	2.2	2.6	3.4	3.7
主要分组						
14. 食品、饮料及烟草	33.8	37.4	34.8	27.2	17.6	15.5
15. 纺织品及服装	23.1	20.5	18.3	16.9	13.4	11.1
（第 2—3 行）				1.5		
16. 木、纸、印刷及皮革	11.4	10.6	10.9	12.6	15.1	15.7
（第 4—7 行）				1.5		
17. 橡胶、化学及石油产品	9.9	10.7	10.9	10.9	10.3	10.7
（第 8—9 行）				1.5		
18. 工业原料	9.4	9.0	9.2	10.0	10.4	10.5
（第 10—11 行）				1.5		
19. 金属加工产品	12.4	11.8	15.9	22.4	33.2	36.5
（第 12—13 行）						

资料来源:[美]库兹涅茨:《各国的经济增长》,商务印书馆 1985 年版,第 121 页。

表 15.4　制造业内部份额变动的阶段性差异　　　　　　　(%)

	92—306 美元	306—1019 美元
大类分组(变动率)	11.0	45.5
详细分组(变动率)	20.6	47.0

经济发展不同阶段的产业结构变动速度的差异,对其结构开放度提出了不同的要求。当产业结构变动较缓慢时,其国内的供求条件相对来说,比较容易适应,因而在其他条件不变的情况下,其结构开放的要求较弱。当产业结构处于急剧变动阶段,国内的供求条件难以适应其变动的要求,需要借助外部力量来补充,因而其结构开放的要求比较强烈。这实际上表明了,结构开放与经济发展阶段有较大的相关性,结构开放程度是随着经济发展阶段的转换而提高的。

15.2.3　国内因素:小结

从国内角度来看,结构开放度不仅受其资源赋存和市场规模制约,而且也受其经济发展阶段影响。如果我们把这两方面结合起来考虑,那么结构开放度就可能出现等级差别。

(1)大国处在经济发展初期阶段。由于两方面因素都使产业结构具有较大的内向性,所以结构开放度较低。

(2)小国处在经济发展初期阶段。虽然初期阶段的产业结构变动较小,但资源赋存贫乏或市场规模狭小仍不能较好地适应产业结构变动,需要借助于外部力量,所以结构开放度为中等水平。

(3)大国处在经济发展后期阶段。由于后期阶段产业结构变动迅速,大国虽然具有较丰裕的资源赋存和较大的市场规模,其吻合性可能下降,出现较大的供求条件不对称现象,所以也需要借助于外部力量来补充,从而结构开放度为中等水平。

(4)小国处在经济发展后期阶段。由于其较贫乏的资源赋存和较小的市场规模,更加难以适应产业结构迅速变动的要求,所以更需要依赖于外部力量,从而结构开放度达到高等水平。

总之,不同的国内条件(现实的和历史的)在很大程度上决定了结构开放的不同程度,如表 15.5 所示。

表 15.5   结构开放度水平的确定

	初期阶段	后期阶段
大 国	低	中
小 国	中	高

15.2.4   国际因素:同一影响

结构开放度除了取决于国内因素外,还取决于国际因素。从国际条件的角度来看,国际分工分业的程度对各国产业结构开放度有重大影响。

国际分工水平是对时间的函数,它是随着时间的推移而不断提高的。若设 A 为国际分工水平,t 为时间,则:

$$A = f(t)$$

从时间的连续过程来看,国际分工经历了三个阶段:第一阶段主要是产业部门之间的国际分工,即一般分工。由于产业之间存在着前后关联,或结构层次,所以这一国际分工往往表现为产业前后关联的垂直分工(如初级产品生产与制成品生产的分工格局),或产业结构层次的垂直分工(如技术密集产品生产、资本密集产品生产和劳动密集产品生产的分工格局)。第二阶段主要是产业内部的国际分工,即局部分工。由于这一分工是在同一产品上展开的,因而表现为水平分工。第三阶段主要是同一产品生产过程的国际分工,即单个分工。这种生产过程若干加工阶段的分工要求其加工的半成品在国际上往返传送,从而表现为往返分工形式(如集成电路的国际生产合作和计算机软件的全球劳务交换)。

可见,国际分工随着时间的推移是不断深化的,一种新的分工形式的出现并不替代原有的分工形式,而是不断地叠加在原有分工形式上,组合成一种更加复杂的分工形态。因此,国际分工发展到今天,已形成垂直分工、水平分工和往返分工互相结合和渗透的综合体。

这种国际分工的发展大大加强了各国经济之间的相互依赖和影响,推动了世界经济一体化进程,具体表现在以下三个方面:

(1)国际贸易空前迅速发展。1950 年世界出口额为 579.2 亿美元,1987 年增加为 24000 亿美元,37 年中增加了 40 倍,平均年增长超过 10%,而在此期间世界生产年平均增长率只为 5% 左右。由于国际贸易的发展快于世界生产的增长,世界进出口额占生产额的比重也不断提高,目前已达到 1/3 以上。[①]

(2)跨国公司迅速兴起。目前全世界有 1 万多家跨国公司,它们在 125 个国家设有 11 万多家分公司,雇用外籍职工 1600 万人以上。联合国跨国公司中心于 1988 年对资产在 10 亿美元以上的 600 家跨国公司抽样调查的结果表明,全世界 579 家跨国公司的产值占了世界国民生产总值的 1/4。[②]此外,跨国公司的内部贸易和技术转让在国际贸易和国际技术贸易中也占重要地位。据统计,20 世纪 80 年代初,380 家巨型跨国公司的商品出口占资本主义世界出口的 1/3 以上,同时还控制着发展中国家出口的 1/3。换言之,这些跨国公司控制了资本主义世界市场商品流通额的 2/3,其中一半左右是通过其内部贸易进行的。

(3)国际资本迅速扩大。进入 20 世纪 80 年代以后,国际资本的增长远远超过国际贸易的增长,金融业务已打破国界不断扩展。现在,国际资本市场的资金规模在 4 万亿美元以上。国际借贷资本"债券化"趋势明显,1985 年国际债券上升到 1677 亿美元,超过中长期银行信贷的规模;1988 年进一步增加为 2973 亿美元,占市场总额的 70%以上。国际证券市场在资金融通方面发挥着重大作用。据英国《银行家》杂志 1990 年中的一项统计,证券交易以及与证券市场有关的融资手段已占到国际金融市场融资总额的 85%。

显然,随着国际分工的发展,经济生活的国际化将为各国产业结构开放提供良好的外部条件。这一外部条件对所有国家结构开放程度具有同一影响。在国际分工水平较低阶段,总体的结构开放程度也较低,而在国际分工水平较高阶段,总体的结构开放程度也较高。不论是发达国家,还是发展中国家,其结构开放度都将随着国际分工深化而不断提高。这集中反映在世界产业结构调整和产业转移上。

二战后,一些发达国家把本国的劳动密集型产业转移到了其他国家或地区。近年来,又把一些资本密集产业、技术密集和劳动密集相结合的产业大量转移到国外。原先接受发达国家劳动密集产业转移的国家和地区,现在则把这些产业向发展中国家转移,自己开始承接发达国家低技术密集产业、资本密集产业,以及技术密集与劳动密集相结合产业的转移。这种国际垂直分工的世界产业分布

---

① 参见经济合作与发展组织:《主要经济指标》1989 年 11 月。
② 参见联合国跨国公司中心:《在世界发展中的跨国公司:趋势和展望》,1988 年纽约版,第 90 页。

调整使不同经济发展水平的国家的产业结构发生互相联系、互相补充的关系。同时,这种垂直分工的每一层面的水平分工,又使处于同一经济发展水平的国家之间的产业结构发生联系。

生产过程的国际化使世界性产业转移仅仅表现为生产基地的转移。也就是说,跨国公司通过在海外设立子公司,或与其他国家进行合资、合作的方式,仅仅把生产过程的其中一部分转移出去。这种企业内的国际分工,有垂直性质的,也有水平性质的,甚至还有交叉的。跨国公司内的垂直分工表现为母公司负责产品开发研制,在另一国进行生产,产品到第三国去销售。其内部的水平分工表现为产品由分设在不同国家或地区的子公司共同研制,各自生产不同的零配件,再由某家子公司进行组装。显然,这种生产基地转移替代原先那种整个产业抛出的转移方式,使各有关国家的产业结构大大增强了互依性。

总之,国际分工的发展是各国结构开放度不断提高的共同的外部条件。由于国际分工水平是时间的函数,所以,各国产业结构的开放程度趋于不断提高。

15.2.5　国际因素:差别影响

尽管国际分工发展将使各国产业结构开放度趋于提高,但各国参与国际分工的程度却有所不同。撇开各国的国内因素的差别,并假定各国都实行开放政策,那么参与国际分工程度的差别就是由某些国际条件决定的。由于参与国际分工的程度与一国结构开放程度有较大的相关性,因而参与国际分工程度的差异性就将直接引起结构开放程度的差异度。由此可推论,某些国际因素对结构开放度有差别影响,即对某些国家结构开放有利,而对另一些国家结构开放不利,或导致某些国家结构开放度比另一些国家更大。这些因素主要包括以下几个方面:

(1)贸易条件。由于各种原因,各国的贸易条件是不同的,从而贸易条件较好的国家,其结构开放的余地较大,贸易条件较差的国家,其结构开放就相对困难些。由于贸易条件较差直接影响其产品出口额及外汇收入,进而间接影响其产品进口和技术引进,所以其结构开放程度就比较低。反之,贸易条件较好的国家,不仅可以大量出口,而且可以大量进口,其结构开放度比较大。

(2)进入障碍。国际分工发展使越来越多的国家卷入世界经济一体化进程,但进入障碍也日益增大,后进入的国家比先进入的国家有更大的进入障碍。

从这一意义上讲，参与国际分工的进入条件是不同的。因此，那些进入条件较好的国家，其结构开放度容易提高，而那些进入障碍较大的国家，其结构开放则受其较大限制。

（3）世界经济区域集团化。国际分工发展在促进世界经济一体化的同时，也形成了世界经济多极化的格局，出现了若干区域经济集团。在这些集团内，关税和其他贸易壁垒被取消了，使成员国通过竞争按比较利益调整产业结构，但对外则维持共同壁垒，具有排他性。因此，各国在这种世界经济多极化格局中所处的不同位置，对其产业结构开放有重大影响。由于各区域经济集团的不同特点，处于不同区域经济集团的国家，其结构开放度就有差异。另外，区域经济集团成员国和非成员国的区别，使其结构开放度有更大的差异。

总之，各国所处的不同外部环境，对其结构开放度有不同的影响，从而在一定程度上导致其结构开放度的差异。

16 结构开放效应分析

所谓结构开放效应是指他国产业结构变动通过国际产业联系改变本国产业结构,从而促进经济增长的动态效果。它与一般的对外经济引起国内经济增长的不同之处,在于必须经过本国产业结构完善这一中介环节。这实际上暗含着一个理论假设,即对外经济有可能在没有改善国内产业结构,甚至导致国内产业结构恶化的情况下带来短期经济增长。这种情况在现实中是存在的,例如中国在 20 世纪 80 年代某些时期,经济高增长是在产业结构恶化情况下由大量进口支撑的。我们这里所讲的结构开放效应完全排除上述情况,特指对外经济通过产业结构而促进经济增长。当然,他国产业结构变动通过国际产业联系也可能导致本国产业结构恶化,从而阻碍经济增长,这只是表明结构开放负效应。

因此,分析结构开放效应要将注意力放在本国产业结构与他国产业结构的关系,以及他国产业结构变动对本国产业结构影响上面,抓住本国产业结构在国际产业联系中的变动这一环节。具体地讲,这是分析本国产业结构在国际产业联系中,其结构关联、结构弹性和结构成长的变动,及其对经济增长的作用。

16.1 国际产业联系中的结构关联变动

16.1.1 技术矩阵水平的开放效应

在结构开放情况下,通过国际产业联系将引入一部分中间产品。如果这部分中间产品所内含的技术水平高于国内中间产品,并且在整个中间投入结构中占相当比重,那么整个技术矩阵水平将提高。

通过国际产业联系引入的中间产品对技术矩阵水平的影响,可能是通过以下两种方式实现的:

(1) 进口的中间产品的质量比国内的同一产品的质量要好,从而在生产过程的使用中其利用率高,即相同数量的中间投入将获得更多的产出。假定产出是投入的函数,Y 为产出,X 为投入数量,G 为投入产品的质量系数,上标 d 和 m 分别表示国内和进口的中间投入。如果假定国内中间投入与进口中间投入的数量相同,而后者质量高于前者,即 $G^m > G^d$,则:

$$Y' = f(GX^m) > Y'' = (GX^d) \tag{16.1}$$

若设 a 为中间投入消耗系数,则:

$$a' = \frac{X^m}{Y'} < a'' = \frac{X^d}{Y''}, \ (Y' > Y'') \tag{16.2}$$

由于总产出 $Y = Y' + Y''$,故:

$$Y = f(GX^m + G \times d) \tag{16.3}$$

其消耗系数为:

$$a = \frac{a' + a''}{2} \tag{16.4}$$

显然,引入较高质量中间投入后的技术矩阵水平要高于原先国内的技术矩阵水平。

(2) 进口的中间产品是对国内中间产品具有替代性的新产品,其利用率大大高于国内被替代的中间产品的利用率,从而在产出水平既定时,这种中间产品的引入将大大减少国内同一用途的中间产品数量,并大大降低其消耗系数,提高技术矩阵水平。

如果通过国际产业联系引入技术水平高于国内的资本品,那么这些先进技术装备的投入以及与此相适应的先进工艺的运用,将大大降低中间投入消耗,提高技术矩阵水平。这种先进设备的引入,可能与国内中间产品结合,也可能与进口中间产品结合,但它都将改变原先的投入产业结构。

如果通过国际产业联系出口较低中间投入消耗的某些生活消费品,进口那些替代国内生产具有较高投入消耗的消费品,那么整个中间投入消耗水平将下降。这实际上是通过结构开放这一环节的转换,扩大了某些具有较低中间投入消耗的消费品生产,缩小了另一些具有较高中间投入消耗的消费品生产,从而提高了技术矩阵水平。

显然,技术矩阵水平的提高将导致经济发展转换到具有更高增长速度的"大道"上,大大提高经济效益(详见第2章)。

16.1.2　国内联系程度与总体联系程度的比较

在结构开放情况下,产业之间的联系就突破了国界的限制而延伸到世界范围,从而结构关联规模不仅取决于国内分工程度,而且也取决于参与国际分工的程度。显然,结构开放下的结构关联规模要大于封闭条件下的国内结构关联规模。

在第3.1节中,为了考察产业关联的结构规模的变动,曾提出了度量结构关联规模的联系度公式:

$$L = \sum \sum r_{ij} f_i - 1$$

在封闭系统中,它只是使用国内的投入—产出矩阵,以便测量仅仅包括来自国内的那种产业的联系。而在开放系统中,它则要使用一个包括进口中间产品的投入—产出矩阵,以便把所有的中间投入都包括在整个产业联系的测量中。这两种计量方法的差异,反映了进口中间产品在结构关联深化中的作用。

我们知道,投入—产出账户的实物平衡方程式为:

$$X_i = W_i + D_i + E_i - M_i$$

式中,M_i 是以总进口的供给形式,并且既作为中间需求 M^w,又作为最终需求 M^f 的部分而出现的。为了进行分解,若用 u_i^w 和 u_i^f 代表国内供给比率(国内创造的中间产品需求比率和最终产品需求比率),那么其倒数则为进口供给比率(用 m_i^w 和 m_i^f 分别表示进口的中间产品需求比率和最终产品需求比率)。把上述国内供给比率代入上列方程中,就可以得到国内生产的实物平衡方程:

$$X_i = u_i^w W_i^w + u_i^f D_i + E_i \tag{16.5}$$

同样,进口则为:

$$M_i^w = m_i^w + m_i^f D_i \tag{16.6}$$

式中,中间产品和最终产品的进口系数都被定义为 $m_i = 1 - u_i$。如果我们用矩阵形式来重新表述方程(16.5)和(16.6),则:

$$\boldsymbol{X} = \hat{\boldsymbol{u}}^w \boldsymbol{A} \boldsymbol{X} + \hat{\boldsymbol{u}}^f \boldsymbol{D} + \boldsymbol{E} \tag{16.7}$$

$$\boldsymbol{M} = \hat{\boldsymbol{m}}^w \boldsymbol{A} \boldsymbol{X} + \hat{\boldsymbol{m}}^f \boldsymbol{D} \tag{16.8}$$

式中,变量上面的"∧"表示对角矩阵,**A** 是投入—产出的系数矩阵。

矩阵 **A** 代表部门之间联系的技术关系,它包括国内构成要素和进口构成要素。

$$\boldsymbol{A} = \boldsymbol{A}^d + \boldsymbol{A}^m \tag{16.9}$$

式中,$\boldsymbol{A}^d$ 代表国内投入—产出矩阵($\hat{\boldsymbol{u}}^w\boldsymbol{A}$),$\boldsymbol{A}^m$ 代表中间产品使用的进口矩阵($\hat{\boldsymbol{m}}^w\boldsymbol{A}$)。在产业联系程度的测量中,$\boldsymbol{A}^d$ 被用来计算国内联系,而 $\boldsymbol{A}$ 则被用来计算总体联系。通过国内联系指标和总体联系指标的比较分析,我们可以看到结构开放程度对产业关联规模的影响。

表 16.1 给出了 9 个国家和地区的两种联系尺度的计算结果。仅从国(地区)内联系来看,各国(地区)的指标比较接近,大致在 50,而且它随时间的变化也不是很显著。但从总体联系来看,其指标的差别就比较大。南斯拉夫、日本、韩国、中国台湾、以色列和挪威一直拥有高于 75 的总体联系值,而哥伦比亚、墨西哥和土耳其的总体联系值却一直低于 75。在这一时期,前一组总体联系度的平均数值大约为 90,后一组的平均值却只有 60。这意味着,对于同样的最终需求,前一组比后一组需要大致多 50% 的中间投入。如果把国(地区)内联系和总体联系对比分析,可以看到其中的差异与一国(地区)结构开放度有关。为了说明问题,我们将对照这些国家和地区同期对外贸易的实际数据(表 16.2),具体分析不同国家和地区的总体联系和国(地区)内联系的关系。

哥伦比亚、墨西哥和土耳其这些国家尽管从对外贸易(总进口)结构来看,资本品和中间产品的比重相当高,但它们对外贸易的规模却较小。哥伦比亚从1955—1970 年,出口百分比平均 12.9,进口百分比平均 15.6;墨西哥从 1950—1975 年,出口百分比平均 10.3,进口百分比平均 11.9;土耳其从 1963—1973 年,出口百分比平均 6.1,进口百分比平均 9.2。这样,比重相当高的资本品和中间产品的进口在绝对量上对国内产业联系的影响不大,进口缺乏迫使这些国家依赖于国内生产和技术。这种对国内技术的依赖性反映在产业联系的结构上,就是国内联系的逐步增加,总体联系和国内联系的程度区别不大。哥伦比亚的总体联系平均 61.4,国内联系平均 47.8,两者之差为 13.6。墨西哥的总体联系平均64.1,国内联系平均 49.5,两者之差为 14.6。土耳其的总体联系平均 56.1,国内联系平均 50.2,两者之差为 5.9。

表 16.1　样本国家和地区具有标准结构的单位最终需求的产业联系　　　（%）

	年　份	总体联系	国（地区）内联系
哥伦比亚	1953	50.0	37.2
	1966	65.4	52.3
	1970	69.0	53.9
墨西哥	1950	54.3	40.5
	1960	68.9	51.3
	1970	63.9	52.0
	1975	69.5	54.2
土耳其	1963	52.1	46.4
	1968	56.7	51.5
	1973	59.6	52.8
南斯拉夫	1962	82.2	67.9
	1966	79.5	61.9
	1972	87.3	59.4
日　本	1955	89.9	81.8
	1960	94.5	82.7
	1965	74.6	82.4
	1970	106.3	88.7
韩　国	1963	89.9	60.9
	1970	89.8	58.7
	1973	92.8	54.6
中国台湾	1956	76.5	42.6
	1961	85.9	55.0
	1966	92.9	55.7
	1971	93.7	55.2
以色列	1958	83.7	53.8
	1965	78.6	50.5
	1972	101.5	48.1
挪　威	1953	66.7	40.8
	1961	77.9	47.8
	1969	87.2	47.6

资料来源：世界银行资料，转引自［美］钱纳里等：《工业化和经济增长的比较研究》，上海三联书店 1989 年版，第 280 页。

表 16.2 样本国家和地区贸易的规模和结构 （%）

	年份	GDP 中出口百分比	GDP 中进口百分比	在总进口中的份额	
				资本品	中间产品
哥伦比亚	1955	12.4	14.3	43.8	33.9
	1966	12.1	15.1	28.9	32.8
	1970	14.2	15.8	35.7	33.4
墨西哥	1950	14.1	13.9	44.6	27.2
	1960	11.3	12.8	50.9	26.5
	1970	8.1	10.1	54.9	21.5
	1975	7.7	10.9	55.7	21.9
土耳其	1963	5.5	10.3	38.8	27.2
	1968	5.3	7.5	39.1	36.2
	1973	7.6	10.0	35.6	43.2
南斯拉夫	1962	16.0	17.1	48.3	20.0
	1966	19.5	20.5	39.4	25.5
	1972	22.0	24.1	36.7	30.1
日 本	1955	10.7	10.1	8.6	12.7
	1960	11.1	10.6	8.9	24.5
	1965	10.8	9.3	8.5	18.2
	1970	11.2	9.8	9.5	17.0
韩 国	1963	4.8	16.4	21.4	34.3
	1970	14.8	24.9	29.4	26.2
	1973	31.7	35.0	32.6	29.9
中国台湾	1955	8.3	12.6	21.6	38.2
	1961	12.8	19.9	32.7	23.3
	1966	20.6	21.5	31.4	29.1
	1971	36.8	34.2	32.5	26.2
以色列	1955	11.5	32.8	28.2	17.6
	1965	18.9	31.9	26.6	20.5
	1972	27.3	40.1	27.9	39.4
挪 威	1955	40.7	43.6	26.5	19.9
	1961	39.7	42.6	29.5	20.1
	1969	41.2	38.5	28.0	22.7

资料来源:同表 16.1。

　　与上述这些国家形成鲜明对比的是韩国、中国台湾和以色列，它们的进出口规模迅速增大，而且中间产品和资本品在进口结构中占较大比重。这样，中间产品和资本品进口从绝对量上对国（地区）内生产发生重大影响。大量的中间产品和资本品的进口使这些国家和地区更多地依赖于国（地区）外技术，可以得到通过国（地区）内生产难以得到甚至不可能得到的技术结构。这种对国（地区）外技术的依赖性反映在产业联系的结构上就是国（地区）内联系深化不大，甚至逆转，例如韩国的国内联系程度从 1963 年的 60.9 下降到 1973 年的 54.6，以色列的国内联系程度从 1958 年的 53.8 下降到 1972 年的 48.1。同时，总体联系程度和国（地区）内联系程度的差距大大加深。韩国 1963 年两者之差为 29，1973 年则为 38.2。中国台湾 1956 年两者之差为 33.9，1971 年则为 38.5。以色列 1958 年两者之差为 29.9，1972 年则为 53.4。

　　日本的国内联系和总体联系的程度是所有这些国家中都是最高的，尽管两者之间的差异很小。这说明其产业结构已达到较高水平，在这一时期具有相对稳定性。南斯拉夫在总体联系上和日本相似，不像韩国、中国台湾和以色列那样依赖进口的中间产品；与日本不同的是，它更依赖进口的资本品，尤其在早期阶段。随着贸易规模的扩大，南斯拉夫的国内联系有所下降而总体联系有所增加，两者之差从 1962 年的 14.3 上升到 1972 年的 27.9。

　　最为典型的是挪威。它的对外贸易规模是最大的，在 1955—1969 年间，其出口百分比平均为 40.5，进口百分比平均为 41.5。这种严重依赖进口的结果反映在产业联系的结构上，就是国（地区）内联系度和总体联系度之间的差异较大。它的国（地区）内联系水平在所有这些国家（地区）中是最低的，但其总体联系程度却与其他发达国家相差不多，而远远高于哥伦比亚、墨西哥和土耳其。

　　从上述的分析中，我们可以得出的结论是，产业关联规模和结构开放程度之间存在着密切的关系。在低水平的贸易规模下，一国（地区）的国（地区）内联系虽会增加，但总体联系仍然保持相对低的水平；在高水平的贸易规模下，即使国（地区）内联系没有很大变化，甚至下降，但总体联系也会迅速增加。可见，结构开放能使一个国家通过进口取得比仅仅通过国（地区）内生产可能取得的更为先进的中间投入结构，深化其结构关联，从而取得更快的经济增长。

16.1.3 结构开放中的聚合质量提高

在结构开放的情况下,国内产业关联耦合中出现的短线制约(瓶颈制约)与长线闲置,可以通过国际产业联系得到调整和缓解,从而提高结构聚合质量。

如果相对于最终需求而言,那些闲置的中间产品并不过剩,其之所以发生闲置完全是由与其耦合的中间产品短缺造成的,从而相对于这些短缺中间产品而成为长线产品。在这种情况下,通过国际产业联系引入国内短缺的中间产品,弥补产业耦合中的缺口,将使闲置的长线产品得到利用,以满足既定的最终需求。

如果长线产品相对于最终需求而言也是过剩产品,而短线产品则远远不能满足需求。在这种情况下,不仅要借助于国际产业联系引入短缺物质,而且还要输出长线过剩产品。如果长线过剩产品能介入国际产业联系之中,长线就可能变成短线,这不但减少闲置过剩造成的损失,而且会产生更大的效益。

更为重要的是,结构开放对产业耦合长期平衡所起的积极作用。国外先进的技术装备和生产工艺的引入将普遍提高产业素质,使其互相之间更为协调。同时,它也将促进产业相对地位变动的协调。

总之,结构开放对产业间各种耦合方式的有效调整,会提高产业耦合的协调性,强化结构聚合效应。

16.2 国际产业联系中的结构弹性

16.2.1 结构弹性分析的扩展

在第Ⅱ篇结构弹性效应分析中,我们只是在第Ⅰ篇分析模型的基础上引入了最终需求及其构成。这实际上暗含着一个理论假设,即资源结构是完全可以满足产品供给结构要求的。另外,在分析需求结构变动时,没有具体涉及 j 商品需求量的绝对值大小。这在第Ⅱ篇分析的范围内是可以省略的,但在本篇分析中则是必不可少的。

由于在本篇的结构开放分析中,资源赋存和市场规模是影响结构开放度的重要因素之一,所以分析国际产业联系中的结构弹性必须引入资源供给约束和市场需求约束。也就是说,在开放条件下的结构弹性分析,不仅要考察供给结构本身的信号刺激和机能反应,而且要考察资源赋存对其供给能力的影响;不仅要考察需求结构变动的状态(正常态、滞后态和超前态)对结构弹性的影响,而且要考察需求规模对结构弹性的影响。因为在结构开放情况下,国际产业联系对一国结构弹性的传导影响,不仅仅是体现在需求结构变动状态和供给结构变动状态上,它在很大程度也体现在资源赋存和需求规模对结构弹性的制约关系上。如果说前者属于结构开放对结构弹性的直接影响,那么后者则属于间接影响,其重要性也是不可忽视的。

16.2.2　结构弹性所受到的直接影响

结构开放对其结构弹性的直接影响表现在两个方面:一是对国内需求结构变动的影响;二是对国内供给结构变动的影响。

经济学家诺克斯曾经指出:一个国家由于进口贸易,带来了国内所没有的新的商品,消费者偏好便开始逐渐向这些新进口的现代化商品转移,从而产生了新的需求。这些新的需求从积极意义上讲,将成为国内生产扩张的刺激因素。在这一论述中,有一点是正确的,即外部新的商品引入将导致国内需求结构变动。至于这能否产生积极意义,则取决于国内需求结构变动状态。如果国内需求结构此时处于滞后状态,这种新产品引入产生的新的需求将推动需求结构升级,从而对结构弹性效应有积极意义。如果国内需求结构此时正与国民收入水平相适应,处于正常变动状态,那么这一系列新产品引入所产生的新的需求有可能诱发需求结构超前变动,从而对结构弹性效应有消极意义。所以,对此要作具体分析。

在需求结构既定的情况下,如果结构弹性过大,则可以通过相应产品的出口来给予调整(其前提条件是这些产品可以注入国际产业联系中去)。如果结构弹性不足,甚至无弹性或反弹性,结构开放可以在一定程度予以弥补。其具体方式有:(1)直接进口相应的消费品,增加供给弹性;(2)进口相应的生产能力,缓解国内增量调节的困难和存量转移的摩擦,提高供给结构的机能反应能力;(3)引入部分相应的生产企业(如独资企业、合资企业等),使其与国内相应企业展开竞争,通过竞争带动国内企业提高生产的需求适应性。

16.2.3 结构弹性所受到的间接影响

资源赋存和市场规模对结构弹性也有影响,主要是一种制约影响。为了分析简便,我们假定需求结构变动正常,产品供给的信号刺激和机能反应也处于正常状态。在这种情况下,产品供给结构对需求结构变动的反应程度可能受到资源结构的制约。因为资源结构是作为产品生产结构的投入而与其相对应的,而产品生产结构又是作为需求结构的产出而与需求结构相对应,当产出要求既定时,资源投入并不一定与其相对称,尤其是需求结构向较高层次转换时,这种投入不能与产出要求相对称的现象更是经常出现。这种资源投入与产出要求的不对称,客观上制约了产品供给结构对需求结构变动的反应程度。这种情况可称之为资源约束型的结构弹性不足。

除此之外,产品供给结构对需求结构变动的反应程度还可能受到市场规模的制约,因为产品供给结构在对需求结构变动作出反应的过程中,有一个生产规模问题。这包含着两层意思:一是生产某一产品最低的规模水平,它是由这一产品生产的技术工艺特点决定的;二是生产某一产品经济规模水平,它是由最低点的平均成本费用决定的,而这一曲线变动最低点的高度也是由其生产的技术工艺特点决定的。与生产规模相对应的是需求规模(市场规模),如果需求规模狭小,以致生产规模难以达到规模经济,那么供给就很难对需求变动作出有效反应。因为狭小的需求规模将使产品寿命周期缩短,产品需求热点转移加快,而一定规模的生产能力的形成则需要相应的时间,尤其当它要达到规模经济时,其需求早已满足,并发生转移,从而供给弹性始终处于过度与不足的交替之中。如果某一产品的需求规模甚至达不到最低生产规模水平,那么供给弹性必然等于零(不从事这一产品生产),或大于1(如果从事这一产品生产的话)。这种情况可称为需求规模约束型的结构弹性偏差。

为了分析开放结构通过资源赋存和市场规模的调整对结构弹性的间接影响,我们先假设在封闭条件下存在三种对结构弹性形成制约的类型:(1)资源约束型;(2)需求约束型;(3)双重约束型。如果用集合 A 表示资源赋存,用集合 B 表示国内需求,这几种类型的约束可由图 16.1 来表示。

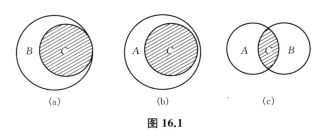

图 16.1

在结构开放的情况下,上述这些对结构弹性的约束有可能通过国际产业联系而得到缓解。(1)结构弹性的资源约束的缓解。国际产业联系的发展可以使国外资源对本国实行某种净流入,以弥补国内资源赋存的不足,即图 16.2(a)上的集合 A 单方面地扩大为 A',从而与集合 B 相适应。这样,资源投入与产出需求就可能比较对称一些,结构弹性的资源约束得以缓解。(2)结构弹性的需求约束的缓解。通过结构外移,引入国外市场需求来弥补国内需求狭小的缺陷。也就是说,通过服务于国际产业联系的产品出口,扩大需求规模,即图 16.2(b)上的集合 B 单方面地扩大为 B',使其需求规模满足生产规模经济的要求。(3)结构弹性的双重约束的缓解。通过结构的内引和外移,既借助于外部的补充性资源,又利用国外市场规模,即图 16.2(c)上的集合 A 扩大为 A',同时集合 B 扩大为 B',从而缓解了对结构弹性的双重制约。

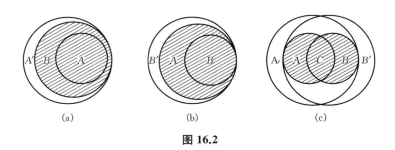

图 16.2

16.3 国际产业联系中的结构成长

在第 10.3 节中,我们曾指出了国际贸易对产业结构成长的影响,并简要地介绍了国际贸易通过比较利益机制促进国内产业结构变动的两种较典型的方式。在第 14 章中，我们从后起发展国家的角度，详细分析了如何利用世界新技术革命提供的后发优势，实现新结构成长的历史跨越。这些都是结构开放对国内产业结构成长影响的具体表现，在此不作重复论述。这里，仅补充一点关于国际产业联系中的技术转移对国内产业结构成长的影响。

在第 12 章中已指出了结构成长效应的支点是创新，并分析了结构成长中的创新扩散和创新群集。同样，在国际产业联系中，结构成长的支点仍然是创新，而且还有一个创新在世界范围内扩散和群集的过程。在当今国际产业联系中，随着科技不断发展和新技术的广泛运用，技术转移的作用和意义日益增长。然而，由于技术商品的特点，不能形成像世界商品市场那样的技术转移的世界市场，还没有产生广泛的和无所不包的技术出口者和进口者。所以，国际技术转移主要是通过国际产业关联来传导的。

一种传导方式是国际产业转移。随着发达国家的某些产业向欠发达国家和发展中国家的转移，这些产业中的技术便发生国际性转移，承接这些转移产业的国家同时也就吸收了较之本国更为先进的技术。当然，从世界技术水平来看，这种扩散的技术往往不是先进的新技术，但相对于承接；这些技术的国家来说，这些技术比其国内技术要先进，从而对其国内产业结构成长来说，不乏为一种推动力。

另一种传导方式是跨国公司内部的技术转移，即跨国公司将这一些新技术、新工艺和新产品通过其海外子公司转移到世界各国。在当今国际技术转移过程中，绝大部分技术都是通过跨国公司内部业务进行的。据美国商务部资料，20世纪 70 年代中期，美国 66%—80% 的技术转让是通过跨国公司内部业务实现的。西方其他国家的技术转让的 70%—80%，也是通过跨国公司内部进行的。所以，跨国公司已成为国际技术转让的主要机构。跨国公司在传导新技术的过程中，往往是同其对外直接投资结合在一起的，尤其是美国。据统计，美国跨国公司的私人对外直接投资从 1950 年的 118 亿美元，增至 1985 年的 2327 亿美元，其中 90% 是与技术转让结合在一起的。[①]这种扩散的技术往往是世界先进水平的新技术，它之所以通过这一传导方式扩散，就是为了保证新技术第一次转让

---

① 参见周启元、张森岩：《跨国公司与国际经济关系的新变化》，《吉林大学社会科学学报》1989 年第 3 期。

后仍留在母公司所附属的国外分公司的内部。但对于分公司所在国来说,外商投资企业将填补其国内的一些技术空白,带动国内相关产业和企业的发展,促进国内产业结构成长。

总之,在结构开放情况下,国内产业结构将受益于世界性创新扩散。如果国内创新能力能在世界性创新扩散过程中得到提高,并逐渐融汇到世界性创新浪潮中去,那么国内产业结构成长将大大加快,并显示出巨大的结构成长效应。

17 争取结构开放效应的能动性条件

　　前一章的分析只是指出了结构开放对经济增长作用的可能性,至于这一可能能否成为现实效应则取决于一系列国内外条件(包括主观与客观条件)。从国际条件来讲,世界经济政治格局的变动,国际经济合作和贸易关系的改善(或恶化)等,对结构开放效应有普遍影响。当然,对于各国来说,这一影响的程度是有差别的。国际条件的变动取决于各种力量互相作用而形成的合力,因而有利于结构开放效应的国际条件改善是各国共同努力的结果。在此我们不准备展开论述,而把国际条件作为一定时期内的既定条件。

　　在国际条件既定的情况下,一国能否从结构开放中取得经济增长的动态效果,就主要取决于其国内条件。从国内条件来看,有些是客观设定的,例如一国经济发展阶段、资源赋存等,它们在一定程度上会影响结构开放效应的实现。然而,更为重要的是开放战略模式、政策目标选择、经济运行机制效率等主观方面条件。如果说一定时期内的国际条件和国内客观条件是历史的选择,那么一国的开放战略模式、政策目标以及运行机制效率则是可以改变的,因而结构开放效应的实现主要取决于我们如何对待历史的既定选择。

17.1　开放战略模式:新角度思考

17.1.1　开放战略模式的重新划分

　　传统的开放战略模式划分主要依据一国的经济开放度,而经济开放度是由进出口总和对国内总供给的比率来表示的,即:

$$T = \sum_i (E_i + M_i)/(X_i + M_i) \qquad (17.1)$$

式中：T 代表经济开放度；E 代表出口；M 代表进口；X 代表国内供给。如果所有的国内产品都是可以在国际市场上交换的，那么 T 趋向于 100%；如果产品全部在国内市场上进行交换，那么 T 趋于零。根据 T 值的大小，通常把开放战略划分为三种类型：(1)内向型战略，即进口替代战略；(2)外向型战略，即出口导向战略；(3)平衡型战略，即把进口替代和出口扩张结合起来的战略。内向型战略的经济开放度较低，外向型战略的经济开放度较高，平衡型战略的经济开放度居中。

长期以来，人们对这些贸易战略模式的评价有较大的分歧和争议，尤其是发展中国家选择这些贸易战略模式的实绩更使人们感到困惑。一些经济学家认为，外向型战略模式是最有效果的。例如科登认为，对外开放会产生"静态"的效率收益，这类似于一次性的技术进步，从而提高一国在给定要素供给条件下的生产可能性边界。因而在储蓄倾向既定条件下，静态效率收益本身会诱导资本积累速度加快，并相应提高经济增长的速度，这可以被看作是从贸易中获取的"诱致的增长收益"。如果大部分投资品都靠进口，那么这种诱致增长收益也将包括投资品价格的降低这一效应。另一方面，自由贸易还可以直接提高该国的储蓄倾向，从而提高经济增长的速度。还有一些理论（如"大宗产品"理论等）从出口角度论证了对外开放为国内经济增长提供了强大动力。

但也有一些经济学家认为，对于发展中国家来说，对外开放只能带来"贫困的增长"。例如普雷毕希认为，发展中国家按照比较利益的原则扩大贸易将会导致贸易条件的恶化，这些国家从扩大初级产品出口中获得极少的利益，甚至受到损失，对经济发展没有什么积极的作用。缪尔达尔则认为，国际贸易对发展中国家的经济发展具有消极的"回荡效应"，国际贸易成了不发达国家经济停滞落后的主要原因。[①]波兰经济学家卡莱斯基也认为，由于外向性条件引起的经济增长，使国内资源越来越多地转向开放部门。一方面将会引起收益递减，另一方面将导致国内建设资金的匮乏，结果反而使经济增长速度减慢。此外，由于片面追求扩大出口贸易，使比较利益层次较低的产品也竞相出口，引起出口利益的相对

①　参见缪尔达尔：《国际经济学》，1956 年，第 100 页。

减少和资源配置效率的降低。

　　饶有趣味的是,这些不同的观点和理论在实际生活中都能找到有利和不利的例证。事实也表明,这些开放战略模式不乏成功的先例,但也都有失败的实例。土耳其、墨西哥等国实行的进口替代战略取得过成功,韩国、中国台湾等推行的出口导向战略成绩显著,而以色列等贯彻平衡发展战略同样颇有成效。但同样实行这些战略模式,其他一些国家和地区却没有什么成效,反而影响其经济发展。难怪这一问题的争论各自都有道理,难解难分。

　　笔者认为,问题的根源在于这种开放战略模式本身的划分不够科学。仅仅从贸易(进出口)开放度的大小来评价其战略模式的功效,不足以说明任何问题。实践证明,对外开放只有与国内产业结构优化结合起来,才能促进国民经济持续高增长,取得开放的动态效果。否则,对外开放至多只能诱致短期(一次性)增长效率收益,从长期来看,是不利于经济增长的。不论实行进口替代战略,还是推行出口导向战略,只要能促进其国(地区)内产业结构优化,便能取得对外开放的成功。如果对外开放不能促进其国(地区)内产业结构优化,甚至导致结构恶化,那么不论其贸易开放度大小,都不利于经济持续增长。

　　因此,笔者主张从结构是否优化的角度来划分和评价开放战略模式。其理论依据是,开放经济的效应不是表现在单一层次上的,而是表现在微观、结构、宏观三个层次上的。这三个层次上的开放经济效应,既有一定的统一性,又有一定的对立性。开放经济的微观正效应也许伴随着结构负效应和宏观负效应,同样,开放经济的宏观正效应也可能带来结构负效应和微观负效应,而结构正效应也可能是以微观和宏观负效应为代价的。因此,立足于各个层次经济效益的对外开放,就构成了不同的开放战略模式。我们把立足于微观效益的对外开放称为"价值增殖开放战略模式",把立足于结构效益的对外开放称为"结构优化开放战略模式",把立足于宏观效益的对外开放称为"总量调节开放战略模式"。

17.1.2　新定义的开放战略模式比较

　　为了对重新划分的开放战略模式有更深入的了解,区别其差别所在,以便对此作出评价,我们把上述三种不同类型的开放战略模式作比较分析。

　　价值增殖开放战略模式把对外开放建立在微观效益基础上,追求通过等量国际价值交换的国民价值增殖,即进口商品具有比出口商品更高的国内价值。

这种价值增殖在不同贸易理论中所指的具体内容有所不同。在李嘉图理论（即古典比较利益论）中，是指商品内含的劳动量的增加。在马克思理论中，是指商品使用价值量的提高。在现代西方国际经济学中，是指商品具有更高的价格，从而有更高的收入。这些分歧的根源主要在于把价值置于什么基础上，或从什么样的角度来看国际交换中的价值增殖。限于本书的研究范围，这里不想对此作详细分析，主要从效用和福利角度来看国际交换中的价值增殖，即把价值确定在多要素（包括劳动、技术、资本、管理、资源等）生产率基础上并且包含供求因素，因而对外开放的国民价值增殖主要是实际效用和社会福利的增加。

一旦把对外开放建立在国民价值增殖的微观效益的基点上，那么其主要的注意力将集中在多种生产要素的投入产出比的国际差异上，寻求要素生产率国际差异基础上的比较利益，以发挥一国对外经济的优势所在。然而，要素生产率的国际差异只是产生了开放经济的利益源泉，决定这些利益国际分配的则是国际价值规律，所以实行这一开放战略模式必须相应建立起国民价值增殖机制，其中包括国内市场价格与国际市场价格接轨，进出口贸易不受国家干预，经济主体具有追求利润的理性行为等。否则，由于国际价值规律的作用，一国的比较利益很难转化为其开放经济的微观效益（即价值增殖）。从这一意义上讲，价值增殖开放战略模式实质上是以自由贸易论为基础的开放战略，其贸易开放度显然是比较大的。

这一开放战略模式对于发达国家来说是比较有利的，而对于发展中国家来说是不适宜的。因为经济发展水平不同，建立在要素生产率国际差异基础上的比较利益往往决定了发展中国家出口劳动密集型的初级产品，而发达国家则出口技术、资本密集型的制成品。劳动密集型、加工深度较低的产业通常是附加价值较低的产业，资本、技术密集型的产业通常是附加价值较高的产业，但国际交换只承认等价交换原则，所以发展中国家和发达国家实现着不等的效用增加，这就是国际交换中的等价不等效原理。除此之外，发展中国家一般国内市场发育程度较低，要素流动障碍较大，这些更会阻碍它获得开放经济的微观效益。因此，发展中国家实现这一开放战略模式，尽管其贸易开放度较大，但并不能改变其贸易条件恶化的局面，从长远来看，将影响其经济增长，正如前面普鲁毕希、缪尔达尔、卡莱斯基等人指出的那样。

结构优化开放战略模式把对外开放建立在结构效益基础上，追求通过国际产业联系的国内产业结构改善。这种结构改善表现为两个方面：一是消除结构瓶颈，促进结构合理化;二是强化结构转换能力,促进结构高级化。这一开放战略的重点是利用国际市场机会,有重点、有步骤地进口某些有利于国内产业结构调整,有利于发展具有较高比较利益的出口产业的产品,在促进国内产业结构优化的基础上改善出口结构,改变输出要素的需求弹性,以促进经济增长和增加国民福利。

这一开放战略模式的基本内容决定了其对外开放是有选择的,贸易开放度的大小是根据其结构优化的要求确定的。为了保证这一点,它往往要求国家对进出口贸易进行必要的干预,部分割绝国内市场与国际市场的联系,对新兴产业的发展实行有限度的保护与扶植等。否则,就难以保证国内产业结构的改善。因此,结构优化开放战略模式在某种意义上是以保护贸易论为理论基础的开放战略。它与以自由贸易论为基础的价值增殖开放战略有一定的矛盾性。

这一开放战略对于发展中国家来说是一种主动参与国际分工,利用国际产业联系实现跳跃发展的开放战略。日本、韩国等国家和地域都曾实行这一开放战略模式,并取得"后来居上"的成功。目前在世界新技术革命条件下,一些发达国家也采取这一开放战略调整其国内产业结构,以增强未来的国际竞争力。当然,这一开放战略模式能否成功,尚取决于一国结构开放中的转置能力。这一问题将在下一节论述。

总量调节开放战略模式把对外开放建立在宏观效益基础上,追求通过对外开放实现国内总供给与总需求的平衡。钱纳里和斯特劳斯的"两缺口模式"就是这一开放战略的理论表述。在 $(I-S)=(M-X)$ 的模型中(I 代表投资,S 代表储蓄,M 代表进口,X 代表出口),左端表示投资与储蓄之差,右端表示进口与出口之差,其中任何一个差额都有可能通过调整另一个差额来加以变化;只要这两个差额相等,总供给与总需求就能达到均衡。因此,对外经济就成为实现总量均衡的有效手段。这一开放战略的重点在于利用净进口额填补储蓄不足缺口,同时利用外贸出口取得对国民收入的乘数效应,即在扩大出口所增加的收入中,用一部分购买本国商品,从而对国民收入的增加起连续的推动作用。

为了利用开放经济实现总量均衡和经济增长,这一开放战略往往要求有较大的贸易开放度,以保证满足总量均衡和经济增长的需要,同时又要求有较大的政府干预,以支持相当数量的进口额和出口额。政府在宏观经济调控中的作用,自然而然地延伸到服务于总量效应的开放经济中去。

这一开放战略对发展中国家有较大的吸引力,往往被其自觉或不自觉地采纳。由于发展中国家的供给能力与发达国家相比有很大的落差，并且难以满足国内需求，所以进口在短期内能支撑其经济高增长，短期宏观效应十分显著。然而，从长期来看，这对于发展中国家来说恰恰是"陷阱"，它将导致其国内结构恶化下的经济低增长。

17.1.3　中国开放战略的重新定位

中国自 1987 年实行开放政策以来，贸易开放度有了迅速提高。从表 17.1 上可以看到，1988 年中国进出口贸易依存度已从 1978 年的 10.19%，一跃上升到 27.9%，增加了近 3 倍。从历史上看，中国 20 世纪 50 年代的出口依存度平均为 4.3%，60 年代为 3.6%，70 年代为 4.6%，但 80 年代平均为 10%。即使进行横向比较，中国作为一个具有超级国内市场规模的大国，其贸易开放度大大超过一般大国。从表 17.2 中可以看到，中国进出口依存度大大超过美国和印度，进口依存度居然超过了以贸易立国自居的日本。

表 17.1　中国对外贸易依存度的变化　　　　　（%）

年　份	进出口依存度	出口依存度	进口依存度
1978	10.19	4.81	5.38
1979	11.65	5.42	6.22
1980	13.05	6.03	6.74
1981	15.88	7.94	7.94
1982	15.32	8.22	7.10
1983	15.28	7.78	7.50
1984	17.76	8.59	9.17
1985	24.89	9.74	15.15
1986	27.26	11.43	15.83
1987	28.17	13.45	14.72
1988	27.90	12.90	15.00

表 17.2　中国与部分国家贸易依存度的比较　　　　　（%）

	出口依存度	进口依存度
中　国	9.7	12.7
印　度	5.1	7.2
美　国	5.3	8.6
日　本	13.3	9.1

注：除印度为 1984 年统计数外，其他均为 1985 年统计数。

根据前面第 15.2 节中的分析,开放度往往与国内市场规模是成反向变动的,国内市场规模越大,则开放度越小。然而,中国存在一个有 11 亿人口的巨大潜在市场,近来有如此之高的贸易依存度,则是一种超常规表现。这里有许多复杂的原因,其中之一与中国实行的开放战略模式有关。

自改革开放以来,从总体上看,中国实行的是总量调节开放战略模式。这在进出口与国内供求的关系上得到明显的反映。中国的进口始终受国内的强烈需求支配,表现为超越国民收入增长水平的强烈进口冲动(通常进口被视为国民收入的函数,进口额是随着国民收入增长而增长的)。在这种情况下,进口规模与进口需求的收入弹性关系不大,而与整个经济产出水平的动态关系极为密切。统计分析表明,1977—1985 年,中国进口额与社会总产值之间的相关系数为 0.9541。[①]由于中国进口商品中大部分是生产资料,它构成整个国民经济投入组合中的一个部分,在经济运行的动态过程中,存在着产出水平对资产存量变动的加速效应和资产存量变化对产出水平产生的乘数效应,所以产出水平对进口数量的影响还具有放大效果,国民经济产出增长的一个微小变化将引起进口数量的剧烈波动。因此,中国的进口动机主要是填补国内强大的需求与弱小的供给之间的储蓄不足缺口,以支撑经济高增长势头。

中国的出口则是服从于创汇目标(为满足进口需要)的强行挤压输出,出口成为外汇储备水平的函数,而对汇率变动反应不大。出口规模随外汇储备上升而缩小,随外汇储备下降而扩大。为了创汇,不惜投入巨大的出口补贴。因此,中国的出口增长主要受进口倾向支配,同时伴随着出口补贴的增长。

这种开放战略模式虽然具有明显的短期效应,即进口支撑的高增长,但却是以强烈的非均衡摩擦为代价的。因为靠净进口额填补储蓄不足缺口达到一定临界点,便会转变为对贸易逆差缺口的填补。

通常,“两缺口”的调节达到宏观经济均衡是有条件的。其主要是:(1)国内储蓄缺口与国际贸易缺口,只能是短期性的缺口。(2)国内储蓄缺口与国际贸易缺口互相之间要有适应性,具有互补的能力。(3)国内储蓄缺口与国际贸易缺口的互相填补是自动转化的,即这一轮用净进口额填补储蓄不足缺口,下一轮则自动转化为用国内过剩供给的出口额填补贸易逆差缺口。

---

① 陈昭:《纵向产出牵引与外汇需求刚性》,《财贸经济》1987 年第 8 期。

只有具备以上条件,才能通过差额调节使宏观经济围绕瓦尔拉斯均衡点波动。然而,在中国开放系统宏观经济模型中,并不具备这些条件。首先,国内供给短缺与外汇短缺都具有长期倾向,这已构成了中国经济运行特有的经常性状态。其次,只有外部供给填补国内过度需求的可能,而不具备国内过剩供给填补外部需求的能力。即使存在某些商品的过剩供给,往往在国内就已属于无效供给,自然更不能去满足外部需求了,这不像发达国家可以把国内无效供给转化为国外的有效供给。结果,形成"进大于出"的倾斜格局。最后,由于国内强大的吸纳机制,使外部输入的力量不能有效地转化为向外部输出的力量,即使是国家为增加出口创汇能力而引进的技术、设备及外资项目,多数形不成预期的出口生产能力,缺乏"两缺口"自动转化交替互补的可能性。因此,中国开放系统的宏观经济运行就必然偏离瓦尔拉斯的均衡轨道,表现为非均衡常态下的运动。

由于交替地用对外经济失衡来支撑国内经济的平衡,用国内经济失衡来实现对外经济平衡,宏观经济的运行表现为一条"储蓄不足缺口→贸易逆差缺口→储蓄不足缺口→……"的轨迹。这一轨道的任何一个均衡点,都是通过强制性的供求调整来实现的。整个经济就围绕着这些非瓦尔拉斯均衡点波动,交替出现经济扩张和收缩,经济增长波动系数较大(同期内年最高增长率同最低增长率的平均差)。在这一过程中,通过强制性的供求调整所实现的均衡,往往是以强烈的摩擦为代价的。这种摩擦贯穿于整个非均衡运行之中,只不过在经济扩张阶段与经济收缩阶段有不同的表现罢了。

首先,收缩性摩擦。一是限制进口的摩擦。(1)牺牲国内经济的正常发展。例如近几年来,进口钢材占国内钢材使用量的1/3,仅压缩钢材进口一项,就可能使工业增长速度发生5—10个百分点的波动。(2)影响正常的国际贸易往来,造成出口的困难。尤其在当今贸易保护主义抬头的情况下,更易造成贸易摩擦。二是鼓励出口的摩擦。(1)被迫大量出口国内已经相当短缺的资源,例如石油、矿藏等资源,加剧国内的短缺程度。(2)被迫在国际市场初级产品价格下跌的情况下,增加其出口数量。例如近几年,世界石油价格猛烈下跌,而作为中国主要出口产品之一的石油却不得不大幅度增加出口,仅此一项,就造成减少25亿—30亿美元外汇的损失。(3)在国内经济紧运行状态下,增加出口将加剧过度需求。这种过度需求本身并不能形成生产能力,只会引起通货膨胀。这不仅使国内产品成本增大,而且也使出口商品成本增大,削弱了国际竞争能力。因此,这种性质的出口根本不具有带动国内经济增长的外贸乘数效应。

其次,扩张性摩擦。在大量引进外部供给填补国内储蓄不足缺口的经济扩张过程中,供求的均衡也是在摩擦中实现的。其主要表现为:(1)用外资和国外的先进技术装备起来的部门,因缺乏与其他经济部门合理的"联系",无法将引进的刺激效应扩散到国民经济其他部门,反而扩大了与落后部门之间的差距,加深了二元经济结构的矛盾性。(2)由于技术差距,引进的先进技术设备难以与国内投入品实行优化组合。例如引进的设备无法吸收国内较多的低质原材料,往往在引进设备的同时必须引进高质原材料,由此引起国内原材料滞存与进口原材料短缺的结构性矛盾,产生消极的"回荡效应"。(3)引进生产要素,需要增加其配套费用。例如任何一个使用外债的建设项目,都要有相当数量的人民币配套资金。根据一些国家经验,一个新建项目外债与本币的投入比一般为 1∶3,一个老企业技术改造项目外债与本币的投入比一般为 1∶1.5。所以,大量引进外部供给虽能使经济扩张,但并不能消除经济紧运行状态,超过某一临界点,反而加剧国内经济短缺。

因此,从结构开放效应的角度来看,中国的开放战略模式要重新定位,转向结构优化开放战略模式。只有这样,我们才能利用对外开放使中国经济发展纳入良性轨道。然而,重新定位的开放战略模式也要求对结构开放的产业目标进行重新选择,以及相应机制的重新构造。

17.2　结构开放的产业目标选择:临界产业扶植

17.2.1　结构优化开放战略的产业目标选择

不同开放战略模式的产业目标选择是有重大区别的,而不同产业目标选择对国内产业结构变动,从而对结构开放效应有重大影响。

所谓开放战略的产业目标选择是指一国直接参与国际产业联系的重点产业的选择。这些产业是国内产业结构对外开放的先头产业,它们在内部结构与外部结构之间起着中介作用,因而这些产业的选择,关系到结构开放类型和结构完善程度。由于这是一种开放结构的产业目标选择,所以要用两国模型来进行产业分类。相对于外国产业而言,一国的产业大致可分成三类:(1)具有相对优势的产业；(2)具有劣势的产业；(3)势均力敌的产业，即临界产业。不同的开放战略对此目标选择是不同的，下面我们作具体分析。

假定本国处于较低经济发展水平，他国处于较高经济发展水平，两国具有贸易关系，并且贸易达到均衡，即本国的进口等于外国从本国的进口（$M = M^*$）。由于进口是国民收入水平的函数，所以一国的进口额等于其平均进口倾向 A 乘以其国民收入水平 Y，从而本国与外国各自的平均进口倾向定义为：

$$A = M/Y \qquad\qquad (17.2)$$

根据 $M = M^*$ 的假定可推导出：

$$A \cdot Y = A^* \cdot Y^* \qquad\qquad (17.3)$$

或：

$$Y/A^* = Y^*/A$$

或：

$$Y/Y^* = A^*/A$$

从这一关系式中可以看到，本国的进口倾向 A 越小，并且外国的进口倾向 A^* 越大，本国的相对收入 Y/Y^* 则越大。

现进一步假定两国的产品分为三大类：第一类为技术密集度低的产品；第三类为技术密集度高的产品；第二类为介于两者之间的产品。由于本国与他国之间存在着技术差距，本国在第一类产品生产上具有相对优势（即本国的优势产业），在第三类产品生产上处于劣势（即劣势产业），而在第二类产品生产上与外国势均力敌（即临界产业）。因此，国际产业分工的可能性格局是：本国生产第一类和第二类产品，外国则生产第二类和第三类产品。

这样，对于本国来说，其结构开放存在着两种选择：或是选择相对优势产业参与国际产业分工，或是选择临界产业参与国际产业分工。价值增值开放战略模式和总量调节开放战略模式选择的是前者，而结构优化开放战略模式选择的则是后者。这是由不同开放战略模式所追求的不同目标所决定的。

17.2.2 不同选择导致的不同结果

不同开放战略模式对产业目标的不同选择，将导致不同的结果。为了分析这一问题,我们根据上述的一系列假定建立相应的模型(见图 17.1)。

设横轴为产品种类,以 n 表示它们的区间$(0, N)$值(指数),纵轴为相对收入之比 Y/Y^*(舍去货币因素),两国的收入水平是不固定的。三种不同技术密集度的产品,以各自生产必需的一定要素投入系数来表示其技术水平。a^n 和 a^{n*} 分别为本国和外国生产 n 产品所需的投入系数,相对投入系数之比 a^{n*}/a^n 表明本国 n 产品生

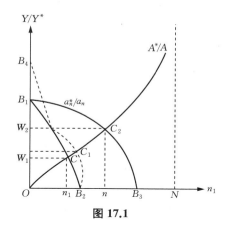

图 17.1

产是否有比较优势,即其比值大小决定本国劣势产业、临界产业和相对优势产业。$a^{n*}/a^n = 1$ 的产品为边际产品(临界产业),$a^{n*}/a^n < 1$ 的产品为本国具有相对优势的产品,$a^{n*}/a^n > 1$ 的产品为本国劣势产品。如果产品按照 a^{n*}/a^n 成为 n 的减函数排列,a^{n*}/a^n 曲线在图 17.1 上就是一条向右下方倾斜的曲线。与此曲线相对应,从 0 到 n 的指数的产品为本国(可能)出口产品,从 n 到 N 的产品便为外国的出口产品,A^*/A 为需求曲线,它在图 17.1 上表现为向右上方倾斜,这是因为本国的进口倾向越小,并且外国的进口倾向越大,本国的相对收入比率 Y/Y^* 就越大。

如果本国在非结构优化开放战略模式下选择了相对优势产业 n_1^- 参与国际产业分工,并在这些产业进行技术开发和设备投资,使其产品生产成本下降,那会出现什么结果呢? 大致有以下三种可能性:

(1) 如果 n_1^- 产品的需求价格弹性大于 1,那么因产品生产成本的降低和价格的下跌,需求的增加将超过价格下降幅度,他国对本国的进口倾向将增大,本国的收入就相对地增加,即供求曲线在 C_1 点相交。但是,一般来说,技术密集度低的 n_1 产品的需求价格弹性不会有如此之大,因而发生此情况的可能性较小。

(2) 如果 n_1^- 产品的需求价格弹性等于 1,即处于柯布—道格拉斯型的效用函数的需求场合,那么 n_1^- 产品生产成本下降和价格下跌,对各种产品的支出倾向不变,因而相对收入水平也不出现变化。这一点在图 17.1 中表现为,平衡点 C 完全不动,只是 a^{n*}/a^n 曲线由 $B_1 B_2$ 向 $B_4 B_2$ 移动。本国 n_1^- 产品生产成本

的降低,将以 n_1^- 产品价格下跌的形式不仅给本国还给他国带来利益。

(3) 如果 n_1^- 产品的需求价格弹性小于1,那么 n_1^- 产品生产成本降低,从而其价格下跌的结果,将是本国交易条件的恶化。因为这实质上意味着他国对本国的进口品价格的相对提高,本国的收入就相对地减少。

与此不同,一国在结构优化开放战略模式下选择 n 产业(临界产业)参与国际产业分工,结果就大不一样了。如果各种产品的需求价格弹性大于1,本国发展临界产业,在其部分产品上取代外国生产者而开始出口,那么,在这些产品上本国进口倾向减少,而他国的进口倾向则增大。与此相适应,本国与他国的收入的相对大小也发生变化。这在图 17.1 中表现为平衡点沿着需求曲线从 C 移动到 C_2,相对收入从 W_1 上升到 W_2。这不仅可以享受到廉价消费 n 产品的利益,而且由于收入的提高,还可以享受到比以前出口更多产品的利益。如果 n 产品的需求价格弹性大于1,那么他国对 n 产品的进口倾向更大,本国收入的增加幅度也就会变得更大。在弹性小于1时,则会出现与此相反的情况。

17.2.3　临界产业的政策扶植

上述分析表明,后起发展国家要获得结构开放效应,不是选择在相对优势业已确立的产业中降低生产成本的产业发展,而是有必要选择能够扩大临界产业出口的产业发展。这样,一方面可以促进国内产业结构成长,另一方面将通过国际产业联系使各国之间的收入分配朝有利于本国的方向发展,增大国际上的收入再分配效果。

后起国家在结构开放中选择临界产业发展的政策目标,对于发达国家(贸易伙伴)的影响是双重的。他国一方面能获得廉价购入降低了成本(相对于其国内生产成本而言)的边际产品的利益,另一方面将蒙受相对收入水平下降的损失。至于哪方面影响更大,往往很难确定。发达国家对此的反应,有两种可能:一是为确保临界产业中的本国企业的竞争力,实行保护贸易和生产补贴等政策,由此与后起国家产生强烈的贸易摩擦,引起世界贸易的萎缩,所有国家都将蒙受损失。二是在临界产业不采取防卫措施,而是积极促进尖端产业发展,以形成新的国际产业分工格局。这将使所有国家都能受益。因此,从积极的意义上讲,后起国家在结构开放中选择临界产业发展是有利于国际产业联系发展的。

一旦后起国家在结构优化开放战略模式下选择临界产业发展,政府必定要对这些临界产业采取扶植政策。因为对于后起国家来说,在很多场合,其临界产业都存在产业确立的装备成本,这种产业装备成本因政府的保护而得到清偿。这种扶植政策包括对边际出口产品的补贴和对边际进口产品征收关税。

17.3　增强结构开放的转置能力

在结构开放中,政府对临界产业的扶植是十分必要的,但临界产业国际竞争力的提高,主要取决于自身的经济活力。因此,在结构优化开放战略模式中,除了对产业目标的正确选择外,还必须具备较强的结构开放转置能力。结构开放转置能力是指吸收外部资源转置成适应外部需求的输出的能力,具体可细分为吸收能力和消化能力。

17.3.1　吸收能力的约束条件

一国要取得结构开放效应,足够大的结构开放度是其必要条件。如果国际因素既定,那么第15.2节中论述的国内因素(资源赋存、市场规模和发展阶段),只是决定了一国特定条件下的潜在结构开放度。这种潜在结构开放度是特定条件下的最大的适度结构开放度。然而,在现实经济中,实际结构开放度往往并不与潜在结构开放度相一致。如果开放战略模式既定(结构优化开放战略模式),大多数发展中国家的实际结构开放度通常小于潜在结构开放度。这在很大程度上与其吸收外部资源能力有关,因为发展中国家的吸收能力受到较多方面的约束。

为了分析这一问题,我们把一国对外部资源的吸收能力进行具体细分。一般来说,原材料、设备及技术的吸收能力主要取决于外汇储备;间接投资的资金吸收能力主要取决于还债能力和信誉;直接投资的吸收能力主要取决于投资环境(包括硬、软环境)。对于大多数发展中国家来说,决定其吸收能力的各项条件并不理想,主要表现为:

(1)外汇储备相对短缺。在汇率制度合理的假定条件下,并抽象掉资本往来等项目对外汇储备的影响,那么外汇储备水平就与下述考虑有关,可以简单定义为：$\dfrac{P_x}{P_m}Q_x$。式中：P_x 和 P_m 分别指与贸易条件有关的出口物价指数和进口物价指数；Q_x 是出口商品的物量指数。可见，如果贸易条件不变，外汇储备水平取决于出口商品量的变化，因而外部资源的吸收能力与出口数量成正比。如果贸易条件下降，为了维持原有的吸收能力，必须增加出口数量。

对于大多数发展中国家来说，其出口产品主要是低技术密集度的初级产品。由于初级产品需求收入弹性较低，其价格呈下降趋势，因而发展中国家的贸易条件趋于恶化，其产品出口数量难以增大。至于边际产品出口，发展中国家因其质量、款式、包装等原因缺乏竞争力，同时也受到贸易壁垒等保护主义倾向的压制，所以其出口也较困难。这样，发展中国家往往面临长期的外汇储备短缺。由于外汇储备短缺制约，发展中国家的吸收能力受到削弱，以致从统计上反映出来的实际边际进口倾向远低于经济发展本身所要求的意愿边际进口倾向。

（2）偿债能力较弱。偿债能力从短期和从长期来看是不同的。从短期看，它取决于使用贷款进行投资而产生的外汇流量的影响，即是否增加出口或者减少进口。但是，从长远来看，偿债能力的唯一决定因素则是贷款对整个经济系统生产率的提高所作的贡献，以及经济体制通税收和价格控制，取得增产中的必要部分，并重新配置资源，从而把债务负担转嫁到国外去的能力。[①]因此，在偿还债务问题上，其要求是双重的：不仅出口必须大于进口，同时储蓄也必须超过投资。显然，这些要求是严苛的。

在大多数发展中国家，从长期来看，都具有投资超过储蓄的倾向，并且相对于可用资源，国内投资需求过多，这种需求的超溢部分就会流向进口，从而具有强烈的进口倾向。因此，发展中国家的偿债能力比较弱小。偿债率是一个用来大致衡量一国的债务卷入程度或债务偿还能力的粗略的指标。它等于一国当年的债务还本付息数额（$A+I$）与出口价值额（X）之比：

$$D=\frac{A+I}{X} \tag{17.4}$$

D 数值越大，说明偿还能力越低；反之亦然。据统计，二战后至 1955 年，发展中国家的这个指标平均低于 5%；但到 1965 年，它却上升到 10% 以上，这表明

---

①　参见〔美〕查尔斯·P.金德尔伯格等：《经济发展》，上海译文出版社 1986 年版，第 347 页。

其偿债能力的下降。偿债能力下降将直接影响到对新贷款的吸引力。

（3）投资环境不甚理想。吸引国外直接投资的主要因素是国内的投资环境。投资环境的构成是多方面的,其中比较重要的是基础设施、劳动力供给质量和管理结构与技能(假定政治局势和有关政策是稳定的)。这些方面直接影响国外直接投资的收益水平,因而是外商投资首先要考虑的问题。

但在发展中国家,其基础设施往往是滞后发展的,交通运输、邮电通信、供水系统等比较落后。由于缺乏适当的培训和教育设施,熟练劳动力的供给也比较贫乏,大量存在的是非熟练劳动力。同时,管理机构往往缺乏效率,管理技能不高。所有这些都导致了投资环境的恶化,丧失了对国外直接投资的吸引力。

综上所述,发展中国家对外部资源的吸收能力由于受各方面条件的约束是比较有限的,因而改善各方面条件,提高吸收能力,对于发展中国家实现结构开放效应是很重要的。然而,吸收能力的提高在很大程度上取决于消化能力,前者是基本条件,后者才是主要内容。

17.3.2　消化能力的决定

消化能力是结构开放转置能力中的中心问题,它往往决定了结构优化开放战略模式能否取得成功的命运。因为消化能力直接关系到外部资源的利用效率,在外部资源有偿供给的条件下,其利用效率的高低决定一国结构开放的效益,所以消化能力大小是构成结构开放处于良性转置或恶性转置的关键。

外部资源的消化能力是一个综合性概念,通常可以把它定义为使外部资源与国内资源结合起来实现其合理配置和高效使用的能力。从结构优化开放战略模式的要求来看,消化能力还应包括改善和提高国内产业结构的内容。因此,衡量消化能力大小的标志,主要有以下几个方面:

（1）外部资源本身的使用程度与效率。如果引入的外部资源处于闲置状态,而造成这种闲置的原因或是技术力量不足,或是配套能力不够,那说明其丧失消化能力。如果引入的外部资源只是低效使用,没有充分发挥其应有的作用,那也表明消化能力低下。衡量外部资源使用程度和效率的具体指标,可采用进口设备开工率、设计能力利用率、资金收益率、材料消耗率等。

（2）外部资源与国内资源融合,并能带动其更有效地使用。如果外部资源的使用很难将其影响传导给国内资源的配置,并带动其更有效地利用,那么即使外部资源本身使用程度较高,它也只是形成与国内原有结构割裂的自我维持、自我循环的移入结构,这也只能表明其消化能力低下。只有当外部资源利用能注入到原有结构中去,对国内资源利用起乘数效应,提高国内资源利用水平,才表明其消化能力是较强的。

(3)外部资源使用促进国内产业结构优化的程度。外部资源使用仅仅达到上述两条标准,还不足以完全表明其消化能力,它还必须在与国内资源融合的基础上促进结构优化,增强出口产品的竞争力。这也是衡量消化能力的一条重要标准。

按照这三条衡量标准,一国要达到较强的消化能力并非易事,从需要具备一系列条件,其中最直接的条件是以下三大机制:

(1)选择机制。外部资源引入的正确选择是对其进行良好消化的首要前提,不加选择地引进外部资源必定造成消化不良。所谓对外部资源的正确选择,通常包含三层意思:一是吸收的外部资源是国内急需的,或能弥补国内资源缺口,或具有动态比较利益;二是吸收的外部资源在数量与构成上必须是适度的,能与国内资源互相配合和发挥作用;三是所吸收的外部资源在质量与技术水平上要与本国经济发展阶段相适应,偏低或偏高都不行。

(2)传导机制。外部资源引入对国内资源结构配置的影响要通过相应的传导机制得以实现。这种传导机制的核心内容是产业关联程度(包括技术联系、关联规模和聚合质量)。产业关联程度越高,外部资源的影响传导越有效率;反之亦然。通过传导机制的作用,外部资源的刺激效应将层层传递,其新技术、新工艺和先进管理方式将不断扩散,并对国内资源利用提出新的要求。

(3)创新机制。外部资源的消化不仅仅是简单地掌握运用和模仿,而是要根据国内的情况对其进行改造,使其国产化,并对其进行进一步的开发,使其具有更高的技术水平和利用效率。这也就是我们在第12.3节中所讲的创新后改进。

然而,发展中国家往往缺乏这些方面的条件,从而其消化能力较差,无法实行结构优化开放战略模式。其中比较突出的问题是:

(1)具有盲目引进的倾向。大多数发展中国家为了尽快地摆脱长期落后的局面,往往寄希望于外部资源引进的作用,从而对外部资源引进抱着多多益善的态度。在引进"饥饿症"的倾向下,外部资源引入缺乏正确的选择,结果造成盲目引进,重复引进,与国内不配套的引进,使引进项目难以消化。例如中国 1973—1984 年间引进的 220 个项目中,国内配套度达到 80％以上的只有 21％(根据抽样调查)。

(2)产业关联程度较低。发展中国家的二元经济特征,以及市场发育水平较低,使其产业关联的传导能力相对低下,从而外部资源引入往往只能起补缺作用,难以实现具有伸展性影响的深度利用。

(3)缺乏创新活力。大多数发展中国家本身就创新不足,对外部资源的依赖性更大,因而引进项目的改造和开发程度相当低。例如,中国 1973—1984 年间引进的 220 个项目的抽样调查结果表明,引进项目达到原设计能力 80％以上的为 39％,对引进项目进行局部改进或测绘仿制的为13％。[①]

17.3.3　根本出路:机制的适应性改造

上面我们分别考察了吸收能力和消化能力的基本含义及其决定因素。事实上,吸收能力和消化能力之间有着内在联系,它们共同构成了一国结构开放条件下的转置能力。从前面的分析中我们可以轻易地推论出,这种转置能力实质上就是一国参与国际产业分工体系的适应能力。

因此,增强结构开放的转置能力,关键就在于对国内运行机制进行适应性改造,使其能够适应国际竞争的要求,具有高效率的运行水平。这是实行结构优化开放战略模式,提高结构开放效应的根本保证。机制的适应性改造,实际上就是开放条件下的改革;或者说,就是适应开放要求的改革。这篇大文章将留给他人来完成。

---

① 　参见中国经济体制改革研究所发展研究室:《工业增长中的结构性矛盾》,四川人民出版社 1988 年版,第 33 页。

参考文献

[1] Alex is Jacquemin(ed.), 1984, *European Industry: Public policy and Corporate Strategy*, Clarendon Press.

[2] Bernstein Marver H., 1955, *Regulating Business by Independent Commission*, Princeton Univ. Press.

[3] Bruce Foster Johnston, 1981, *Redesigning Rural Development: A Strategic Perspective*, Johns Hopkins Univ. Press.

[4] Cary William L., 1967, *Politics and the Regulatory Agencies*, McGraw-Hill.

[5] C. G. Clark, 1957, *Conditions of Economic Progress*, Macmillan.

[6] Chalmers Johnson(ed.), 1984, *Industrial Policy Debate*, ICS Press.

[7] E. F. Vogel, 1979, *Japan as Number One—Lesson for A merice*, Harvard University Press.

[8] F. Blackaby(ed.), 1978, *British Economic Policy 1960—1974*, Cambridge Uni., Press.

[9] J. Wilczynski, 1983, *Comparative Industrial Relations*, Macmillan Press.

[10] K. Dyson and S. Wilks (ed.), 1983, *Industrial Crises: A Comparative Study of the State and Industry*, Robertson.

[11] Kevin P. Phillips, 1984, *Staying on Top: The Business Case for A National Industrial Strategy*, Random House.

[12] Margaret E. Dewar(ed.), 1982, *Industry Vitalization*, Pergamon Press.

[13] Paul R. Lawrence and Lavis Dyer, 1983, *Renewing American Industry: Organizing for Effciency and Innovation*, The Free Press.

[14] Phillips Charles F. Jr. , 1965, *The Economics of Regulation*, Homewood, Ⅲ. : Irwin.

[15] P. J. Devine et al. (ed.), 1985, *An Introduction to Industrial Economics*, Georger Allen and Unwin.

[16] R. B. SutcLiffe, 1971, *Industry and Underdevelopment*, Addisonwesley Publishing Company.

[17] Richard R. Nelson, 1970, *Structural Change in a Developing Economy*, Princeton Univ. Press.

[18] S. J. Warnercke(ed.), 1978, *International Trade and Industrial Policies,* Macmillan.

[19] Thomas E. Petri et al. (ed.), 1984, *National Industrial Policy,* Westview Press.

[20] UNIDO, 1983, Industry in A Changing World, United Nations New York.

[21] UNIDO, 1985, Industry and Development: Global Report.

[22] Wyn Grant, 1982, *The Political Economy of Industrial Policy,* Butterworths.

[23] Zoltan Roman(ed.), 1979, *Industrial Development and Industrial Policy,* Akademiai Kiado.

[24] [荷]J.丁伯根:《经济政策:原理与设计》,商务印书馆 1988 年版。

[25] [美]阿瑟·刘易斯:《二元经济论》,北京经济学院出版社 1989 年版。

[26] [世界银行]贝拉·巴拉萨等:《半工业化经济的发展战略》,中国财政经济出版社 1988 年版。

[27] [美]查尔斯·K.威尔伯主编:《发达与不发达问题的政治经济学》,中国社会科学出版社 1984 年版。

[28] [日]大来佐武郎:《发展中经济类型的国家与日本》,中国对外翻译出版公司 1981 年版。

[29] 董辅礽:《经济发展战略研究》,经济科学出版社 1988 年版。

[30] 《发展经济学的新格局——进步与展望》,经济科学出版社 1987 年版。

[31] 樊纲:《公有制宏观经济理论大纲》,上海三联书店 1990 年版。

[32] [日]饭盛信男:《第三产业》,辽宁人民出版社 1985 年版。

[33] [日]饭田经夫等:《现代日本经济史》,中国展望出版社 1987 年版。

[34] 费景汉、[美]古斯塔夫·拉尼斯:《劳力剩余经济的发展》,华夏出版社 1989 年版。

[35] 符钢战等:《社会主义宏观经济分析》,学林出版社 1986 年版。

[36] 国务院农研中心发展研究所:《走向现代化的抉择》,经济科学出版社 1987 年版。

[37] [美]赫希曼:《经济发展的战略》,[台]银行经济研究室 1971 年版。

[38] 胡酒武主编:《现实的抉择》,中国人民大学出版社 1988 年版。

[39] [美]杰拉尔德·迈耶等编:《发展经济学的先驱》,经济科学出版社 1988 年版。

[40] [美]金德尔伯格、赫里克:《经济发展》,上海译文出版社 1986 年版。

[41] [日]经济企划厅综合计划局编:《走向 21 世纪的基本战略》,中国计划出版社 1988 年版。

[42] 李京文、郑友敬主编:《技术进步与产业结构——概论》,经济科学出版社 1988 年版。

[43] 联合国工业发展组织:《世界各国工业化概况和趋向》,中国对外翻译出版公司 1980 年版。

[44] [日]铃木·兴太郎等:《产业政策与产业结构》,[台]经济研究杂志社。

[45] 刘伟、杨云龙:《中国产业经济分析》,中国国际广播出版社 1987 年版。

[46] [美]刘易斯:《发展计划》,北京经济学院出版社 1988 年版。

[47] [美]罗斯托:《经济成长的阶段》,商务印书馆 1962 年版。

[48] [美]罗斯托编:《从起飞进入持续增长的经济学》,四川人民出版社 1988 年版。

[49] 罗肇鸿等编:《国外技术进步与产业结构的变化》,中国计划出版社 1988 年版。

[50] 马洪、孙尚清主编:《中国经济结构问题研究》(上),人民出版社 1983 年版。

[51] [美]马克·波拉特:《信息经济学》,湖南人民出版社 1987 年版。

[52] [德]马克思:《资本论》(1—3 卷),人民出版社 1975 年版。

[53] [日]牧野升·志村幸雄:《美日科技争霸战》,[台]牛顿出版社 1985 年版。

[54] [美]纳克斯:《不发达国家的资本形成问题》,商务印书馆 1966 年版。

［55］［美］钱纳里等:《工业化和经济增长的比较研究》,上海三联书店 1989 年版。

［56］日中经济协会:《中国经济的中长期展望》,经济科学出版社 1988 年版。

［57］世界银行:《1987 年世界发展报告》,中国财政经济出版社 1988 年版。

［58］世界银行:《1988 年世界发展报告》,中国财政经济出版社 1989 年版。

［59］世界银行:《中国:长期发展的问题和方案》,中国财政经济出版社 1985 年版。

［60］世界银行:《中国经济结构的变化与增长的可能性和选择方案》,气象出版社 1985 年版。

［61］司春林:《经济控制论》,中国展望出版社 1989 年版。

［62］谭崇台:《发展经济学》,人民出版社 1985 年版。

［63］［英］汤姆·肯普:《现代工业化模式》,中国展望出版社 1985 年版。

［64］万晓光:《发展经济学》,中国展望出版社 1987 年版。

［65］吴树青、胡乃武主编:《模式·运行·调控》,中国人民大学出版社 1987 年版。

［66］［美］西蒙·库兹涅茨:《各国的经济增长》,商务印书馆 1985 年版。

［67］《现代日本经济事典》,中国社会科学出版社 1982 年版。

［68］［日］小宫隆太郎等编:《日本的产业政策》,国际文化出版公司 1988 年版。

［69］杨敬年:《西方发展经济学概论》,天津人民出版社 1988 年版。

［70］杨叔进:《经济发展的理论与策略》,江苏人民出版社 1983 年版。

［71］杨小凯:《经济控制论初步》,湖南人民出版社 1984 年版。

［72］杨治:《产业经济学导论》,中国人民大学出版社 1985 年版。

［73］［日］野村综合研究所编:《新时代的尖端产业》,科学技术文献出版社 1987 年版。

［74］张风波:《中国宏观经济分析》,人民出版社 1987 年版。

［75］张培刚:《农业与工业化》(上卷),华中工学院出版社 1984 年版。

［76］中国经济体制改革研究所发展研究室:《工业增长中的结构性矛盾》,四川人民出版社 1988 年版。

［77］周叔莲等编:《产业政策问题探索》,经济管理出版社 1987 年版。

［78］周叔莲等主编:《国外产业政策研究》,经济管理出版社 1988 年版。

［79］朱争鸣、王忠民:《产业结构成长论》,浙江人民出版社 1988 年版。

［80］［日］佐贯利雄:《日本经济的结构分析》,辽宁人民出版社 1987 年版。

附　录

1991 年版后记

这部学术专著是在一种十分矛盾的心理状态下完成的，如果不是这样，那么它也许要推迟几年才能面世。

当我在 1989 年下半年提前完成博士学位论文《产业政策的经济理论系统研究》（该书已由中国人民大学出版社出版）后，有一种高度兴奋之后的疲劳感，同时也带有一种解脱感。这不仅因为在蹉跎了八年青春岁月之后终于一步步地攀上了最高学位，而且也因为自 16 岁随"上山下乡"洪流离开上海，在外整整闯荡了 20 年后又回到了上海与家人团聚。当时，真想好好休整一番，放松一下多年来学海泛舟累积下来的紧张和辛劳，同时也尽可能地向妻子和女儿补偿长期分离欠下的感情和义务，以及报效于为我的学业作出无私奉献的父母双亲。

然而，博士论文创作的思维惯性却强有力地驱动着我去思索一些研究中的难点和新问题，并时时触发一些灵感，诱发着我的创作冲动。当我把一些初步设想和基本构思与上海三联书店总编陈昕同志作了交谈，并得到他的支持和具体指导后，此书创作的冲动便成定势，已欲罢不能。这样，在我博士论文尚未进一步修改出版时，就马不停蹄地在马年（我的本命年）首月开始了此书的写作。历时一年，于 1991 年春节（初五）脱稿。在此期间，几经易稿，书的结构体系作了几次重大调整，个别章节重写了几遍，所下功夫绝不亚于博士论文。而且，由于选题不同，此书更多地采用了现代经济分析方法，从这一意义上讲，自我感觉比博士论文更高一筹，也许这种否定之否定是有积极意义的。

虽然在动笔之前已积累了一定的资料，并有较为深入和全面的思考，但在一年时间里完成近 30 万字的写作（另外还要承担其他课题的研究和写作，包括博士论文修改出版），所占的时间和精力是可想而知的，甚至连元旦和春节都被占用了。原先拟定的休整计划成了泡影,反而更加忙碌和紧张,难怪妻子开玩笑说我在搞"博士后"研究。值得欣慰的是,此书终于与读者见面了,这大概是对我及我家人最好的补偿。但这又是一个没有结束的开始,我又全力以赴与他人合著《产业结构转换中的人力资源开发和利用》一书,这也许就是我的命运。

　　最后,特别要提出的是,上海三联书店总编辑陈昕同志对此书的写作和出版给予了大力支持和帮助,使我有机会"更上一层楼"。另外,上海社科院张仲礼院长、姚锡棠副院长等领导同志,以及经济研究所的袁恩桢、李鸿江副所长,宏观室主任张继光教授也给予了我热情的关怀和支持,使我一回到上海踏上新的工作岗位就能较快、较好地安顿下来,潜心著书。学友曹之虎同志曾对此书草稿提出了宝贵意见,并被采纳。在此一并表示感谢。

周振华

1991 年 3 月 20 日于上海静安寺

周振华教授学术贡献梳理

    周振华教授长期从事产业经济、宏观经济、城市经济理论与政策研究,出版个人专著、译著及主编著作百多部,在《经济研究》等期刊发表学术论文百余篇。本文梳理周振华教授自上世纪 80 年代研究生阶段直至今天的主要学术经历与学术著述,概述周振华教授横跨 40 年的重要学术成就与学术贡献。

学术生涯开端:确立产业经济学研究方向

    周振华教授在攻读硕士学位期间,师从我国《资本论》研究的权威人物陈征教授。硕士论文研究的是运用《资本论》原理分析社会主义流通问题,论文成果先后在《福建师范大学学报》和《南京大学学报》刊发。

    硕士毕业后,在南京大学经济系任教期间,周振华将《资本论》的逻辑演绎与西方经济学分析工具相结合,用于研究中国改革开放及经济发展问题,撰写和发表了相关学术论文;并与金碚、刘志彪等几位青年学者合作开展关于市场经济的研究,以超前的学术眼光和思维探究"市场经济是什么样的,是怎样一种市场体系结构"。在这一研究的基础上,周振华领衔完成《社会主义市场体系分析》一书的撰写。该书于 1987 年底由南京大学出版社出版,这是国内较早一部全面系统研究社会主义市场经济的专著,我国杰出的经济学家、教育家,新中国国民经济学学科开拓者胡迺武曾为该书撰写书评并发表在《经济研究》上。

    其后,周振华进入中国人民大学深造,师从胡迺武教授攻读博士学位,并参与胡迺武、吴树青承接的"中国改革大思路"国家重大课题。该课题成果因研究扎实,并提出独到的改革思路,获首届孙冶方经济科学奖论文奖。

    周振华选择产业问题作为其博士论文研究内容,并挑战了从经济学角度研究产业政策这一世界性前沿课题。因为在当时,国际上针对产业政策的相关研究主要是从政治学角度或是从历史发展过程入手,而真正从经济学角度展开的研究几乎是空白。周振华提早一年完成并提交了这一高难度课题的论文,提前进行答辩,获得校内外 20 余位专家一致的高度评价。博士论文最终以《产业政策的经济理论分析》为书名于 1991 年由中国人民大学出版社出版。

胡汨武评价这部著作"把产业政策提到经济理论的高度进行深入系统的研究,从而能为产业政策提供理论依据",认为其在研究方法上的创新在于"根据影响产业政策的基本变量,构造了一个产业政策分析的基本框架,强调了经济发展战略和经济体制模式对产业政策的制定和实施所具有的决定性影响作用;建立了产业政策总体模型和产业政策结构模型,并据此展开分析"。这部著作还提出了许多新见解,例如,把创新和协调看作是产业政策的根本指导思想,提出产业政策选择基准的新假说,即"增长后劲基准、短缺替代弹性基准、瓶颈效应基准"。胡汨武评价这一新假说"比之日本经济学家筱原三代平的'收入弹性基准'和'生产率上升基准'更加切合中国的实际"。

学术精进:完成产业经济学研究"三部曲"

1990 年,周振华进入上海社会科学院经济所工作,开始进行产业经济学的深化研究,从产业结构演化规律、经济增长与产业结构关系两个方面展开深度理论挖掘。不仅在《经济研究》等刊物上发表论文,而且接连出版了《现代经济增长中的结构效应》(上海三联书店 1991 年版)和《产业结构优化论》(上海人民出版社 1992 年版)两部专著。二书延续了《产业政策的经济理论分析》的研究轨迹。

其中,《现代经济增长中的结构效应》是国内最早系统研究产业结构作用机理,揭示全要素生产率索洛"残值"中结构因素的专著。该书从产业结构的内部关联、外部联系及其发展成长和开放等方面,考察它们对经济增长的影响,分析结构效应的主要表现及其对经济增长的作用机理,深入探讨发挥结构效应所必须具备的条件和实现机制。该书在研究方法上,侧重于产业结构的机理分析。这种机理分析以动态结构的非均衡变动为基础,把总量增长描述为一种由结构变动和配置的回波效应促使经济增长不断加速的过程,重点研究的是产业结构变动及调整的资源再配置对经济增长的作用及其机制。这一机理分析的重要立论是,在更具专业化和一体化倾向的现代经济增长中,产业部门之间联系和交易及依赖度不断增大,结构效应上升到重要地位,成为现代经济增长的一个基本支撑点。这种来自结构聚合的巨大经济效益,是推动经济增长的重要因素。

如果说《现代经济增长中的结构效应》揭示了产业结构变动在经济增长中的效应释放机制,那么《产业结构优化论》则更踏前一步,探讨如何使产业结构的变动与调整朝着更优的方向行进,以更好地发挥结构效应、推动经济增长。该书从现代经济增长的特征与本质着手,建立产业结构优化分析理论模型,描述产业结构变动的一般趋势,分析产业结构高度化问题,并针对中国发展规律深层分析中国产业结构变动模式,进一步阐释如何以宏观经济非均衡运作的战略导向,建立起以人民需要为中心的发展模式,形成良性经济发展模式。中国社会主义政治经济学主要开拓者之一的雍文远教授评价该书的学术价值与贡献主要在于:

一是研究的角度和立意新颖。有别于国内外学术界对产业结构理论的研究通常集中于产业结构变动趋势方面,侧重于从国民收入变动的角度研究产业结构变动与之相关性以揭示产业结构变动的规律性,周振华的《产业结构优化论》的研究着眼点则在于如何使产业结构变动符合其规律性的要求,即如何实现产业结构优化。这一研究角度不仅独辟蹊径,而且使得对产业结构问题的研究更加深化,有助于推动产业结构理论的发展。

二是针对中国产业结构现实问题,在充分论证的基础上对一系列有争议的理论问题发表了独创之见。例如,周振华认为中国产业结构超常规变动与中国特定经济环境条件有关,问题并不在于这种超常规变动本身,而在于产业结构超常规变动中缺乏协调和创新。根据这一判断,周振华提出了实现中国产业结构优化的关键是加强协调和促进创新,而要做到这一点,不仅需要采取相应的政策措施,更主要的是实行新的经济发展战略和建立有效率的新体制和经济运行机制。这些新见解的提出,对中国社会主义现代化建设具有现实意义。

三是在体系结构上有所创新且合理。产业结构理论研究在国内刚刚起步,尚未形成一个较完整的理论体系。《产业结构优化论》则呈现了一个总体的分析框架,以及在此框架下的很强的逻辑性,具有相当的理论力度。

四是综合运用各种研究方法,对现实经济问题进行研究。周振华在研究产业结构优化问题上,采用了理论实证分析、经验实证分析、规范分析以及对策研究等方法,并根据其研究内容和对象的要求,把这些研究方法有机地统一起来。

改革开放以来,尽管中国经济持续高速增长,但产业结构偏差与扭曲一直存在,产业结构调整升级及解决产能过剩问题始终是先务之急。《现代经济增长中的结构效应》与《产业结构优化论》的研究也因此始终具有理论前瞻性,二书中关于产业结构的机理分析和现象分析至今仍有适用性,对于解释中国新时期经济转型升级的深刻内涵及指导实际工作具有长久的积极意义。

博观约取:在产业经济及相关研究领域理论建树卓著

在 1991 年破格晋升为研究员之后,周振华继续专精于产业经济学研究。而随着他对现实问题的思考层层深入,其涉猎的研究范围也越来越广,包括经济增长与制度变革、经济结构调整以及企业改制等问题。并在《经济研究》《工业经济研究》等期刊发表了多篇学术论文,研究进路不断拓展。1994—1999 年间,先后出版了《步履艰难的转换:中国迈向现代企业制度的思索》(1994)、《体制变革与经济增长——中国经验与范式分析》(1999)、《积极推进经济结构的调整和优化》(合著)(1998)、《市场经济模式选择——国际比较及其借鉴》(主编)(1995)等多部专著。

其中,《步履艰难的转换:中国迈向现代企业制度的思索》切入微观视角,研究企业改革的问题。这看似突破了产业经济研究边界,但如周振华自己所言,其出发点在于理论研究关联性和系统性的需要,特别是中国宏观经济方面的现实问题大多要从微观基础予以解释。周振华在书中重点分析了中国现代企业制度的目标模式,尖锐地指出了转换机制尤其是国有企业制度创新的难点与关键所在,并对如何迈向现代企业制度提出了基本的对策思路和方案设想。这一研究是基于周振华对中国实行现代企业制度前景的总体把握和历史瞻视,体现了他敏锐的学术直觉与深刻的理论洞见。书中所提炼的财产所有权构成特征、所有权与控制相分离的特征、监督权结构特征、剩余索取权转让的特征等现代企业制度的"中国特色",以及由这几方面特征有机组合而成的中国现代企业制度的目标模式假说等,不但为 90 年代中国现代企业制度建设之路的开启提供了基本理论架构,而且在该书出版后的近 30 年来,不断被中国企业改革与发展的实践所一一证实。

《体制变革与经济增长》则进一步研究产业结构背后的体制机制问题。该著作对改革开放前 20 年的体制变革与经济增长的交互关系进行了全面、深入的实证分析,从不同角度总结了中国改革开放与经济发展一系列富有成效和具有特色的经验，并将其提升到理论高度，进行了中国范式分析，通过国际比较归纳出中国范式的一系列基本特征。在该书中，周振华创造性地提出了"制度—增长"的分析框架及各种理论假设，并予以了初步检验。对政府政策制定者"改革程序"设定的论述是全书的灵魂；而该书最大的理论建树则是提出了一个以利益关系为主线，以行为主体间的博弈方式为联结的体制变革与经济增长互动模式。该书的学术贡献在于，不仅书中关于中国改革 40 年中前 20 年的经济发展过程的研究性描述成为重要史料，而且其构建的理论分析框架更成为得到时间检验、对中国经济至今仍然富有解释力的理论成果，书中所建立的"制度—增长"理论分析框架仍可继续用来解释后 20 年乃至今天及未来中国的改革开放与经济发展。

在改革开放早期，周振华就已前瞻地提出，在社会主义市场经济条件下，特别在买方市场条件下，经济结构调整必须以市场为导向，充分发挥市场机制配置资源的基础性作用。同时，也要注重政府的经济调控在结构调整中的作用，政府主要运用经济手段和法律手段，引导和规范各类经济主体的行为，通过政策支持，促进结构优化。概言之，要保持政策支持与市场导向之间的平衡，在结构优化上发挥政府和市场的双重优势。这些观点在他的《积极推进经济结构的调整和优化》《市场经济模式选择——国际比较及其借鉴》等早期论著中，都有所体现。这些论著分别探究了如何以市场为导向，使社会生产适应国内外市场需求的变化；如何依靠科技进步，促进产业结构优化；如何发挥各地优势，推动区域经济协调发展；如何转变经济增长方式，改变高投入、低产出，高消耗、低效益的状况；等等。这些观点与研究结论，在今天看来，仍具有重大的现实意义和深远的历史意义。

超前的研究意识和学术自觉还体现在周振华主编的《中国经济分析》年度系列研究报告上。尽管核心研究领域仍然是产业经济学，而且 1990 年回到上海后关注更多的是上海经济发展，但他始终意识到无论是中观层面的产业发展，还是地区和城市的经济发展，都离不开宏观层面的、国家层面的经济运行大背景及其相关条件制约。所以周振华也一直把中国经济运行分析放在一个重要的研究地位。1993 年开始，周振华开始主编《中国经济分析》年度系列报告。这一研究报告既涉及年度性的中国经济形势分析与预测，又涉及对当时中国经济运行中突出问题的深入研究。

周振华认为，与一个较成熟且稳定的经济体系下的经济运行不同，改革开放下的中国经济运行呈现出更深刻的内涵、更复杂的机理、更丰富的内容、更迅速的变化等特征。因此，中国经济运行分析不是西方经济学的一般周期性分析，也不能仅停留在经济形势分析与预测层面上，而是要做基于制度变革的经济运行及其态势的深度分析。这要求理论工作者既进行中国经济运行动态跟踪分析，又进行中国经济运行中热点、难点和重点的专题研究。在此目标下，《中国经济分析》每一年度性研究报告都有一个明确主题，由周振华根据当时中国经济运行中的热点、难点及重大问题来确定，如"走向市场""地区发展""企业改制""增长转型""结构调整""金融改造""收入分配""挑战过剩""政府选择""外部冲击与经济波动""经济复苏与战略调整""复苏调整中的双重压力""危机中的增长转型""供给侧结构性改革与宏观调控创新"等。围绕特定主题，周振华设计全书主要内容及体系架构，撰写导论，并选择与组织不同专业领域的学者、专家共同参与各章撰写。《中国经济分析》系列的研究自90年代初开始，一直持续近25年，形成了关于中国经济运行的长达四分之一个世纪的跟踪分析与学术研究成果。

着手"范式转变"：开拓产业经济学研究新境界

90年代，信息化浪潮逐渐席卷全球，周振华敏锐地捕捉到信息化之于产业发展的又一学术前沿课题。1998年，以承接上海市政府决策咨询重大课题"上海信息化与信息产业发展研究"为契机，周振华在产业经济学领域的深化研究进入了新的境界，即跳出传统产业经济理论范式，而使用溯因推理、外展推理的方法来寻求信息化进程中产业融合现象的一般性解释。

在2003年出版的《信息化与产业融合》一书中，周振华选择电信、广电、出版三大行业为典型案例，从个案分析到系统研究，建立起产业融合的基本理论模型，并依据产业融合新范式的内在机理提出了新的产业分类方法。在此基础上，对传统意义上的结构瓶颈制约、产业协调发展和结构动态平衡、产业结构高度化的线性部门替代及其基本表现特征等概念进行根本性的改造，赋予其新的内容或用新概念予以替代。进一步地，该书分析了产业融合在新型工业化道路中得以孕育与发展的内生性，探讨了新型工业化必须具备的基础性条件及相应的实现机制，从而揭示了走新型工业化道路是我国促进产业融合的唯一选择。该书中关于产业融合、产业边界、产业分类等维度的新颖讨论，至今仍被各种相关研究所引用,尤其是书中所探讨的电信、广电、出版的"三网融合",于今还是理论热点。

在对产业经济理论研究进行"范式转变"的过程中,周振华不仅先见性地把信息技术的变量引入产业经济理论研究,而且还开创性地把空间概念运用于产业经济尤其是服务经济的理论研究中。《信息化与产业融合》已经关注到网络型组织结构的特定属性、产业空间模式、产业集群方式等。在其后出版的《崛起中的全球城市:理论框架及中国模式研究》《服务经济发展:中国经济大变局之趋势》等论著中,周振华进一步发展了产业空间载体、空间价值的研究,以及网络分析等产业经济学的崭新研究方法。

例如,在《崛起中的全球城市》中,周振华针对发展中国家崛起中全球城市的背景条件、发展基础、路径依赖等约束条件,引入全球生产链、产业集群、全球城市区域等新的理论元素,进行理论分析框架的新综合,并提出借助于全球生产链促进城市功能转换的逻辑过程、依赖于大规模贸易流量的流动空间构造方式等创新观点。在《服务经济发展》中,周振华提出相对于制造业生产的分散化,服务产业具有明显的空间高度集聚特性,特别是生产者服务业以大城市为主要载体的产业集群,不仅促使知识外溢与信息共享,有利于专业服务人员的流动与合理配置,而且带来了专业性服务的互补,增强了服务的综合配套能力,促进了产业融合;因此对于服务经济发展来说,城市化规模比区位条件更为重要。

鉴于产业发展尤其是高端(先进)服务经济必须有其空间载体的依托,周振华把产业经济学研究的新的聚焦点放在了"全球城市"上。"全球城市"概念肇始于欧美发达国家,全球城市理论阐述了当代全球化的空间表达,研究核心是其独特的产业综合体及全球功能性机构集聚,集中表现为总部经济、平台经济、流量经济等。周振华认为,全球城市研究的很大一部分内容是产业综合体及其空间分布规律,由此便可打通产业经济理论与全球城市理论之间的研究通路。

2007 年,周振华撰写出版的《崛起中的全球城市》成为国内最早系统研究全球城市理论的专著。该书立足于经济全球化和信息化两大潮流交互作用导致世界城市体系根本性变革的大背景,从全球网络结构的独特角度重新审视了全球城市的形成与发展,对传统的主流全球城市理论提出了批判性的意见,并通过吸收新政治经济学和新空间经济理论等研究成果,结合发展中国家的全球城市崛起的路径依赖等实际情况,原创性地提出了新综合的理论分析框架,从而进一步完善了当时既有的全球城市理论,使其具有更大的理论包容性。在这一新综合的分析框架下,该书对中国全球城市崛起的前提条件及约束条件作了详尽的实证分析,富有创造性地揭示了中国全球城市崛起不同于纽约、伦敦等发达国家城市的发展模式及路径选择。

《崛起中的全球城市》出版后获得了国家"三个一百"原创图书奖和上海市哲学社会科学优秀成果奖一等奖,其英文版亦在全球发行,得到"全球城市"概念提出者萨斯基亚·沙森教授等国际学者的首肯。这一研究当时在国内是相当超前的,直到 2010 年之后,随着全球化流经线路改变和世界经济重心转移,上海、北京等城市日益成为世界城市网络中的重要节点,国内的全球城市研究才逐渐兴起,《崛起中的全球城市》则成为不可多得的重要文献。

关照中国现实:以理论研究反哺改革实践

一如当年选择产业问题作为博士论文题目的初心,周振华教授的学术研究从不隐于"象牙塔",而是始终观照中国现实。周振华不仅致力于以产业经济学为主的本土经济学研究的发展进步,而且致力于社会经济本身的发展进步,90年代中后期开始,他的研究更是紧接上海发展的"地气"。在当时开展的"迈向21 世纪的上海"大讨论中,周振华的研究贡献主要在于分析了世界经济重心东移和新国际分工下的产业转移,为上海确立"四个中心"建设战略目标提供背景支撑。在洋山深水港建设前期论证研究中,周振华通过分析亚洲各国争夺亚太营运中心的核心内容及基本态势,论证了加快洋山深水港建设的必要性和紧迫性,并评估了优势与劣势条件。在此期间,周振华还先后承接和完成了一批国家及市级的重大研究课题,凭借深厚的理论功底、广阔的学术视野,在完成这些问题导向的课题的同时,也在核心期刊上发表了相关课题的系统化和学理化研究成果,如"城市综合竞争力的本质特征:增强综合服务功能""流量经济及其理论体系""论城市综合创新能力""论城市能级水平与现代服务业"等。

2006 年,周振华调任上海市人民政府发展研究中心主任,其工作重心转向政策研究和决策咨询,但他的学术研究也一直在同步延伸。前述已提及的《服务经济发展:中国经济大变局之趋势》一书,即是周振华在发展研究中心时期写成的又一部学术力作。

该书的研究对象主要是服务经济之发展,涵盖工业经济与服务经济两个不同社会经济形态中的"孕育脱胎"发展和成熟化发展。在书中,周振华首先从理论上回答了"何为服务经济"的一般性问题;其次,通过对服务经济发展动因及其作用机制的分析,揭示了服务经济演进轨迹及发展趋势性特征,回答了"服务经济从何处来"的问题,从而构建了服务经济发展的一般理论分析框架。在这一理论框架下,通过中国案例分析了影响服务经济发展的若干重要变量,尤其是结合中国实际情况剖析了发展战略及其模式、市场基础、制度政策环境等对服务经济发展的影响,以及服务经济发展中固有的非均衡增长问题。进一步地,从未来发展的角度,探讨发展转型与改革深化、信息化创新和国际化等重大问题,从而回答了"如何促进服务经济发展"的现实问题。

要而言之,《服务经济发展》的理论建树与学术价值在于从社会经济形态的层面来研究服务经济发展,从世界(一般)与中国(特殊)两个维度进行服务经济发展的交互分析,并立足中国发展阶段来认识与理解服务经济,扩展与充实了服务经济一般理论框架,使其具有更好的适用性和解释力,而且也为进一步探索如何促进中国服务经济发展提供了重要线索和思路。当前,中国仍处在工业化中期向后期过渡阶段,工业发展及其比重在国民经济中仍居主导地位。作为在2010年代上半期完成的关于中国服务经济发展的理论研究成果,该书再次体现了周振华出色的学术前瞻力与洞见力。该书2014年出版之后,获国际著名学术出版机构施普林格(Springer)青睐,于翌年出版发行了英文版。

在改革开放30年和40年的两个节点,周振华教授先后牵头,组织上海大批专家学者开展相关研究,分别形成《上海:城市嬗变及展望》(三卷本)和《上海改革开放40年大事研究》(12卷本)重大理论成果。2010年出版的《上海:城市嬗变及展望》对上海建埠以来的历史、现状、未来开展系统研究,以翔实的史料、清晰的脉络和开阔的视野,全面记录了改革开放前后两个30年上海这座城市所发生的深刻变化,整体勾勒了未来30年上海发展的远景。该三卷本获上海市第十一届哲学社会科学优秀成果奖著作类一等奖。2018年出版的《上海改革开放40年大事研究》以时间为经线、事例为纬线,抓住敢为天下先的大事,体现勇于探索实践的创新,反映上海改革开放的历程,凸显中国特色、上海特点和时代特征。该丛书是改革开放40年之际的首套大规模、成系统的地方性改革开放研究丛书,获得新华社、人民日报等主流媒体多方位报道。2019年1月30日,《中国新闻出版广电报》刊发关于该研究成果的头版文章《〈上海改革开放40年大事研究〉:讲理论说案例,展现排头兵先行者足迹》。周振华还执笔其中的第一卷,即丛书总论性质的《排头兵与先行者》一书。

这两套关于上海改革开放实践的代表性理论专著,不仅具有重要的历史价值,而且具有承前启后、继往开来的重大现实意义,为上海和全国不断全面深化改革,推动经济与社会发展,提供了坚实的学术支撑和理论支持。

填补理论空白:奠定全球城市研究领域学术地位

在 2007 年《崛起中的全球城市》完成之后,2017 年,周振华教授立足中国发展模式及上海发展路径的研究成果《全球城市:演化原理与上海 2050》出版。这部"十年磨一剑"的著作对全球城市内涵进行了系统化、范式化的研究,建构了全球城市演化的理论框架。

全球城市领域的既有文献几乎都聚焦于既定(已经形成)的全球城市上,探讨其在经济全球化中的地位与作用、所具备的主要功能及其通过什么样的运作方式发挥等内容,而对"一个城市是怎样成为全球城市的",即全球城市的动态演化这一问题则几无探讨。《全球城市:演化原理与上海 2050》突破静态研究范式,充分考虑全球化进程仍在持续、上海等中国大城市正在快速发展的事实,以半部篇幅,从生成、崛起、发展、趋向的动态演化视角,运用演化本体论、演化生态环境、演化物种论、演化动力学、演化模式与形态及空间等理论和方法,来阐释全球城市,揭示全球城市动态过程中的复杂、不确定和非均衡意义。由此,周振华填补了用动态演化框架和演化理论支撑全球城市研究的空白。

在《全球城市:演化原理与上海 2050》的下半部分中,周振华把上海作为案例,全面分析了上海全球城市演化的宏观与微观变量,推演了演化可能性,勾勒了上海真正演化为全球城市之后的目标定位、核心功能、空间表现、战略资源等面向。

关于目标定位,周振华提出,就连通性覆盖范围和连接种类范围而言,上海应该成为全球主义取向的综合性全球城市;从位置战略性和网络流动性角度看,应成为高流动的战略性城市;从基于枢纽型的递归中心性与基于门户型的递归权力性位置组合角度看,应成为门户型的枢纽城市。

关于核心功能,周振华认为主要体现为四大功能,即全球价值链管控功能、全球财富管理功能、全球科技创新策源功能、全球文化融汇引领功能。这些功能并非凭空产生，而是基于上海现有城市功能的转换和演进，其具体内涵则会随时间变迁而动态调整。

关于空间扩展，周振华分别从全球城市过程、全球城市区域过程、巨型城市区域过程三个层面展开论述。他提出，在全球城市过程阶段，上海中心城区功能会向郊区延伸，形成具有足够持续性和非常大的内部互联的多中心、多核城市空间结构，新城和新市镇的培育将是关键。在全球城市区域过程阶段，网络关系跨越市域边界向周围邻近地区拓展，很可能演化为形态单中心（上海）与功能多中心相结合的区域空间结构。在巨型城市区域过程阶段，上海全球城市空间向长三角地区更大范围扩展，即向长江三角洲巨型城市区域演化，空间结构仍将是形态单中心和功能多中心，其中存在若干核心城市（南京、杭州、合肥、苏州、宁波等）将共同成为全球资源配置的亚太门户。

在书中，周振华还强调城市演化本质上是基于主体参与者的城市心智进化，因而人力资本是重要的战略性资源。他鲜明地指出了人力资本的"二元结构"，即由"职位极化"带来的"劳动力极化"。除高端专业化人才外，全球城市的知识型全球功能性机构也离不开大量配套性服务人员，包括信息收集处理、办公文档管理等，以及餐饮、交通、快递、家政之类的社会服务人员。此外，周振华也预见了一些值得关注的影响演化全局的问题，比如，土地使用约束趋紧导致的空间拥挤将形成强烈的"挤出效应"，房地产过度依赖，社会极化与城市治理难题，以及生态环境压力等。

《全球城市：演化原理与上海2050》出版的同时，《崛起中的全球城市：理论框架及中国模式研究》再版。2018年4月，以两部著作发布为契机的"迈向卓越的全球城市：全球城市理论前沿与上海实践"高端研讨会在上海中心成功举办，"全球城市理论之母"萨斯基娅·萨森教授也应邀出席。这次研讨会影响深远，由周振华教授倡导和发展的"全球城市"前沿理论也得到更进一步的传播。

2019年，周振华教授写就的简明读本《卓越的全球城市：国家使命与上海雄心》及《全球城市：国家战略与上海行动》出版。这两本书化抽象的概念范畴为具象化的内容，化繁杂的理论验证为简明扼要的推论，化学术语境的规范表述为浅显易懂的表达，以通俗的话语解读了上海建设卓越全球城市的历史必然性、所承载的国家战略使命、面临的时代新命题，以及如何破题书写历史新篇章等等。由此，"全球城市"理论、理念的传播，面向了更广泛的群体，为非专业领域的受众提供了全球城市理论的基本常识。正是在周振华不遗余力地引介、发展、推广下，"全球城市"理论在国内从学术前沿层面逐步走向理论普及层面。

与此同时，在完成引进理论的"本土化"之后，中国学者的"全球城市"研究成果成功"走出去"。继《崛起中的全球城市》出版英文版之后，《全球城市：演化原理与上海 2050》英文版也由世界知名学术出版商世哲（Sage）出版发行。周振华教授跨越数十年学术努力，为国内学界、政界创造国际化语境，构建中国学术界与国际同行或政府间交流话语权的学术初心初步实现。

在潜心完成"全球城市"理论的本土化工作和基本理论体系的构建之后，周振华教授着力开展多维度的深化研究，继续推动"全球城市"理论的发展和"全球城市"实践的进程。2018 年正式退休后，周振华即出任新成立的上海全球城市研究院院长，创办并主编《全球城市研究》季刊。在周振华的带领下，研究院坚持面向全球、面向未来，对标国际最高标准、最好水平，整合和运用多方面研究力量，开展对全球城市发展的跟踪研究，为以上海为代表的超大特大城市的发展和更新，在学术理论层面、实践经验层面、政策建议层面，提供了诸多新理念、新方法、新思路。代表性的成果包括三大标志性年度报告即《全球城市发展报告》《全球城市案例研究》和《全球城市发展指数》，《上海都市圈发展报告》系列，《全球城市经典译丛》系列，等等。

其中，三大年度标志性报告围绕"增强全球资源配置功能""全球化战略空间""全球化城市资产""城市数字化转型""全球网络的合作与竞争"等各年度主题，基于国内外相关理论成果、丰富的案例和扎实的数据资料，以图文并茂的呈现形式，发展全球城市前沿理论，总结全球城市实践经验，提出全球城市建设策略。由周振华教授设定的各年度主题，都紧扣"全球城市"概念所强调的特质，也就是"全球城市"不同于"国际大都市""世界城市"等传统说法而具有的特质。多年来，周振华教授始终致力于"全球城市"这一概念在国内生根发芽，主张使用"全球城市"的提法和观点，强调以上海为代表的国内特大型城市在建设发展中，其核心功能并不在于财富、资本、跨国公司总部的单纯积累，而是在于资金、人才等要素的进出的流量、连通性与平台功能，在于生产者服务业的发展，在于萨斯基亚·沙森教授所提出的"中介化"功能。

2022 年，由周振华教授领衔的"以全球城市为核心的巨型城市群引领双循环路径研究"获国家哲社重大课题立项。至此，周振华教授在产业经济学、全球城市理论等领域的研究成果愈加丰富立体,学术贡献不断突破,学术境界再上新高度。

　　以上概要评述了周振华教授 40 年来的主要学术贡献,这些学术贡献既为中国经济发展提供了坚实的学术支撑,也为中国发展自己的哲学社会科学理论提供了丰厚的积淀。与此同时,我们从中既可以窥见周振华教授的超前学术思维、极度开阔的学术视野、对现实问题的超强敏锐度,以及广纳厚积的学术功力,也能真切感受到周振华教授所坚守的学术关怀与学术精神。

　　　　　　　　　　　　　　　　　　　　　　　　（忻雁翔整理）

后　记

　　近大半年时间，断断续续在做这套学术文集的整理和编纂工作，似乎并没有太多兴奋与激情，反而有一种"年在桑榆间，影响不能追"的落寞，叹人生一世，去若朝露晞。但不管怎样，这套学术文集凝结了自己毕生心血，又即将面世，不免感慨万端。借此后记，有感而发，略表心声。

　　一个突如其来的惊喜。也许，当初并没有在意，或已习惯"挥手过去"，没有完整存留数十年来的研究成果，更未想过有朝一日汇编为一整套的学术文集。当格致出版社忻雁翔副总编辑提出要汇编出版这套学术文集时，我一时愣然，惊喜之余，又有点不知所措。首先想到一个问题，这能行吗？这并不是担心成果数量能否形成文集规模，而是顾虑成果质量是否有汇编为文集的价值。毕竟这些作品，早的都已过去三十多年，近十年的也在快速"折旧"，赶不上时代迅速变化啊！忻总解释道，我们翻阅过，一些早期作品的主要观点在当时是比较超前的，为此还曾多次再版，不仅有历史价值，也有现实意义。随之，我又有点畏难，数十年的成果收集和整理势必琐碎，要花费太多时间与精力。忻总说，在我们这里出版的大部分著作，存有电子版，那些早期或在别处出版的著作，可以由专业排版人员做先期录入；你只要负责归类与编排，以及内容补充与修改完善即可。接着，我开玩笑地问道，现在汇编出版这套学术文集是否早了点，说不定以后还会有新的作品呢。忻总答，没关系，有了新的作品，以后再加进文集中去。至此，我才开始着手成果整理和编纂。应该讲，格致出版社和上海人民出版社是此事的始作俑者，是他们的大胆设想和务实精神促成了这套学术文集的诞生。

　　一种发自内心的感激。对于学者来说，出版社及编辑是"伯乐"之一。他们见多识广，博洽多闻，通晓理论前沿，谙熟学术规范。十分幸运，我的大部分专著是在上海三联书店、格致出版社和上海人民出版社,并经少数较固定的责任编辑之手出版的。在与出版社的长期合作中,他们成为我学术生涯中的良师益友。上海世纪出版集团原总裁陈昕将我一些主要著作,如《现代经济增长中的结构效应》《体制变革与经济增长——中国经验与范式分析》《服务经济发展:中国经济大变局及趋势》等列入他主编的"当代经济学系列丛书·当代经济学文库",其对中国经济学界的发展产生了重大影响。当时,陈昕社长还经常召集"当代经济学文库"的主要作者,举行理论研讨会,激发学者创作热情,促进理论创新,并多次邀请我去世纪出版集团给社领导及编辑讲述最新研究成果,进行学术交流。后来,忻雁翔女士负责编辑出版我的许多专著以及我主编的著作,并多次举办新书发布会,向社会大力宣传和推荐我的新作品。基于对学者研究的长期跟踪和了解,她这次还专门为这套文集撰写了"周振华教授学术贡献梳理"。这种学界与出版界的长期紧密合作与互动,在我身上得到淋漓尽致的体现,对我的学术研究有很大的帮助,成为我学术生涯中不可或缺的重要组成部分。借这套学术文集出版之机,向这些出版社和出版人表示由衷的感谢。

一股由来已久的感动。在我的学术生涯中,虽然长期坐"冷板凳",但我并不感到孤独与寂寞。这一路上,不乏"贵人"和"高人"指点迷津和遮风挡雨,得到陈征、胡迺武恩师以及张仲礼、袁恩桢、张继光等学术前辈的惜护与栽培,得到中学老师王佩玉、香兰农场党委书记刘荣栻等长期关心和教导。这一路上,最不缺的,是一大批风雨同舟、枝干相持的朋友。大学时期和读硕、读博时期的同窗好友,他们"书生意气,挥斥方遒"的风华,时时感召和激励着我。南京大学、上海社科院的同仁,以及一大批在学术领域一起合作过的专家学者,他们"才华横溢,竿头日进"的风采,极大促动和鞭策着我。上海市政府发展研究中心、上海发展战略研究所和上海全球城市研究院的同事挚友,他们"将伯之助,相携于道"的风尚,深深感动和温暖着我。我真切地看到,在这套学术文集中处处闪现他们留下的身影,有对我的鼓励、启发,有对我的批评、促进,也有对我的支持和帮助。当然,在这当中,也少不了父母大人、爱人秦慧宝、女儿周凌岑等家人的理解和支持,少不了他们所作出的无私奉献。借此机会,一并向他们表示深深的敬意和感谢。

一份意想不到的收获。原以为文集编纂比较简单,主要是根据不同内容构建一个框架。然而,实际做起来,便发现了问题,即已出版的著作并不能反映全部研究成果,致使呈现的学术研究不连贯,从而有必要把一些重大课题研究成果补充进去,作为学术研究的重要组成部分。为此,在这方面我下了较大功夫,进行系统收集、整理、归类乃至个别修改,有的补充到原有著作中去,有的经过系统化独立成册。"产业卷"的三本中,除《现代经济增长中的结构效应》外,《产业结构与产业政策》由原先出版的《产业结构优化论》和《产业政策的经济理论系统分析》汇编而成;《产业融合与服务经济》由原先出版的《信息化与产业融合》和《服务经济发展:中国经济大变局及趋势》汇编而成。"中国经济卷"的三本中,除《体制变革与经济增长》外,《市场经济与结构调整》由新编的"市场经济及运作模式"和"结构调整与微观再造"两部分内容构成;《经济运行与发展新格局》由历年《中国经济分析》中我个人撰写章节的汇编内容和"经济发展新格局"新编内容共同构成。"上海发展卷"的三本中,《增长方式与竞争优势》由原先出版的《增长方式转变》一书和基于重大课题研究成果新编的"竞争优势、现代服务与科技创新"两部分内容构成;《改革开放的经验总结与理论探索》在原先出版的《排头兵与先行者》一书基础上,增加了一部分新内容;《创新驱动与转型发展:内在逻辑分析》是基于重大课题研究成果和有关论文及访谈的新编内容。"全球城市卷"的三本中,除了《全球城市:演化原理和上海2050》外,《全球城市崛起与城市发展》由原先出版的《崛起中的全球城市:理论框架及中国模式研究》和《城市发展:愿景与实践——基于上海世博会城市最佳实践区案例的分析》汇编而成;《迈向卓越的全球城市》由原先出版的《全球城市:国家战略与上海行动》和《卓越的全球城市:国家使命与上海雄心》,以及新编的"全球城市新议题"板块汇编而成。这样一种整理和补充,虽然又花费了不少功夫,但完善了整个学术研究过程及其成果,梳理出了一以贯之的主线及融会贯通的学术思想,四卷内容得以有机串联起来。在此过程中,通过全面回顾个人学术生涯的风雨与坎坷,系统总结学术研究的经验与教训,认真反思研究成果的缺陷与不足,使自己的学术情怀得以释放,学术精神得以光大,学术思想得以升华。

　　一丝踟蹰不安的期待。按理说,学术文集也应当包括学术论文的内容。无奈时间较久,数量较多,且散落于众多刊物中,平时也没有存留,收集起来难度很大,故放弃了。这套学术文集主要汇编了一系列个人专著及合著中的个人撰写部分,如上已提及的,分为"产业卷""中国经济卷""上海发展卷""全球城市卷",每卷之下安排三本书,总共12本。这套学术文集纵然是历经艰辛、竭尽全力的心血结晶,也希望出版后能得到广大读者认可并从中有所收获。但贵在自知之明,我深知这套学术文集存在的不足,如有些观点陈旧过时,有些分析比较肤浅,有些论证还欠充分,有些逻辑不够严密,有些判断过于主观,有些结论呈现偏差。在学术规范与文字表述上,也存在不少瑕疵。因此,将其奉献给读者,不免忐忑,敬请包涵,欢迎批评指正。

周振华

2023 年 7 月

图书在版编目(CIP)数据

现代经济增长中的结构效应/周振华著.—上海：
格致出版社：上海人民出版社,2023.8
(周振华学术文集)
ISBN 978-7-5432-3464-2

Ⅰ.①现…　Ⅱ.①周…　Ⅲ.①中国经济-经济增长-
研究　Ⅳ.①F124

中国国家版本馆 CIP 数据核字(2023)第 090010 号

责任编辑　忻雁翔
装帧设计　路　静

周振华学术文集
现代经济增长中的结构效应
周振华　著

出　　版　格致出版社
　　　　　　上海人民出版社
　　　　　　(201101　上海市闵行区号景路 159 弄 C 座)
发　　行　上海人民出版社发行中心
印　　刷　上海盛通时代印刷有限公司
开　　本　787×1092　1/16
印　　张　25.25
插　　页　8
字　　数　409,000
版　　次　2023 年 8 月第 1 版
印　　次　2023 年 8 月第 1 次印刷
ISBN 978-7-5432-3464-2/F·1507
定　　价　148.00 元

周振华学术文集

产业卷

1. 产业结构与产业政策

2. 现代经济增长中的结构效应

3. 产业融合与服务经济

中国经济卷

4. 市场经济与结构调整

5. 体制变革与经济增长

6. 经济运行与发展新格局

上海发展卷

7. 增长方式与竞争优势

8. 改革开放的经验总结与理论探索

9. 创新驱动与转型发展:内在逻辑分析

全球城市卷

10. 全球城市崛起与城市发展

11. 全球城市:演化原理与上海 2050

12. 迈向卓越的全球城市